XIANDAI ZHONGXUE XIAOZHANG ZHUANYE BIAOZHUN DE SIKAO YU SHIJIAN

CHONGQING SHI ZHONGXUE XIAOZHANG LUNWEN (十三)

现代中学校长专业标准的思考与实践

重庆市中学校长论文（十三）

重庆市中学校长联谊会
重庆市教育学会高中专业委员会 编

西南师范大学出版社
国家一级出版社 全国百佳图书出版单位

图书在版编目(CIP)数据

现代中学校长专业标准的思考与实践 / 重庆市中学校长联谊会，重庆市教育学会高中专业委员会编. — 重庆：西南师范大学出版社，2014.12

(重庆市中学校长论文；13)

ISBN 978-7-5621-7255-0

Ⅰ.①现… Ⅱ.①重… ②重… Ⅲ.①中学—校长—学校管理—文集 Ⅳ.①G637.1-53

中国版本图书馆 CIP 数据核字(2014)第 307561 号

现代中学校长专业标准的思考与实践

——重庆市中学校长论文(十三)

重庆市中学校长联谊会
重庆市教育学会高中专业委员会 编

责任编辑：尤国琴　刘桂芳

封面设计：周微凡

西南师范大学出版社出版、发行

印　刷：重庆美惠彩色印刷公司

开　本：850mm×1168mm　1/32

印　张：15.25

字　数：369 千字

版　次：2014 年 12 月第 1 版

印　次：2014 年 12 月第 1 次印刷

书　号：ISBN 978-7-5621-7255-0

定价：45.00 元

前　言

2013年2月，教育部颁布了《义务教育学校校长专业标准》（以下简称《专业标准》），重庆市中学校长联谊会立即将此作为2013—2014学年度校长们学习和研究的主要课题。校长们在认真学习、深入研究的基础上，相互切磋，大胆实践，取得了一批初步成果。这些成果以论文形式在2013年12月的重庆市中学校长联谊会第四届第16次年会（由璧山中学承办）上进行了大会交流。这次交流在校长中间引起了强烈的共鸣，激发了他们更加深入的思考。现在我们把这些论文编辑成册，名之曰："现代中学校长专业标准的思考与实践"。

校长们认为，《专业标准》的颁布是国家建设优秀中小学校长队伍的重大举措，也是改革与完善我国中小学管理制度，实现教育家办学理想的客观要求。因此，必须认真学习，深入研究，准确理解其基本理念，全面把握其基本内容，并把它作为提升自己专业发展、进行学校管理的行为准则。

校长们认为，要促进自己的专业发展就必须刻苦学习国家的教育方针政策和法律法规，学习国内外先进的教育方法，学习国内外先进的教育教学经验，并深入课堂向广大师生学习，深入社会向广大人民学习，以提高自己的个人素养和职业素养。尤其要提高自己的道德素养，因为正人必先正己。

校长们还认为，必须结合学校实际，在学校教育、教学和管理的实践中提高自己的专业素质。比如，有的校长就把"领导课程

教学　引领教师成长”作为提升自己职业素养的主要方向。他们或者组织教师们学习讨论，以形成共同的课程教学先进理念；或者深入课堂，坚持上课、听课和评课，努力进行课程改革和课程整合，努力探索课堂教学模式和先进的教学方法；或者根据学校实际，努力组织并参与教育、教学和管理的常规科研和专题科研；或者加强教师队伍培训的制度建设，尤其是青年教师队伍培训的制度建设等。

校长们的思考与实践已经迈开了可喜的步伐。我们从收集的这些论文中已经高兴地看到校长们已把自己个人素养和职业素养的提升融入到学校发展与品质提升的大势之中，融入到教育教学改革的大潮之中。我们完全可以期待，校长们提高自己专业素质的步伐会走得越来越快，越来越好。

重庆市中学校长联谊会
重庆市教育学会高中专业委员会
论文编辑委员会

2014年8月

目　录

试论课程教学领导力在校长专业标准中的核心地位及实践探索

重庆江津中学　龚　彤

校长作为一种职业，必须具备从事这种职业的专业知识、能力。因此，校长必须实现专业化发展。但如何做一位一流的校长，是一个职业规划问题，也是一个专业考量问题。何谓"专业"？"专业"的标准又是什么？2013 年 2 月教育部颁发的《义务教育学校校长专业标准》(以下简称《专业标准》)，给出了一个明确的定位和标准。

《专业标准》提出了"以德为先、育人为本、引领发展、能力为重、终身学习"五个基本理念，明确了校长的道德使命、办学宗旨、角色定位以及专业发展的实践导向和持续提升要求。《专业标准》也第一次明确提出了校长"规划学校发展、营造育人文化、领导课程教学、引领教师成长、优化内部管理、调适外部环境"的六项专业职责，体现了倡导教育家办学的要求。六项专业职责背后有着深刻的导向："规划学校发展、营造育人文化"体现了校长对学校的价值领导，既坚持了社会主义办学方向，也为学校特色发展留下了空间，更是校长专业职责的灵魂；"领导课程教学、引领教师成长"体现了校长对学校的教学领导，这也是提高教育质量的关键所在；"优化内部管理、调适外部环境"则体现了校长对学校的组织领导，是提升学校办学水平的管理保障。六项专业职责中，最核心的校长专业标准是什么呢？笔者结合自身办学的实践，认为"领导课程教学、引领教师成长"是校长专业标准中的核心与关键。

一、课程教学领导力是校长专业标准的核心内容

在新课程改革不断推进的背景下，学校逐渐改变了以往在课程教学中被动执行者的角色，被赋予了一定的课程权力，而想要有效运用这部分权力则离不开校长的课程教学领导力。课程教学领导力是管理者在课程开发、规划、实施、管理和评价过程中实施领导行为的能力。它主要指校长领导教师开发课程的教育教学资源，全面提升教育质量的能力，也是校长决策、组织、引领学校的课程实践的实施能力。课程教学领导，关键在于校长把握教学本质，提炼教学理念，建设科研团队，不断实现教学质量和校长专业能力的提高。

在传统的学校课程管理模式下，校长大多只注重对学校行政事务的领导与管理，而没有有效地发挥其在学校课程教学中所应具有的功能以及应扮演的角色。课程权力的下放，学校课程改革的内在需要，使得校长的领导角色在单纯传统的行政领导的基础上，增添了对学校的课程领导的角色。

校长课程教学领导力体现在课程建设与教学改革中。办学育人的目标能否实现，取决于学校的课程设置和课程实施，也就是我们常说的课程与教学的问题。课程问题就是“教什么”和“学什么”的问题，教学问题就是“怎么教”和“怎么学”的问题。解决好两大核心问题，学校的育人目标才能实现，学校的教育质量才能有效提高。从学校教学的视角分析，由于学生学习主要是通过课程进行的，而教师的教学和专业发展也是通过课程实施的，因此提升校长的课程领导力就是不断地推进课程教学改革，以推动学校优质化发展。

所以说，作为引领学校不断进取的领导者，一流的校长必须要有统领学校课程开发的能力，要有指导教师实施课程改革的能力。笔者拟从课程教学中的“三权”和“三力”两个维度，谈谈“课程教学领导力”在校长专业标准中的核心地位和实践探索。

二、把握好课程教学领导力中的"三权"

(一)理念先行,掌握课程教学的引领权

身为一所重点中学的校长,对新课程改革的认识和解读,决定着一所学校对待新课程改革的态度和作为,更决定着这所学校在这场席卷全国的课程改革能否占有战略的制高点。所以,作为一校之长,必须具备先进的课程教学改革理念,方能引领学校和教师发展。

作为新课程改革最重要的实施者——教师,他们是怎样认识和解读新课程改革的呢?以我校为例,2010 年重庆市高中新课程改革全面实施,学校教师对新课程改革了解不多,不少教师的理解局限于教材的变化和课堂教学模式的变化两方面,少数教师对课改有抵触情绪。经过三年一轮的课改实践后,教师感到了压力,教师们对新课程改革有了深刻体会。新课程改革到底涵括了哪些内容呢?本文认为它涉及教育教学的各个方面,具体包括教育理念、教育制度、教育管理和评价、教师专业发展、课程建设、教学体系,以及教育教学资源的利用和开发、学校文化建设等方面的整体变革。由此可知,新课程改革是一个涉及学校各方面的系统工程,"课程"与"教学"是新课程改革最重要的突破口,是新课程改革的核心,是学校教育的关键环节,决定着学校的教育质量,而教育质量又关系到学校的发展。在社会变化如此巨大的今天,我们不能墨守成规,必须基于对现实问题的思考,去不断建构我校在新课程体系下的教学模式。这个教学模式绝对不是单一的(表演形式),而是一个大的教学框架。这个框架包括了教材的选用、板块的选择、板块的顺序、教学的进度、教材的处理、课堂的组织、各学段的难易程度的把握(体现螺旋式上升地认识事物的规律)和课堂的延伸及校本课程的开发等。

总之,校长只有对新课程改革有宏观、微观层面的认识和把握,才能够真正成为学校课程教学的引领者,不断推进学校新课程改革。

(二)立足课堂，用好课程教学的指挥权

课程改革的攻坚战在课堂，课堂教学的关键在于其有效性。校长必须根据学校实际和自身的特点，坚守教学一线，即立足课堂。认真兼课、听课、评课、研究教学，用好课程教学指挥权。校长通过走进课堂、研究课堂、引领课堂，不断提高对课堂教学的诊断能力和指导能力。如南京市教工委书记徐传德说："校长是一校之魂，但'魂'要附'体'，如果'魂'不附'体'，那就失去了价值。这个'体'是什么？就是学校的教育教学，校长必须先深入教学一线，再回归到教学指挥的位置上来。"真正的课程教学发生在课堂，发生在教师和学生互动中，课堂是师生共同成长的生命历程。所以，学校最大的事发生在小教室的课堂上。校长的课程教学领导力必须立足于课堂教学实践。如我校有一个传统，校长必须兼课，副校长和中层干部必须上课。我现在就兼高中二年级 16 班的物理教学，每周 5 节课，遇到特殊情况，就由我所指导的青年教师暂时代课。这一传统让我受益匪浅，不仅提高了自己的课程教学领导力，在指导青年教师方面也取得了不错的成绩。如在我的指导下张华老师 2011 年荣获全国物理赛课一等奖、2012 年获重庆市物理赛课一等奖，本人也在江津区首届高中校长优质课大赛上荣获一等奖。

校长的课程教学领导力也体现在校长对教学过程中如何备课、上课、批改作业、考试等基本教学环节和师生具体教学行为的引领、管理、评价等各个方面，其中最直接、最实际的体现就是校长的听课、评课能力。校长可通过听课及时发现教师教学中的不足以及存在的主要问题，并通过评课提出有效的改进方案，校长的评课则体现了校长在教学上的思想引领与价值认同。因此，校长的听课、评课能力也是课程教学领导力的重要构成要素。我校对领导干部的听课也有明确的规定和要求，即校级干部每学期听课不少于 20 节，涉及教学的中层干部每学期听课不少于 30 节，并做好听课、评课记录，交教务处备查。实践中，我本着"常规课重诊断，公开课重研究，竞赛课重示范"的原则，采用"推门听课"

和“预约听课”相结合的方式，灵活运用“望、闻、问、切”等方法，每学期参加各种类型的听课、评课 30 节左右，力戒浅尝辄止，力求能进得了课堂，听得出门道，讲得出名堂。

所以说，立足于课堂，使校长更接地气，更能充分行使领导课程教学的指挥权。校长通过对学校课程和课堂教学现状的准确把握，使课堂更加优质与高效。

(三)强化教研，行使课程教学的指导权

一所学校的课堂教学质量，与教研组工作有着密切的关系。教研组不仅是教学常规的落实者、日常教学活动的组织者，而且是开展教学研究的重要阵地，更是教学创新的“孵化器”。所以，教研组的建设与管理是学校教学工作重要的着力点和突破口，更是校长行使课程教学指导权的重要载体。目前，我校实行扁平化管理模式，比较重视年级组的管理，年级组又比较重视备课组的管理和建设，相对弱化了教研组在学校管理中的地位和建设。时间久了，其弊端也日益暴露。针对目前教研组存在的一些不足，学校主要从以下五个方面加强教研组建设。

1.从顶层设计上强化教研组的组织建设

一是根据学校实际情况，合理设置和调整学科教研组；二是在学科教研组下设立备课组，备课组以年级为单位，组织同学科教师开展教学研究；三是教研组组长的选拔和任用。学校选拔思想品德好、教学水平高、科研能力强、有较强组织和协调能力、能团结群众的骨干教师担任教研组组长。实行聘任制和任期制，定期更新和调整。明确和落实教研组组长的工作职责和相应待遇，鼓励教研组组长参与学校有关教学工作的研究、决策和管理，充分调动他们工作的积极性和创造性。

2.强化教研组常规工作

一是加强教学的规范化管理。要求做到“五备”“五统”“三定”“三公开”。“五备”：备大纲、备教材、备学生、备教法、备学法；“五统”：统一计划、统一进度、统一练习、统一资料、统一测试；“三

定”：定时间、定地点、定内容；“三公开”：资料公开、信息公开、好的例题公开。二是积极参与学校课程建设。积极承担学校布置的综合实践活动课程、选修课、校本课程的开发和实施任务。三是积极开展教育科研。四是落实相关示范课、考评课管理。

3.教研组核心团队的建设

该团队由3～5人组成，立足于对课标、教材、课改区的中考、高考试题的研究。着重解决以下问题：一是三学年的教学、复习进度及板块选择和顺序；二是教辅资料的选择，减少随意性，使其适合学校的教学；三是三个学年的教学难度定位及作业量和质的确定；四是确定本学科、本时段必需的课时量和拓展的课时量以及自习量；五是针对中考和高考提供2～4套有指导效益的模拟题。

4.加强教研组“青蓝工程”建设

根据学校制定的教师专业化发展规划，确定和落实青年教师培养的具体目标及工作措施，在思想上、工作上、生活上全面关心青年教师，促进他们自主发展、健康成长。

5.处理好教研组与年级组的关系

学校年级组与教研组并不是对立的机构，作为学校工作的两个重要支柱，不可偏废。年级组基于学校行政管理而存在，目的在于督促教师有效地完成教学任务；教研组则基于学校教师专业发展而存在，目的在于督促教师提高教学能力，最终达到提高教学质量的目的。教研组和年级组的工作是相互依赖、相互促进的关系。

实践证明，校长只要充分运用教研组平台，就能有效行使课程教学的指导权，并能够打造一支成熟、稳定、优秀的学习型和学术型教师团队，为教师的专业化发展提供保障。

三、处理好领导课程教学中的“三力”

校长在领导学校课程教学的过程中，要重点抓好三个“力”，即国家课程校本开发与校本课程开发的创造力，诊断课程教学的判断力与调整课程教学的执行力，促进教师专业发展的推动力。三者互为补充、相互促进。

(一)国家课程校本开发与校本课程开发的创造力

1.促进学生主体发展的国家课程校本化

国家课程是学校课程的主体，是促进学生发展的主要部分，改变千校一面的总体状况，要靠国家课程校本化来完成。当前既有生源优质的学校也有生源质量薄弱的学校在进行国家课程校本化探索，校长可以对国家课程进行适应学生的校本化改造，国家课程校本化都是通过学校重新编写实现的。教师在国家课程校本化过程中也大有可为。从教师在课程实施中的作为来看，可以通过重构教学目标，引领师生在目标的建构中成长；遴选教学内容，引领师生在内容的选择中成长；探寻教学方法，引领师生在方法的探究中成长。目前，我校结合实际情况，对所有参加中、高考学科的国家课程均实行了校本化处理，经过三年的实验，已经完全建立起了一整套覆盖初、高中 18 个升学科目的校本作业本，极大地丰富了国家课程校本开发，提高了学校教育教学质量。

2.促进区域特色发展的地方课程特色化

在新课程改革中，地方课程虽然所占比例不多，但是体现了当地的乡土风情和地方特色。地方课程特色化需要在校长领导下使地方课程校本化和使教师课堂教学生活化。如聂帅的"厚道"精神，我校的"勤、诚、恒"校训，塘河古镇的龙舟，钟云舫的天下第一长联，石门的大佛等。这些都是江津的传统文化，它表现在地方课程中就是具有江津区域文化的特色课程，只有这样与生活紧密联系才能使教学生活化。因此，我校开设了相关地方课程，如弘扬传统文化的《塘河古镇龙舟的由来》《趣谈中山古镇的千米长宴》《传说中的和珅官邸——会龙庄探秘》，记叙史实的《抗战文化四坝之一的白沙坝》《抗战中的江津中学》等；反映江津特产和风土人情的《百年老字号——江津米花糖》《江津酒文化》和

《爱情天梯》等。这些极富地方特色的校本选修课程，既开拓了学生的视野，也增强了学生对家乡的认同感；不仅促进了区域经济特色发展，而且也有利于地方传统文化的传承。

3.促进学生个性发展的校本课程系统化

我校以学生的自主发展为本，积极创造条件开设丰富多彩的校本选修课程。校本课程强调对学生的创新精神和实践能力的培养，教学内容要求体现课程现代化和综合性的发展趋势，注重与学生身心的协调发展。目前，学校初、高中自主开发的系统化校本课程共计 106 种，主要分为五大类。

（1）学科基础类，指适当扩大相应学科知识的广度和深度。这是尖子生培养的提高性课程，主要针对奥赛尖子生，是为促使学生"冒尖"而开设的课程。

（2）个性特长类，指培养学生兴趣爱好的科技、艺术、体育类活动性课程。如实体机器人和虚拟机器人，美丽的星空——天文科普，江津中学军事苑，舞蹈、声乐、形体课程，跆拳道、篮球、足球、网球等校本选修课程。

（3）能力拓展类，指提升学生组织、协调、沟通、演说、动手等能力。这类课程中影响力最大的是"中学生领导力课程"，作为重庆市唯一一所参加全国中学生领导力大赛的学校，在与全国一流的中学竞争中，我校取得了突出的成绩。

（4）实践体验类，指通过校内、校外的实践锻炼，增加学生的体验。如江津中学志愿者活动、业余党校、城乡互换体验营等。

（5）开阔视野类，指新知识、新技术、新领域的讲座，境内外的考察等。

我校校本选修课程开设内容涉及各个领域，极大地丰富了学生的课外生活，促进了学生的全面发展，真正践行以学生为主体的新课程改革理念和"让每一个学生都获得最好的发展"的办学理念。

（二）诊断课程教学的判断力与调整课程教学的执行力

诊断课程与教学进展的判断力是校长领导课程教学的重要

能力。观察与诊断在课堂教学中最显著的作用是提升课堂教学活动过程与教学效果的有效性,关注学生的学习,学校分析诊断的标准可以从以下四个方面进行。

(1)教学是否体现国家教育的目标,即全体教师对国家课程的理解力和执行力。

(2)教学是否顺应新课程改革的要求,即课程设置和教学过程中是否体现以学生为主体、教师为主导的理念。

(3)教学是否满足三维目标的达成,即课程设置和教师知识与能力传授的过程中要注重学习方法的渗透,同时还要实现对学生情感、态度、价值观的引领。

(4)课程教学是否满足学生的多元需求,即学生对课程设置和教学内容的需要度与满足度。

这些信息的准确性和可信性有赖于校长对获取途径的用心设计和实施。最有效的途径是校长走进课堂广泛听课,与师生对话,倾听师生的心声;也可以与师生、家长及其他相关人员面对面地交流;更可以直接参与学校教学管理部门的某些课程管理工作。通过上述四个判断标准,对学校的课程和教学进行诊断判定,并采取行之有效的措施调整课程教学。

基于课程教学的诊断,调整课程教学的执行力更能彰显校长领导课程教学的能力。如在针对学校新课程改革中课程设置的问题时,根据国家和重庆市的课程设置要求,结合我校的实际,经多次论证,提出了课程设置明确的思路和方法,并汇编成文件,印发到各年级处。具体思路和方法为:必修课程——优化而不是增量,选修Ⅰ课程——有效控制而不是限制,选修Ⅱ课程——开发而不是放弃,活动课程——整合而不是自流。具体做法有:一是必修课程从实际出发突破学段安排;二是选修Ⅰ课程坚持任意选择与指导选择相结合;三是通用技术课程分三步走,高二先开设必修课,保证教学质量,然后开设选修课;四是选修Ⅱ课程规定课时,自由选读,任意选修;五是研究性学习,课时不固定,集中学习,课余研究,一学年每个年级组完成1～2个研究专题;六是加强课程督导,保证所有科目开齐开足。同时,学校广泛开展新课程的课堂教学研究，有针对性地解决在课堂教学中出现的各种问题和不足。

总之，校长不仅要具有诊断课程教学的判断力，更需要有调整课程教学的执行力。通过诊断、调整、再诊断、再调整，逐步构建质量优异、特色鲜明、社会认同的江津中学课程教学体系。

(三)促进教师专业发展的推动力

1.理念为先

教师的专业发展是学校课程教学发展的动力，教师的专业发展尤其需要校长先进理念的引领。笔者非常推崇清华大学老校长梅贻琦和华东师范大学副校长叶澜教授的观点。如"所谓大学者，非谓有大楼之谓也，乃有大师之谓也""没有教师的发展，难有学生的发展；没有教师的解放，难有学生的解放；没有教师的创造，难有学生的创造；没有教师的转型，难有学生的转型"。笔者在工作中，更是以两位校长的理念践行学校教师专业化发展。教师专业化发展理念是：教师是立校之基、兴校之本、强校之源，以教师专业发展为基础，以学生全面发展为目的，通过成就教师，成就学生，最终成就学校发展。使学校教学质量更高、品牌更亮、学生更加自豪，教师更具尊严。

笔者曾撰写了三篇文章，详细论述关于教师专业发展的问题。如在《新课程改革呼唤教师专业发展》一文中写道，因受应试教育长期影响，学校的教育教学体系与新课程的不合拍和摩擦是客观存在的，而改变这一现状最有效的途径就是加强教师专业发展，以提升教师专业素质为突破口来改变教师教育教学方式和学生学习方式，使我们的教育更人性化，更能满足学生的发展性需求。在《新课程背景下教师专业发展内涵》一文中，则详细论述在新课程背景下教师专业发展的内涵。在《新课程改革背景下教师专业发展的途径与方法》一文中则论证了教师们专业提升的途径和方法。

2.制度保障

科学的管理与良好的评价激励机制能够切实保障教师专业

发展，是教师走向成功的有力保证。在教师专业发展中，学校主张用科学的制度来保证教师队伍的质量和发展。在管理制度方面，建立符合学校发展目标和办学特色的管理体制，其重点是减少管理层次，促进制度内化。为此，学校建立“江津中学教师成长档案袋”，明确符合教师个性及发展趋势的岗位职责，探索因人而异的教师管理模式。学校推出了“四六六八”工程，并制定“成功阶梯”方案来保障实施。

“四六六八”即青年教师四个一：一手好字，一笔好文，一副好口才，一堂合格课。全体教师六个一：读一本教育专著，掌握一门学科的知识结构体系，上好一堂多媒体优质课，有一口较标准的普通话，参加一项教改实验，有一项有价值的科研成果。学校干部六个一：出一个好点子，管一条线，蹲一个点，兼一门课，抓一项研究，带一位教师。教研组长八个一：上一节示范课，一篇文章发表、交流或获奖，参加一个学术团体，主持一次学术学习或讲座，抓一个科研课题，对教师做一次评课总结，争创一项学科集体荣誉，指导一名教师。

“成功阶梯”是我校在推进教师专业发展过程中的创新成果。学校将五个层次的教师（初级、中级、高级、学科带头人、教书育人专家）按五个方面（学历、教学能力、教育能力、现代教育技术水平、教育科研能力）分别提出不同的要求进行奖惩，达到了建立健全鼓励优秀青年教师增长才干和脱颖而出的机制，充分发挥广大教师教书育人的积极性和创造性的目的，给予了每一位教师均等的机会与公平的待遇。

学校还在《重庆市江津中学校中长期教育改革和发展规划（2011—2020 年）》中提出了《青年班主任培养工程》《青年教师培养工程》《江津中学名师工程》《中青年干部培养工程》四项重要的教师培养工程。为了进一步促进学校教师的专业发展，制定了《江津中学“老带新”实施办法》《江津中学青蓝工程实施办法》等。此外，学校还创造性地实施后备干部进行“试岗”培训制度，中青年教师积极参加干部岗位竞争，同时要求对他们进行“试岗”培训，使之尽快成长起来，为学校储备干部人才。

科学的管理制度和良好的评价激励机制构建起了江津中学成熟、优秀、稳定的教师队伍。就是这样一支优秀的教师队伍，连续创造出了辉煌的成绩。

3.培训研修

培训研修是教师专业发展重要的助推力。学校始终秉承“培训就是最好的福利”的教师专业发展理念，把培训研修作为教师专业化发展的重要载体。积极倡导教师自主研修和培训学习，不断提高教师自身的能力素质，提高教学工作的质量。学校为教师专业发展提供充足的经费保障，每年投入近 1/4 的办公经费，用于教师专业发展相关的培训研修。学校还与北京师范大学、华东师范大学和西南大学等高校签订了关于教师专业发展的战略协定，每年暑假组织教师参加高端培训。目前学校教师培训研修方式主要是“走出去、请进来”。培训研修的类型主要有校长研修班、骨干教师培训、新课程改革培训、国培计划、班主任培训、新教师培训、学科教研活动等，只要有利于教师专业化发展的培训研修，学校一律开绿灯。这些措施极大地促进了教师的专业发展。

学校还特别重视挖掘教师潜力，进行校内培训，探索总结出了教师互动式培训模式。这种教师互动式培训是根据实际需求，邀请本校在某一方面有特长的教师对其他感兴趣和有需求的教师进行培训。这种培训模式具有四个特点：实用针对性、需求互选性、角色示范性、时间灵活性。不仅满足了多元需求，还为老师们搭建了一个实现自我价值的平台，有力地促进了培训教师的专业发展，成为老师们易接受、受欢迎的培训模式。培训、研修切实提升了教师教学水平，已成为我校教师专业发展最重要的平台。

综上所述，“领导课程教学、引领教师成长”是校长专业标准中“不可替代”的核心内容，是校长工作的原点和终点，更是新课程改革“以学生为主体、教师为主导”理念的体现，更能彰显一名校长的能力和魅力。

浅谈中学校长自身专业发展之路

重庆万州三中　王智力

校长是学校改革发展的带头人，是学校管理工作的核心人，是领导全校教师进行创造性劳动的主要组织者。校长在学校能否卓有成效地开展工作，取决于校长的管理能力和自身专业素质的发展。为进一步明确和规范校长的专业素质要求，建设高素质专业化的校长队伍，2013 年 2 月，教育部出台了《义务教育学校校长专业标准》(以下简称《专业标准》)。《专业标准》要求校长必须坚持以德为先、育人为本、引领发展、能力为重、终身学习五个基本理念。《专业标准》首次系统建构了我国义务教育学校校长的六项专业职责，即"规划学校发展、营造育人文化、领导课程教学、引领教师成长、优化内部管理、调适外部环境"，具体包括了四个方面的实施建议，即专业理解与认识、专业知识与方法、专业能力与行为和 18 项专业要求分类，共计 60 条细则。《专业标准》的颁布实施，为校长专业化成长起到了"建章立制"的作用。新时期如何当好校长？就是要很好地践行《专业标准》中所提出的"五大基本理念""六项专业职责"。

作为中学校长，如何践行校长专业标准，提高自身素质和能力，真正走上专业发展之路呢？笔者通过对《专业标准》持续近半年的学习感悟，结合自己担任中学校长多年的实践经验，谈一谈个人的点滴体会。

一、多坚持，培养自己具备高度的政治素养

一位称职的校长，首先必须具有较高的政治素养，包括明确的政治方向、坚定的政治立场、正确的政治观点、敏锐的政治鉴别力、严格的政治纪律。作为一名中学校长，必须坚持自己的政治信仰和政治立场：一是要坚持以邓小平理论、“三个代表”重要思想和科学发展观为指导，坚持社会主义的办学方向，坚持全面贯彻党的教育方针，培养德、智、体、美、劳全面发展的社会主义建设者和接班人；二是要明确我国现行的各种法律法规，尤其掌握有关的教育教学法规，依法治校，依法执教；三是要切实维护党的政治纪律。校长一定要顾全大局，既要努力把所在学校办好，又要维护教育的整体利益，要服从和服务于教育的改革发展。坚决执行上级党委、政府、教育行政部门的决策和工作部署。

二、多反省，培养自己具备良好的道德修养

《专业标准》五大基本理念中最先强调的即是“以德为先”。的确，校长作为学校的一名管理者，其品德行为往往决定着这所学校的风气、师德以及学生的行为习惯。校长只有不循私利，一身正气，两袖清风，吃苦在人前，享乐在人后，才能有威信，管理才有底气，才能团结人、有感召力。这就要求校长时时反省自己，是否做到了以下几个方面。

（一）校长要有奉献精神

作为一名校长，应该热爱共产党、热爱祖国、热爱人民、热爱教育，对人民的教育事业有着一颗赤诚之心。只有这样，才会把学校的特色发展、品牌建设当作自己事业的追求目标；只有这样，才会以校为家、爱校如家，担起学校发展的责任；也只有这样，才会言传身教、勇于探索、敢于创新，开创一条具有特色的办学之路。

(二)校长要以身为范

作为一名校长，应是学生的师长、教职员工的益友，这就对校长在教育、教学以及学校工作的各个方面提出了更高的要求。校长在学校的一切教育教学活动中，一言一行都必须严于律己，在师生中产生良好影响。校长还应率先垂范，树立榜样，寓教育于实际行动之中，做到“润物细无声”。

(三)校长要有容人之量

做一名优秀的校长，器量要大、心胸要宽、要记人之功、容人之过，这样才能团结各种性格的人才，听得进各种不同的意见，调动、发挥好所有人的积极性、主动性和创造性。

(四)校长要有良好的心理素质和坚强的意志

学校工作千头万绪，随时会受到挫折的困扰，因此要保持平衡的心理状态，做到喜怒有常、喜怒有度。其次，要有坚强的意志。学校工作的复杂性和繁重性，决定了校长工作在时间上的连续性，空间上的广泛性，方式上的随机性。校长必须要有坚强的意志，才能在战胜挫折、克服困难中，不断积累才华，增长才干。

三、多实践，培养自己具有较高的业务技能

苏联教育家苏霍姆林斯基认为：“校长对学校工作的领导，首先应是教育思想的领导，其次才是行政的领导。”一位好校长，首先必定是一位好教师，校长不仅要做“管理上的能手”，更要做“教学上的高手”。这样的校长，教师们才会由衷地佩服，这样的校长，才能成为教学上的“领头羊”，才能得到广大教师和社会的支持。这就要求校长必须深入教学一线、深入课堂之内、深入教研之中、深入教师学生之中，获取教学教研第一手资料，以指导教师进行教学改革，切实减轻学生过重的课业负担，追求高效课堂，增强教学的有效性，从而不断提高学校的教学质量。

四、多积累，培养自己具备较强的管理能力

校长在学校的核心地位要求其必须具有较强的组织管理能力，其中包括统揽全局的能力、科学的决策能力、知人善任的用人能力等。要具备这些能力，并不是一朝一夕就能完成的，必须经过长期的积累。

（一）统揽全局的能力

“胸无全局者，不足以谋一域”。要治理好一所学校，校长要有清晰的工作思路和统揽全局的能力。一要熟悉国情，了解世情，明确办学方向；二要熟悉校情，了解社会实情，明确办学目标；三要熟悉干部，了解师生，明确办学思路；四要学会“弹钢琴”，既能够统揽学校全局的工作，又善于抓主要矛盾，明确重点工作。

（二）果断的决策能力

校长要想成为一名高水平的决策者，必须终身好学，不断提高自身的知识素养。学校管理首先是教育思想的管理，校长要掌握学校的工作规律，具有比较先进的教育思想，自觉加强教育学、心理学、管理学、管理心理学等科学知识的学习。只有通过不断地学习，汲取新知识，才能见多识广，思路开阔，提高对决策问题的综合分析能力。

（三）知人善任的用人能力

一个称职的领导者不仅要能多谋善断，更重要的是善于用人。如果有了好的工作思路和发展战略，而不善于用人，没有一支得心应手的干部队伍去组织实施或没有高素质的教师队伍去努力拼搏，那么再好的主意、谋略和决策，也只能是毫无意义的一纸空文。知人就是要熟悉干部和教师，了解他们，准确评价他们。首先要通过各种渠道和办法，掌握和了解他们的基本情况和工作状况。然后要对干部和教师特别是干部进行分析，分析他们的素

质和表现时，真正做到重实绩、重公论，看主流。三是要“善任”。“善任”体现在尊重和信任干部和教师，做到“用人不疑”，能正确对待干部和教师的缺点，注意保护他们的工作积极性和改革锐气。

（四）校长应具备自律防腐的能力

作为校长，一定要有拒腐防变的能力。要牢记党的宗旨，坚持立党为公，执政为民，干净做事；要严于律己，勤政廉政，做到经得住诱惑，顶得住人情，管得住小节。

（五）校长应具备周密的沟通协调能力

作为学校的领导者、决策者和管理者，校长不仅要协调好学校内部各方面的关系，使其整体效能得以最佳发挥，而且还要主动协调学校与社会的外部关系，争取社会的认同与支持。一所学校的管理是否科学，教育教学秩序是否良好，办学效益和教育质量是否稳步提高，其中一个很重要的决定因素，就是校长的沟通协调能力。因为办好一所学校离不开全校师生的共同努力，离不开上级和社会各方面的关心支持，这就需要校长具备较强的沟通协调能力，努力做好协调工作。对待上级：敬上不唯上、服从不盲从。对待下级：无私待人、平等待人、诚恳待人、宽容待人、友好待人。对待部门社区：融洽关系，争取支持。对待校际关系：和平共处，坦诚相待。想方设法协调好内部、外部的关系，探求人与人之间的和谐，人与事之间的匹配，达到人适其事，事得其人，人尽其才，才尽其用的目的，为学校求得最大的发展空间。

（六）校长应具有强烈的安全意识

安全工作重于泰山。学校是师生和财产集中的场所，一旦发生重大安全事故，将对师生、对国家和集体财产造成极大的危害和损失。校长一定要增强安全意识，做到任何时候都牢记“安全重于泰山，安全无小事”，切实做好安全第一责任人，从科室、人员、设施设备和安全工作制度、师生安全知识和技能的学习培训等各个方面，把学校各项安全工作（校舍安全、消防安全、交通安全、师生在校学习活动安全、师生外出集体活动安全、饮食安全以及防学生溺水、防校产被盗等各方面）的有效措施落到实处，确保师生和校产安全。

五、多探索，培养自己具有较强的创新意识

与时俱进、务实创新是一个现代中学校长必备的素质，是校长能力结构的最高层次。作为校长要紧跟时代要求，不断更新自己的知识结构，加强自身修养，研究创新方法，运用科学的思维方法解决问题，快速适应和接纳新事物，勇于实践，大胆探索，在实践中找到新思想、新方法，更要善于观察、学习、总结和思考。善于运用现代信息技术迅速有效地接收、加工、处理、使用有效信息，使自己始终站在教育的前沿，以时代的眼光审视教育现象。发现问题，敢于跳出旧模式，积极探索、大胆改革、集思广益，与全体师生集体创新，使学校在创新中发展。

六、多给予，培养自己具有真挚的人文情怀

校长要将人文关怀作为管理制度的有益补充，在管理制度的实施过程中，将刚性的处理、柔性的关怀、爱心的给予融为一体。执行制度时充分重视教师的反馈，从尊重关爱教师出发，及时地沟通，充分地交流，换位思考，认识教师、体谅教师，真诚地为教师服务，从而感动教师，使教师与学校达成共识。

（一）坚持“教师第一”思想

注意安排足够多的时间同教师进行交流，关心教师的身心健康，合理安排教师的工作，及时探望生病的教师，关心教师家庭成员，尽力解除教师的后顾之忧。

（二）少一些发号施令，多一些垂范

校长不应该是一个动辄发号施令的“行政官员”，而是一个充

满教育思想和专业知识、充满人文关怀、深知师生所想所需的组织者、合作者、服务者和朋友。作为知识分子群体，教师们不仅看表面现象，更看重领导的实质内涵。学校领导要少一些行政手段，多一些率先垂范的隐性管理，让师生觉得校长是群体中既特殊又普遍，能不断把学校引领到更高层次的一员。

（三）为教师发展创造条件

校长在工作上对教师进行帮助，在思想上对教师进行引导，在教师发展上尽力创造条件，让教师能够有更多的实现自身价值的机会。引导教师制定个人发展计划，鼓励教师进修，提高专业知识，组织教师外出学习、培训，褒奖教师的教学和教育科研成果等。

学习、总结、反思，也是校长实现自身专业发展的重要途径，坚持在学习中成长，在反思中提高。作为校长更应增强自身专业发展的自觉性，制定自我专业发展规划，积极进行自我评价，主动参加校长培训和自主研修，不断提升自身专业发展水平，大胆开展学校管理实践，不断开拓创新，让自己真正走上专业发展之路。

不断提升校长专业素质
努力适应现代学校管理

重庆十八中　罗　丞

现代学校管理呈现出办学自主权扩大，注重人本、民主，体现开放性，强调依法治校，体现经营与服务意识等新的特征。基于此，现代学校管理视野中的校长应秉持以德为先、育人为本、引领发展、能力为重和终身学习等现代理念，不断提升规划学校发展，营造育人文化，领导课程教学，引领教师成长，优化内部管理和调试外部环境等专业素质。因此，笔者有以下思考和实践。

一、汇“民智”，借“外脑”，特色规划学校发展

校长须明确学校办学定位，履行教育使命，注重学校发展的战略规划，建立学校发展共同目标，形成学校发展合力。在全球化、信息化时代，知识大爆炸，智慧遍地开，汇聚“民智”，借用“外脑”，是搞好现代学校管理，借以打破各种局限性之必需。笔者为了充分利用学校优越的办学条件，促进学校科学、高品质发展，对学校未来10年发展路径进行了规划，但总如置身“庐山”，难识“庐山”真面目。于是抛砖引玉，将规划方案抛给全校师生、家长、优秀校友，发动大家参与学校未来发展规划的大讨论、积极献言献策，修订方案，再邀请专家“把脉”，优化方案，最后形成了路径清晰、时间明晰、有特色、可行的学校发展规划。“民智”和“外脑”为我们打开了一片片新的天地。

二、续文脉，巧创新，绿色营造育人文化

将学校文化建设作为学校育人工作的重要方面，重视学校文化潜移默化的教育功能，把文化育人作为办学治校的重要内容与途径，是现代校长必须化入“血液”的专业认知。笔者在学校文化建设中，和全校师生一道，挖掘提炼学校六十余载积淀的文化底蕴，大力弘扬学校建立之初形成的“大气清亮，高怀致远”的学校精神，形成了完美的价值文化体系，打造了被誉为“天然氧吧，林泉书院”的学校环境文化。并在学校行为文化建设中，注重自身的亲身体验和垂范，引导师生，注重沉淀，真正起到了凝聚人心，奠基学生全面发展、终身发展的作用。我校的文化主题是“绿境”，因为学校新校区位于铁山坪森林公园，“绿境”就蕴含着蓬勃的生机、旺盛的活力，意味着我校科学发展、持续发展，象征着我校一贯坚持的保护与共生，承载着我校发展与创新的不懈追求。它既是物质的也是精神的，既是历史的也是现实的，既是今天的也是未来的。

三、循内涵，重实效，本色领导课程教学

走内涵发展之路，是现代学校必须回归的本质，强调尊重教育教学规律，注重培养学生的责任意识、创新精神和实践能力；尊重教师的教学经验和智慧，积极推进教学改革与创新。我校结合学校实际，组织师生精钻细研，并在实践中不断修正，实现国家课程高度校本化，校本课程高度个性化。在课程实施模式上推行走班选课，让学生选择自己喜欢的课程和老师，努力让每一名学生都得到适合自身的学习内容和学习方式。

如初中阶段：通过“自主学习、自我管理、自觉服务，学会生存、品味生活、敬畏生命”的“三自三生”系列教育，探索学生教育管理的新机制和新途径，根据不同年龄阶段的学生制定不同的系列精品课程，全面提升学生综合素质，为学生规划美好人生、成就学生幸福未来奠定坚实基础。

如高中阶段：选修课程走班教学主要进行了“三主五环”操作探索。“三主”搭建宏观框架，即以学校的育人理念为主轴，以师生双方为主体，以文化素养、生活技能、社区服务、人生价值为主板，构建稳固的“金字塔”模型；“五环”落实走班操作流程，即“创造性开设、最优化指导、个性化选修、高效性课堂、分层级管理”。

四、深专业，务广博，出色引领教师成长

校长是教师专业发展的引导者，应尊重教师专业发展的规律，激发教师发展的内在动力，尊重、信任、团结和赏识每一位教师，促进其成长。我校以“修专业深度，立文化高度”为目标，引领教师专业发展。“修专业深度”目的在于“卓越的教育智慧”，就是致力于高品质的专业水平修炼，在课程建构、教学方略、学生指导、教育科研等方面都有卓越优异之处，成为西部乃至更大范围基础教育领域的专业典范。“立文化高度”目的在于“丰厚的教育生态”，就是致力于高品位的学校文化建设，在办学理念、办学行为、办学环境等方面全面提升，使学校成为西部乃至更大范围基础教育领域的文化制高点。

五、低重心，求精细，悦色优化内部管理

现代学校校长应在依法治校的前提下崇尚以德立校，和颜悦色地对待人和事，体现厚德包容之风；倡导民主管理和科学管理，坚持教书育人、管理育人、服务育人。笔者所在的学校实行扁平化管理后，将管理重心下移，大胆放权，推行年级主任负责制，在管理中追求精细、精通、精密、精品。在用人机制上，实行中层干部竞争上岗制和教职工双向选择分批聘任制。帮教职工搭台子、压担子、结对子，以位立人、以位达人。同时大胆实行绩效分配制度改革，很好地调动了教职工的积极性。

六、联社区，系家庭，七色调试外部环境

现代学校管理中，校长必须认识到，学校与家庭、社会（社区）的良性互动是办学水平的重要体现，要运用丰富多样的手段，巧妙优化外部育人环境，争取社会（社区）对学校教育的支持。如学校建立健全了家校合作育人机制，建立了教师家访制度，积极参加江北区教委开展的“千名教师访万家，万名家长进校园”活动，通过家长学校、家长会、家长开放日等形式，指导和帮助家长了解学校工作情况和学生发展特点，掌握科学育人方法。学校还积极地与观音桥街道、铁山坪社区街道联合，充分利用街道的实践活动和文化活动场所、设施，建立学生实践基地，鼓励并组织学校师生参与服务社会（社区）的有益活动。学校充分发挥家长委员会的职能，开设家长讲坛，邀请家长代表到校做讲座，引导社区和有关专业人士参与学校管理和监督，接受改进学校工作的合理建议等，这些活动都收到了很好的效果。

总之，我认为，现代学校管理的核心特征是学校办学自主权的扩大。校长要在现代学校管理中有所作为，做一名“现代”的校长，须以灵敏的感应神经感受时代的变化，在应时而动和对教育理想的智慧坚守之中努力提升专业素养，在专业素养的土壤之上，开出绚丽的智慧之花。以超凡的胸襟、眼界、胆识、自信和能力放好权，以先进、民主、科学的制度控好权，充分发挥学校办学自主权在促进师生全面发展、个性发展中的作用，最终一定能实现学校的创新发展、科学发展和高品质发展。

关于校长专业标准的思考与实践探究

重庆忠县中学　陶卫东

专业标准是职业发展的重要标志和尺度，也是衡量职业是否发展成熟的重要指标之一。就校长而言，研究和实践校长专业标准是校长专业发展的必然要求，是校长专业发展的行动框架和现实路径，也是通向未来学校的目标与途径。近年来，校长专业标准成为世界性的重要课题，美国、英国、新西兰、加拿大、澳大利亚以及我国香港地区都制定与实施了校长专业标准。教育部在2013年2月颁布了《义务教育学校校长专业标准》（以下简称《专业标准》）。首次系统建构了义务教育学校校长的六项专业职责——规划学校发展、营造育人文化、领导课堂教学、引领教师成长、优化内部管理、调适外部环境，并细化为60条专业要求，由专业理解与认识、专业知识与方法、专业能力与行为三方面组成，为我国校长的遴选、培训、评价和绩效管理提供了基本依据，并使政府、教职工、学生及家长和社会明确校长的角色，对未来校长的专业化发展具有较强的指导性和规范性。笔者通过对《专业标准》的学习，结合本校的实践情况，做了以下几点思考。

一、个人素养标准的实践

（一）修身立德，做有人情味的校长

“感人心者，莫过于情”，管理学校就要有人情味。古人以孝廉而察举，就凸显了从政道德的重要性。自古以来，中国人都将“修身立德”放在首位。俗话说：“正心以为本，修身以为基。”先贤

孔子以“仁者爱人”的“仁政”、“道之以德”作为管理的主要手段。庄子亦言“以天为宗，以德为本”，古代思想家们更多地专注于伦理政治问题，形成了趋善求治的伦理政治型文化。在中国的学校管理中，自然更要坚持以德服人。作为学校领导，固然要承担道德表率的责任，但重要的是要承担道德解释的责任，这就要求领导者必须把拥有执行力作为第一要务。作为校长应坚持办学方向，贯彻党和国家的教育方针政策，将社会主义核心价值体系融入学校教育全过程，依法履行法律赋予的权利和义务。把立德树人、为人师表、公正廉洁、关爱师生、尊重师生人格作为学校校长的道德追求。让全校师生在自身的道德感召下，在道德文化的照彻下变得其乐融融。另外，校长要有理想，这种理想一定是源于对教育负载的责任和使命。校长应重视学生的和谐发展，用赏识教育、愉快教育、生态教育、成功教育等先进的教育理念去引导教职工改善教育环境和教育过程，把素质教育真正落到实处，努力让学生在成长中能够享受教育、享受学习、享受成功，精神愉悦。

(二)灵魂引领，做有影响力的校长

苏联教育家苏霍姆林斯基说：“校长对学校的领导，首先是教育思想的领导，其次才是行政的领导。”校长是学校的灵魂，即教育思想之魂、办学方向之魂和学校文化之魂。校长也是学校办学方向的引领者、教育改革的指导者和教育理论的实践者。校长的理念和思想，不仅决定着学校的教育教学行为和教育管理行为，而且还直接影响着学校的办学方向和发展目标，也对教师发展和学生成长产生着重大影响。如果校长能面向世界、面向未来、面向现代化，准确把握国际、国内教育改革发展的方向，掌握先进的教育思想和最前沿的教育理论，大胆改革，不断创新，准确定位学校的办学方向、办学目标、办学品位、办学风格和学校文化等，就可能将学校办成理念超前、思想先进、富有个性的优质、特色学校。做一个有影响力的校长，培养自己的感召力，形成亲和力和凝聚力，使全校师生对校长产生敬佩和服从之心。这样的校长才能把全校师生员工紧紧吸引在自己周围，更好地开展教育工作。

二、职业素养标准的实践

（一）愿景规划，做有理想的校长

每一个人都有梦想，每一所学校也应该有梦想。教育理论家朱永新在他的《走近最理想的教育》一书中说："理想的学校，应该是绿色人文学校；理想的学校，应该是有特色的学校；理想的学校，应该是有一支基本功扎实、具有创新性的教师队伍的学校；理想的学校，应该是有一批具有良好习惯、勇于探索的学生的学校。"而这一切的理想缘于有一个有理想的校长，缘于校长的合理而长远的愿景规划。如山东省茌平县杜郎口中学，原是一所全县有名的薄弱学校，齐鲁名校长崔其升是一位十分有思想的校长。他担任该校校长以后，大胆进行改革，着力改革了课堂教学，构建了高效课堂，课堂上特别注重发挥学生的主体性，落实学生的主体地位，体现了"以人为本、关注生命、自主自信、探索创新"的学校理念，形成了以学生为主体的"三三六"自主学习模式，使学校从一个全县有名的薄弱学校，一跃成了闻名全国的优质学校、品牌名校。实践证明，校长的新理念、新思想完全可以让学校发生翻天覆地的变化。

（二）文化建设，做有思想的校长

《专业标准》要求将学校文化建设作为学校德育工作的重要方面，重视学校文化潜移默化的教育功能，把文化育人作为办学治校的重要内容与途径。校长成为终身学习者是履行学习文化营造者职责的首要条件。以人为本的学校文化，要充分体现尊重人、理解人、关怀人，实现师生生命的"自由成长""智慧成长"。教育的特殊性在于它的对象是人，而不是产品。教育的目的是使人成为人，使人过有意义的生活，而不是制造统一标准的零件。所以学校文化要变成一种精神的铸造，一种对师生生活的引领，一种润泽生命的智慧。那么校长就应该与师生同心、同行、同乐，共同成长，达到天、地、人的真正和谐。我校原名“私立精忠中学”，学校致力于“精忠文化”的打造，让学校变成“课堂”，学校每一棵树木、每一株小草、每一个长廊都成为学生成长学习的资源。为了弘扬学校的“精忠文化”，学校将它阐释为“精乃干事立业之根，忠乃修德立人之魂”，教育广大师生要“精于治学，忠于真理，树追求科学的人；精于教学，忠于事业，树热爱生活的人；精于求学，忠于未来，树放眼世界的人”。

学校强势打造物化了“精忠文化”的外显标志，力求让环境说话。如为纪念学校 28 名精忠报国的有志青年而树立的精忠碑，展示学校发展历程、成就及前景的古典建筑式文化长廊——精忠记，绵延几百米的精忠师生纪念墙——精忠谱，还有寓意丰富深远的精忠广场，展现着每年学校发展历程中大事的精忠志；体现老校韵味的精忠印象等。

学校的园林绿化、设计、雕塑、生态公园也无不向学生讲述着关于自然、生物、历史、美术等各种学科的知识。精美的校园，宏大的精忠文化广场，向学生和教师传递着文化的气息，陶冶着他们的情操。它同时也引领着学校教育改革发展的方向，激励和滋养着全体师生不懈地迈步前进。从这个环境里走出去的师生，一定能超越景物的感受，在生命的潜意识中隐藏着另一种隐性的知识，它又会变作一种观照生活的眼光，变成一个个新的出发点。

（三）管理创新，做有智慧的校长

教育家陶行知说：“创造需要广博的基础。解放了空间，才能收集丰富的资料，扩大知识的眼界，以发挥其内在之创造力。”作为一名校长就要积极为教师、为学生创造广阔的教育和学习的空间，善于在办学思想、措施等方面实行智慧管理，提升学校文化内涵，不断地超越。

我校从管理上创新制定了刚柔相济型的生态化管理。坚持“以人为本，构建和谐的人际关系”，制定民主、科学、文明的学校规章制度及以人为本的思想与科学管理手段相结合，以发展人的主体性、促进人的全面和谐发展、提升人的生命价值为根本目的的规章制度。我校以生态发展为最高价值标准的观念来完善制度，淡化强制性“条文”，突出引导和鼓励，以富有人情味的形象展现在师生眼前。赋制度以人文色彩，变制度为心灵感召，体现人文关怀。以“科学、系统、规范、严格”规范管理要求，坚持“目标管理＋制度管理＋情感管理，以人为本＋追求效能＋能级管理”的管理策略，坚持“思维创新、过程创意、结果创效”的工作方针，确保学校整体功能的发挥，有效提高学校整体运行效率。全面实施素质教育，以提高学校的教育教学质量。另外，我们坚持“生态化层级管理”，学校对教师实行生态化分层管理，制定各层教师标准，按照标准一学期一考核，一学年一分层，建立健全教师个人成长发展档案，坚持每学期教师对学校领导评价、学校领导对教师评价的制度。各处室、年级部组都有周行事历、月反思卡，对本部门一周、一月的工作进行安排、总结、反思，并由分管校长做出发展性评价，提高行政管理效率和管理能力。

(四)课程改革，做懂教育的校长

苏联教育家苏霍姆林斯基一直认为，校长不能陷入日常事务的漩涡。“如果你想成为一个好校长，那你首先得努力成为一个好教师，一个好的教学专家和好的教育者。”他告诉我们作为校长最好是教育家，即使现在不是，也应朝着教育家的方向去发展，最低也应是师德高尚、知识丰富、业务精湛、能力突出的教育教学行家。校长懂教学，熟悉教育规律，这样才能按教育规律引领和指导教师实施国家课程。校长应走进课堂，指导和引领教师的教学，只有这样才能进行有效的评价，帮助教师提高课程教学的能力。校长还要担当起课程实施方向引领、提供资源、课堂指导、评价反馈等职责，让教师的教育教学行为能在校长的关注、指导与帮助下进行，并在与教师的共同创造中，潜移默化地将教学理念、教育思想、课程内容、优秀教法等传递给教师，让学校的课程实施与落实，成为学校课程改革中最灵动、最有特色的一道亮丽风景线。

(五)师生发展，做有激励的校长

校长是学校领导的核心，在对教师的领导方面，校长要成为教师发展的促进者。作为教师专业发展的领导者，校长应该主动研究教师专业成长规律，指导教师设计个人专业发展规划，建立促进教师专业发展的管理机制，打造教师专业发展的各种平台，构建教师学习共同体，最终实现教师个体和群体层面的专业提升和发展。我校坚持打造自主多元发展型、生态化的高品位教师精英团队，开展“创先争优”活动，争做研究型、学习型、专家型的教师，夯实发展基础，全力提高教师的自身素质。许多教师在特色学校的建设发展中获得了“助学生成长”又“自身成长”的双丰收。教育家陶行知先生说：“处处是创造之地，时时是创造之时，人人是创造之人。”作为校长要创造一种以学生为中心的和谐、宽容、合作、竞争、鼓励的学习氛围。让广大师生大胆创新、敢于思索，使创造能力得到充分的发挥。在学校，校长应成为创新人才的激励者，坚持自主创新的专业精神，对学校发展方向进行准确定位，凸显特色，打造自己的教育品牌，以最实际的行动激励创新人才的成长和发展。

正是江南好风景　一吟二句三年得

重庆涪陵五中　秦　勇

陶行知先生曾指出："校长是一个学校的灵魂，要评论一个学校，先要评论他的校长，有什么样的校长就会有什么样的学校，就有什么样的教师和学生。"苏联教育家苏霍姆林斯基说："学校领导首先是教育思想的领导，其次才是行政领导。"前者是就校长在一所学校的生存与发展中所处的地位及其作用与影响而言，突出了校长在整个办学过程中处于学校管理系统的核心地位、主导地位、决策地位的职业特点，凸显了校长的思想、行为和作风在学校工作中的全局性影响。后者则是就校长应该具备的能力而言，换言之，则提出的是校长应该具备什么样的能力和素质的问题。

无论是陶行知还是苏霍姆林斯基，都已是离我们远去的著名教育家，他们以及生活于他们之前久远时代的、生活于他们同时代的教育家们所提出的类似的问题，或先或后，或深或浅地引起了无数教育人的思考，无数人在苦苦追寻解答之道。本文欲就现代中学校长应当具备什么样的素质谈几点肤浅的认识。

一、心中有人——现代中学校长的立校素质

教育的本质是促进人的发展，学校教育的本质是促进师生的发展。作为一校之长，其工作的对象是人——老师和学生，其目标是培养人，学生是学校的"作品"。

著名教育家雅斯贝尔斯说："教育须有信仰，没有信仰就不成其为教育，而只是教学的技术而已。"在笔者看来，当前学校教育的"信仰"应该是育人为本，以培养学生全面发展为目标。在教育

过程中，学校应遵循学生作为一个自然人的成长规律、遵循学生作为一个自然人的成长过程的认知规律、遵循教育发展的本质规律，通过学校有序组织的极富目的性的、由师生共同参与的、在课堂内外开展的系统性活动，通过师生间的教与学、师生间的交流，培养学生人格，丰富学生文化，提升学生作为一个"人"的素养，使学生成为与人类自身发展方向、与人类社会发展脉络基本一致的人。但与之相反，现在由于社会上功利色彩太浓，教育行政指令太多，束缚了学校的教育，影响了学校个性化发展，片面追求升学率，使学校教育目标走偏了方向。

基于这样的认识，我校提出了"运动乐，读书乐，行知皆乐；身体好，学习好，品质更好"的口号，以真、善、美为核心，坚持按照教育发展的本质规律办学。如组织晨跑、太极拳等体育活动，铸造学生强健的体魄；实行自主管理，让学生自己来管理自己的生活、学习；提倡学生自主自习，培养学生的自控自制能力；开展以"小课题研究"为核心的校本教研，提高教师教学改革的前进速度；在深入挖掘本校教师潜力的同时，以"走出去，请进来"为主要方式，积极开展校际交流，着力提升教师教育教学水平和学校教育教学管理水平。其中，最主要有以下几个方面的探索。

(一)晨跑成为新特色

陶行知以"千教万教，教人求真"作为教师的职责，儒家思想强调"大学之道，在明德，在亲民，在止于至善"。在学生成人、成才教育中，我校强调学生的自主自立和自主发展。换句话说，为学生的自主自立和自主发展搭建平台是我校领导和教师的共识。我校"自主自立"的培养目标就是要通过教育，使学生知礼节、明事理，加强自身品德修养，努力成为品德高尚、身心向善、人格健康的人。

我校非常重视学生良好习惯的养成，认为学生良好的行为习惯是在他律与自律的相互作用下形成的。在强调以多种活动为载体对学生进行他律的同时，又通过他律促进自律，并将这种自律意识推广到学习、生活的方方面面中去。

因此，我校选择了以体育锻炼，尤其是校园晨跑为突破口，着力塑造学生的自立形象，强化学生的自主精神，培养学生的自主管理能力。具体做法是每天早上7:40～8:15，学校组织学生以班为单位，在学校全体干部、体育老师和班主任的带领下完成1500米左右的跑步。晨跑活动的展开，既磨炼了学生的意志，使学生养成了坚持锻炼身体的习惯，也促进了学生自律习惯、自主行为的养成。当晨跑结束后，同学们在教室里精神饱满地听老师的讲课，有着7000余名师生的校园一下子鸦雀无声，仿佛整个校园都变成了一间安静的教室。如今，晨跑锻炼已经成为我校展示涪陵教育的名片。

(二)自主自立靠引导

我校坚持定期组织各学科名优教师给学生开办学法指导专题讲座，拓宽学生的知识面；定期开办学生干部培训班，给他们传授初步的管理知识，培养他们的管理能力；不定期邀请社会贤达、成功人士、知名学者发表演讲，倡导兼容并包、学术自由，以繁荣校园文化之功，收德育之实。

在学生行为习惯养成上，我校设置了不文明行为劝导监督岗，常年由各班学生轮流值班。每天13:00～14:30，是校园文明劝导活动监督岗的工作时间。在学生会、团委的组织下，同学们成立志愿者服务队，牺牲中午的休息时间，在校园内多个执勤点轮流值班，对学生抽烟、乱扔垃圾、毁坏花草、出口成"脏"、男女不文明交往等行为进行劝导，并收到了良好的效果。通过这种方式，让学生参与学校事务的管理与考核，提高了学生的主体责任意识，增强了学生的自主纠偏与调控能力，让学生的主观能动性和创造性得到了最大的发挥。又如每周星期一升旗仪式后由轮值班班长总结介绍劝导情况；明确学生仪容仪貌基本要求，定期由学生会开展检查评比；引导学生爱护花草苗木，不乱扔果皮垃圾；要求师生守时，提倡师生问好等。如今，学校学生的文明礼貌蔚然成风。

校园社会实践活动是我校培养学生自主自立能力的又一举

措。活动的核心是组织学生以主人翁的姿态，以班为单位参与教育教学管理工作，由学校德育处、团委组织、各处室、各年级组、学生会协助开展。根据活动方案，学校每天安排一个教学班从8:00～18:00，走出教室、走出课堂，分成若干小组，深入校园教学办公区及其他主要的公共地段，参与学校课堂教学、清洁卫生、食堂工作、公物及水电等方面管理。18:20～19:00，参与管理教学班级利用德育课时间进行组内、班内两个层次的自我评价总结。参与教育教学管理的学生当天统一着装、组长挂牌，由德育处、团委指导教师以及班主任、年级德育管理员会同科任教师对当天参与班级进行考评；科任教师停课不离岗，按课程表安排巡查指导并清点人数；考核结果既纳入班级考评，也以一定的学分计入学生综合素质评价之中。

(三)健康教育多样化

我校非常重视学生的身心健康教育，如开展的“阳光体育运动”活动，就开足了体育课，除开展了校园晨跑活动，还坚持举办各年级篮球联赛、足球联赛、乒乓球比赛、羽毛球比赛等体育单项比赛活动外还每年举办一次设立有竞技体育项目、趣味体育项目，还有演讲、相声小品、书画、电脑制作和学生摄影作品等比赛，乐器演奏、舞蹈表演等符合高中学生特点的学生节活动，整个学生节的筹备和筹办都由学生自己组织，让同学们在众多的文体活动中发挥各自的特长，同学们抓住机会，奋力拼搏，体验成功的喜悦，从而锻铸了健康的心灵。此外，学校还在涪陵区广场举办涪陵五中专场庆祝“五一”劳动节、“五四”青年节、国庆节等文艺演出活动。学校还开展形式多样的健康知识宣传活动，还开设了心理咨询室，开通了心理咨询热线，建立了心理宣泄室。

(四)自主管理成特色

在学校的引导下，学生将在晨跑锻炼中养成的自律习惯、自主行为延伸到学校学习、生活、活动的方方面面，学生在身体锻炼、学业精进、寝室管理、班级建设、课外活动以及学生食堂管理等各个方面也都实现了自主管理，并逐渐形成了良好的心理素质，完善了学生的自我人格修养，具体有以下几个方面。

1.学生自习实现了自主管理

星期六全天，学生自主上自习，只安排少数教师为安全值班，学生形成了自主学习氛围。

2.学生寝室实现了学生自主管理

当就寝铃响后，只需10分钟左右，学生就全部就寝，校园一片安静，保证了学生有充足的睡眠时间，为学生学习、成长提供了保障。

3.食堂就餐实现了学生自主管理

学生代表不定期检查食堂物品购买情况，把好食品安全关；学生还自主维护食堂就餐纪律，学生就餐井然有序。

4.课外活动实现了学生自主管理

学校的运动会及“五四”青年节、国庆节、元旦节等节日庆祝文艺演出和校园社团活动都是由学生自我组织、自我管理，学校只提供指导和物质保障，学生的各种能力得到了有效和谐发展。

5.学生仪容仪貌监督实现了自主管理

为培养学生良好的生活、学习习惯，我校首先从规范学生的仪容仪表开始，制定了发型发式规范。我校每年都在春秋两季开学之初实施这一规范行动，对校园不文明行为的劝导活动实现了学生自主管理。

苏格拉底说，一个人是否有成就只有看他是否具有自尊心和自信心两个条件。我校的学生是自信、自尊的，而这种自信、自尊得益于我校为学生提供了一条走向成功的门径——自主管理。

二、教育家型校长梦——现代中学校长的核心素质

中学校长不一定要是学校里最有学问的人，但一定要是最爱做梦的人——最执着地追求成为“教育家型”人才的人。

“让教育家办学”是我国总理温家宝提出的命题，温总理提出：“要大张旗鼓地讲教育家，宣传教育家，中国得有成千上万的杰出的教育家来办学。”作为中学校长，在其办学过程中，应当真正懂得“让教育家办学”的内涵，并通过各种途径反复向全体教职工阐释“让教育家办学”，渗透“教育家办学”意识，以成为“教育家型校长”为目标。要让教职工明白，“教育家办学”并不是要求所有的教育人都成为教育家，而是要求教育人努力成为“教育家型”的教育人，你可以是“教育家型”校长，也可以是“教育家型”教师。对教育教学的工作者而言，无论“教育家型”校长，还是“教育家型”教师都是教育教学一线工作者，和其他校长、其他教师一样都是普通人。无论“教育家型”校长，还是“教育家型”教师都可以是“教育理论家”，也可以是“教育理论实践家”。

和其他校长、其他教师相比，大家担任的工作是一样的，只是“教育家型”校长和“教育家型”教师具有更强的使命感，他们更善于在现实与理想之间寻找出路，他们有自己对素质教育的深刻理解和执着追求，能在自己工作的范围内，与自己带领或参与的团队一起，团结协作，锐意创新，孜孜不倦，开拓前进；他们更热爱教育、热爱学生，一辈子献身于教育事业，默默无闻，不为世人所知；他们具有更深的专业素养，这里所说的专业素养，不仅包括学科修养，还应当包括教育理论修养；他们有更多理论层面的积累和思考，在日常点点滴滴的实践中，他们善于在一个更广阔的视野和理论的支撑下，进一步认识、思考、设计并创造自己的教育教学实践；他们更善于思考，善于实践，有自己独立的教育思想和观点，而不是上级怎么安排就怎么做；他们敢于摆脱来自各方面的束缚，或把这种束缚的影响尽可能减弱到最低程度，坚定而深入地实施素质教育，坚持自主创新，将国家的教育方针和对人才培养的要求，通过富有个性特色的教育实践活动得到充分有效地实现；他们更注重自己的品格修养，志存高远，坚守教育理想，有远大的教育理想和抱负；他们有终身学习的思想和终身学习的习惯，更有虚怀若谷的胸怀，能够包容他人、包容不同见解；他们的工作业绩更出色，经验更丰富，并有自己的教育风格，在教育界有一定影响，被广大教师所认可；最后，也是最关键之处在于，他们有更强烈的责任感，可以说，责任感是校长成为"教育家型"校长，教师成为"教育家型"教师的第一品质，正是这一品质，成为"教育家型"校长和"教育家型"教师的标签。

总之，要让教职工们认识到，每一位教师都具备成为"教育家型"校长和"教育家型"教师的潜质。"教育家型"校长和"教育家型"教师的成长，源于他们在平凡教育教学实践中的日积月累。

三、课程领导力——现代中学校长的执行素质

"校长课程领导力"是指以校长为核心的学校领导团队在明确的课程思想指导下，通过制定和实施学校课程规划，调控课程管理行为，实现课程目标，全面提高教育质量的能力。校长课程领导力是校长最核心的能力。校长领导课程的核心工作就是制定和实施学校课程规划。学校课程规划是指学校按照国家课程设置的要求，根据自己的办学理念，对本校的课程设计、实施、评价进行全面的规划。它包括：学校愿景、课程方案、课程实施和评价、课程管理制度、校本课程、校本教研、教师专业发展、学校与社会沟通等。

在制定和实施学校课程规划工作中，校长实际上已经行使了决策、组织、引导、实施、督查等基本职能，完成了课程和课程结构的设置、课程实施的组织与管理、课程评价的组织与指导、课程资源的统筹与运用、校本课程开发的组织以及各项工作尤其是校本课程开发的协调和指导等工作。这些工作的开展和完成，体现的是校长课程领导力中的"课程价值领导力""课程规划能力""课程开发能力""课程设置能力""课程管理能力"以及"课程实施能力"。

校长要想提高自己的课程领导能力，必须参与课程开发实践。通过参与课程开发实践，校长可以增加关于课程开发的经验，提高自己的课程专业素养。校长的课程专业素养还体现在对教学的指导上。校长走进课堂不仅需要了解教师"教"的情况，也需要了解学生"学"的情况，更应该关注学科课程实施的过程。因

此，校长要学会通式性听课方法，即脱离学科本身，从一般的角度判断课堂的整体状态和教师的教学境界，关注课堂教与学的方式和教学效果。校长对教学的指导能力，是校长课程专业素养的一个重要部分。

笔者在学校的工作中、在课程领导上比较有特色的是在学生思维开发上，开设了批判性思维课程。从古至今，中国文人有忧国忧民的传统，信奉“达则兼济天下，穷则独善其身”的做人准则，有较强的批判性思维。但自董仲舒、汉武大帝“罢黜百家，独尊儒术”至隋唐科举取士、宋元理学盛行、明清八股取士，中国文人的批判性思维日渐减弱，但也存在。发生在 20 世纪初期的“五四”新文化运动，在一定程度上唤醒了中国文人的批判性思维。“五四”时期的知识分子，对中国传统文化进行了一定的质疑、分析、批判，并以“振兴中华”为核心，提出了许多具有建设性的见解，中国文化、学术界出现了“百家争鸣、百花齐放”的态势。可以说，这种批判性思维的成长，推动了中国社会的大变革。自 20 世纪 70 年代高考制度恢复以来，中国教育界逐渐形成了千军万马过高考这根独木桥的态势，中国学生的思维中的“批判性思维”板块也因此日渐式微。当下，许多中国学生在学习中之所以总是被动学习、厌学、缺乏创造性、找不到人生方向，关键原因就在于缺乏批判性思维，他们缺乏在有充分根据的基础上，独立做出合乎逻辑的清晰的推理、判断和决策的能力。爱因斯坦曾说：“教育要把培育独立思考和独立判断的能力放在第一位，具备了这个能力，学生自己会找到今后的人生道路。”我校办学目标就是“自主自立”，“自主”是指人性的个性化，人格的独立性，主要在于独立人格的培养以及这种人格魅力的表现。“自立”是一个综合性的概念，有“依靠自力有所建树”“独立”“能自持自守，不为外力所动”“靠自己独立生活”等多种解释和意思。如学校语文研究员周迪谦的“批判性思维课”已经在高中一年级开设了四年，效果特别明显。其演讲稿已以《唤醒生命中的精神力量》为标题由江苏教育出版社出版。从演讲稿内容看，周老师的课，本质上就是在培养学生的批判性思维。周老师的课是以“特长学科”的名目被纳入校本课程的，每月一课时，只在高一年级开设。学校今后将在此基础上做进一步的改进：一是增加批判性思维授课教师；二是将批判性思维课程拓展到其他年级，如从初中三年级到高中二年级；三是增加批判性思维课程的课时；四是借鉴国内外批判性思维读本，进一步完善学校批判性思维课程读本。

四、社会活动力——现代中学校长的生存素质

学校是社会构成的一部分，学校的现代化必须以社会为依托，把学校现代化置于社会现代化发展之中。因此校长必须加强同社会的联系，加强学校与社会的信息、能量与物质交换。

在当下的中国，生存压力巨大，人人都希望有一个美好的前程。社会、家长、学生也就成了教育工作的外在评价者。他们在评价一所学校的教育教学质量时，不是按照教育教学规律和教育工作内部的逻辑关系来评价，而是依据自己的社会经验去评判一所学校的优劣。作为中学校长，为了学校的生存与发展，必须既会治校，又会公关，即多方寻求社会各方面对学校工作的支持配合，努力使学校得到社会的承认与帮助。于是，校长就成为联结学校与社会的桥梁与纽带。这就要求校长必须具备较强的社会活动能力，要求校长具备社会活动家的素质、具备宣传鼓动家的风采，要求校长在与当地社会各界人士的交往接触中，将学校现阶段的状况、近期及长远发展目标、管理思路等进行大力宣讲，让社会各界感受到校长强烈的事业心、责任感和开拓进取精神，赢得社会各界对学校工作的信赖与支持，为学校的健康发展创造宽松的环境。

新形势下提升中学校长专业素质的路径探析

重庆云阳高级中学　卢　军

苏联教育家苏霍姆林斯基曾经说："有怎样的校长，就有怎样的学校。"中学校长是学校发展的原动力。小而言之，校长的优劣关乎师生成长、办学质量；大而言之，校长的好坏关系国家兴衰、民族未来。于是，顺应时代变迁的教育改革，提升中学校长专业素质迫在眉睫。

一、校长专业化含义

校长专业化是指由校长的专业知识、专业态度、专业能力所构成的专业素质结构不断更新、演进和丰富的过程。

美国著名教育家马斯·R.盖茨基总结了一些在多项研究中被互相证明了的、有利于学校发展及学生学习绩效的、校长应具有的16项素质：(1)增加教师教学内容和知识背景；(2)(为教师)提供充裕的时间与资金；(3)加强合作与协作；(4)具有前瞻性及改革性；(5)树立高质量教学典范；(6)具有强大而有威信的领导能力；(7)始终以学生良好的学习成绩及表现的实际结果作为工作目标；(8)关注个体及团队发展；(9)深入基层，抓住具体环节；(10)注重多元性和平等性；(11)实事求是，以科学的研究结果为施政依据；(12)注重理论创新；(13)追求高效能教学与学习；(14)注重多层次调查分析及研究；(15)注重对事件的连续跟踪；(16)注重和家长及社会力量的沟通。

好校长有无标准呢？上海师范大学陈永明教授在《中小学校

长专业标准》中从“解读专业标准”“拓展校长视野”“奠基历程明示”三方面做了探析，但可操作性、实践性不强。

2013 年 2 月，教育部颁布《义务教育学校校长专业标准》(以下简称《专业标准》)，首次系统规定了中国义务教育学校校长的六项专业职责，即规划学校发展、营造育人文化、领导课堂教学、引领教师成长、优化内部管理、调适外部环境。并细化为 60 条专业要求，由专业理解与认识、专业知识与方法、专业能力与行为三方面组成。把中小学校长专业标准作为中学校长队伍建设和管理的重要依据。

二、背景分析

衡量一所中学教育质量的标准不只是考入重点大学的人数多少，而主要是看学生自身的发展以及所在学校的办学目标，这主要包括:学生是否有特长、教师是否有特点、学校是否有特色、校长是否正确引领。就校长本身而言，“校长”的角色不仅是学校的领导者、学校事务的管理者，还应该是师生员工的教育者、组织文化的引领者、学校教育与管理的研究者。随着我国改革开放的进一步深化，教育领域的国际竞争也日趋激烈，建设一支适应国际化竞争的高素质校长队伍是当务之急，因为校长的群体竞争力决定了教育竞争力。

(一)教育改革

素质教育改革取得的巨大成果启示我们，教育的本质是塑造人、影响人、熏陶人、激励人，尤其是中学教育。

党的十六大召开以来，我国经济社会发展取得显著成就，但是我们也看到中国教育为适应时代发展需要也在进行改革，尤其是对义务教育学校的课程，从课程目标方向、课程结构、课程内容、课程实施、课程评价和课程管理六个方面进行了改革，目的是培养创新精神和实践能力，促进每个学生身心健康发展，培养学生的良好品德，满足学生终身发展的需要。

蔡元培先生说过:“基础教育在于养成国民健全之人格,专门教育在于养成学问神圣之风习。”当今中国的基础教育改革的目的也是如此。

(二)新形势下校长的角色定位

伟大的教育家陶行知先生曾经说过:“校长是一个学校的灵魂。”党的十八大对校长提出了新的要求,要求中学校长锐意进取,不断创新。因此,中学校长应从以下几个方面进行角色定位。

1.教育者角色

校长应教育方向明确,能制定具体有效的措施和具备落实与指导实践的能力,如指导课程设计与研发的能力,科学评价课程与教学的能力,指导并促进学生学习方法的能力等。

2.领导者角色

校长能从学校发展管理角度,制定切合实际的学校发展规划;能有效地领导学校实施并达成发展规划;能持续地监督和评估目标的实现情况;在学校文化建设方面,根据学校所处的地域打造出具有本地特色的学校文化;能营造和谐民主氛围,有效地推进校务公开民主管理工作。

3.管理者角色

校长能切合实际、有效地加强学校制度建设,科学有效地管理规划。在评价、激励教职工积极性方面,具体落实分配、奖励制度;在资源管理方面,科学有效;在公共关系管理方面,既能处理好与上级的关系,贯彻上级的指示,又能正确处理好学校与其他方面的关系。

(三)深化教育改革的必然要求

温家宝曾指出:“各级各类学校都要全面推进素质教育。”“要培养一支德才兼备的教师队伍,造就一批杰出的教育家。”而教育家应该是在教育实践中成就的。振兴中国的教育事业,我们应该将着眼点放在校长身上；从“造就一批杰出的教育家”的角度，学校同样应该将着力点放在校长身上。因此，校长应具备教育家的素质，对于学校的品牌建设，意义重大。

对十七大、十八大报告中论教育的部分进行梳理不难发现，党和国家对教育的重视达到了空前的高度。

第一，教育地位。十七大报告指出：“教育是民族振兴的基石”，十八大报告将其修改为“教育是民族振兴和社会进步的基石”。民族振兴、社会进步，是中国共产党的两大历史使命，而教育在其中发挥着基石的作用，责任重大。

第二，教育优先。十七大报告中提出“优先发展教育”，在十八大报告中，调整为“要坚持教育优先发展”。要提高教育质量，促进教育内涵发展，外在的保障机制是促进教育优先发展的条件，改革创新是促进教育优先发展的动力。

第三，教育要求。在十七大报告中是：“要全面贯彻党的教育方针，坚持育人为本、德育为先，实施素质教育，提高教育现代化水平，培养德智体美全面发展的社会主义建设者和接班人，办好人民满意的教育”。十八大报告是：“全面贯彻党的教育方针，坚持教育为社会主义现代化建设服务、为人民服务，把立德、树人作为教育的根本任务，培养德智体美全面发展的社会主义建设者和接班人。”

随后，在党的十八届三中全会上，又提出了关于教育改革的议题，其中包括不设重点学校和重点班、中考将取消择校、高中不分文理科、外语不再纳入高考统一考试科目等一系列的政策，引起校长们深深地思索。对校长的专业素质提出了新的要求，促进校长专业化发展是深化教育改革的必然要求。

三、提升中学校长专业素质的路径

在新形势下，校长专业素质可以概括为“五力”，即多才多艺的影响力、率先垂范的感召力、真情投入的情感力、建章立制的激励力和人际关系的协调力。笔者认为，提升校长专业素质有以下几条路径。

(一)以先进理念引领

1.做有理想的校长

校长要有理想,方能引领学校未来发展的方向。在一位有责任的校长心目中,应该有自己学校的美好蓝图。

我校数届校长在实践中努力探索,精心提炼"为人正,为学勤,为业精"的"三为"办学理念,外化在雕塑、建筑等承载物上,内化在校长、教师、学生的日常教学工作中,成为全校师生的共同价值追求。在重庆市示范高中课题研究中,我校子课题"'为人正,为学勤,为业精'办学理念践行研究"得到课题专家组的一致肯定。这几年学校办学质量也迈上了一个大台阶,高考重本上线人数从2006年的258人上升到2013年的730人,本科突破1500人大关,总上线率达到99.9%,居于100余所市级重点中学前列,取得了令人满意的成绩。学校先后获得了全国教育系统先进集体、全国校园文化先进单位、全国艺术教育先进单位等荣誉。成绩的取得得益于校长不甘平庸,敢于向更高的目标看齐,敢于打造一个勇于追求卓越的团队,敢于为学校挂出需要师生跳一跳就能摘到的"葡萄"。

2.做有执着教育信仰的校长

何为信仰?人言为信,昂首为仰。《辞源》对信仰的解释为:对某种主张、主义、宗教、某人或某物极其相信和尊敬,拿来作为自己行动的指南或榜样。信而从之,仰而向之。信仰,是人的精神支柱。教育是有信仰的事业,校长更应是有信仰的智者。

德国哲学家、教育家雅斯贝尔斯认为:"教育须有信仰,没有信仰就不成其为教育,而只是教学的技术而已。"

在英国,校长的职业被看作是一种"圣职",凡是能够从事校长职业的人,都能够全身心地投入学校的管理工作中去。用一句话说:校长,是一群带着教育信仰行走在教育大道上的人。

校长只有用教育信仰做支撑,才能关注学生的精神成长,才能关注学生的未来,才能关注民族的未来。因此,我国的教育必须回归教育本质，释放教育潜在的能量。校长则必须要有教育信仰，校长的眼里不能只有“分数”和“升学率”，而应有学生的生命、生存和生活，有祖国和民族的未来。

3.做勇于实践探索的校长

江泽民说：“创新是一个民族进步的灵魂，是国家兴旺发达的不竭动力。”校长应具备的专业素质中应包括创新意识，未来的教育必须是创新性教育，中学校长也必须是创新型校长。所以，校长不能墨守成规，要敢于冲破传统的教学模式和管理模式；敢于标新立异，开拓创新，另辟蹊径，创造性地进行教育教学改革，认真学习和研究现代教育理论，树立创新意识和观念，制定一套适合本学校发展、高效运转的教育教学管理模式。这就要求校长要做学习型的校长，并且有多元化的知识。在工作中不断学习，充实头脑，完善自己的知识结构，提高自己的综合素质。

校长还要成为科研的先行者，教育改革赋予校长参与教育科研的责任，要求校长不仅是学校工作的组织者、领导者、决策者，还应是教育科研的先行者。实践证明，学校的教育科研的工作是学校求得主动发展的根本和内在动力。因此，校长首先要带头走在科研的前列，成为科研型、教育家型校长，成为科研的先行者。

我校实行“走出去”战略，学习江苏洋思中学、河北衡水中学、湖北黄冈中学，开设公共自习，还时间给学生，进一步落实教师集体备课活动，校长深入教研活动；学校立足本校实际情况，坚持“请进来”策略，邀请市内外著名专家、学者来校讲学，坚持理论与实践相结合；勇于实践，大力提倡做“反思型的实践者”，校长善于反思，教师勤于反思，学生乐于反思。正是这样一个宽松、灵活、向上的环境，形成了领导、教师和学生的合力，使办学质量持续不断地跨越式提升。

(二)用人文精神濡养

教育，核心就是人性化终身发展。中学校长必须具有深厚的人文素养，成为教育家式校长，必须掌握丰富的人文知识，具备较深厚的专业理论功底，熟悉教育学和管理学，办学思想明确，懂得教育规律和人才成长规律，并能自觉地按教育规律组织、管理和指导学校的各项工作。

人文素养体现在以人为本、尊重人才、尊重知识、爱护师生上。正确处理校长与教师、学生之间的关系，营造师师间、生生间等高、等距、等爱的公平、和谐教育环境，把促进人的发展作为教育的终极目标，把那种只为少数学生升学服务的精英教育切实转变为，为每一个学生终身发展奠基服务的大众教育。校长要培养自己的人格魅力，校长乃师者之师，“其身正，不令则行；其身不正，虽令不从”。要以全局的意识、宽广的胸怀、科学的精神、热情的态度、优良的作风，化解学校工作中的一些误解和矛盾，解决一些不和谐的因素，以“海纳百川、有容乃大”的大气，来激发全体教职员工的智慧、传播学校文化。

校长的人格魅力，是搞好学校品牌建设的催化剂。校长只有一身正气、两袖清风、责在人先、利在人后，才能立世有威信、改革有底气，才能团结人、有感召力。古人说：“公则四通八达，私则偏向一隅。”“有容乃大”“厚德载物”，宽容才能得到众人拥护，校长要带着爱心工作才能带领学校向前发展。

1.放眼师生“远景”，回归到人本教育

中学教育是为国家和社会培养合格的人才，是为师生的终身大事发展奠基的事业。这就要求校长除了要具有先进的理念和高尚的人文素养外，更要把学生的终身发展放在首位。社会是各具特色的劳动者的天地，不只是几个少数精英们的大舞台。这就要求校长在谋求学校的眼前利益与名誉的同时，更多地把眼光和精力投入对学生成长具有终身发展潜能的素质培养上，知识素质只是其中之一。心理与情感素质不只是法律的、社会制度的事，也是我们中学教育发展的脊梁。

我校“为人正，为学勤，为业精”的“三为”办学理念正体现了高远的教育情怀。学校牢固树立“以育人为本，安全为保障，教学为中心，质量为生命”的办学思想，坚持“学校以质量为本，校长以教师为本，教师以学生为本”的人本主义理念，积极推进高中新课

程改革，大力实施“质量立校、人才强校、特色兴校”的战略。学校还建起了咖啡书屋、健身房，提倡人人争做“身体好、心情好、工作好、生活好”的“四好”员工。校长坚持教育以提高教学质量为目的，让学生放眼自己的人生，从而去思考人生，创造人生，锁定人生。

人本教育，就是把教师和学生视为人才。时代呼唤由“四能”型专业校长来管理学校。

一是能识别人才，校长要善于发现有才干的人，并委以重任，但不求全，充分发挥他们的长处。

二是能人尽其才，让教师充分发挥自己的才干，校长要注重任用有专长而未发挥其才干的人，做到人尽其才。

三是能育才，教师职业是超前性极强的职业。不断地学习、充实和提高自己是教师的职业需要，这是与教育实现长远目标相适应的。

四是能推荐人才，校长不要怕教师超过自己。能培养出超过自己的教师，是校长更大的成功。

2.引领师生敢于“做梦”

“学校就是由校长带领教师、学生一起去做梦的地方。有梦的校长是幸福的，有梦的教师也是幸福的，有梦的学生更是幸福的。”这是教育专家许锡良所写的《校长要有点教育理想情怀》一文中的一段话。

有思想、有智慧的校长，当然也是有理想的。但是，校长不能够只是一个理想主义者，他还必须学会生存，学会立足于现实开展教育工作，要能让教师和学生都昂首走在校园的大道上。他们在用最真实的青春数着天上的星星，他们的目光应该永远充满对明天的太阳的期望和欣喜。这就促使校长要在构思学校理念的同时，眼中有学生和教师的成长，有他们成长的蓝图或梦想，并且能让他们感受到梦想实现就在不远的那一天，就在这个他们从早晨到晚上生活的校园里的执着里。这就需要校长一定要营造出一个让学生成长的良好环境。

校长，做一个拥有教育理想情怀的教育工作者，应带着激情工作，有干事的冲动，有成功的渴望，不断提出新的奋斗目标。校长的激情可以感染教师，教师的激情可以感染学生，校长梦、教师梦、学生梦激情融汇，学校梦就接了地气，校园才能充满浩然正气、蓬勃朝气、昂扬锐气，学校的发展才能永葆生机活力。

(三)以校园文化反哺

学校文化是一种服务文化。学校文化的建构中很重要的一个方面就是营造一种积极、向上、健康、人文的氛围，张扬一种振奋人心、与时俱进、自强不息、追求卓越的精神。校长的校园文化意识，是创建学校品牌建设的着力点，学校管理的最高境界应该是文化管理。

有位知名校长说："文化立校就是用文化来管理学校，不讲学校文化建设的校长只是一个工头，不注重文化建设的学校只能算一个初级的培训场所。"

"文化立校"代表着学校发展方向。从战略高度建设学校文化，提高办学实力和品位，培育坚实深厚的科学与人文基础，铸就师生健全人格和良好个性品质，是学校文化的核心功能和价值所在。

学校文化反映的是学校精神内涵，是学校教育的灵魂文化，可视为学校一切文化现象的总和，无处不在、无所不包，包括物质文化、制度文化 、精神文化。其中精神文化是学校文化的核心内容，是学校文化建设所要达到的最高境界。它包括办学思想、价值观念、态度作风、行为方式、礼仪习俗、人际关系等精神形态的东西。我校在办学中，逐渐形成了"文化育人"特色。如学校整体搬迁中，特别注重学校静态的文化建设，道路、建筑、雕塑、花园命名别具匠心，从"品"字教学楼，到象征学校历史的"墨林门""涌泉阁""思齐楼"，都体现了百年云中丰厚的历史底蕴。精神文化独具我校特色，在学校最醒目的位置设立"一句话改变你一生"的公告牌，每一周更换一句中英文对照的世界名人名言，激励全校师生员工；每周周末一次激情广场；每月一期《白云》校刊；每年一次体艺节。《屐痕》《青春导航》《人品·学品·业品》等校本教材，影响着师生，影响着校内外。又如在市内外颇具影响力的道德感悟教育，赢得全国文明礼仪高层论坛专家组的一致好评。

"自强不息，志在一流"。经过历史的积淀、选择、凝聚，我校凝具成了一种更高境界的精神文化——学校精神，并由此透射其独特的感染力、凝聚力和震撼力，陶冶和启迪着一代又一代的莘莘学子，反哺与激励着一代又一代校长。校长则在传统文化的继承中留住校园文化深根，也在中外文化交汇中淘沥校园文化真金，还在校园文化建设中，积极打造学校品牌，锻塑自己的人格魅力。

（四）借制度建设提升校长专业素质

随着教育改革的深入，人们对学校不断提出新要求和新期望。学校既要"德育为首"，又要以"教学为中心"；既要"科研兴校"，又要进行"课程改革"；既要搞"素质教育"，又要提高"教学质量"；既要参加"学科竞赛"，又要进行"等级评价"；既要"面向全体"，又要"创办特色"。学校各项工作有条不紊地开展需要一定的管理机制来保证。中学校长要在不断研究各种教育思想、理论方法以及富有成效的管理经验基础上，对学校的管理工作进行理性的思考，形成符合学校发展的有效的管理理念和管理策略，并认真付诸实施。

校长的职责应该定位在"引领"和"指导"上，并由此充分发挥其他干部和广大教职员工的积极性和创造性，这是校长的领导理念。当然也包括用自己的思想和行为"引领"教职员工努力工作、用心工作、快乐工作，"指导"教职员工科学工作、用脑工作、有效工作。用崇高的理想激励人才，用宏大的事业凝聚人才，用合理的待遇奖励人才，用深厚的感情留住人才。哈佛大学荣誉校长陆登庭说得好："哈佛的成功主要是形成了一种明确的办学理念，一套系统的制度和机制。所以现在即使没有校长，哈佛一样可以正常运转。"

在制度建设上，我校历届校长励精图治，在传承中不断创新，与时俱进，总体呈现出以下特点：由"重物"转向"重人"，树立以人为本的制度建设理念；由“控制”转向“服务”，树立服务育人的制度建设理念；由“封闭”转向“开放”，树立开放的制度建设理念；由“经验”向“科研”转变，树立创新的制度建设理念。于是制定了诸如《教职工年度工作绩效考核方案》《教职工请假及考勤的规定》《患重特大疾病享受相关待遇的规定》《关于集体备课的规定》《关于公共自习管理的规定》等制度。

有了制度，工作透明，人人有本明细账，办事不糊涂，管理就轻松。制度的建设和执行，反过来又促进校长专业素质的提升。

在新形势下，只要提升中学校长的专业素质，就会实现“武装一人，振兴一校”的目标。当校长的观念与文化力同社会发展产生了和谐的共振，中国教育生产力就可获得一次巨大的解放。这样，新教育就是“过一种幸福完整的教育生活”：学生从分数的牢笼中解放，个性得以张扬，综合素质得以全面提高；教师从考试的镣铐中得以解放，真正享受幸福完整的教学生活，体验教师职业带给他们的成长、尊严与快乐；校长从评价排名的恐惧中得以解放，聚精会神地思考教育，成为真正的教育行家。唯其如此，中小学基础教育才能真正回归到求真、向善、尚美的核心价值上。

浅谈现代中学校长应有的专业素养

重庆清华中学　邓朝阳

当今社会，各种利益博弈，各种思想碰撞，各种声音混杂，各种矛盾凸显，这些均成为我国社会转型时期的突出特征。社会的转型直接带来了教育的变革；教育变革呼唤能带领学校走向成功之路的，被教职工、学生、家长和社会普遍认可的现代中学校长。

那么，现代中学校长应该具有哪些专业素养呢？这些专业素养怎样外化为教育行动呢？

一、具有教育情怀是现代中学校长的行事之魂

当今的中学校长，面临诸多的困境。如因教育显性效果不明显，校长的教育观不一定能很快地得到家长和社会的认可甚至招致反对。如因要应付各种上级文件和各职能部门的检查，校长有点像一个"包工头"，很难实现自己的教育理想甚至不得不随波逐流。

中学校长作为中学教育的引领者和管理者，虽然面临诸多尴尬与困境，但是应顶住压力、直面现实。中学校长不是专职官员，不应在意行政级别，要守得住清贫，耐得住寂寞，不为功利所左右；要潜心研究教育教学，为实现教育理想而不断追求，誓将美好的教育情怀作为行事之魂。

（一）要有坚定的教育信仰

当我们面对仅凭一己之力无法改变的现状时，作为一名中学

校长，应该有"苏世独立，横而不流"的教育品性，应该有坚定的教育信仰。德国哲学家雅斯贝尔斯说："教育须有信仰，没有信仰就不称其为教育，而只是教学的技术而已"。在我看来，有教育信仰就是对教育有宗教般的虔诚。如为提升学校的教育质量和办学效益，校长要有强烈而坚定的使命感和责任感；对贯彻自己的教育理念和实现自己的教育梦想，有夸父逐日般的终身追求和教育行动；对传承学校优良的办学传统，校长必须具有高度的文化自觉；对实现学校的内涵式发展，必须有高度的文化自信。

(二)要有朴素的教育思想

作为中学校长，要具有"朴素就是教育的真善美"的教育思想。因为看似朴素的东西往往闪烁着真理的光辉。比如，中国古代教育思想中的"知行一致""因材施教""文道结合""言传身教""潜移默化""长善救失""身体力行""内省外铄""敬师取友""教学相长""学思统一""温故知新"等，没有花里胡哨的表述，但都是古代教育智慧的结晶，都是现代教育应该遵循的、现代中学校长应该吸纳的教育方法。现代中学校长具有朴素的教育思想，其实标准很简单：一是校长让教师能认真教育学生，把每堂课上好，认真把每个班带好，做一个学生爱戴、家长认可的老师；二是校长让学生每天在学校里有收获，都能感受到成功的喜悦，并不断为自己全面发展而努力学习。

(三)要有高尚的教育人格

古希腊哲学家赫拉克利特说："人格决定命运。"校长的教育人格往往决定学校的命运，这是不争的事实。现代中学校长的教育人格是多方面的，但必须具备以下三点。

一是有爱心。俗语道："没有爱就没有教育。"为什么没有爱就没有教育？因为没有爱，就没有理解；没有爱，就没有教育的影响力；没有爱，就没有永恒的动力。作为校长，要有真爱，但避免形式化、庸俗化的爱，要将爱由一个物理运动变成一个生命运动，因为爱心是是一名校长所有品质的基础。

二是有胸襟。教育要给学生一种胸怀与情怀。那么,校长首先要有人生境界与教育情怀,比有专业知识与专业技能更重要。校长不要做一只杯子,而要做一个湖泊,胸襟开阔,为人大气。校长还要明白两种定位:第一,人是自然之子。因为人是自然之子,作为教育人就应该简单——物质生活朴素,人际关系简单(人是因为自己复杂而导致人际关系不简单)。二是人是万物灵长。因为人是万物灵长,作为教育人的精神生活就应该丰实充盈,专注于自己的教育事业。

三是有品位。往往校长有品位,学校才有品位。如校长喜欢赌博,学校一定有好赌之风;校长喜欢读书,学生一定有书生之气;校长喜欢锻炼身体,学校体育活动一定搞得有声有色。因为校长选择的生活方式,通常影响学校师生的生活方式。

二、遵循教育规律是现代中学校长的行事之骨

学校要树立科学发展观,就是要遵循教育规律办学。遵循教育规律,是现代中学校长的行事之骨,笔者认为应做到以下三条。

(一)教育是"慢"的艺术,不能速成

当下,教育领域急功近利的思想非常突出。人们误把短期目标的达成当成了评价学生成就的唯一标准,把学生终身发展误解成如何获取高分,把百年树人的学校误解成高速运转的制造工厂。其实,教育是"慢"的艺术,不能速成。叶圣陶先生曾说:"教育是农业而不是工业。"工业和农业最大的不同在于:工业可以是快节奏的、大容量的、流水线的、批量生产的,而农业则是有季节的、有时令的、有成长规律的,是需要播种、施肥、除草、喷药的,是需要土壤、水分、阳光和等待的,它是一个慢的过程。对待学生的成长,校长、家长和教师来不得半点儿急躁,要遵循教育内在的规律,尊重它自然生长的性质,以培养学生良好习惯为出发点,教会学生科学的思维方式,以健康的身心适应社会的发展。

学校教育是一个无声无形、潜移默化的过程,学生的全面发

展要靠时间的积淀和长期的守望。因此，在学校的教育活动中，校长要有平和的心态，不能将教育简化为训斥与惩罚。处理问题要慢两拍，放一放，冷处理，留给学生反思的时间，教育是一种艺术。

(二)教育是“放”的艺术，不能束缚

1972年联合国教科文组织在《学会生存》中提出“教育即解放”。解放就是放手，就是让教师、学生“放手去做”。让学生“放手去做”，教师需要勇气；让教师“放手去做”，校长需要智慧。

比如，在课堂教学中，校长要引导教师学会放手。有人指出，“自主学习活动的策略首先强调的是教师要对学生放手，在课堂上尽可能地增加学生的自主学习时间，提高自主学习的成效。”新课程改革背景下的课堂要求教师要留一段时间给学生让他们自己去安排，给学生一个空间让他们自己去填充，让学生自主进行学习，从而实现思路和方法的内化。这种教学方式，就是课堂“留白”。这种放手，能够极大地调动学生学习的积极性，使学生想学、乐学且会学。可以说，没有教师的放手，就无法落实新课程改革的理念，也不可能实现新课程改革的目标。

作为中学校长，在教育的“收”与“放”的问题上，应该有富有成效的行动；既要当好思考者，更要当好行动者；既要做行动的思考者，更要做思考的行动者。

(三)教育是“看”的艺术，不能主观

学校工作千头万绪，各种显性的和隐性的事情交错在一起。校长要有善于发现的眼睛，要在发现中，做出理性和科学的判断。镜像神经元的发现，使人们不得不对自己的眼睛“刮目相看”：原来人的视觉是有思维能力的，他所看到的，往往就是他所思维的，所以叫“所见即所思”。由此，校长的视觉和思考是在一起的。所以，在工作中校长要看全、看准，不能主观臆断，必须要有以下三种意识。

一是有焦点意识。英国科学家波兰尼举了一个经典的例子：

一个人手握铁锤把铁钉敲打进木板，他的注意力集中在此，这就是他的焦点意识。但同时，他还有附属意识，比如手握锤柄要握紧，要抓稳，下手要狠，这样敲打的效率才高。这个例子对校长的启示是管理要从纷繁复杂中看出主要问题，抓住“牵一发而动全身”的核心问题。当然这需要管理的智慧和决策能力。

二是有差异意识。一个健康的学校就像一片森林，有大树小树也有花草，万物并育而不相害，充满活力与生机。教育也一样，教育要承认差距。校长要树立差异意识，不要苛求每个教师都教得一样好，不期望每个学生都学得一样棒。教育并没有再造功能，不能让学生平白无故地滋生出他没有的智慧。教育是一个发现的过程，发现每一个学生的特质，让美好的更加美好；发现每一个学生的弱点，并尽可能地让学生意识到自己的不足。

三是有理性意识。校长应理性对待、处理每件事情，不能被一些舆论所左右。把促进学生终身发展、教师的专业化发展放在第一位。

三、懂得依规办学是现代中学校长的行事之基

儒家思想虽然影响了我们两千多年，但纵观当下中国，其社会结构主要是表儒里法，和谐背后是高悬的法制之剑。校长一定要有法制意识，一定要依法办学，常怀敬畏之心。

人生在世，存乎一心，心之所系，在于有所敬畏。孔子曰：“君子有三畏，一畏天命，二畏大人，三畏圣人之言。”西方哲学家康德说有两件事物令他始终敬仰，即头顶的星空和心中的道德律令。这些哲理性的语言无不深刻揭示了敬畏对于人生、对于社会的重要意义。基督教徒的敬畏是人对上帝的敬畏，伊斯兰教徒的敬畏是人对真主的敬畏，佛教徒的敬畏是人对佛祖、佛法的敬畏。教育的敬畏是对真理的敬畏、对生命的敬畏、对自然的敬畏。

(一)校长必须对学校的可持续发展心存敬畏

雅斯贝尔斯说：“教育是极其严肃的伟大事业。”校长要科学决

策，民主决策，顺势而为，依规而行，不能朝令夕改，独断专行，自以为是，更不能拍脑袋决定，拍胸口推行，拍巴掌总结，拍屁股走人。

(二)校长必须对学生这个鲜活的生命体心存敬畏

现在都说“以人为本”，其实很多人并不懂“以人为本”。“以人为本”是文艺复兴时期人们批判宗教神学的核心理念，它标志着人的觉醒和人性的复苏。校长对学生心存敬畏，就是以开阔的视野，从人生的高度，关注学生一生的幸福，由此关注教育的现实与未来，每时每刻把学生的尊严与权利、学生的自由发展看得高于一切，应该像《雨花石》歌词那样“千年以后繁华落幕，我还在为你守候。”

(三)校长必须对非教育现象保持高度警惕

由于对教育缺乏应有的敬畏和尊重，教育领域中出现了许多非教育现象。比如，借着课程改革的幌子，可以不备课，可以不改作业；以质量为借口，可以不尊重学生，可以让学生陷入“题海”；以安全为托词，可以把学生禁锢在教室，不组织活动，等等。校长要有胆量和气魄，敢于抵制各种“非教育现象”，不能有羊群效应式的随从心理，也不能有因噎废食式的胆怯心理。

总之，教育是一种隐性行为。不管是苏格拉底的“产婆术”，杜威的“教育即生长”，还是叶圣陶的“教育是农业”，都充分体现了这一特性。当校长，搞教育，一定要有长远打算，一定要看着学生的当下成长，关注学生的今后发展，想到学生的未来人生。当校长，搞教育，只有不断摒弃负能量，充盈正能量，才能发挥身上的全能量，而要做到这些，就要求校长发挥好自身的潜能量。

浅谈中学校长如何引领教师专业化成长

重庆求精中学　庞　静

2013年2月教育部颁布了《义务教育学校校长专业标准》(以下简称《专业标准》)来规范和提升校长的专业化发展,并明确提出了校长要“引领教师专业化成长”,明确指出了校长负有引领教师专业化成长和建设教师队伍的重要责任,校长应当在教师专业化发展的标准规则、评价促进、环境创造等方面不断努力。这说明中学校长除应该致力于自身的专业发展外,还负有主动引领学校教师专业化成长的神圣职责。因此,笔者就中学校长如何引领教师专业化成长谈几点粗浅的看法。

一、中学校长在教师专业化成长中的角色定位

就中学教师的专业化成长而言,中学校长在其中承担着多重角色。突出表现在如下几个方面。

(一)中学校长是教师专业化成长的领导者和监督者

教师专业化成长既有质的规定性,又有个性化的多元性。就质的规定性而言,教师必须遵循党的教育方针,掌握国家的教育政策,熟悉国家规定的课程计划和课程标准,把握教育教学的规律,熟谙学科教学的内容和方法,以完成教育教学任务。就个性化的多元性而言,正如“一千个读者就有一千个哈姆雷特”一样,教师不仅有学科的差别,而且有年段、学历、层次、经历、思想、追求、性格的种种差别。校长的根本任务就是要按照“质的规定性”

的要求，引领处于“个性化的多元性”的教师群体的专业化发展，这就需要校长发挥领导作用，通过制定相应的规划、制度、评价机制、培养模式和加强指导、加强监督，坚定而灵活地、一致而多元地、适时而不断地推进教师的专业化成长。我校在推进教师专业化成长中，就制定了“教师十年发展规划”“教师学习培训制度”“教师专业化成长的激励机制”等制度和“立体分层、宽径成才、方法多样”的教师专业化成长的基本模式。学校开展的重庆市重点课题“适应现代教育需要的高素质教师队伍的培养途径研究”“大力开发教师人才资源，促进学校的可持续发展研究”和教育部“十一五”规划课题“教师人才资源开发与学校文化建设研究”等的研究，在推进教师专业化成长方面，取得了突出成绩，培养了一大批骨干教师。

(二)中学校长是教师专业化成长的引路人和规划师

教师专业化成长还具有时代性和方向性。时代性规定了教师专业化成长的价值追求，方向性规定了教师专业化成长的道路指向和目标要求。校长作为学校的负责人，把握着学校发展的价值追求、道路指向和目标要求，自然也就有责任引导教师专业化成长的价值追求、道路指向和目标。譬如，校长要想把学校办成“领导放心，人民满意”的名校，自然会引导教师成为“师德高尚、学识过硬、育人有方、教学力强”的高水平教师。学校发展方向目标确定之后，最重要的是通过实践来实现，实践则需要有规划、有计划地施行。校长也就成了教师专业化成长的规划师。我校在师资队伍建设中就采取“分层规划，扎实推进”的模式，大力引导教师制定自己的发展规划。如：首先，学校成立了6个名师工作室，由6位名师分别制定了工作室学员的发展规划、力争成为教学名师和名班主任的培训规划并实行之；其次，6个名师工作室的几十名学员分别制定了自己的发展规划并切实执行；第三，学校要求各科室制定各科教师的专业化成长规划，并指导每位教师制定实施计划。校长亲自率领学校督导室指导，务求落实。通过制定规划和扎实实践，学校的名师不断涌现，骨干教师不断成长，取得了良好的效果。

(三)中学校长是教师专业化成长的先行者和带头人

中学校长虽是学校的领导人,但他首先是教师,凡是教师应该具备的,校长都应该具备,而且应该比普通教师要求更高,要做得更好。苏联教育家苏霍姆林斯基说:"如果你想成为一个好校长,那你首先就得努力成为一个好教师,一个好的教学专家和好的教育者,不仅对你所任课的那个班的孩子是这样,而且对社会、人民、家长所托付给你的那所学校的所有学生也都是这样。"这就说明校长应该成为教师专业化成长的先行者。只有这样,校长才能成为一个苏霍姆林斯基要求的那样的"好校长",才能引领和指导教师实现专业化成长。所以,在学校教师努力实现专业化的过程当中,校长必须起模范带头作用。这不仅指校长要带头去追求成为"师德高尚、学识过硬、育人有方、教学力强"的高水平教师,而且要熟稔各个学科的教学规律和要求。苏霍姆林斯基说过:"校长是否必须懂得中小学教学计划里的所有科目呢?是的,一定要懂,不仅要懂得教学大纲的内容,而且要懂得比这多得多。校长应该看到科学发展的最新成就,这些成就的基础就是中小学的教学内容。"只有这样,在引领教师专业化成长当中,校长才能说到点子上,道出要领来,教师也才能信服,才愿意跟着走。

二、中学校长在教师专业化成长中如何发挥作用

教师专业化是指教师在自己的职业生涯中,通过专业培训及学习,在教育教学实践中不断提升自己的教学素质。中学校长要在教师专业化成长中,有计划、有步骤地不断完善教师专业化成长的动力系统和制导系统(包括规划、计划、制度、举措、机制等),引领教师终身学习,不断发展。具体而言,包括以下几个方面。

(一)加强教师思想政治的引导

中学校长必须加强对教师的思想政治引导,塑造和强化教师"为生命而教""做灵魂的工程师"的信念,帮助教师树立正确的世

界观、人生观和价值观，使之在培育学生的过程中，成为真正的思想引领者、品德塑造者、行为示范者。

校长一方面可以在校内加强党的路线方针教育，加强精神文明和文化建设，大力开展"树标兵、学先进、创优秀"系列活动，发挥正能量；另一方面，可以组织优秀干部队伍、骨干教师队伍、青年马克思主义者队伍，传递正能量，从而加强教师的思想政治引导。我校这些年就采取了"树人以德""教以求精""名师帮教""创先争优"和举办青年教师、中级教师、高级教师、班主任培训班或研修班等措施，加强了对教师的思想政治引导。

(二)加强教师教学能力的培养

教师的教学能力和水平直接影响学校的生存和发展。因此，中学校长必须加强教师教学技能的培养。

中学校长应当深入一线，走进课堂，听教师讲课，参与互动评课，及时发现教师在教学中的优点、长处和不足，通过肯定优点、指出问题，帮助教师提高教学能力。作为学校的校长，深入一线、走进课堂，是首先要做的事。因此，我校规定校长每周至少要听两节课。

中学校长要经常参与校本教研，和教师们一起探讨教学的重点、难点，研究教学过程中遇到的问题并寻求解决方案，研究高效教学方法，共同搭建校本教学资源平台。在这个过程中，校长可以利用自身的知识、经验、人脉和其他优势，为教师提供思考的新路径、教学的新方法，切实让教师由被动式的培训教研转变为参与式的主动教研，以学习为中心，以科研为先导，以实践为原则，充分发挥同伴互助和团队学习的作用，促进教师专业化成长。校长是否参加了校本教研，效果是不同的。如我校曾经承担了一次区级政治教学观摩课，教学内容是"学生如何寻求法律保护"，首先是教师自己备课，然后集体打磨，但试讲时，效果很不满意。于是校长和大家一起研究，调整了教学内容和教学方法，并请来了律师参与和点评，观摩课效果特别好，得到了听课专家和同行的一致高度评价。

中学校长还要努力为教师提供提升教学能力的平台，要组织和领头参与不同层次的公开课、展示课、赛课，通过教师共同备课、细致研讨、相互比较，促进教师教学水平提升。如我校每学期都要举行教学开放周，邀请校外教师、社区群众和学生家长到学校听课，给教师教学提意见和建议，帮助教师提高教学能力，进而提高教学质量。学校还经常组织教学展示活动，如 2013 年 12 月 10 日，学校就举行了一次"国防教育渗透教学"的观摩展示活动，来自国家和全国各省（区、市）的国防教育办公室主任到校观摩，一致给予了"非常震撼""非常精彩"的高度评价。

（三）加快教师教育水平的提升

学校是培养人才的园地，教师是培育人才的园丁。为此，中学校长必须致力于教师教书育人水平的整体提升。

1.大力开启教师的教育智慧

中学校长要充分利用各种资源，组织各种报告，举办各种讲座，将教师无法直接获取的前沿信息，传递给教师，引导教师深入思考和分析，开启教师的教育智慧，尽可能让教师走在时代的前列，积极参与学校的教育教学改革，主动开发新课程，提升教育教学水平。我校就多次邀请中科院院士、重庆市市委宣传部领导、重庆警备区首长、全国知名教授和市区各级专家到校做报告、办讲座，开阔了教师的视野。全校教师在新课程改革中，开发了几十种校本课程和上百种微型德育课程，学校教育教学迈上了新的台阶。

2.大力培养教师的教学能力

教师不仅要善于教书，还要善于育人。中学校长要采取多种手段培养教师的教学能力，包括善于谈话、善于沟通、善于抓住实质、善于捕捉时机、善于因势利导、善于开展活动、善于组织力量、善于形成集体和善于培养干部的能力。而面对千变万化的教育对象和环境，教师特别需要具备较强的应急反应能力。教师专业化与其他行业专业化最根本的区别在于教师的工作对象是人，不仅包括塑造性和可变性强的未成年学生，还有职业、社会地位、受教育水平不同的家长群体。教师在专业化成长中可能会遇到复杂多样的问题和情况，这无不考验着教师的应急反应能力。中学校长就应大力组织教师进行各种能力训练，通过各式案例，提高教师的应急处理能力。在学校层面，要指导教师学会应急处理，将事故解决于萌芽状态，避免不必要的事故发生。

3.大力铸就教师的科研能力

中学校长要充分依靠教科室和各教研组、年级组，运用学校的绩效奖励机制，组织教师积极参与教育教学问题的思考与研究，形成研究课题，培养教师的科研能力，指导教师进行教育研究，以解决教育教学的实际问题，提高教育教学的水平。我校先后组织教师开展了国家级、市级和区级 70 多个教育科研课题的研究，都取得了突出成果，不仅形成了一支数量可观、水平较高的教育科研队伍，而且大大促进了学校的跨越式发展。学校的教学成绩逐年攀升，获得全国文明单位、全国全民国防教育先进单位、全国军民共建社会主义精神文明单位、重庆市示范高中建设课题研究先进集体和成果特等奖及重庆市教育科研先进集体等几十个荣誉称号。

(四)加大关心教师家庭生活的力度

教师都是活生生的人，因此会有这样或那样的个人问题、生活问题、家庭问题。如果这些问题处理得不好，就会影响教师教学水平的发挥。因此，中学校长不仅要在工作中领导和督促教师专业化成长，更应该发扬大爱精神，关心教师在生活中遇到的实际困难，为教师专业化成长排除后顾之忧。这需要充分利用学校工会、共青团、妇委会等组织，及时了解教师在成家立业、生活条件、医疗或子女就学等方面的现实困难，主动关心并帮助思考解决的办法，提供一定的物质支持、信息帮助、精神宽慰，让教师能够感受到来自学校的关怀，更加愿意、更加乐意地投身到学校工作、教育事业和自身专业化成长之中。

总而言之，中学教师的专业化成长，主要靠教师本人的不断奋进，但也要靠校长通过各种措施的综合给力，才能顺利实现。当然，面对不断发展变化的形势，教师专业化成长也在不断丰富其内涵和不断扩展其外延，对教育、学校和教师的要求也会越来越高，因此，教师不能止步不前，校长更不能鸣金收兵。校长必须高举不断前进的旗帜，率领教师不断朝着教师专业化成长的高峰攀登。唯有如此，才能不辜负党和国家的期望和重托。

浅谈校长的角色定位

重庆铜梁中学　周祖友

目前，全国31万所普通中小学的校长，带领着1000多万名专职教师，教育和影响着近两亿名中小学生。常言道："一个好校长就是一所好学校"，校长应是学校办学的灵魂，校长的素质和能力在很大程度上决定着一所学校的办学风格和水平。美国学者萨乔万尼指出："就维护和改进优质学校而言，校长比学校中任何其他职位都具有更大潜力。"这些都充分说明了校长岗位的独特性和重要性。既然校长岗位如此重要，那么用什么标准去衡量一个校长是否合格呢？因此，建立校长专业标准就尤为迫切了，因为专业标准是衡量职业发展是否成熟的一个标志和尺度。曾有人说："对学校来说，要想使学校发展，必须树立较高的标准，高标准才有高绩效。"由此可见，建立校长专业标准，厘清校长专业发展所需的知识、能力等结构，对于校长专业发展的实践、管理制度的建设以及教育管理理论研究的创新都具有重要的意义。

为此，2013年2月教育部颁布了《义务教育学校校长专业标准》（以下简称《专业标准》），这是我国教育史上第一个关于校长的专业标准。

一、充分认识《专业标准》颁布的必要性和现实意义

首先，从国际背景看，许多国家在我国之前就出台了校长专业标准。美国是最早制定校长专业标准的国家，20世纪90年代，随着学校领导研究的进一步发展，经过多方酝酿与筹措，美国州

际学校领导者颁证联会制定了全国统一的校长专业标准，标准分六个大方面，共182项具体的考量指标，这为校长职业所达到的专业阶段、校长个体专业化程度等方面的衡量提供了重要参考。英国在1998年颁布了《国家校长专业标准》，2004年又做了修订，英国出台该标准的目的是通过它来规范校长培训，确保担任校长职务的人员能够履行自己的职责。新西兰是从1997年开始，所有学校都实行了绩效考核制度。同年，新西兰教育部制定了《中小学校长专业标准暂行条例》，并于1998年以咨询报告的形式出台，作为促进中小学校长发展的依据。澳大利亚联邦政府于2011年7月颁布了全澳第一个《全国中小学校长专业标准》，旨在从国家的角度限定校长行业，阐述校长的领导能力和教育、管理及实践能力，明确指出高素质校长队伍对学生学业成绩、教师专业发展和更广泛的社区发展起至关重要的作用。上述国家出台校长专业标准的一个共同点是希望通过校长专业标准提升校长队伍素质，进而提高教育质量。

从我国国情看，新中国成立六十多年来，尤其是改革开放三十多年来，我国的教育事业取得了举世瞩目的伟大成就，但也存在着不少问题。单从提高校长队伍素质来说，国家教委于1991年颁布了《全国中小学校长任职条件和岗位要求（试行）》以及1999年教育部颁布了《中小学校长培训规定》，对全国中小学校长开展了大规模的岗位培训，在一定程度上提高了校长队伍的整体素质，但这远远不能适应形势发展。这突出表现在：校长队伍素质还不能完全适应教育改革与发展的客观要求；校长的职业定位不清、专业意识不强；没有把校长视为一种相对独立的职业，没有把校长视为需要较高专业素养才能胜任的“专业人员”。基于我国本土教育改革与发展的迫切需要，在吸收和借鉴其他国家的经验基础上，于2013年2月，教育部颁布了《义务教育学校校长专业标准》（以下简称《专业标准》），《专业标准》把校长的职业角色和职业活动分为：规划学校发展、营造育人文化、领导课程教学、引领教师成长、优化内部管理、调适外部环境六种。在每一种专业职责中相应地提出了10条专业要求。因此,我们可以将《专业标准》称为"校长专业标准60条"。这60条专业标准,第一次从国家意志的层面对校长的素质提出了富有前瞻性的、结构化的具体要求,因此,《专业标准》为我国校长专业的成长、素质评价、外部监督提供了具体的指导框架。

二、对《专业标准》的几点思考

(一)校长应是教育事业的守望者和引领者

关于我国中小学校长队伍的现状,陈玉坤教授曾用"三强三弱"来评价,即"整体素质比较强,领军人物总体比较弱;专业知识与技能强,专业精神比较弱;领会上级意图的能力比较强,原创能力和改革能力比较弱"。其中,专业精神弱是根本性的问题。为此,《专业标准》要求校长"以德为先""能力为重""终身学习",强调了校长的专业精神,这种精神应包括我们对教育事业的一种崇敬、虔诚、敬畏、热爱、专心、积极主动、忠于职守、锲而不舍、精益求精,在任何情况下都能尽可能淡化功利的思想,不斤斤计较物质享受,不迷恋于世俗浮华,不对个人利益患得患失,全心全意地把知识、智慧、爱心、时间乃至生命奉献给教育事业,奉献给所有学生。刘彭芝校长曾说过:"人的生命有大小之分。小生命,蕴含在自己的身体内;大生命,则体现在人群和社会中。一所学校的生命也有大小之分。小生命,蕴含在自己的校园内;大生命,则体现在整个教育事业中。"如北京第二实验小学的霍懋征老师就是对教育守望与引领的一个杰出代表,不论是政治斗争还是经济市场大潮的冲击,不论是个人被压制还是个人政治地位提升,她始终恪守教师本质,淡泊名利,对教育事业痴心不改,执着追求。在目前,教育改革已进入思想观念改革的"深水区"、体制机制改革的"深水区"及不同群体利益纷争的"深水区",这尤其需要我们广大校长对教育事业的执着守望和引领，这样才能带领学校教职工健康向上、积极进取，使学校充满生机和活力。

(二)校长应是学校课程教学的领导者

苏联教育家苏霍姆林斯基认为，校长必须是“师者之师”，要具备“精通教育科学、教育技术和教育艺术”和“进行教育探索与研究”的胆量、作风和能力。可见，校长应具备课程领导的能力。《专业标准》更明确提出“领导课程教学，引领教师成长”是校长的专业职责。校长领导课程首先要主动筹划课程，强调“诉诸自身的创意与创造力，自律地、自主地驱动组织本身”，主动筹划不仅指校长带领学校全体职工主动行动，更是指学校的规划要有愿景和规划。课程愿景是指学校所有人员对学校课程的前景达成的一种共识性的理想，它指引课程教学的一切活动。校长应有自己的追求、主见和思考，在不违背教育规律的前提下做更有价值的事，把学校发展当作自己的事业，设法创造卓越的课程。具体表现在：一是校长要主动参与课程制定。美国专家曾建议，“校长必须积极主动地参与基础性课程文件的研制过程，而不仅仅是在这些文件完成后对它做出积极反应。此外，在州课程文件发布后，校长要履行评价者的角色。”二是校长要主动谋求学校内部的课程发展，在实行三级课程管理体制后，学校不仅需要开设国家课程、地方课程，更需要创造自己的课程。如我校开发的“高中生小课题研究指导”“人之使命与责任”“优秀电影与两次鸦片战争”“刘雪庵音乐作品选”等就是我们根据本校实际开发的校本课程。

其次，是加强课程管理，要通过制定规章制度、召开会议、发布文件、现场指导、语言交谈等方式把自己的想法传达给教师，然后由他们进行实践。校长在课程领导中应充分发挥教师的主观能动性，鼓励教师去探索、去试验，校长应做教师课程改革的引导者，唤醒教师的课程改革意识，促进教师实现课程改革。

(三)校长应是学习型学校建设的创造者

社会发展日新月异,知识更新步伐加快,“活到老,学到老”已成为大家的共识。《专业标准》也提出了“终身学习”的理念。“问渠哪得清如许,为有源头活水来”,要有“源头活水”就必须学习。美国当代管理学大师、学习型组织理论的鼻祖彼得·圣吉积极建议把学校转型为学习型学校,他认为在建立共同愿景、分享愿景及学习如何改变既定的心智模式方面,教育组织比企业组织可以做得更好。学习型学校的创立,可以有效引导学校成员努力实现学校共同愿景。有人曾对校长在创建学习型学校中的作用做过这样的评价:与教师营造课堂氛围一样,校长在营造学校氛围中扮演了极其重要的角色,校长的行为可影响学校文化的构建和师课堂文化的构建。对此,校长要熟练运用管理心理学的有关知识,加强教师之间的合作学习,建立有效激励机制,促使教师不断地学习和进行教育教学科研。如我校先后制定的《铜梁中学课题评奖细则》《铜梁中学教育科研奖励条例》《铜梁中学骨干教师奖励办法》《铜梁中学名师建设方案》等,都有效地调动了广大教师的积极性,唤起了教师的工作热情,使教师把超越自我、追求卓越看作是自我发展的需要。其次是校长应为学习型学校建设搭建平台。如我校每月定期开展的备课组活动、读书沙龙、专家讲座等,对学习型学校建设起到了很好的推动作用。再次是珍视学生的学习活动,重视学生的建议,为每一个学生提供公平、民主的学习氛围。

(四)校长应成为与外部环境有效的合作者

《专业标准》提出了“优化内部管理,调适外部环境”的专业职责。学校作为一个社会组织,不可能脱离其服务的社会而独立存在。必须不断地从外部环境中获得所需的资金、人力、物质和其他资源,才能顺利完成学校的教育目标。外界诸多因素如政府、社区、媒体、家长等都是决定学校能否高效办学的重要因素。随着社会分工的进一步扩大，这些因素对于学校的影响必然是巨大的。学校要想健康地发展，必须获得他们的有力支持。校长作为学校的法人代表，理应承担代表学校对外交流和合作的责任，要经常组织有关部门开展社区教育，密切同家长的联系，提高家长参与办学的积极性以及家长自身素质和家庭教育水平。如我校开展的大型节假日文娱会演、铜梁龙舞、志愿者行动、家长开放日、家长委员会等，对整合校内外资源，调和外部环境起到了促进作用。

发展性教育视域下的校长专业发展

重庆一中　鲁善坤

学校发展的关键在于校长，发展性教育的实施，取决于校长的教育哲学、视野高度、目标信念、行为执行力和个人魅力，其核心是校长的专业素质。校长必须改变传统的依靠行政权力管理的学校管理模式，而是将其变成专业化的学术领导。而校长的专业成长，本身又是一个发展性的进程。

一、教育发展的背景与现代学校管理的变革

(一)知识经济时代的特征

相对于传统的农业经济社会和工业经济社会，知识经济社会就其实质来说，是一个以智慧和人才为支撑的社会，是一个以人力资源及其开发为核心，以信息化、知识化为根本特征的充满创造性的学习型和能力型社会。通过加快教育改革步伐，培养更加适应知识经济竞争时代的人才，是应对知识经济时代发展的必要途径。

(二)知识经济时代对人才培养的发展性要求

知识经济时代的特征，决定了需要培养具有发展性的新型人才，构建全新的人才观和人才培养观。教育目标已经不再是过去单一的国家取向和社会本位，要培养教育的对象——学生的个性发展，使教育从一元走向多元。学校教育要不断适应社会变革的

外部环境，转变学校教育教学方法，改革和创新人才培养模式，构建创新型人才培养体系。学校管理要不断改革传统的直线层级式的管理组织结构和强调机械秩序与单向控制的管理方式，建立适应变革要求，不断推进创新，追求卓越发展的学校管理模式。

（三）校长管理的校本性特征日益显著

知识经济时代背景及其对人才培养的要求，多元化的教育需求，迫切需要学校转变管理方式，尤其是校本管理。校本管理是以学校为本位、以学校为主体、为了学校发展的管理方式。相对于传统的外控式管理，校本管理是更加重视学校自身权益和自身发展的教育管理理念。校本管理中，校长根据学校自身的需要来确立学校未来的发展目标和方向，并致力于学校管理的有效性和教育质量的提升，创办出有实效、有特色、有社会责任感的学校。在20世纪八九十年代，校本管理就已经成为英国、美国、意大利、比利时、西班牙等众多国家大力推行的管理制度。知识经济时代，校本管理是一个必然的趋势。

二、发展性教育观与校长专业发展

（一）发展性教育观与现代学校变革的关系

发展性教育观是旨在吸收各种先进的教育思想成果，遵循现代教育发展规律，以学生发展为本，培养现代社会所需要的人才的教育观念体系。发展性教育从终身教育的角度，为每个人提供自由塑造自己的生活和参与社会发展的手段，它包括了一整套从人的发展角度看是必不可少的知识和技能。

现代学校变革，就其本质来说，是指有目的、有组织地寻求教育的改变，是一个以发展为取向、以科学教育理念为指导、以人为核心、以变革为动力的持续改变和变化的实践过程。《国家中长期教育改革和发展规划纲要（2010—2020年）》中对高中教育发展目标的描述中说道："促进办学体制多样化，扩大优质资源。推进培养模式多样化，满足不同潜质学生的发展需要。探索发现和培养创新人才的途径。"可见，现代学校的变革和转型是每个学校长期的重要实践活动。

发展性教育观与现代学校变革的具体要求，二者是紧密联系在一起的。前者促进后者变革，后者实现前者的目的。

(二)学校的现代性变革与现代校长的专业化转型

教育改革的深化，校本管理的持续发展，学校的现代性变革，必然对担负着管理学校重要责任的中小学校长提出了新的要求，并呼唤一批高素质、现代化和专业化的中小学校长。

从学校发展的角度来看，现代学校变革和发展性教育视域下的校长专业化过程是相辅相成的，它涉及教育与教学观念、教育体制机制、课程与教学内容、教育教学模式、教育技术手段、评价和管理方式等诸多方面，是一项高度专业化的活动。同时，教育体制改革创新是一个不断发展的过程，是一种创造性的活动，没有现成套用一成不变的范式，需要不断根据自身实际和社会发展情况，需要校长在科学的理论指导下进行大胆的实践探索。没有校长的专业化素质，教育体制改革是不可能实现的。

从学校管理的层面，校长的专业管理水平是学校适应教育改革、推行教育创新的必要保障。学校发展的定位，学校办学特色的形成、学校课程体系的设计、学校自主精神的培养、学校特色文化的营造等，都需要校长在熟悉各项业务的基础上，进行卓有成效的管理，才可能带领学校走向成功与辉煌。

(三)校长的专业成长是一个持续的、终身的发展过程

专业化是一个社会学概念，是指一个职业经过一段时间后不断成熟，逐渐符合专业标准，成为专门职业并获得相应的专业地位的动态过程。校长专业发展作为校长持续专业提升的动态过程，指的就是校长为不断地提高学校的管理绩效，改善学校的管理作风和办学水平，经过严格的专业训练和自身不断地学习，不断地面对变化，不断地进修，逐渐成长为一名专业人员的发展过程。

在这一发展过程中，校长应不断地学习各种教育理念，掌握各种教育信息，不断研究各种新出现的情况和问题，调整与校长职业不匹配的能力和素质，从而不断提升自身水平和能力。随着时代的不断变化和发展，教育的改革和创新也不断地深入，校长所面临的各种问题和矛盾也相应增加，这就需要校长要从准专业阶段向专业阶段不断发展，再到符合专业标准，成为专门职业者并获得相应专业地位。

总之，校长的专业化实际上就是通过积极有效的行动策略，以实现校长的专业结构不断改善，专业能力和专业水平不断提升的生命成长和发展的过程，也是一个可持续的、终身发展过程。

三、发展性教育视域下的现代校长专业发展

发展性教育视域下的现代校长专业发展包括以下六个方面。

（一）具有顶层设计能力

顶层设计是指学校发展的总的指导思想，包括学校的办学思路、办学理念、发展战略、管理体制改革、科学发展的长效机制等事关发展方向性、战略性的重大问题。

顶层设计是学校发展战略中最重要的部分，学校的顶层设计应该是在校长的引领下，对学校的整体发展方向、人才培养目标、教育理念系统等的整体性构建。校长应该具有专业的顶层设计能力，科学系统地规划和设计学校发展的整体框架，为学校内涵发展提供指引，目的是要让校长的管理有思想、教师的教学有理念、专项的工作有设计。通过“顶层设计”的前瞻性谋划，从上到下，从下到上，进行一场由思想变革引领，通过方式提效，实现行为变化，获得教育的最大效能。

校长是一校的灵魂。校长的思维也决定着学校整体的教育理念与教育方式。这就要求校长要具有坚定的教育理想信念、执着的事业心、高度的责任感、强烈的使命感，要有前瞻性的办学思想，不断学习，不断探寻符合科学发展观的教育规律，扩大自己的

视野和思考深度，找准各种问题的症结和解决问题的着力点，为全校师生指明学校发展的方向。因此，校长的顶层设计力是校长专业素质的一个核心内容。

(二)具有组织协调能力

校长的组织协调能力是指在学校各项工作管理过程中，激励和协调教职工的活动过程使之互相融合，从而实现各项工作目标，更好地完成各项工作任务。校长是学校的组织者和管理者，要使学校和谐、健康地运行，并使自己顶层设计的理念和目标在现实中得以实现和达成，就必须备具较强的组织协调能力。

组织协调能力是校长专业能力的一个重要的方面，校长是整个学校管理的核心，是各个层级关系的连接点，校长应该把学校当成一个整体，明确学校各个部分之间相互依赖、相互制约的关系，清晰认识学校与社会以及各个地区的各种经济、政治、文化力量之间的关系，并能充分注意到当下的有利因素和不利因素，在各个可能性方案中选择最优方案。所有成功的校长总是以一种哲学作为思想武器和根本方法，经常观察和分析社会的主流价值观与教育的关系，正确认识办学过程中的困难，反思自身的管理实践，结合实际对办学模式和管理机制进行价值判断，做出科学的选择和抉择，努力地把自己追求的办学价值转化为现实。

(三)具有课程领导能力

学校教育教学内容中最重要的是课程，师生活动最重要的是教学，在教育改革与学校变革中最核心的，一定是学校的课程建设和课堂教学，它决定着一个学校最重要的质量和特色，也是学校发展最重要的指标。而校长是课程建设和教学组织的核心要素，校长的课程领导能力和教学组织能力是实施新课改的必要前提和当务之急。

校长的课程领导能力主要是指校长领导教师团队根据课程方案和学校的办学目标，创造性地设计、编制、开发、实施课程，从而全面提升教育质量、办出学校特色品牌。

随着国家基础教育改革的深入，学校改变了过去那种过于集中管理的封闭型课程体系，确立了国家、地方、学校三级课程结构，并出台了“一纲多本”的政策，学校对开放式课程有了更多的自主权。而各个学校，如何构建自身的特色课程体系，如何让这个体系体现自身的教育理念，如何保证课程体系设计的科学合理、如何保障课程体系科学有效地运行、如何评价课程等都依托于专业的引领。校长的专业引领是教师专业发展和自主学习的动力和信心，是整个学校走向专业发展的桥梁。因此，课程领导力是校长的核心能力。

(四)具有反思评价能力

作为一名校长，应该具备良好的反思能力，才能不断地发现学校运行中的各种问题，及时纠正各种偏差，使学校沿着正确的方向前行的目标。

对于“反思”，德国哲学家、教育家伯莱克(J. Berlak，1992)认为：“反思是立足于自我之外的批判地考察自己的行动及情景的能力。使用这种能力的目的是为了促进努力思考的职业知识而不是以习惯、传统或冲动的简单作用为基础的令人信服的行动。”基于此，20 世纪 80 年代，反思性教育理论与实践在西方发达国家兴起，并呈一定发展趋势，于是有关“反思”“反思型教学”“反思型实践”等方面的内容成了各国教师、教育工作者和研究者们讨论和研究的中心议题。校长作为学校的领导者，一举一动都影响着学校的各个方面，校长的反思是确保校长时刻保持科学、正确的重要途径。

校长应该学会批判性地分析自己的教育行为，反思自己的管理工作，并对自己的行为负责，这种观点满足了校长专业化的基本需求。校长要进行恰当的反思，不仅关乎自身素质的提高，对整个学校的管理水平及教师的发展都有至关重要的作用。这种反思，既包括对自身能力水平与各项工作的反思，也应该包括对学校整体运行、教师教育教学、课程系统、学生发展状态的反思，一名优秀的校长应该有及时反思的习惯，应该有科学反思的方法。

(五)具有文化领导能力

学校文化是学校发展的灵魂,也是学校追求的终极价值。学校最值得品味的东西是学校所拥有的文化。现代学校文化是凝聚和激励学校群体成员进行教育教学改革的重要精神力量,是素质教育深入实施的一种激励机制,是学校发展的强大内驱力。

美国管理学家埃德加·施恩(Edgar Schein)说:"领导者所要做的唯一重要的事情就是创造和管理文化,领导者最重要的才能就是影响文化的能力。"学校文化是综合衡量一个校长办学水平高低的重要标志,建设优秀学校文化是每个校长的责任。随着学校文化建设持续不断地升温,校长的文化领导力问题也日渐凸显出来。

校长文化领导力就是校长对学校文化建设的引领力,是校长带领学校教职员工,满怀激情地建设、发展学校文化,实现学校办学目标的过程。校长文化领导力产生于学校中,是校长和教师、学生等相关人员共同努力的结果。学校文化和校长文化领导力是相辅相成、相互促进的关系:一方面,学校文化建设呼吁校长具有较高的文化领导力;另一方面,学校文化也滋润、提高着校长的领导力。可见,校长的文化领导力是校长专业能力的重要组成部分。

(六)具有人格感召能力

一所有影响力的学校,可以反映出校长的人格魅力,也体现着校长的气质和个性。要达到这样的办学效果,就需要校长有超凡的人格感召能力。

校长的人格感召能力是校长正确运用管理权和自己的威望,是校长发挥个人能动性和创造性,去影响学校每一位教职员工。校长的人格感召能力对全体教职员工和学生有着积极性和创造性的影响。校长的专业人格包括三个层次:第一个层次是行为规范,主要指校长对待教师、对待工作、对待学生家长、对待上级领导、对待方针政策法规的行为规范,其核心就是依法治教,廉洁奉公；第二个层次是校长的专业精神，专业精神也就是校长的职业品质和职业形象、职业魅力，一个现代校长应具备责任精神、创新精神、科学精神、人文精神和服务精神；第三个层次是校长的个性品质修养，校长要坚持修身养性，不断优化个性品质，应具有兼容并包的胸怀，诚实正直严格的品质，友善宽容的态度，长远的人生目标，乐观开朗的情绪，丰富的业余生活和广泛的爱好等。

人格感召能力是人格、人品、学识、兴趣、才能、情感、意志、体力等素养的综合。校长应该以人格力量去熏陶教师，以心理力量去吸引教师，以学术力量去影响教师，以学者风范去联结教师，让全校员工形成合力，促使学校向前发展。

浅谈中小学校长专业化成长途径

重庆铜梁二中　李　勇

“校长是一所学校的灵魂。”校长专业水平的高低，很大程度上决定着学校管理水平的高低。只有实现校长专业化，才能提高学校的管理效能，才能促进学校的优质发展，最终实现学生的可持续发展。

校长的专业化成长过程其实是一个持续学习、持续提升、持续超越的过程，在这个超越的过程中，必须历经坎坷、磨炼与探索。

一、要有当好校长的精神和现代教育意识

（一）有当好校长的精神

毛泽东说：“人总是要有精神的，人做什么事，都是靠精神支撑，人无精神，如同行尸走肉。”人的一生，最大的乐趣不是得到了什么，而是做了什么，这是人的一种精神境界。钱财乃身外之物，永存的是人的精神、人的声誉和人的影响。所以，要当好校长，首先要拿出点精神来，树立信心，相信自己不比别人差，相信自己有能力把学校办好。再全心全意地投入自己的岗位中去，并持之以恒地朝着自己的目标前进，没有管理不好的学校，只有不会管理的校长。同时校长要有克服困难的精神，一个学校的发展，教育的成功，决不会刹那间完成，只能脚踏实地、一点一滴地去做。有了这种坚持的信念，在险恶的环境中具有锲而不舍的工作精神，

才能取得成功。我校在2006年提出了创建市级重点中学的奋斗目标，经过6年的不懈努力，克服了许多困难与挫折，2012年终于达到目标。

(二)有现代教育意识

专业化校长具备的现代教育意识，应包括现代教育理念和管理理念，具有强烈的服务观念，并以此作为自己专业行为的理性支撑。现代教育的发展要求校长应是具备扎实的理论基础，丰富的人文社科、自然科学及社会综合知识，这要求校长首先应立足校情，转变工作方法，提升自己的专业能力，不盲从、盲动。现代化的教育理念告诉我们，一位管理者并不是一位高高在上令人敬而远之的指挥者、命令者，而是一位有服务意识的"公仆"。校长不仅是老师的"老师"，更应该是老师的"公仆"，前者重在"引领"，后者重在"服务"。好的校长应定位成教师团队的引领者。校长还要有明确的教学思想、办学目标和管理思想，找准自身角色和学校定位，制定学校的中、长期发展目标，并充分调动广大教职工的积极性，去攻坚克难，不断实现新发展、新跨越。我校根据学校实情，梳理了学校的历史积淀，打造了符合现代办学规律的校园文化系统，以此凝聚全校师生的力量。校长是"服务者"，要增强服务意识，确立管理就是"服务"的理念，服务学生，服务教师，服务学校，服务家长，服务社区，服务社会。校长不仅要把自身定位成一个"服务者"，还要把学校打造成面向社会的"优质教育服务的提供者"。如我校为师生提供的服务是硬件、软件，还有从物质上、精神上对师生的学习、生活的关怀，这些都增强了师生的幸福感。

二、在学习和实践中提高专业化水平

校长没有理论修养自然不行，但理论修养和工作时间不是截然分开的，一个人的信息量再大、理论功底再厚，不能服务于社会，不能为他人提供帮助，不能实实在在做点事情，再高的修养或许也是无用的。校长要真正达到育人的目的，不仅要有行动，还必须要有学识去指导，有能力去实践。王阳明说："知为行始，行为知始。"在实践中，中小学校长最容易做到行忽略知，若没有知为前提，行动就会莽撞，就会失误。因此要注意从以下几方面来提高自己的专业化水平。

(一)通过不断学习更新自己的知识结构，丰富自己的办学思想

校长是问题最直接的面对者和解决者，要能把学来的知识与学校管理和教育教学工作相结合，在实践活动中不断地去捕捉信息，发现问题，然后用心研究，不断地总结经验，增长知识，增长才干，提高能力。在新知识、新技术不断涌现的时代背景下，作为校长只有不断学习、终身学习才能适应当今国内及世界教育的发展趋势。

(二)积极参加各级组织的培训学习

校长大多来自于优秀教师，但是，优秀的教师不等于是好校长。校长除了能够上好课之外，更多的时候是一位组织者、管理者、服务者和引导者，而引导者是重中之重。校长引导能力的形成与发展过程，需要政府及教育行政部门的引导。因此，参加各级各类部门组织的培训是促进校长专业成长的有效途径之一。

笔者认为，校长的培训学习需要在三个方面下功夫：一是要做到心中有数，思考自己要向别人学什么、如何学，要带着问题出发；二是要有一个小学生的学习心态，虚心学习，在学习和比较中寻找差距，发现自己学校存在的不足；三是要在学习中要做好笔记，把自己的所看、所思、所感记录下来，等学习结束后进一步整理、反思和借鉴。只有这样，校长的培训学习才不至于流于形式，校长才能够学有所得。

(三)加强校际合作，坚持"走出去"和"引进来"

学校之间要加强沟通、合作，取长补短，在吸取各地成功办学

经验的过程中，形成自己的教育思想和办学风格，打造自己学校的特色品牌。我校在发展过程中，多次组织教职工赴河北、山东、江苏、上海等地观摩、学习，并进行反思和总结，最终形成了立足于校情的特色文化——“激情跑操”和“四步教学法”。

（四）要深入课堂，在实践中磨砺

校长深入课堂是最重要的学习方式，也是提高专业化水平的根本途径。校长如果远离了课堂、远离了教学，实际上也就丢掉了管理之本，作为校长的底气也将逐渐耗尽，“教育家办学”更无从谈起。只有扎根于教育教学的土壤，才能体味到教育教学的真谛，熟知教育规律，从而促进学校管理水平、办学水平的不断提高。因此，校长在繁重的工作之余，一定要安排时间听教师的公开课、示范课、随堂课，在此基础上，对各门学科师资力量、生源情况、课程设置等都有了微观和宏观的掌握，才能促进学校管理质量的提高。

三、要善于思考和反思

校长要善于思考。校长的地位和责任决定校长应该抓大事，抓关系到学校生存和发展的方向性、根本性、前瞻性的大事。校长只有围绕学校的目标定位，做好计划、组织、指挥、协调和控制工作，才能纲举目张，举一反三，事半功倍。因此，校长必须善于思考。校长作为一所学校的领军人物，是否勤于和善于思考，决定着一所学校的兴衰成败。作为校长，一定要站在一定的高度去思考具有全局性、战略性、前瞻性的问题，为学校提供可持续发展的条件。作为校长，需要用心观察自己学校的现在，了解学校的历史，思考学校的未来，时时刻刻寻找学校发展的着眼点，准确定位工作创新的突破点，从而正确地制定学校发展的规划，形成自己的办学特色。作为校长还应当摆脱校长办公室的束缚，走出学校进行思考，只有站在教育之外，站在学校之外看待教育和学校，才能看得更明白、更高远。

校长要善于反思。美国心理学家波斯纳提出了教师成长的公式：成长＝经验＋反思，校长的成长过程也是如此。只有反思，才能总结出理论和实践上的不足之处。反思是一个过程，也是一种优秀的工作和生活习惯，更是一种很实用的行动研究方法。校长可以通过写工作日记、周记等途径，培养自我观察和自我反思的能力。作为校长，只有在创新的实践中，优化完善自己的方案和策略、调整自己的管理模式和方法，才能对自己的行为表现及行为依据进行回顾、诊断，才能加深对学校管理规律的认识理解，适应不断发展变化的学校成长环境，最终提高管理学校的能力和水平。有反思习惯的人，一定会不断地改进工作方法和策略，不断地产生新的思路和措施，使自己的工作更加优化、更加系统、更加科学、更加有效。一个善于反思的校长才能成为一个成功的校长。

四、要善于创新

校长不但在想事，也在做事，但是故步自封、墨守成规不行，仅限定于学校不出乱子的思想更不行。"不进则退"的自然规律需要校长们有创新力，要客观地认识学校发展的现状，理性地思考、谋划，改变固有的凭经验办事的思想，树立先进的办学理念和办学思想，创新工作流程，最终达到学校工作的创新和整体的进步。

笔者认为，校长创新主要体现在以下几方面：第一，校长在教育教学思想上要有新观点；第二，在学校管理中要有新办法；第三，在学校内创造出良好的创新环境和创新氛围，激发师生的创新精神和创新能力。

校长要敢于质疑权威，抵制落后传统的习惯，抵抗保守势力，敢于标新立异，提出新方法、新观念、新方案。校长要勇于否定自己，超越自我。在简单中做出不简单，在平凡中创造不平凡，不断刷新自我、提升自我、创新自我；同时走出自我，与先进相比照，跳出自我、审视自我、反思自我，不断地调高进取目标，才能使学校实现持续健康发展。校长不具备一定的创新能力，教师的个性就不能得到张扬，就不能充分体现学校的办学特色。

一个好校长，必须是一个富有创新精神和创新能力的校长。因为创新能够保证发展有新思路，改革有新突破，各项工作有新举措。

总之，校长的专业化发展是新形势下对校长队伍建设提出的时代要求，通过以上几点发展途径，使校长在专业化发展过程中确立新的理念，增强专业发展的主体意识，掌握校长专业化的内涵，明确专业发展的行为策略，自觉走上持续专业发展的成功之路。

专业标准视角下校长专业素养的指向性思考

重庆南华中学　周建强

《义务教育学校校长专业标准》(以下简称《专业标准》)为学校校长职业化、专业化制定了相应的准则,为中小学校长在专业理念与精神、专业知识与方法、专业能力与行为等方面制定了较为全面的专业履职素养要求,是中小学校长任用的基准、考核的依据、培训的参照、成长的标尺、工作的准绳。学习、把握《专业标准》,对促进中小学校长专业化和专业发展起着重要的引领作用。

校长的专业素养包含个人素养和职业素养两部分。其中个人素养指校长作为学校的领导者、教育者和管理者应该具备的教育思想、管理理念和价值追求。职业素养指校长作为学校的领导者、教育者和管理者应该具有的专业知识和专业能力,具体包括六大领域:规划学校发展、保障德育实施、领导课程教学、引领教师发展、提升组织效能和协调公共关系。

一、校长应该具备的专业素养

"一个好校长,就能带出一所好学校。"一所学校的校园文化、办学特色以及教育教学,依赖于校长的专业素养和专业能力;一所学校的全面、和谐发展,依赖于校长有先进的、科学的、前瞻性的办学理念。从这个意义上讲,校长个人能力、素质的提升,绝不仅仅是校长个人的问题,它关乎学校的发展、教育事业的振兴等。因此,一个优秀的校长应该具备以下几个方面的专业素养。

(一)关注社会与教育发展的趋势是校长专业化素养的根本

校长是领导者,就要把握方向,要站得高看得远,要有很强的战略管理和规划能力。要想学校发展得更好,校长必须走出学校看学校。校长不能把教育这个事业只是局限在学校内部,而应当跳出学校看一看社会的发展、教育发展的趋势,这样才能给学校的发展以一个准确的定位。有一句古诗讲得好:"不识庐山真面目,只缘身在此山中。"就是说要想看清山的全貌,必须站在山之外才行。

智者不惑、仁者不忧、勇者不惧——三者相结合就是一位优秀的校长、有潜力的校长。"智者不惑",就是有智慧的人,他做事情有长远的设计、规划和打算,他心里很清楚、不疑惑。如果一个校长是一个智者的话,他就对学校的发展有系统的、长远的规划,他所做的每件小事,都具有长远的意义。

(二)育人、育德是校长专业化的基本问题

学校教育的使命是"育人",而校长是一个学校的管理者。他的直接责任就是促进学生健康成长,促进教师专业发展。

校长不但有"育人"的责任,还有"育德"的职责。校长要以德为根,不忘自己修身养性;要以人为本,注重人文关怀;要以情为重,常知有"舍"才有"得";要以服务为宗旨,引领师生自我成长。所以"仁者"就是有爱心和社会责任感的人。校长就应该带着"仁者"之心办教育,教育是道德性的事业,是"一群不完美的人带领另一群不完美的人走向完美的历程",因此道德型领导是变革型领导的高级形态,而其核心就是"以人为本" 。

教育的终极目的是要促进人的发展,发展是一个被唤醒的过程。如何唤醒?这就需要办教育者做到"以人为本"——确实关注被教育者生命的发展,激发他们的创造力,释放他们作为独立个体的作用,说简单些就是平等看待每一个人,给予他们足够的

尊重，使得他们有机会、有热情自己发展自己。做一个优秀的校长除了要有智慧、有远见，更重要的是还要有一份发自内心的仁爱之心，给予这份发自内心的仁爱以社会责任感，就一定会达到"不以物喜，不以己悲"的无忧状态。

(三)全方位引领，促进教师展业成长

校长的人格魅力是校长专业素养不可缺少的教育要素，是一校之"魂"。教师成长是学校持续发展的根本，教师要实现专业成长，必须不断改变自己习以为常的思维方式和行为方式。但在实际教学中，很多教师却很难发现自己需要改进的问题，这就需要外在动力的促进和改变。校长应多层次、全方位地为教师架梯引路，当好促进教师专业成长的引领人。校长还应坚持科学办学方针；全面贯彻党的教育方针，遵循教育教学规律，全面实施素质教育；依法治校，以德立校；重视学校精神文明建设，创建学校文化；促进学生健康成长和全面发展；重视思想品德教育、人文素养提高、心理素质培养，使学生学会做人；大力促进教师专业发展，建设一支与学校发展相匹配的高素质专业化教师队伍，引领教师用实践智慧走共同成长之路。校长更要多与教师沟通、交流，以自身的人格、学识和行动影响教师，减轻教师的心理压力，让教师心情舒畅地面对机遇、迎接挑战。

二、校长专业素养发展方式

校长的专业素养发展实际上就是依据校长的专业标准，通过积极有效的行动策略，以实现校长的专业性结构不断改善、专业能力和专业化水平不断提升的生命成长过程。在校长专业发展的过程中，有多种策略，但总体来说，主要有外部推动的校长被动专业发展的策略和校长个体内在的主动专业发展的策略。但无论是外部推动策略，还是内在主动策略，中小学校长专业发展大体上可以分为

群体专业发展、个体被动专业发展和个体主动专业发展三个不同层面。校长群体专业发展主要是通过订立严格的专业规范和管理制度提高校长的专业性，通过谋求社会对校长工作的专业地位认可来提高校长的专业性。如在2000年初，国家为提高中小学校长队伍整体专业素质和管理学校的能力，开展了全国百万校长的岗位培训，这种以政府自上而下推动的、以校长任职资格为政策驱动的校长岗位培训，就是一种由外部推动且所有校长都必须参加的群体专业发展的策略。校长个体被动专业发展，就是校长专业发展的重点由群体转向个体，开始关注个体的专业性提升和个性化发展需求。如我国在"十五"期间的校长培训中，就针对不同层次和类别的校长个体的实际需求，开展多层次、多类型和多样化的培训，这种培训就是一种个体提升专业性的策略，但在这种个体专业发展中校长仍然处于被动地位，其主动性还没有得到充分的发挥。校长个体主动专业发展，就是校长在形成专业角色意识、明确专业发展的目的和特征的基础上，自觉主动地设计专业发展的行动计划和策略，在与学校发展的互动过程中持续提升自身的专业性。但无论是外部推动校长专业发展也好，还是校长内在主动专业发展也好，都不可能采取单一的发展策略，固化校长专业发展行为方式，而应在一个良性互动的专业化发展机制的基础上，凸显校长持续专业发展的主体自觉性。

三、校长专业素养与学校发展的关系

（一）校长的远见卓识是学校发展的关键

"一校之长应是师者之师。"校长要善于学习、勤于思考、勇于实践，不断构筑自身合理的知识结构，这样在工作中才能做到游刃有余，得心应手，才能成为内行校长。在这种情况下，校长的学习更需要注重方法，抓住重点。校长的管理学校的过程，就是不断学习知识和更新知识的过程，就是不断将所学到的知识运用于实践的过程。做一名校长，要有所为有所不为，即分得清事情的主和次、本和末、源和流、重和轻，善于抓根本、抓大事，这样才能高屋建瓴、提纲挈领、纷而不乱，把学校事业向前推进。

（二）校长的人才策略是学校发展的保障

校长的“领导”，不在于如何去“管”人，而在于如何去“影响”人，让教师“主动”地做他应该做的事情。所以，校长的职责应该定位在“引领”和“指导”上，并由此充分发挥其他干部和广大教职员工的积极性和创造性，这是校长领导的一种理念。当然也包括用自己的思想和行为“引领”教职员工努力工作、用心工作、快乐工作，“指导”教职员工科学工作、用脑工作、有效工作。这样的体制建立了，学校的人才队伍建设才有根本保证。校长管理学校，除了人性化管理，还要靠规章制度来保障。做一任校长，留给学校的最好礼物之一，就是一整套规章制度。校长和规章制度建设的最佳关系，就是校长的办学思想都外化在所建立的规章制度之中，“无为而治”才是最好的“治”，这也是校长追求的理想境界。

（三）校长的人格魅力是学校发展的“灵魂”

校长在工作中若要充分调动全体员工的积极性，就必须做到知人善任，了解、相信和依靠教职员工，得到他们的尊重和拥护，校长的人格魅力才能从中得到体现。以校长的人格魅力，来带动全校“一盘棋”的工作。人格魅力，概括起来是四句话：一是“无欲则刚”。校长只有无私欲，一身正气，两袖清风，责在人先、利在人后，才能树立威信，才能改革才有底气，才能团结人、有感召力。这也就是古人说的“公则四通八达，私则一偏而隅”。一个校长思想的最高境界，不应是把校长这一职业当作谋生手段或是提升社会地位的阶梯，而应在平凡的工作中努力地实现自己的人生价值，并且把这一职业当作自己的第二生命。二是“有容乃大”。厚德载物，宽容得众。当校长，器量须大、心胸须宽，要记人之功、容人之过，这样才能团结各种性格的人才，听得进各种不同的意见，保护好、调动好、发挥好全体员工的积极性、主动性和创造性。三是带着爱心工作。当校长，要把所有的教职员工作为自己的兄弟姐妹，要爱群、乐群、利群。四是带着激情工作。一个会想事、会做事、能做成事的校长，是一个充满激情的校长。校长要有做事的冲动，要有成功的渴望，要不断提出新的奋斗目标。校长的激情可以感染教师，教师的激情可以感染学生，校长、教师、学生的激情融会在一起，校园才能充满浩然正气、蓬勃朝气、昂扬锐气，学校的事业才能永葆生机活力。

专业化是校长的能力性定位。要想成为一个有内涵的校长，就必须不断地更新自己的教学理念，使指导学校工作的教育理念符合时代的要求，体现社会进步的需要；使学校不断地增强办学行为的科学化、规范化，真正成为培养人才的摇篮；校长必须不断地学习，加强自己的领导能力，提升自己的管理水平，只有这样，校长才能带领教师们永远走在教育教学改革的前沿，积极投身校改，勇于实践开拓，办出让人民满意的学校。

浅谈现代中学校长专业素质的思考与实践

重庆忠县拔山中学　杨寿江

党的十八届三中全会站在时代发展的高度，对教育改革提出了新的要求，指出了新的发展途径，给我们就办什么样的教育指明了方向。作为教育主体的学校，承担着十分重要的责任。著名教育家陶行知先生曾经说过："校长是一个学校的灵魂，要想评论一个学校，首先要评论它的校长。"作为中学校长，肩负着办好一所学校的重任，必须要有优良的素质。本文就笔者个人的思考和实践，谈谈现代中学校长专业素质问题。

一、强烈的追求意识，是现代中学校长的首要素质

从心理学角度思考，有什么样的意识，才会有什么样的行动。因此，意识是行动的先导。那么，作为现代教育改革的学校校长，就应当具有强烈的追求意识，即敢为人先、不甘落后、锲而不舍、矢志不渝。具体说来，它表现在5个方面，即主动学习、狠抓质量、改革创新、强化科研、服务育人。

（一）主动学习

我校是一所农村中学，于2005年创建为市级重点中学。要让这所农村中学无愧于市级重点中学的称号，我校做到"两向两学五听取"。"两向两学"，即一是向书本学理论，以深厚的管理理论功底指导我校的管理工作，做到管理育人；二是向同仁学经验，

向市内外、国内外著名的大、中、小学校长学习先进的管理经验，把它与本校的管理经验相结合。“五听取”，即一是听取教育主管部门的指导意见，使学校的教育改革和发展跟上时代的步伐；二是听取教职工的建议，发挥教职工的主人翁作用；三是听取学生对学校工作的要求，通过定期开展问卷调查、个别谈话、校长信箱等多种形式，尽力满足学生在学习时的各种需求；四是听取学生家长对学校的意见，办家长放心的学校；五是听取社会各界对学校工作的反映，把社会当作学校工作的镜子，使学校以良好的面目呈现给社会，求得社会对学校办学的理解和支持。

（二）狠抓质量

校长工作的中心是狠抓教育质量，它是学校的生命线，是学校的立足之本，是师生的荣誉。要全面提高教育教学质量，就必须不断增强教师的教学质量意识。

（三）改革创新

校长要做改革的校长，做创新的校长。作为创新改革型校长，应当具有领导的艺术性、公关的自觉性，把学校创办成独具特色的学校。

比如，我校经过一年多的努力，让学校师生饮用上了符合标准的自来水、校园内道路“白改黑”、2 幢学生公寓正在修建、新征地 38 亩、修建校内停车场……这些办学条件的逐步改善，与校领导具有公关的自觉性有关，是我校行政一班人争取上级领导和社会支持的结果，为师生创造了一个舒适的教学环境。

我校是农村中学，办学条件并不优越，但我校打造出了学校的品牌，就是因为我校师生员工具有自强不息的精神。沿着这条路径，我校办出了自强特色。自强的内容涵盖“三面四点”。“三面”，即领导的自强意志、教职工的自强行为、学生的自强精神；

"四点",即生存教育、竞争教育、创业教育、挫折教育。在具体实施中,做到"四结合",实现"四化",即第一是自强教育与校园文化构建相结合,自强教育环境化;第二是自强教育与思想道德工作相结合,自强教育日常化;第三是自强教育与教职工队伍建设相结合,自强教育教学化;第四是自强教育与理想前途教育相结合,自强教育时代化。

(四)强化科研

国家提倡要全面深入推进素质教育,必须扎实搞好新课程改革,一定要强化教育科研。学校以"质量立校,科研强校"为抓手,一边抓教学质量,一边抓教育科研,让教育科研助推教学质量,使学校的办学质量逐年提高。

(五)服务育人

校长对待教职工,要送去真切地关怀。在生活上,切实做到关心教职工的疾苦,为教职工排忧解难;工作上,努力改善教师的工作条件和学生的学习条件,加强硬件建设,尽量给教职工创造宽松愉悦的工作环境,将以情治教与依法治校结合起来;在待遇上,将精神鼓励与物质奖励结合起来,鼓励青年教师政治与业务双进步,大力培养德才兼备的教职工。

对待学生,学校要大力改善住宿、食堂条件,做到生活上关心;改善求知、作息环境,做到学习上关心;以活动为载体,寓教于乐,提高学生的思想素质、道德素质、心理素质,培养具有"健康心理、健壮身体、健全人格"的学生。

二、先进的办学思想,是现代中学校长的核心素质

我校创办于1926年,已经有近90年的办学历史。它积淀了深厚的学校文化,形成了一系列办学思想。我校的办学理念是创

始人沈芷人先生提出的"大道远行,天下为公";管理理念是"以人为本,道法自然";管理模式是"依法治校与以人为本相结合";教育理念是"以德育德,以爱育爱";人才理念是"向善向上者是人才";服务理念是"师生至上,质量第一"。现在我校以"敬业乐群"为校训,并形成了"重德务实,求真尚美"的校风,"严谨求实,师今法古"的教风,"博学慎思,审问笃行"的学风。采用"六子"方针(领导做出好样子,生活照顾到点子,政治关心指路子,培养提高给面子,大胆使用压担子,瞻前顾后选苗子)和"传帮带"模式,培养年轻教师,最终形成了"艰苦奋斗,无私奉献"的拔中精神。

正是在这些办学理念的指导下,我校形成了一系列的办学思想和治校方略,教育教学质量稳居全县前茅,学校建设和发展也逐年迈上新台阶。

如果一个校长的办学理念新颖并结合学校实际情况形成一整套办学思想,并做到一以贯之地执行,学校就会发展有序,质量就会不断提高。

三、厚实的文化功底,是现代中学校长的基础素质

苏联教育家苏霍姆林斯基说:"如果你想成为一个好的校长,那你就得努力成为一个好的教师、好的教学论专家和好的教育者。如果你占着一个校长的位子,认为凭着某种特殊的行政领导的天才就能取得成功,那你还是打消这个想当一名好校长的念头吧!"校长首先是一名教师,一名教育者,肩负着教育学生的重任,要真正搞好教育,就必须要有厚实的文化功底,努力成为一个"通才",既要精通教育教学规律,又要精通管理,还要至少精通一门学科,做学科教学的行家,成为教师学习的榜样。

我校的历任校长都是文化功底比较深厚、教育教学业务能力强的校长。正是他们引导学校文化建设,才形成了我校独特的校园文化——温馨宜人的物质文化、先进丰富的精神文化、科学民

主的制度文化、尚贤慎独的行为文化。良好的校园文化陶冶着师生员工的情操。

四、健康的心理状态，是现代中学校长的必要素质

心理学研究表明，心理健康的基本标准是智力发育正常、自我意识正确、意志品质健全、行为反应适度、人际关系和谐、情绪稳定乐观。因此，校长必须有心理健康知识和心理卫生知识，同时保持心理健康。

如今，中学校长面临巨大的压力：一是工作压力，如升学压力、素质教育与应试教育之平衡、社会舆论、学校内部管理压力；二是复杂的各种关系，如人际关系、上下级关系、同级同事关系、部门之间的关系、亲戚朋友关系等，这些关系处理不好，有时会给学校的发展带来巨大的困难；三是有较高的道德和语言行为要求。因为校长的言行，校内外都很关注，一言一行稍有不慎，就可能给自己和单位带来很大的麻烦。总之，各种关系、矛盾交织，让校长如在刀尖上跳舞。如果校长没有健康的心理状态，就会严重影响学校管理，也就很难保证教育质量和学校的发展。

如何调整自己的心理状态？实际就是培养自己良好的情商。培养校长的情商重点做到以下几点：一是认识自我，它是走向成功的前提；二是管理自我，它是成就人生的关键；三是激发自我，它是创造奇迹的阶梯。在此过程中，有几句话对校长调整自己的心理状态非常重要：学会宽容，是做人的智慧；谦虚谨慎，是处理人际关系的基石；幽默微笑，是最好的润滑剂和通行证。

五、高超的治理能力，是现代中学校长的重要素质

“治理”在《现代汉语词典》中有两个解释，一是管理，二是处理。“管理”是谋划于工作之前，督导于工作之中，考评于工作之

后；“处理”是有纰漏教育之，大问题惩罚之，有漏洞补救之。现代中学校长就应当具有高超的管理和处理能力，也就是高超的治理能力。

（一）规划决策能力

决策是管理者特有的职能。目前，我国自主办学的权限扩大，校长负责制的教育制度改革正在推行，所以需要由校长来进行决策的问题会更多。科学的规划和果断的决策是一个极为关键的环节。

校长的心中要有学校发展远景的清晰蓝图。因此，校长要有战略的头脑、战略的眼光，纵观全局，深谋远虑；要善于敏锐地观察事物教育动态、工作动态和人的思想动态，不失时机地把握事物的本质；要善于从多种方案中分析权衡，及时做出科学的决断，不被一时一事的得失所困惑，能排除干扰。

校长还要善于从多种信息中做出科学的判断，抓住机遇顺应时代的变化，引导并顺势而为。校长决策的科学化和果断力一经教职工所认识，并内化为自己的行动，教职工就会迸发出无穷的智慧和力量，推动学校健康稳定快速发展。

（二）教育教学能力

为适应素质教育的需要，我国正在实施新一轮基础教育课程改革。此次改革绝不是单纯更换教材，它对学校、校长及教师提出了全新的挑战。校长的角色也将进一步转型，其应该是新课程实施的推动者、组织者、协调者和鼓劲者。校长要深入第一线，不但要上好课，更要评好课。

许多校长都是由在一线工作且业务能力强的教师中逐级提拔上来的，具有的能力自不必说。这里要说的是，校长绝不能只是行政型的，更应该是教育家型的，要成为教育教学的行家。

(三) 组织协调能力

校长的组织协调能力包括沟通与协调、策划、统筹、资源收集与配置等能力。在学校发展环境日益复杂的今天,校长的这些能力和素养尤为重要。校长一方面要对来自学校内部的各种因素协调管理,使其达到整体功能大于各要素功能之和的优化组合效应;另一方面要针对学校发展的多层次需要,发挥自身的多种能力,如在政策允许范围内筹集资金的能力,与校内外各种人物交往的能力,学校发展远程规划与近期目标组织实施的能力等。

(四) 宣传演讲能力

自我宣传是扩大社会影响,建立学校声誉,树立学校形象的主要手段。学校自我宣传的途径主要有:一是通过精心设计学校外观形象来进行自我宣传;二是通过有计划地举行学校特定的专项活动来进行自我宣传;三是在工作面临困难,需要校内外大力支持的时候,就更需要宣传。有句话是这样说的:“工作有困难,宣传能过关。”可见宣传工作的重要性。

演讲是宣传工作不可或缺的方式。一个日本学校管理学专家曾说:“校长演讲的成败决定了学校管理的成败。”校长的演讲要做到材料的真实、态度的鲜明、思想的深度、语言的生动“四结合”。它体现在演讲者的思想、材料、语言、技巧、情感、仪表、姿态等综合因素上。成功的演讲能收到示范教育、激励人心和树立威信的效果。

(五) 识人用人的能力

古人说过“政以德贤为本”“为政之本在于任贤”。邓小平指出:“一个人才可以顶很大的事,没有人才什么事情也搞不好。”这说明,如何用人是首先要关注的问题,校长要掌握用人艺术。首先,必须树立正确的人才观,要善于识别人才,克服任人唯全、任人唯顺、任人唯资、任人唯亲的错误观念;其次,要确立选用人才的基本准则，要做到知人善任、唯才是用。

在用人上，要做到用人所长，避其所短。在校长领导艺术的实施方面，必须做到科学性和艺术性的统一，成为具有领导艺术的行家。

（六）沟通交流的能力

校长具备良好的沟通交流能力，对学校各项工作及学校的建设都具有十分重要的作用。沟通交流包括校外沟通和校内交流。

校外沟通是以信息传递为主要内容，是通过学校与学校之间的、学校与社会之间的交往的基本形式来加以实施。它的基本要求是积极、主动、有效。社会所给予的支持和帮助对学校来说是非常重要的，它是学校生存、发展的重要支柱。校长的主动沟通意识，是学校与各方交流思想、融洽感情、增进友谊、建立良好关系网络的基本保证。

校内交流也是校长的重要的工作之一。校长经常与师生员工交流，可以了解他们的生活和工作困难，从而增进感情，进而推动学校的工作。通过交流，还可以了解师生员工的心理、工作状态，为学校的决策提供真实可靠的材料和依据。

国学大师王国维在其不朽之作《人间词话》中曾用形象的比喻提出了治学建业的三种境界："古今之成大事业、大学问者，罔不经过三种之境界：'昨夜西风凋碧树，独上高楼，望尽天涯路'，此第一境也；'衣带渐宽终不悔，为伊消得人憔悴'，此第二境也；'众里寻他千百度，蓦然回首，那人却在灯火阑珊处'，此第三境也。"作为现代中学校长，就应当在提高强劲的追求意识、先进的办学思想、厚实的文化功底、健康的心理状态、高超的治理能力这五项素质上下功夫，克服一个个难关，迈上一级级阶梯，努力达到艺术领导的最高境界，使自己成为高素质的、专家型的现代中学校长，促进学校全面、和谐、可持续发展。

浅谈现代中学校长专业素质的思考与实践

重庆南川中学　唐继德

陶行知先生曾指出:“校长是一个学校的灵魂,要评论一个学校,先要评论它的校长,有什么样的校长就会有什么样的学校,就有什么样的教师和学生。”

校长不仅是领导者,更是管理者、协调者、服务者,对于学校的发展,直接起指引方向、凝聚人心、汇聚人力的巨大作用。随着全国基础教育改革的发展,校长在学校发展中的作用越来越被重视。校长素质的高低直接影响教师的教学水平和学生素质的提高。为此,提高中小学校长的专业素质成为当今教育的必然要求。

一、现代中学校长专业素质内容的思考

当今时代,中国正处于特色社会主义变革的特殊时期。中学校长的工作范围越来越宽,任务越来越重。这就要求中学校长的素质也从专业化向多元化扩展,由职务向职业化转轨,从单一型向复合型发展。

(一)几种不同的校长素质观

从专家型向复合型的转变是改革发展的需要,这对中学校长提出了更高的要求。在实践中,对校长素质的要求各有不同,或各有侧重,主要表现为以下几种观点。

第一种观点认为中学校长应该具备非常宽泛的素质,以应对中

学教育的各个方面。他们认为中学校长应该具备教育家、政治家、思想家、心理学家、历史学家、艺术家、外交家、演说家和运动员等诸多的素质,否则,难以完成历史所赋予的神圣使命。

第二种观点是站在中学教育实践的基础角度认为中学校长处理教育教学工作才是校长的工作重点,同时兼有与外界的协作关系的处理能力,也是中学校长的素质要求,因而认为中学校长应该具有良好的教育能力、学习科研能力、管理决策能力、改革创新能力、关系协调能力、心理调控能力。

第三种观点是撇开具体的素质能力,从中学校长职业本身,从如何促进学校内部发展去看校长应该具备的素质,认为中学校长应该具有现代的管理能力和发展学校的能力、现代的办学理念和改革思考、现代的完善个性特征和人格魅力这三个核心素养。

(二)从国家对校长专业发展标准看校长应具备的专业素质要求

国家对校长专业发展的要求:一是以德为先,要求校长必须坚持社会主义办学方向,履行职业道德规范,立德树人。二是育人为本,要求校长要把促进每个学生健康成长作为学校一切工作的出发点和落脚点,体现促进教育公平的要求;校长要“始终把全面提高义务教育质量放在重要位置”,体现提高质量的要求。三是引领发展,要求校长必须推动学校和教师发展。四是能力为重,要求校长必须提高学校管理水平和教育质量。五是终身学习,这是对校长个人素养的要求,也是形成全民学习、终身学习的学习型社会的迫切要求。

(三)现代中学校长的专业素质

笔者认为,现代校长的专业素质既要考虑中学教育实践的要求,也要考虑国家对中学校长的标准要求。中学校长应该具备以下几个方面的素质。

1.现代教育素质

校长应具有符合现代教育的理念，具备把握现代教育发展方向的能力，熟悉教育理论，懂得现代教育的规律，包括现代教育观、教师观、学生观等，具备献身中学教育的信念。

2.现代品格与人格素质

中学是学生从幼年飞跃到成年的重要的人生阶段，校长要引导中学生的思想情感认识从幼稚到成熟、从单纯到丰富、从简单到复杂、从抽象到具体，这是一项艰巨而繁重的人。从这个意义上讲，教育是育人的事业，是心灵的培养。与时俱进、高尚品格与人格修养是中学校长的重要标准。

3.现代教育管理素质

学校是一个管理单位，涉及教育教学和后勤服务等方方面面，依靠经验来管理学校的时代已经一去不复返。中学校长必须具备现代学校教育的管理知识与决策能力，协调校内外各种关系的能力和教育创新意识等。

二、校长专业素质形成的思考

(一)校长的专业素质需要培训

所谓素质，是为了完成一定的具体任务所必须具备的基本条件或品质。一方面，素质具有先天的特点。另一方面，素质是个体在先天基础上，通过后天的环境影响和教育训练而形成起来的。并非每个校长都具有先天的条件，大多数人都必须通过后天的培育训练而形成。

(二)校长需要优秀的管理团队的协助

校长在现代学校发展中起着决定性作用，但从现代学校的发展来看,民主化是学校管理的方向。校长是管理团队的掌舵人。集体智慧是校长个人智慧的重要补充。每个人都有自己的个性特长,具备应对各种问题的素质能力的完美型人才并不存在,无论多么优秀的校长,他的身边应该有一个团队,去协助解决学校在发展中所面对的各类问题。校长身边团队的建议往往对校长的决策有重要作用,是校长决策的关键。因此,校长还必须具备最核心的素质,就是打造一个优秀的管理团队。

三、关于中学校长专业素质的实践

(一)示范高中的建设过程,就是一个校长专业素质提升的过程

示范高中建设要求校长要做现代教育的专家,要做全面贯彻执行党的教育方针、执行教育法律法规及政策、实施教育改革的教育管理者,要做有创新精神及实践能力的教育实践者,能在一定范围内起到示范作用。

示范高中建设要求校长要有科学的先进教育理念。从整个重庆市的示范高中建设的过程看,各中学校长在专家的引领下,深入挖掘各个学校的办学历史,整理各个学校的历史文化,在现代教育观念的指导下,与广大教师、学生一起讨论并提炼出学校的办学理念。在这个过程中,校长的教育教学理念引领教师专业发展,引领教师高效工作,从而打造合作共进的团队。示范高中的建设实践表明:一个现代中学校长应该是一个具备现代的教育素养,明确现代教育理念和改革发展方向,具有创新精神和实践能力的人。

(二)课堂改革是中学校长专业提升与实践的过程

新课程改革,首先要求的是观念的更新,重点是校长理念的更新。懂教育、懂教学、懂管理是新课程改革对校长的新要求,即

改革传统的经验管理模式，注重人的要素，重视人文关怀，注重科学精神。校长还要精通管理，具备现代教育管理的知识与协调能力，协调学校管理系统中的人、环境、资源等要素，以学校制度为保障，以学校文化为灵魂，引领学校健康、有序、持续运行，实现自我更新、自我超越，引领学校持续发展。校长更要是教育教学的实践专家，真正做好学校发展的引路人。新课程改革的实践要求校长要做教育教学专家的同时，还要具备现代学校管理素质和发展学校的能力。

（三）教师职业道德和修养的形成是校长人格的塑造与实践过程

师德修养的形成首先是校长人格的全面塑造。从某种意义上说，学校的师德风尚就是校长个人品性的体现，校长的人格就是校风的灵魂。校长的人格影响广大教师人格的形成，更影响学生人格的形成。校长的人格魅力和智慧通过课程设置、活动设计、教学方式及教学评价改革等影响广大师生，会使教育发挥出最大效能。“学高为师，身正为范”，正是校长人格的充分体现。从这个意义上讲，现代中学校长应该具备现代的完善个性特征，有渊博的学识，有高尚的德行与人格魅力。

现代中学校长专业素养的思考

重庆梁平中学

随着全球经济一体化的加速发展，世界各地区、各民族联系日益紧密，全球化趋势越发明显。社会发展给教育提出了严峻的挑战，信息化带动学习方式和学习环境的改变，文化生活多元化促进学生生活、行事方式的改变，市场化冲击学生固有的价值观，国际化影响着学生的民族认同，教育从绝对贫困走向相对贫困，从学历社会走向能力社会，学校从重外延发展走向内涵发展，现代中学校长的教育思想、教育理念、教育行为、教育评价都随之发生变化，专业素养也必然发生改变。笔者觉得现代中学校长应具备以下几方面专业素养。

一、追求先进办学理念，形成独特办学风格

苏联教育家苏霍姆林斯基说："校长领导学校，首先是教育思想的领导，其次才是行政上的领导。要善于对事务进行分析和概括，并且灵活运用概括出来的结论，这是学校实施教育理想的实质所在。我们总是力求做到使全体工作人员，从校长到看门的工人，都来实现教育理想，使全体工作人员都全神贯注于实现教育理想。"这句话把校长的办学理念、办学思想概括得非常精辟。衡量一个校长是简单的管理者还是教育家，根本就是看他有没有自己的办学理念，有没有自己的教育思想。所谓"办学风格"，我认为就是校长富有个性的教育理想在办学上的体现。怎样形成自

己的办学风格？一个校长当然必须踏踏实实地去做事，但仅仅如此是不够的，还需要去创新，创出自己的办学风格、特色，这才是自己与众不同之所在，才能是自己超越他人之所在。办出一所富有鲜明个性特色的学校，才是作为校长应赢得的人生辉煌。

二、具有奉献精神，突出人文关怀

好的校长，应该是一个能够清晰认识到自己的价值与使命，具有奉献精神，突出人文关怀的校长。教育是一项事业，事业的意义在于献身；教育是一门科学，科学的意义在于求真；教育是一种艺术，艺术的意义在于创新。我非常赞同这种说法，它把教育既看作一门科学，又视为一种艺术，但首先是当作一项事业，而事业就意味着献身。作为学校的组织者与领导者的校长，更要有奉献精神。要想使校长的教育理念内化为学生的人格，转化为学生的信念，就必须让学生吸收丰富的人文情怀，对我们的社会、我们的国家、我们的世界有一种发自内心的感恩，那么他们离开学校步入社会以后，不管遇到什么，他门的心灵深处都会始终燃烧着一支崇高精神的火炬。如果校长没有人文关怀，学校就会缺乏人文关怀和人文情怀。若学校缺少人文关怀和人文情怀，也就谈不上学生的人文关怀、人文情怀。当整个学校充满人文精神的时候，整个校园就充满正气、就充满希望。

三、珍惜学校的名誉，拥有宽广的胸怀

作为一个校长，如果他把学校声誉和形象看得很重要，他会尽他最大的努力去维护、珍惜它，而学校的声誉又取决于校长的声誉。任何一个校长都是他所在学校发展的历史长河中的一个环节，学校的历史正是在一代又一代校长的努力下前进的。然而，正是这一个又一个的“环节”，正是这一个又一个的校长，造就了学校的声誉，托起了中国基础教育的希望。作为校长，有宽广

的胸怀十分重要。因为校长的宽容、大度，将决定校长能否容纳更多优秀的人才。我认为，作为一校之长，在宏观上应该对学校提出一些统一的目标和指导性意见。但宏观的蓝图要变成具体的现实，恰恰需要每一位教师具有不同的教学方式，相同的学科、相同的年级、相同的学生对象，用不同的教学方式，原因就是教师不一样。所以，校长一定要包容教师的教学个性，扼杀了教师的教学个性，就扼杀了创造性。

四、协调各种关系，促进整体发展

校长要处理好与上级主管部门的关系，力争上级部门对学校办学的支持。任何一所学校的发展都离不开上级主管部门的支持。因此，校长要经常主动地听取上级主管部门的意见，主动接受他们的指导。当校长对办学有一些独特的思路时，这就需要校长与上级领导加强交流与沟通，以争取上级的理解与支持。校长还要善于处理好与其他学校的关系，进行强强联手，也是促进学校发展的一种方式。学校之间存在竞争，但竞争并不妨碍合作，应在竞争基础上合作，在合作基础上竞争。竞争也好，合作也好，结果是双赢，是提升办学水平，走共同发展的道路，谋求教育的均衡发展。

五、重视教育研究，引领教师成长

对学校来讲，教育科研的重要性是不言而喻的，教育科研是学校的第一生产力，是学校迈上新台阶的重要条件，越是教育科学研究做得好的学校，越能体现出自己鲜明的办学特色。教育科研又是增强学校凝聚力的重要因素，它能让所有教师把时间和精力真正花在对自己工作的研究和思考上，同时，教育科研是培养青年教师尤其是名教师的重要途径。因此，教育科研的投入是一个校长有远见的投入，而轻视教育科研的校长显然是缺乏远见的校长。当然，校长组织教育科研最有效的方法，是自己带头从事教育与科研。孔子说:“其身正,不令而行;其身不正,虽令不从。”校长只有身体力行地投入科研,才能吸引广大志同道合的教师真心实意地走到一起来做科研。校长只有自己在科研上做出成绩,才能对其他教师具有感召力,也才能使自己在教师心目中被认可是有才能的人。

陶行知说:“教师的成功是创造出值得自己崇拜的人。先生之最大的快乐,是创造出值得自己崇拜的学生。”在他看来,教师最大的成功与最大的快乐,都在于学生超过自己,值得自己崇拜。那么,同样的道理,我们可以说,校长的成功在于教师的成功。校长要想自己的事业取得成功,就应该努力创造条件让学校的每一位教师有成就感。校长要经常与教师进行平等的心与心的交流,进行平等坦诚的沟通。只有善于走进教师心灵的校长,才会真正懂得教师需要什么,才会真正满足教师的需要,才会有针对性地为教师创造成功所需要的条件。在这样的校长领导下工作的教师,会有一种幸福感,他会发自肺腑地产生“士为知己者死”的工作激情,而这种激情最终会使他走向事业的成功。

六、美化学校环境,打造书香校园

当好校长,要能够使环境成为无声的教育者,优美的校园环境对师生的影响是潜移默化的。校园环境并不是教育以外的东西,它是教育的有机组成部分,甚至就是教育资本。有一位著名的教育家曾提出:“让学校的每一堵墙都能说话。”这就是注重环境对人的教育作用。除了自然环境,校园的文化氛围对学生的成长也起着不可忽视的作用。教师是人类精神文明的传播者,学校应该是人类精神文明的庄严的殿堂。学校的每一个角落,都应散发着浓浓的文化气息。凡是一流的学校,都非常注重校园文化氛围的营造。校长是学校的总设计师,校长是学校文化的设计者。校长的境界也可以于细微之处见精神,因为学校的每一个细节都能反映校长的精神。学校的环境文化最能体现出该校特有的气质，最能反映出学生和教师的精神风貌，当然，也最能反映出校长的文化品位与教育追求。

七、提高自身素质，做魅力校长

教育是一项充满生机与活力的事业，它不能墨守成规，它必须要适应不断变化发展的社会形势。应根据社会需要，及时改变不合时宜的教育观念、方法。校长要充分利用在学校的领导地位，在推进新课程改革中起领导作用，要做到这一点，校长要积极投身教学一线，深入课堂，在一线教学阵地上发现问题，并有针对性地提出应变的决策。同时要有敢为人先的勇气和魄力，要有敢"吃螃蟹"的胆魄，站在为了学生发展的坚定立场上坚守信念、无畏前行。校长还要善于促进专业化教师团队的成长，校长是学校发展的核心人物，一个团队的发展，不能单凭校长一己之力，要充分发挥团队精神。如校长在亲力亲为的同时，要将教改行为广而为之，要充分利用团队的力量，使决策者的意识及时得到履行。校长还是学校舰船的掌舵人，是教育新思维的开拓者，是团队精神的塑造者，是教育园地的躬亲耕耘者。学高为师，身正为范。视之古今中外，校长对学校的领导，不是靠强权、凭威慑，更多的是以自身崇高的人格和诗意的人格魅力感召人、鼓舞人、教化人、驱使人，他像火焰，热情四射，给人温暖；他像磁铁，凝聚人心，让人诚服；他像春风，沐浴清化，感受崇高。这种人格魅力的展现当为校长的最高境界。此种校长，在古代被视为士林文宗，于今当被视为开拓型、学习型校长的奋然进化之最佳归宿。

现代中学校长的专业素养是一个动态发展的概念，社会的发展是其变化的永恒动因。因此，就要求中学校长们必须置身于社会的发展浪潮之中，将教育与社会发展紧密结合，才能让教育永葆生机与活力！

现代化办学　呼唤现代化校长

——对现代中学校长专业素质打造的几点思考

重庆垫江实验中学　周政权

21世纪的今天，科学技术和经济社会日新月异地加速发展，社会各界对教育的期盼度日益加大，为现代化办学带来巨大机遇的同时，也使之面临着严峻的挑战：一方面，学校硬件设施的不断改善，师资水平的不断提升，办学质量的不断提高，为学校适应教育的现代化创造了条件；另一方面，社会各界对基础教育的要求越来越高。而学校在办学理念、发展方向、教师素质等方面又存在着种种不足，势必会成为制约学校未来发展的瓶颈。作为学校的校长，如何破解瓶颈，取长补短，加快学校的现代化进程？笔者认为，校长自身的现代化，尤其是专业素质的现代化，是现代化办学的先决条件。下面，笔者结合近年的教育管理实践就现代校长的专业素质的打造试做一些粗浅的探讨，供同仁参考和批评指正。

一、现代中学校长应具备的专业素质

毋庸置疑，中学阶段（初中和普通高中）是小学和大学教育的连接点，是基础教育的重要阶段，其对学生的综合素质的发展起着举足轻重的作用。校长作为中学教育的领军人物，他的专业素质决定着中学教育现代化的方向和定位、学校未来发展的潜力和动力等。中学校长在教育日趋现代化的大时代背景下，理应由传统的事务型、经验型向现代的职业型、专家型转变，其须具备以下几方面专业素质。

(一)先进的办学理念

办学理念是办学的出发点,是学校的灵魂,是学校育人目标的航向和标杆,也是学校办学价值和社会效应的真实体现。校长的办学理念要立足于实际,更要着眼于未来,着眼于中学生的人生走向、生存能力,在博采众长、悉心听取他人意见和建议的基础上,围绕"一切为了学生,为了一切学生,为了学生的一切"这一育人核心,全面、科学、准确地把握办学理念,谋划学校近期、中期和长期的发展目标,并使办学理念具有一定的前瞻性,这就需要校长紧紧瞄准时代的变化、学生需求的变化,与时俱进地更新教育观念,将社会大教育与学校小教育有机地融合起来,绘制出有利于学校当前和未来发展的科学蓝图,确保学校发展循序渐进、稳妥有力。先进的办学理念虽有前瞻性、前卫性,但这并不意味着完全不顾实际,把办学理念做成好看而不实用的"花架子"。先进的办学理念,必须遵循现代教育规律,有可行性和操作性,将学校的教育运行机制导向正确的轨道,否则就会适得其反,迷失前进的方向。唯有切实可行且与现代化并行不悖的先进办学理念,才能真正树立起学校的核心竞争力。

(二)突出的领导才能

教育界流行着一句名言:"一位好校长就是一所好学校。"这在很大程度上道出了校长在学校中的地位和重要性。校长作为管理者,担负着学校生存和发展的重责,他必须努力提高自身的素养,做一个素质高、能力强、业务精、有人格魅力的校长,使自己成为一名成功的管理者。这就要求中学校长在领导才能方面应有相应的专业素质,即具备突出的领导才能。领导才能主要看校长在管理思想、创新能力和决策能力等方面的综合运用。首先,要有人本的管理思想。"以人为本",是对教育本质的回归。因为教育的对象是"人",教育的职能是培养"人"、塑造"人","人"必然成为教育的本质所在。作为校长,要有以人为本的人文理念和人文关怀意识,对学校教师要采用人性化管理,倾听教师的所思所想,积极疏导解决他们在现实中的困难,消除他们对学校管理的疑虑,为他们营造一个和谐、宽松的人文环境,让他们感受到学校这一"大家庭"的温暖。这种以人为本的人情味浓厚的管理,自然会通过教师潜移默化地传递给学生,从而形成学校"管理者—教师—学生"这一系统的良性循环。其次,要有独特的创新能力。所谓独特,就是独树一帜,就是另辟蹊径、与众不同。培养学生的创新能力,是国家全面实施素质教育的一个中心环节。校长作为学校素质教育的引领者,应有非凡的创新能力,勇于在教育改革的浪潮中搏击风浪,把握教育热点,抓住改革契机,有敏锐的洞察力,积极探索,积极创新,做到"人无我有,人有我精"。再次,要有严谨的决策能力。严谨的决策能力是校长办好学校的关键所在,也是现代化校长基本素质的体现。校长应对学校内涵、外延和学校运行机制进行严密周详的把握,同时也要学校与社会大环境之间或明或暗、或多或少的内在联系进行较为准确的判断,分清外界环境对学校教育影响的利弊因素,进而为学校的发展拟订正确方案。

(三)完美的领导形象

校长既是学校决策的"主心骨",又是"领头雁",完美的领导形象对学校的发展和影响也至关重要。现代校长要保持完美的领导形象,应具备高尚的人格、博大的胸怀和渊博的知识。就人格而言,校长要有饱满的工作热情和积极乐观的态度,给人以精力旺盛、阳光心态、知难而进的感染力,不断塑造自身高尚的人格。就胸怀而言,校长应以博大的胸怀容纳各种是是非非,真正表现出校长海纳百川、明辨善思的风范。就学识而言,校长应与时俱进，不断加强学习，养成良好的学习习惯，勤于学习理论，钻研业务，随时与现代学校合拍，与现代化教育同步。

二、打造现代化校长专业素质应注意的几个原则

著名教育家陶行知先生说："做一个校长谈何容易！说得小些，它关系到千万人的事业前途，说得大些，它关系到国家与学术之兴衰。"这明白无误地告诉我们，校长在学校中的核心地位是无可替代的。随着时代的不断进步与发展，教育现代化的程度会越来越高，对校长的专业素质要求就会更高。那么，校长在教育管理实践中就要有意识地提升自身的专业化水平，做一个合格的高素质的校长。校长专业素质的打造应注意把握以下几个原则。

（一）"学"与"思"的结合

20 世纪 90 年代以来，在第三次科技革命的深入推进下，"知识经济"提法兴起，知识更新日益加快，"终身学习"成为一种新的学习观念，"活到老，学到老"是一个人立足于当今社会、不被时代淘汰的最起码的素质。作为中学校长，要能在繁重的工作事务中抽出宝贵的时间，静下心来，认真钻研和学习新的教育理论，关注新的教育动向、新的管理方法等，使自己能够随时紧随时代大潮，学会倾听各种声音，从中提炼出对个人、对集体、对学校发展最有用的东西。与此同时，校长应将提炼出的东西积累下来，形成自己的专业思想，把"学"与"思"（专业思想）有机地结合起来，明确自己"学"是为了"思"，是为了形成思想体系，并将其在学校具体工作实践中得以真实地体现。而"学"与"思"的结合，应做到：要本着去粗存精的原则，整合国内外先进教育思想，保证校长专业思想的正确性和科学性；要与本校实际切合，凝聚师生集体智慧，注重创新，并开发出与新课程改革相适应的校本特色，扎实做好"特色学校""品牌学校"建设。

（二）“说”与“写”的结合

这里的“说”是指校长工作中的“说”；“写”是指校长将平时的做法、经验上升为理论高度，积极撰写理论文章。在当前现代化教育的大环境中，校长工作中的“说”与“写”的结合既是大势所趋，同时也是校长专业素质发展的必备特质。校长的“说”不是平时生活中的夸夸其谈，胡吹海侃，更不是信口开河，而是在工作中说出自己的专业水平，说出自己的教育教学思想，说真话实话，说集体的意见，说激励的话语，说学校所存在的实际的问题和解决的办法，说学校的办学理念，等等。这些均是校长“说”的应有之义。所谓“写”，则是校长现代化的一个有效途径。不少校长口才不错，说起来“天花乱坠”、头头是道，却写不出条理清晰、观点独到的文章，文字功底严重不足。因此，校长在工作中，还应将“说”与“写”结合起来。校长唯有通过“写”，才能梳理出平时所思所说的条理性、有序性，进而弥补其感性认识上的不足，并有利于提升思想上和做法上的理性价值。将“说”与“写”结合起来，可以达到以说促写，以写促说，使二者相辅相成，相得益彰。但校长的“写”，一定要注意从实际出发，切忌空言，要有创意，要有一家之言，唯有如此，“写”与“说”才能共同进步，“写”才能逐渐系统化，从而形成属于自己独特的学术思想体系，实实在在为推进国家教育事业的发展做出应有的贡献。

（三）“做”与“实”的结合

“做”是校长专业素质现代化的关键一项，也是现代校长专业素质发展的归宿。这是因为，校长专业素质的“学”“思”“说”“写”等最后都需要通过“做”表现出来。“做”的过程就是校长将现代化办学理念予以实施的过程，是校长专业素质集中展现的检阅台。“学”“思”“说”“写”归根于“做”，“做”的基础必须建立在教育现代化的办学理念上，且在“做”的各个环节中，务必与“实”紧密结合，也就是重在落实，把办学理念和办学实践结合起来，能够较好地引领学校中的教师和学生，具体指导学校的教育教学活动。“做”与“实”的结合，要把校长集中体现现代化办学理念的“学”“思”“说”“写”融会贯通进去，遵循现代化办学的规律，构建和谐稳定的师生关系，做好学校的精细化管理与服务，为学校师生营造良好的人文学术环境，做一个真正的实干家。在“做”“实”的过程中，要坚决杜绝只重视外在形式而不重视内容，或者严重脱离办学实际等一切不利于学校发展的“乱作为”，以便于校长能够在可预见的未来将学校的教育现代化办学方向稳步推进，避免“乱作为”让学校发展误入歧途。总而言之，校长“做”在落“实”，贵在务“实”，有成效的“实”是“做”的根本保障。

三、打造现代化校长专业素质的现实意义

在现代化办学已是大势所趋的时代背景下，创造一流学校和一流教育必将是适应未来社会发展所需要的最终目标。现代化办学，正在日益迫切地呼唤现代化校长。积极打造具有高专业素质的现代化校长，对于我国推进社会主义现代化建设，提升民族素质，提高综合国力等，无疑会产生巨大的影响。就现实而言，打造现代化校长专业素质的主要意义有以下几个方面。

（一）有利于推进校长职业的专业化，提高校长的整体素质

校长职业的专业化，是指对校长的专业精神、专业修养、专业道德、专业伦理、专业知识和专业能力的提升或提高，这是校长从传统的经验型向职业型转变的关键所在。着力培养拥有高专业素质的现代化校长，是当前基础教育现代化发展的必由之路。校长只有提高自身的专业素质，增强使命感和责任感，才能更好地以自身工作指导师生发展、学校发展。将校长真正打造成为引领我国基础教育发展的教育家，在整体

上有利于推进校长职业的专业化，提高校长的专业素质，助推基础教育的快速发展。

（二）有利于推动基础教育的现代化，促进素质教育的顺利开展

现代中学校长的专业素质的高低，在某种程度上决定了教育的发展程度，即教育现代化水平的高低。一支卓越的、高效的且具有实干精神的高专业素质的校长队伍，可以改变现有基础教育部分学校的教育模式，逐步带动基础教育的整体改观，最终全方位实现基础教育管理机制的现代化、教育教学形式的现代化，并为素质教育的顺利实施、从根本上改变当前应试教育的弊端打下坚实的基础。

（三）有利于打破地域限制，推动教育的均衡发展

由于历史和现实的客观原因，以及经济社会发展差异性等因素影响，目前我国地区与地区之间、城镇与乡村之间，基础教育的发展很不均衡。而在现代化办学的大趋势下，各校之间的硬件设施建设的差距将会进一步缩小，相比之下，学校在未来能否健康并加快发展，在很大程度上取决于校长的专业素质。因此，高专业素质的现代化校长对于学校的发展至关重要。现代化校长运用现代化办学思路并切实推进实施，大力提升教育教学质量，必将更加有效地缩小教育的差距，从而推动教育的均衡发展。

（四）有利于基础教育与国际接轨，提高教育的国际影响力

长期以来，我国基础教育发展缓慢，教育设施和教育方法均与西方国家不同。当前，我国正在进行的基础教育改革，这一状况正在发生改变。在此情况下，中小学需要现代化校长，现代化校长应其敢于承担重任，利用其专业素质，引领学校教育走向现代化，特别是教育教学方式的现代化。这将有利于我国基础教育

与国际接轨，缩短其距离，扩大其国际影响力，也可增进相互了解，促进我国教育体制在人才培养方面向着更加有利于教育发展的方向迈进。

（五）有利于国家和民族的未来，提升国民教育素质

基础教育事关一个国家和一个民族的未来，国民的知识储备、技能特长、道德文明、科技创新能力、公民素养等综合素质的提高的最主要奠基石归根结底是基础教育。由于中学校长面临的受教育对象是广大中学生，而他们普遍处于12～18周岁，正是生理和心理逐渐走向成熟、世界观和价值观正在形成、知识和能力逐渐成型的关键时期，校长如何引领学校的现代化发展，培养学生德智体全面发展，是对校长专业能力的考验。由此看来，现代化校长的专业素质是带动学校现代化办学的发动机，是提升学生教育素质的原动力。校长只有在具备现代化专业素质的前提下，才能正确引导学校教育的现代化发展，才能从根本上提升国民教育素质，为21世纪中华民族实现“中国梦”的飞翔插上坚实的翅膀。

总之，走现代化办学之路，校长专业素质的现代化是核心。提升和打造现代化校长的专业素质，是基础教育未来的希望，它值得我们期待，值得我们思索。

浅谈现代校长的角色适应与素质要求

重庆石柱中学　张继状

校长应当具有怎样的角色意识和素质？由于中西方教育体制机制的差异，校长在学校的地位和作用也有所不同。美国是"校本管理"非常典型的国家，学校的独立性很强，校长对整个学校的教育教学及发展负有全部的责任。因此对校长的角色定位和素质要求主要体现在对学校教学、文化的领导及外部环境的调适上。如 20 世纪 90 年代，美国制定的全国统一的校长专业标准，就规定了校长要具备六项专业素质：创建学习愿景，发展学校文化，执行学校管理，协调学校、家庭、社区关系及要成为师生行为的表率和校外环境的影响者。我国在 20 世纪 90 年代颁布了《全国中小学校长任职条件和岗位要求（试行）》，对校长基本政治素养、岗位知识和岗位能力提出了 3 个方面 17 条要求。2013 年教育部又颁布了《义务教育学校校长专业标准》（以下简称《专业标准》），对校长提出了五个基本理念、六项专业职责的要求。

纵观中外校长在学校中的地位、作用及职责，作为现代校长，其角色定位和素质提升应主要表现在以下四个方面。

一、提高领导能力，做一名卓越的领导者

著名教育家陶行知说过："一个好校长就是一所好学校。"校长由于其在学校中的地位和独特作用，其领导对学校发展至关重

要。校长应如何发挥领导作用,引领学校发展呢?具体有以下几方面措施。

(一)注重思想引领

苏联教育家苏霍姆林斯基有一句名言:“校长对学校工作的领导,首先是教育思想的领导,而后才是行政工作的领导。”因此,校长不仅要成为一个教育者,更要成为一个教育家、思想者,要有远大的教育理想和教育抱负,并对教育要有深刻的理解和独到的看法,结合学校办学传统和社会发展要求,提出办学理念、办学思想,以统领学校办学行为,凝聚办学意志,形成坚定的办学力量。

(二)注重规划设计

规划是校长管理学校的重要战略工具,是把办学理念转化为办学实践的桥梁。校长在规划学校发展的过程中,要注意战略性、科学性、发展性和实践性。既要有长远目标,也应有阶段目标;既要着眼于现实条件,又要着眼于未来发展;既要体现学校特色,又要符合国家和社会发展要求。规划设计要着力于品牌的创建、特色的打造、质量的提升、内涵的发展。规划制定还要注重民主,广泛听取各方面意见,确保规划的科学性。

(三)加强文化建设

学校文化是学校的精神和灵魂。文化治校是校长治校的最高境界。加强学校文化建设尤其是校长文化建设,不仅有利于营造良好的育人环境,而且有利于提升校长的个人魅力和影响力。蔡元培在总结校长对人才培养的重要性时感悟道:“校长的权力是可以通过文化来行使的,通过文化来行使的权力,才更具有冲击力、凝聚力和牵引力。”国学大师季羡林在谈到文化的作用时也指出:“人才不是教室里培养的,而是大师们悟化出的一种理念和环境熏陶出来的。”可见打造良好的校园文化是校长作为领导者必须具备的专业能力。

(四)提升人格魅力

人格的魅力来自个人的品性磨砺、修养锻炼，包括对社会、政治、自然等敏锐的洞察力和对人生目标的不懈追求。纵观一所好学校的校长，他们都具备独有的人格魅力：豁达的胸怀、睿智的思想、渊博的知识、开拓的勇气、淡泊的情怀……凭借这些无形的、非凡的力量，校长就可以赢得教职员工的尊重与认可，并带领全校职工紧密团结，努力工作，愉快奉献。

二、提升管理能力，做一名有智慧的管理者

学校管理主要以人为对象。人的复杂性决定了学校管理的复杂性。因此，校长管理要体现哲学智慧，学会辩证思考，妥善处理各方面关系和问题。

(一)处理“刚与柔”的关系

古语云：“太刚则折，太柔则废。”刚柔相济是智慧，也是艺术。因此校长在管理中要加强制度建设，坚持制度管人、管事、管权，完善奖罚和监督机制，坚持依法治校，依纲治教。同时也要坚持以人为本，注重人文关怀，注重公平、公正、公开，坚持以德化人，以德服人，做到原则性与灵活性的有机统一。

(二)处理“抓与放”的关系

哪些该抓，哪些该放，校长应权衡并进行选择。作为校长，在管理中要着力于抓好两个方面的工作：一是教师的管理；二是教学的管理。教师的管理包括激励教师和专业发展；教学的管理重在督导和考核。校长还要抓好学校的制度建设、教学改革、长远

规划和重点建设。而对于一般性事务，要放手各部门、各年级处理，发挥各方面管理积极性，提高管理效能。

（三）处理“内与外”的关系

从学校发展角度看，“外”是速度、数量和规模，是外延式发展；“内”是质量、效益、特色，是内涵式发展。学校发展到一定阶段，要更加注重质量效益的提升和文化特色的打造，实现内涵式发展，增强学校的持续发展能力。从管理内容和范围看，“内”是学校内的管理及协调，“外”是学校外部环境的调适及各种社会关系的沟通。校长在做好内部管理和人际协调的同时，还要加强外部环境的调适和沟通，争取获得学校之外各方面的理解和支持。

（四）处理“得与失”的关系

校长应树立正确的得失观，有所为，有所不为，“无为而治”应是校长治校追求的境界。

三、提升教育能力，做一个有思想的教育者

苏联著名教育家苏霍姆林斯基认为：“校长是学校的主要教育者，在学校应时时处处发挥育人功能。”美国马里莱大学教授 L. M .伯曼莱认为：“校长必须以一位教育者的姿态出现。”那么，校长应如何发挥校长功能，成为一个有思想、起表率的教育者呢？具体应做到以下几点。

（一）树立终身学习理念

美国哈佛大学校长活动中心的指导思想这样写道：“校长是学校的质量和效益的关键……校长需要有机会进修提高……有个人发展和专业发展的需要……校长也应终身学习。”作为教育者，首先要有活到老学到老的学习理念并持续不断地学习，不断

地完善自己的知识结构，创新思维方式，更新思想观念，提升专业素质，以适应教育改革和发展对校长领导素养的新要求。

（二）做教师专业成长的引领者

高素质的教师队伍无疑是学校走向成功的保障，身为校长，应当成为教师专业成长的引路人。在德国，校长最为重要的角色就是教育者，是首席教师。作为首席教师，必须深入教学第一线，了解教学状况，把握教学动态；同时要制定教师培养计划和专业发展规划，加强与教师的沟通与合作，在合作中促进教师专业发展，实现管理预期。

（三）规划教学和课程实践

日本文部省视导员安藤尧雄把校长履行职责的要求归纳为7条，其中第一条就是强调校长应成为学校教育的计划者，要善于提出学校教育目标要求和达成目标的方法、步骤。在我国，新课程改革已成为推行素质教育的核心工程，校长作为学校课程改革最前沿的"指挥者"，必须成为课改工作的推进者和实践者，组织教师开展新课程实践，并着力解决课改中存在的问题，保证新课改的有效实施和学校课改的有序推进。

（四）做好表率示范作用

美国对校长的专业要求和角色定位，其中非常重要的角色就是校长应成为师生行为的表率者，要通过诚信、公正的行为，并以符合伦理的方式促使学生成功。中国古代圣贤孔子说："其身正，不令则行；其身不正，虽令不行。"作为校长，教师的首席，理应成为一个思想先进、学识渊博、师德高尚、作风正派、胸怀宽广、情绪稳定、心理健康的"完人"和"标杆"。要求教师做到的，首先校长自己要做到；要求学生做到的，首先教师要做到。

四、提升协调力，做外部环境的调适者

《义务教育学校校长专业标准》明确规定，校长具有“优化内部管理，调适外部环境”的专业职责。所以，作为校长，要加强学校公关工作，调适外部环境，协调学校与外部的关系，为学校发展创造良好的外部条件。

（一）协调学校与相关部门的关系

一是要协调学校与上级主管部门的关系。对上级主管部门要主动介绍情况，反映问题，提供信息并争取其支持和指导；二是对其他上级部门和相关职能单位要协调配合，确保学校机体各项功能正常运转。

（二）协调学校与家庭、社区的关系

苏联教育家苏霍姆林斯基在《家长教育学》中提出：“教育是从家庭开始的，良好的学校教育应与良好的家庭教育相结合。”美国中小学校长专业标准也明确提出，校长应成为学校、家庭、社区关系的协调者；要通过与家庭和社区成员的合作，对社区多样化的利益及需要做出有效反应，调动社区资源来促使学生成功。为此，作为一校之长应通过召开家长会、成立家校委员会、家长学校以及有家长、社区代表参加的学校工作恳谈会等，得到家长和社区的理解和支持，从而形成学校、家庭、社区的教育联动机制，为学生创造良好的学习氛围和外部条件，以促进学生健康成长。

（三）加大宣传，扩大学校影响力

学校发展和品牌的创建，需要内外兼修。内就是要加强学校内部管理和教育质量的提升，外就是要向社会展示学校并宣传学校，以塑造良好形象。校长应如何向外宣传和展示学校形象呢？

一是要加强学校文化系统和文化符号的构建与设计。校长可以通过对学校建筑风格、校园格局、环境布置等外在物质文化的构建，以及学校的校风、校训、校歌、校徽及校刊等精神文化的创建来进行自我宣传。二是可以利用学校网站、社交平台等网络媒体，及时宣传学校。三是积极承办各种教学研讨会议、学术会议以及参加各种教学展演、经验交流和参访等活动，展示学校办学成果。四是加强与新闻媒体的沟通合作，加强对学校重要活动、办学特色、办学绩效的宣传报道，扩大学校的影响力。

陶行知先生说："做一个学校校长，谈何容易！说得小些，他关系千百人的学业前途；说得大些，他关系国家与学术之兴衰。"作为校长，一定要肩负起历史赋予的责任和使命，为培育更多优秀人才，实现中华民族伟大复兴做出应有的努力。

发挥校长引领力　促进学校再“发力”

重庆渝北中学　陶克华

广义地说，校长的引领力是一个可以包涵众多内容的概念，如在思想、人格、组织、学习、文化、制度执行等多方面，校长有引领学校干部和师生的作用。一个优秀的校长，同时具备各方面的引领能力固然重要，但对于某一具体学校或同一学校的不同时期，校长引领力发挥的重点会有所区别。在此，我将结合我校的工作实际，为了学校进一步发展，浅析校长在发挥引领力方面所做的重点工作。

我校是有着光荣革命传统的历史名校。近年来，学校遵循“同华同实，卓尔不群”的校训，以“为每一位学生的可持续发展奠定基础”的办学理念为指导，大力推进素质教育，教育教学质量步步攀升。

学校在不断发展的过程中，我们发现，当学校发展到一定阶段后，学校管理、干部教师思维均已形成“定势”，干部教师进一步发展的动力明显不足，学校后续发展的潜力明显不足。基于这种情况，校长主要从以下四方面发挥自己的引领作用，起到了比较明显的效果。

一、对师生“珍惜荣誉，担当责任，锤炼本领”的思想引领

校长对学校的思想引领，其中办学思想和理念放在首位是无

可厚非的，校长要善于用自己先进的办学思想去影响教师的教育教学和工作状态，以此引领学校发展。

我校当前的思想引领不再是办学思想和理念的问题，而是师生发展动力的问题。为此，我校通过各种会议、谈心、标语、橱窗等方式，引导学校师生“珍惜荣誉，担当责任，锤炼本领”，为实现学校的进一步腾飞而努力，具体做法有以下几个方面。

第一，我校现有的荣誉，是近七十年来在王朴烈士精神感召下几代教职员工奋斗的结果，作为我校现在的师生，必须爱校如家，分外珍惜这些荣誉，并用自己的行动去呵护她的纯净，绝不能因一己的私心和一时的冲动而让学校蒙羞。

第二，责任在肩，方能不失斗志，奋发有为，成就自我。教师是学生成长道路上的引导者，他就应该担负起教书育人的职责，恪守师德，爱护学生，悉心教导，做学生信任和爱戴的长辈、朋友；学生就应该心怀成长的渴望，自觉在老师的引导下，完善道德品行，学习文化知识，发展兴趣特长，强健身心素质，努力成为一个优秀的中学生，以报效国家、振兴民族、荣耀学校、报恩父母。

第三，当今社会，“适者方有生存路”乃是现实的竞争法则。为此，作为教师，要用不断更新的教育理念，不断提升的专业水平，不断适应时代的教育来武装自己；作为学生，要用活跃的思维来储备丰富的知识，要具有令人叹服的本领和健康强壮的体魄。

校长通过以上几个方面的引领，学校教职工会干劲十足。

二、对干部“成长”的引领

学校历来注重对干部的培养和引领，但长久以来，干部队伍素质参差不齐的问题一直或多或少地存在，少数干部求真务实的精神不够，作风漂浮，务实和苦干精神不够，办事效率较低，随着学校发展，故步自封的苗头也有所显现。为此，学校加大了对干部的培养和引领力度，主要从以下几个方面着手。

第一，确定干部“成长”主题目标。如学校将本年度干部引领的主题确定为“成长”。给全体干部定位，即能力要强于群众，付出要多于群众，品德要高于群众。要求全体干部不断加强学习，一是专业能力和敬业水平要提高；二是个人素质和修养要提高；三是言行必须得当；要求行政人员尽快成长，整个行政班子也要尽快成长，不容许任何人影响班子的形象，影响班子的团结；要求有学生的地方就要有教师，有教师的地方就要有干部。

第二，加强干部培养。如学校通过行政会，每学期对干部进行五次以上专门培训，强化干部的“责任”和“作为”意识。干部必须“在其位，谋其政”，必须真正把心思用在干事业上，把精力用在抓工作上；对自己的工作负责，坚持有始有终，突出质量。干部还要自动作为、自主作为。副校级干部要“多作为、多当家”，把“家事”管理好；所有的干部都要亲自到一线，并且要有效作为、刚性作为，在提出自己的想法之前，要深思熟虑，不可以无目的地指挥。同时，借助党的群众路线教育实践活动，在校级班子自我检查“四风”问题的同时，在中层干部中开展工作作风整顿行动，收效明显。

第三，开展“清爽风暴”行动，增强干部队伍敬业精神。我校对干部提出要求：(1)办公室整洁美观，环境清爽；(2)行政后勤部门服务意识增强，办事程序精简“清爽”；(3)教师队伍和谐共进，部门间通力合作，团队协作、和谐“清爽”；(4)大型活动流程清晰，各部门分工明确，活动过程“清爽”无误；(5)建立“条块”管理制度，各部门领导分管教导自己的队伍，做到条块管理“清爽”干净。通过此项行动，学校的管理上了一个新的台阶。

三、对团队“和谐家庭”的引领

校长要善于抓住师生的“心”，而不是迷信或仅仅依靠规章制度、奖惩办法督促师生。因此，我校提出了建设“和谐家庭”的目标。在多个场合，我们反复强调，不仅要持续提高学校的质量指数和声誉指数，还要努力提高师生的愉快指数。对此，我校做了以下几个方面的努力。

第一，力促公平，消除误会。一方面，学校完善和健全了职称评议和岗位竞聘制度。职称评议和岗位竞聘过程做到公开透明，每个人可以根据既定制度量化自己的得分，避免了申报评职人员的焦虑和对评选可能产生误会的不满情绪的产生。另一方面，学校把每个教职工当成自己人，不论学校发生的好事或坏事，都让教师们知晓真相，对不好的行为给予批评指正，对好的行为提出表扬和鼓励，及时做好舆论导向工作。避免了教师们在私下猜测和议论，从而营造积极向上的工作氛围。

第二，解除教职工后顾之忧。如一方面学校顶着多方压力，竭尽全力在很短时间内解决教师住房问题，最大限度保证了教职工的利益，解除了教职工的后顾之忧，保证了学校工作的稳定进行。另一方面学校关心教职工的生活，关注教职工子女的教育和成长。组织单身教职工参加由妇联主办的以“梦缘于心的认识”为主题的联谊活动，寻找心仪的另一半。在改革食堂方面，广泛征求教师意见，解决教师行课期间的就餐问题，并保证教师吃上健康食品。学校还尽最大努力协调教师子女的入幼儿园和上小学问题。并且还要求教师们对就读本校的教师子女给予力所能及的帮助和关怀。

这些给力的作为、到位的关怀让老师们倍感温暖，凝聚了人气，振奋了人心。

四、对学校“持续发力”的引领

第一，确定“九年目标”。学校通过近几年的发展，已成为在重庆市有一定影响的重点中学，与重庆七中、十一中等结成“七校联盟”，相互学习，共同进步，成效显著。为进一步加快发展，“持续发力”，我校制定了近期发展的“九年目标”，即“第一个三年，延续现有优势，再振校威；第二个三年，抓好亮点工程，再攀高峰；第三个三年，力争扛起旗帜，占领高地。”以此为学校教职工的共同愿景，激发全体教职工的进取动力。

第二，加强师资建设。一是学校充分发挥骨干教师的带头作用，除了充分发挥研究员、特级教师、市区级骨干教师的榜样带头作用外，还聘请重庆一中等学校的名师到学校上示范课，与学科教师研讨。二是学校着力培养年轻教师，学校组织了青年教师研修班，为每一位年轻教师指派了指导教师，随时指导。学校还组织了青年教师赛课、“卓越课堂”展示、研修班成员教学实践能力考核等活动，切实提高青年教师的教育教学水平。三是学校实实在在抓好教研组和备课组建设，定时间、定场地、定内容、定督查，使教学研讨起到真正的实效。

第三，强力推进目标达成。学校一方面提前抓好“亮点工程”，具体做法是各年级专门由一个年级副主任负责“亮点工程”，负责物色“亮点”苗子，制定培养计划，组建专业师资团队负责学生文化和思想教育等具体工作。学校领导班子全力配合，组织各分管部门全力支持“亮点工程”有关工作。另一方面，深挖学生潜力。针对部分在艺术、体育等方面有特长的学生，学校组建体艺特长生临时班级，统一管理，各班主任分头努力，鼓励和动员这类学生走体育或艺术之路，报考体育或艺术院校。同时，在学生学业帮扶、体艺学习上提供最大限度的帮助。再者，狠抓“培优补差”等常规工作落实的情况，力保进一步扩大为本科院校输送学生的比例。

通过努力，“持续发力”目标达成良好，如2014年学校无论是在考名牌大学方面，还是在体艺方面重点本科人数上，以及在综合本科升学率上，都较去年有大幅攀升，学校再度获得良好的社会声誉。

校长的引领力是校长专业素质的重要方面和体现，校长引领力的成功实现，不仅得益于校长的经验和不断学习，更得益于干部教师的积极配合和共同努力，我们将不断探索和实践，办好学校，办好让人民满意的教育。

校长是学校和谐发展的引擎

——对现代中学校长专业素质的思考

重庆兼善中学 陈居奎

重庆兼善中学创办于1930年,1997年重庆直辖后更名为“重庆兼善中学”,是重庆市首批重点中学,原国务院李鹏总理为学校题写校名。

进入21世纪,学校以拓展兼善教育文化内涵为抓手,以队伍建设为突破口,以提高办学效率为出发点和归宿,传承并进一步深化“兼善天下”的办学理念,与时俱进,率先开展基础教育课程改革,“兼善模式”的学生综合素质评价已在重庆市内外推广。

2013年3月至8月,我在新加坡南洋理工大学国立教育学院听取了张延明教授的“教育领导学”“和谐思想及其管理模式”“培养具有领导力的人才”等专题报告,加深了对“和”“谐”“合”“统一”“同一”等语词背后的管理理念的理解。同时对在新形势下校长如何提升自身素质、凝聚学校发展活力、不断引领学校和谐发展等问题有了一些新的思考。

一、统一价值观是学校形成活力的伦理动力

美国管理学大师托马斯·彼得斯和小罗伯特·沃特曼的研究指出:“所有优秀的组织都很清楚自己主张什么并认真地建立和形成组织的价值标准,而一个缺乏价值观或价值观不正确的组织很难获得经营上的成功。”

学校价值观是指在学校办学理念、办学模式、规章制度以及

师生行为中所体现的基本观念、准则。它为学校的生存与发展提供了基本的方向和行动指南，对教师的工作产生强而有力的伦理动力。托马斯·彼得斯和小罗伯特·沃特曼通过观察研究进一步指出具有不同的价值观模式的学校类型：有单一型价值观学校、分裂型价值观学校、分离型价值观学校、高级核心型价值观学校。其中，在高级核心型价值观模式学校中，学校允许每一位教师持有各自的价值观、信仰，同时它通过一种精神力量的塑造与引领，很好地统合每位教师的价值观，形成学校的核心价值观。这种学校的核心价值观能够建立起学校教职工之间的依附感，同时培养学校的凝聚力、认同感与归属感。多元价值观的统合体现着“务和趋同”的东方哲学理念，与中国人的思维模式相同。因而，高级核心型价值观模式学校中孕育着无限的生命力、创造力。

由于价值观形成于学校的内外部环境中，更多的与校长、教师的价值观相关联并受其制约，处在教学一线的教师对学校的发展目标、取向和管理等总体框架并不具有清晰的图景，而作为学校的校长对其管理的学校的发展方向却有全局性的把握，因而学校核心价值观应主要由校长选择，但应广泛征求全体教师的建议。所以我校就学校高级核心价值观的形成采取了以下步骤：第一步，校长通过“走动式”管理或有计划地组织教师讨论学校的现状及发展所面临的问题，从而充分认识改革的必要性。与教师进行讨论，一方面可以使全体教师对创建学校的价值观更加明确且领会得更为透彻；另一方面，教师的参与可以减少教师的抵制，提高变革决策的质量。第二步，重新树立榜样，建立新规则。树立学校价值观，校长可通过有意识地塑造或在工作中捕捉良好的且符合学校价值观形成的行为榜样，进行大力宣传，影响全校教职工。与此同时，校长还要率领全体领导班子起模范表率作用。第三步，通过人事变动设置领导岗位。要想使学校工作有生机地开展，一方面应专门提拔具有值得提倡的行为价值的人才。无论遇到多大的阻力，及对那些工作成效不能令人满意或不愿变革的职能部门负责人，都应该坚持或调整其岗位。第四步，将学校的核心价值观认真地贯彻到学校的各项工作中并配以有效的奖惩制度。这些措施会使全体教师清晰地感知到学校树立价值观的工作力度，从而顺利地实现变革，形成学校的主流价值观。

法国作家圣埃克苏佩里说，如果你想建造一艘船，首先要做的不是去采集木料、加工木板和分派工作，而应去唤起人们对广阔无垠的大海的向往。因此，学校的生存与发展应首先致力于统一学校的价值观，统一价值观将促进学校攀登向上，展现出发展的活力。

二、和谐的人际关系是学校形成活力的强大磁场引力

建立和谐的人际关系，是实现教育育人使命的需要，更是建设活力校园的需要。在校园内要实现人际关系和谐化，校园的人际关系涵盖了多方面的关系，既包括领导与群众之间的关系，还包括师师之间、师生之间、生生之间以及老师和家长间等各个方面的关系，它不仅仅体现在学校对教师的管理上，也体现在教师对学生的教育和管理方面。我认为和谐的前提条件是尊重。

（一）建立和谐的师生关系

学校要求教师要尊重每一个学生的个性，对学生进行欣赏和激励教育，甚至要戴上放大镜找学生的优点。美国教育家帕尔默认为，优秀的教学源自心灵，教育的最高理念是从心灵深处引出智慧的内核，教师应该以心灵导师的身份来启迪心灵，以心灵的教育为最高追求。因此，现代学校倡导“好孩子都是夸出来的”的教育观念。现代社会的学生其家庭和学习、成长环境好，他们的年龄及心理特点决定了他们通常都是喜欢表扬。如他上课坐不住，你就使劲夸他写字好，看书认真；他默不作声不爱发言，你就

夸他音质好，作文漂亮；他成绩不好你就夸他学习态度好一定会上来；即使他一无是处，你也要戴上放大镜找他的优点。如中央教科所的访问学者韩玲老师做班主任时，就遇到一个学生，最后她就只好夸他壮实，问母亲给他做什么菜，让他把菜谱每天抄给老师，老师给自己的孩子做做。后来这个学生写了好几篇出色的日记，语文老师十分高兴。通过欣赏激励和谐师生关系，获得学生充分信任。亲其师则信其道，学生自会配合教师的引导，学生发展的活力也就自然而生，教育的质量何愁不高！

（二）建立和谐的干群关系

学校要求学校干部和教师间要相互理解，相互为对方着想。教师多从领导的角度来想问题，工作态度就大有不同；领导多从教师的实际出发考虑问题，工作进行就会顺利得多。现在我校的教师认为我校有今天完全是因为有一个好的学校领导班子。我校在领导班子会上一直强调：好班子带出好团队，好团队要把尊重教师放在第一位。和谐的干群关系，其乐融融。教师因为被尊重、认同就会非常敬业。校长对教师要欣赏，充分肯定他们的成绩。如学校一位做过班主任的青年老师说，就是因为领导说她的班带得稳这一句话，对她是莫大鼓励甚至在大街上遇到打架她都要过去看那里有没有她的学生，责任感无时不在。教师有人格尊严，领导多进行换位思考，工作起来就会顺利得多。领导还应为每个教师的智慧和才能的发挥创造机会和条件，营造平等友爱、融洽和谐的人际环境，那么教师就会专心工作，心无旁骛，教师的活力自然生发。

（三）建立和谐的家校关系

学校教师，尤其是班主任，要在第一时间与家长建立同盟关系，形成合力，共同管理教育学生。教师与家长沟通，一定要站在家长的角度说话，处处为家长着想，让家长感动。家长会感到家庭教育也是教育的一部分，家长也有责任。学校需要家长的密切配合。有了家校的和谐关系，不但会减少教育改革的阻力，而且会大大增强教育的活力，优化教育的效果 。

总之，和谐可以让校园形成强大的磁场引力，这引力凝聚人心、团结力量、发展事业。校园奏响和谐的旋律，必将为学校、教职工和学生的发展注入活力。我们要倍加珍惜并持续保有这些已有的团结和谐的局面，始终用和谐的音符推动学校稳定持续发展。

三、切实的发展目标是学校形成活力的向心力

（一）目标引领永葆学校持续发展的活力

我校经过多年的探索与实践证明：用具体的、可行的目标能够引领学校可持续发展。如自 1994 年开始至今，学校在不同发展阶段，明确了 5 个具体的、切实的学校发展目标，制定并实施了 5 个“三年发展规划”，让学校在不同阶段的目标引领下获得了发展，具体有以下几个方面。

1994—1997 年，明确“进入重庆市首批联招学校”的目标，改变了学校生源结构，为以后学校教育教学质量进入全区先进行列奠定了坚实的基础。

1997—2000 年，学校明确“创建重庆市首批重点中学”的目标，并制定相应工作规划，确保目标在 2000 年达成。

2000—2003 年，学校明确“创建重庆市首批示范高中创建学校”的目标，在这一目标引领下，实现了学校把争创工作转变成了学校的跨越式发展，实现了学校办学规模、教学质量的共同发展。

2007—2010 年，学校明确了“高质量举办建校 80 周年校庆”的工作目标。学校把举办校庆作为学校内涵发展、品牌塑造的重

要途径。全校师生围绕这一发展目标，上下一心，团结一致，再次促进了学校发展。

2011—2014年，学校明确“建设好学校‘一校两点’”的目标，抓住两江新区重大发展机遇，促进我校内涵与特色示范高中建设，真正实现我校成为重庆教育领航者之一。

回顾我校二十年目标引领的历程，可以发现学校的发展主要得益于学校历届领导班子和广大教职工的辛勤付出，更得益于有切实的学校发展目标的引领，让全校师生都有明确的奋斗方向。

（二）进一步完善与明确学校发展目标，让目标引领成为学校发展的“活水”

我们认为，每一个学校都有其发展目标。不同的工作内容，不同的发展阶段，不同的学校个体，都应该有其不同的目标。目标即希望和愿景，目标即指导思想和发展定位。目标决定思想，思想产生动力，动力助推发展。

我校也有自己的目标，它涵盖学校管理、学校精神、操作方法、取得成果、团队建设诸多方面，多元目标体系的构建，促成了学校近年来始终以稳健的步伐，沿着“质量是生命、特色是主线”两个目标方向持续向前发展。

学校教育质量和办学效益的外显形式越来越呈现出多元化的特点，但教育教学质量和办学效益目标的确立要注重具体化、简单化。如果目标不明确、不具体，目标复杂难于解读、不易识记，就容易让全校教职工迷茫而不知所措，久而久之，就容易使目标流于形式。目前，我校就将“质量是生命，特色是主线”的目标具体解读为：教师专业素质过硬，学生多元发展茂盛，素质教育与应试教育和谐。

为什么这样解读？一是学校教育一定要与时代背景和社会背景有机融合，不能成为一座“孤岛”。特别是我校是市级重点高中，家长和社会对学校的教育质量有很高的期盼。因此，在学校教育工作中，学校始终坚持在高考这一方面，把上线人数不断扩大、上线结构不断优化、特长人才不断增加作为重要追求，但绝不以牺牲学生的身心健康为代价，把培养"健康人、诚信人、感恩人、智慧人、责任人"融入学校教育的各个环节是我校选择的目标。二是学校定的目标让师生易于理解，易于与自己的工作密切结合。这样才能把目标作为激发师生不断发展的"活水"。

四、科学的管理机制，是学校形成活力的外驱力

（一）畅通的沟通机制

建立健全干部和群众沟通机制，通过有效的沟通方式理顺职工的情绪，化解各种矛盾，帮助学校教职工正确认识学校发展中的各种问题，解除思想疑惑，引导大家把思想和行动统一和凝聚到教育事业的发展目标上来，这是学校活力呈现的一种方式。一个学校是否有活力，源于教师、干部工作是否有动力。干部队伍和教师是否有动力源于他们是否认可学校的工作思路与方法。要让全校教师认可，必须要有良好的沟通机制。因此，我校在沟通机制建设上注重以下几点。

1.建立常态沟通渠道

（1）建立每周校级干部接待日制度，校级干部接待前来反映问题的职工并处理相关问题。（2）建立每周校级干部深入教师办公室巡查制度，主动发现问题并与相关人员沟通。（3）校务公开公示制度，按照学校规定按时公开学校相关事务。（4）设立学校管理信息箱，在每一个年级组设置学校管理信息箱，由学校办公室专人每周查收登记并交学校办公会。（5）建立学校教师QQ群，通过网络进行交流沟通。（6）充分发挥工

会作用，定期走访教职工（含退休人员）家庭，准确、及时地把握民意，加强交流。

2.明确沟通要求

一是明确沟通内容。凡是涉及群众根本利益的都要与大家沟通，如干部人事任免、项目工程、职称评审、绩效奖励等重大问题的决策。二是明确沟通程序。建立公示制度，明确责任主体和审批程序，以确保沟通信息的客观性、全面性、准确性。三是明确沟通时限。要求沟通及时，确保沟通的经常性、有效性。四是明确沟通责任。建立责任追究制，对不愿与群众沟通的领导干部进行谈话，问题突出的，要追究相关责任。

（二）良性的竞争机制

随着学校办学规模的不断扩大，过去管理模式很难把教育教学的常规管理落实到位，不再适应学校发展的要求。如 2011 年，学校审时度势，推行年级组管理模式，不仅把学校教育教学常规管理落到了实处，更重要的是在年级与年级之间引入了竞争的机制，从而促进了学校教育教学质量的提高。学校还取消过去的重点班或实验班，实行平行分班制度，这项举措，不仅体现了教育公平、公正、平等的原则，而且把竞争机制引入了教师、学生之间，每个教师和学生都可以通过自身努力取得佳绩，获得成功，实现自己的人生价值。这些措施充分调动了广大教师工作、学生学习的积极性和创造潜能，使得学校教育教学质量迅速攀升。

（三）赏罚分明的奖惩机制

学校建立和健全了各种奖励制度。如让乐于教学、勤于教学、精于教学，干出成绩、干出成效的广大教师得到实惠，尝到甜头，受到表彰，获得荣誉，得到晋职、重用。学校奖励也一律凭借教师本人教育教学科研的硬性条件并公示。学校建立奖学金和助学金制度，激励和倡导每个学生充分发挥自己的潜能和个性才华，在德智体方面全面发展，争当优秀，敢于拼搏。学校又对那些家境贫寒而又各方面表现优秀的学生给予助学，帮助他们完成高中学业并成长为社会有用之才，绝不让他们由于家境贫寒而放弃希望、放弃学业。各种奖励制度的实行，为教师、学生开辟了一条努力教学、努力学习的成功之路。

"流水不腐，户枢不蠹""问渠哪得清如许，为有源头活水来"，学校深知一个学校内部活力对于学校发展的重要性。因此，我校领导在工作中着重从以上途径去开发学校发展的活力，虽然谈不上模式，但是在这些年的办学中确实收到了很好的成效。

浅谈新时期校长专业素质的建构

重庆暨华中学　孙兴林

进入21世纪以来，社会发展变化更加纷繁复杂，我国社会主义现代化建设进入了一个崭新的发展阶段。这一切对教育提出了更新更高的要求，在这样的背景下，学校发展和校长自身专业发展都面临新的挑战。国家中长期教育改革和发展规划纲要中提出了"制定校长任职资格标准，促进校长专业化"的要求。什么是校长专业化，在实践中校长专业素质如何建构？本文愿与同行交流。

校长专业化素质是教育实践的呼唤。随着教育改革的不断深入，素质教育的全面推进，校长必须担当起可持续发展的职责。校长既是一个管理者，又是一个领导者、经营者、服务者和研究者。校长在某种意义上是一个特殊的管理者，作为一种专门从事学校管理和教育服务的职业，必须具有特定的素质。

正如北京五中吴昌顺校长曾说的："没有世界先进潮流合拍的教育理念没法当校长；没有丰富的德才学识和博大无私的胸怀当不了校长；没有抗挫折、耐劳作的坚韧精神和矛盾困境中奋斗不息的思想准备，绝对当不了好校长。"以往人们的思维定式把"专业基础知识"限定在教师学科范畴，校长专业知识成为人们审视的盲区，认为校长的工作只要会"执行""落实"就行了。其实，学校各项工作的顺利开展需要校长具有良好的专业素质。所以校长所需要的专业素质，已绝不仅限于大学里学习的文化知识。

它已扩展到现代校长的时代精神，即先进的教育理念、专业的文化素养和经营管理的才能，已扩展到策划、运筹和经营的领域。因此校长的专业化就是要确定专业领导、专业管理的思想，把提高学校管理的实效作为校长的本职专业，实现校长素质和能力的专业化。校长的专业化素质具体讲主要包括“五有”：(1)有现代教育理念(现代教育意识、管理意识)、强烈的服务观念，以此作为专业行为的理论支撑。(2)有构建以教育管理知识为核心的复合知识结构。它应由现代科学与人文基础知识、教育管理专业基础知识、现代信息知识等组成。(3)有学校管理的专业能力。即决策能力，与他人交往沟通能力，指挥、组织、协调的能力，反思与探索研究的能力。(4)有学校管理的智慧与艺术。管理智慧与艺术是各种专业要求在校长身上的有机结合，是管理知识、才能、传统技能技巧综合的反映，体现在发现学校管理中的问题的敏捷性和判断力，处理问题的机智，善于把握教育时机和管理时机。(5)有吸引人、影响人的形象和魅力。

校长要适应新形势下教育的新要求，校长的专业素质要不断建构。校长专业化素质的建构主要是指校长个体专业持续发展、日臻完善的过程，是一个校长的内在专业结构不断更新、演进和丰富的过程，是一个校长的专业精神、专业知识、专业能力、专业伦理、自我专业意识等方面的不断超越和创新的过程。因此，校长专业化素质应着力围绕“三个实践”：(1)管理实践。校长要善于从丰富的学校教育管理知识宝库中，吸取那些对本校适用的资源；善于从学校传统中总结成功的管理经验；善于发掘学校现实中先进的管理智慧，从而有效形成自己的管理实践知识。(2)教育实践。学校处处皆教育，校长要全方位审察学校的教育工作，根据学校教育的实际需要，从校园土壤中催生出育人的绿芽。(3)教学实践。校长虽然不一定等同于普通教师立足课堂教学，但校长一定要懂得教学规律，了解本校教学情况，以新课程理念引领学校教学改革。校长要具备的教学知识不只是学科教学知识，更是课程教学的共性知识。

校长专业化素质还需注重五个修炼

1.坚持终身学习，修炼教育思想

学校要保持强有力的发展后劲，就必须形成学习型学校。而作为校长首先要善于学习成为学习型的人，成为师生的榜样，对师生产生潜移默化的影响。因此，校长应该像校本教研中对教师的要求一样，借助自主学习、同伴互助、专业引领的途径和手段，广泛阅读书籍，勤于上网查阅资料，浏览信息，与同行和专家交流，努力提高自己的专业知识水平，让自己逐渐成为一个网络人、时代人、文化人，做一个文化的引领者。

一是学习专业理论，提升现代教育理念。作为校长，具有先进的教育教学理念，是自己有效开展工作的基础和前提。当理念真正被认同并内化，成为自己的工作指导思想的时候，校长就会很自然地在工作中表现出先进的管理能力，最终呈现事半功倍的效果。

二是专业思想提炼。①整合先进思想成果。国内外先进的教育管理思想很多，但不一定都能适应每一所学校的实际需要，适应每一个校长的个性特点和主体实际。校长必须“博采众长”，加以创造性地整合，吸取对自己有用的“精华”，去其对自己无用的“糟粕”。这样才能保证校长专业思想的科学性、正确性。②开发校本特色思想。校长专业思想归根结底生成于校本思想的土壤里。校长要根据学校发展和师生愿望创造自己的专业思想。校长的专业思想涵盖广泛，指向学校工作的方方面面。校长专业思想价值体现在对学校的健康发展能发挥出引领作用。从这个角度讲，校长的专业思想是学校集体共享的财富。③培育个性创新思想。校长专业思想不仅是学校集体的，也是校长个人智慧的结晶，应该体现出鲜明的个性创新特色。一个校长的专业思想不应该雷同于其他校长的专业思想，个性创新是校长专业思想的价值所在。只有这样，它才有利于引导“特色学校”“品牌学校”建设。

2.坚持成就教师，修炼教育行家

学校不仅是校长的舞台，更是教师大展身手的舞台。教师是教育发展的核心竞争力，是学校发展的中坚力量，没有一支现代化的教师力量做支撑，任何办学理念、发展战略和目标都是空头支票，不可能成为现实。一句话，教师的专业成长是学校可持续发展的保证。

学校作为教师工作的场所，是否具备适合教师成长的良好氛围是衡量一所学校管理能力的重要标准。作为学校校长来说，应高度关注教师的成长，应是教师成长的引导者、促进者和合作者。积极创造条件，加强师资培训，走多层次、多样化的师资培训之路。为教师的快速成长铺路搭桥，让教师在职业中寻找到幸福感，并让其在职场中成就自己。只有让每一位教师都有更好的表现和发展才是校长的成功。因为教师是教育的希望，成才是他们的迫切愿望。肯定、信任和被任用是每位教师都具有的一种精神需要和心理需要。为此，校长要充分肯定、信任他们，做到多鼓励，多扶持，给机会，给时间，给动力，营造一个氛围、烘托一个场面、创设一个情境、展现一个平台，通过学历提高、继续教育、岗位练兵，使教师强化专业成长、提升专业技能；同时还要通过走出去，请进来，让教师与专家对话、和学者交流、同名校联谊、跟域外接轨，提升教师的个人素养，促进教师自身专业发展，促进学校可持续发展。这样的校长，不仅是管理者，更是教育教学的行家。

3.坚持凝心聚力,修炼文化素养

"厚德载物的风范,自强不息的精神,海纳百川的胸怀,让人如沐春风的亲和力",这是对校长人格魅力的高度概括。作为校长除了要弘扬正气、科学决策、精细管理,还要经常找机会与教师个别交流,交换对敏感问题的看法;多与学生谈心,了解学生的真实想法。这样通过与师生的倾心交谈,增强了学校的凝聚力。学校工作千头万绪,纷繁复杂,校长除了要善于"用人"去"办事",还要做到以下几个方面。

要创建和谐的领导集体。团结是稳定的基础,稳定是发展的前提。校长要敢于放权、勇于放权,让责任与权力相统一,达到职责上分,思想上合;工作上分,目标上合;权限上分,步调上合;制度上分,关系上合,使领导班子团结在自己的周围,形成具有凝聚力、战斗力、向心力的坚强领导集体,调动一切可以调动的力量,促进学校的发展。

校长要知人善任,人尽其才,掌握好用人艺术。一是要知人所长,二是要善于用人所长,创造良好的、鼓励人尽其才的环境,同时不求全责备。要最大限度地实现人才所长与岗位所需的最佳结合,为全体教职员工提供施展才能的最好"舞台"。三是要注意优胜劣汰。能者上、庸者下、平者让,以确保学校领导队伍的最强阵容和最佳活力。

校长要搞好学校文化建设。学校文化应该是校长理想、价值观的体现,是校长治学精神的外化。现代校长要善于将学校的人、景、物、事、情有机地结合,积极营造充满人文关怀、昂扬向上、积极进取的精神文化。将校长、教职工和学生共同形成的高品位的文化素养凝聚成和谐发展的文化。在这种文化氛围中,学生处处能够自我管理、自我约束,教师能够团结敬业、爱岗奉献,学校处处体现出高尚的精神风貌、井然的工作秩序、较高的教育质量、良好的社会形象。

4.坚持多谋善断,修炼组织协调

现代学校是一个多层次、多方面、多要素、动态的复杂综合体。校长管理学校必须尊重教育规律,按规律办学、管理、育人。讲究方式方法,以人为本。校长管理学校必须学法、懂法、用法,具备依法办学的能力,贯彻落实好国家的课程计划,使学校在正确的规范的轨道上运行。这就要求校长必须加强学习,在学习中研究、在研究中实践、在实践中创新。还要养成良好的思考习惯,勤于思、善于思、深入思,使自己成为一个学习、研究、实践和创新者。

校长要具有组织协调能力。组织协调能力是否发挥到位,直接关系到各管理阶层职责的实际效果,直接关系到广大教职工的满意度和信任度。如果学校某项工作任务组织协调不到位,就很难充分调动方方面面的积极性,凝聚上上下下的智慧,带领群众齐心协力贯彻落实。尤其是面对自然灾害、突发事件等,校长若不谙要害,缺乏智谋,优柔寡断,没有很强的组织协调能力和高超的应对水平,就很难及时有效地保护广大师生的生命财产安全,很难把损失和危害减轻到最低限度。危难之时,必须智勇双全,当断即断,毫不迟疑。否则,就会贻误战机,导致失误。只有善于用科学的思想品质发现问题、研究问题、解决问题,才能提高能力,更加有条理、有深度地学习和工作,最终提高经营管理能力。

5.坚持集思广益,修炼科学决策

在学校管理中,决策是校长的一项重要的、经常性的职能。校长工作的很大一部分就是决策,对管理中的问题拍板定案,引导学校管理者、教职工和学生努力实现学校的发展目标。校长的决策应遵循科学的原则和程序,要以民主为前提,只有充分发扬民主,集思广益,才能做出科学的决策。学校管理的每一个环节和校长每一种管理职能的发挥,都离不开校长的科学决策,而科学决策又离不开信息资料。获取充分、科学、准确的信息资料是做好决策的基础。好的战略规划与决策，最终都要落实在实施上。任何一种规划与决策的实施都要牵涉到错综复杂的利益关系，同时可能会遇到重重阻力，这就要求校长必须具备“咬定青山不放松”的毅力，无论在怎样的环境条件下，都始终保持昂扬向上的精神状态，顺境中能成就事业，逆境中能开创新局面。

总之，提高校长专业化素质主要表现在学习、在思考、在实践等几个方面。校长因学习而充实，因思考而深刻，因实践而成熟，使自身的综合素质得到提升，实实在在练就一套适应新教育形势的真本领，创办一流名校。

具备专业素质　助推学校发展

重庆潼南中学　米强荣

现代中学校长既要成为实干家，又要成为艺术家；既要成为改革者，又要成为教育者。在学校的改革和发展中，校长起着领头羊的作用。当前在新课改形势下，各校要出好管理“牌”，高举科研“旗”，奏响特色“曲”，下活减负“棋”。而这些工作的开展，都离不开一校之长的管理。各校要在激烈的教育竞争中，立于不败之地，也都需要校长的高效管理。

苏联教育家苏霍姆林斯基说：“学校领导，首先是教育思想上的领导，其次才是行政上的领导。”现代中学的校长只有通过不断学习，不断思考，才能提高自身的素质，才能达到高学历、高素质、高品位的标准，才能提升管理水平，成为名副其实的有思想的教育者。现代中学校长自身的专业素质将会深深影响管理水平与能力。在学校的制度上，校长要根据学校管理知识理论，结合学校的实际情况，制定出符合本校特色的制度。在学校的管理上，校长要刚柔并济，处理好内与外、上与下、得与失的关系，创造性开展工作。为促进学校快速发展，更好地引领教师成长、领导课堂教学，现代中学校长必须具备以下三个方面的专业素质。

一、必须具备学校德育工作素质

所谓“教书育人”，“教书”是指学校教学管理，“育人”则是指学校德育工作，“教书”与“育人”要并驾齐驱。德育工作是学校教育工作的一个重点，德育工作是否做好，将直接影响到学校的教学管理。学校德育内容包括社会公德教育、个人道德品质培养、良好行为习惯养成、身心健康等。其中，社会公德教育包括理想、价值观、责任心等方面的教育。学校德育工作的成效，较大程度上取决于校长的德育领导力。校长的德育工作素质主要包括自身过硬的政治素质与提高班主任队伍水平的能力。

（一）自身过硬的政治素质

校长是学校管理制度的核心，是一所学校的灵魂。柳斌在《学校管理研究专题》一文中说："校长处于学校管理系统的核心地位、主导地位、决策地位。"校长的思路、决策将会对学校产生深刻影响。校长在学校德育工作中首先要有坚定的思想政治素质，江泽民曾指出："要说素质，思想政治素质是最重要的素质。"校长的政治素质首先体现在坚定不移地执行国家教育方针，树立"为人民服务"的教育观念，坚持社会主义办学的政治意识。学校是社会主义教育的重要基地，其主要任务是培养有理想、有道德、有文化、有纪律的社会主义接班人，为社会主义现代化建设服务。因此，作为一校之长，责任重大，任务艰巨。他应该有崇高的革命理想、出色的政治素养，同时具备优秀的马列主义、毛泽东思想、邓小平理论、"三个代表"重要思想及科学发展观理论的基本思想素质。

（二）提高班主任队伍水平的能力

校长的德育领导能力关系到普通教师的德育意识及班主任队伍建设。作为一位注重德育的校长，他会要求学校教师将德育贯穿到日常教学中去，通过一点一滴潜移默化式的德育影响，培养学生正确的人生观、价值观，提高学生的道德品质，让学生在学校中学到知识，学会做人。同时，有较高德育素养的校长还注重打造一支高水平的班主任队伍，增强班主任的德育水平。班主任在学校德育教育中起着举足轻重的作用，无论是国旗下、团日活动，还是班会课，都是班主任进行德育教育的重要载体。德育是否有效果，道德观念是否深入学生内心，主要靠班主任的德育水平。因此，校长不仅要提升自己的德育素养，进而还要提高教师尤其是班主任的德育水平。

二、必须具备教学领导素质

教学质量是学校的生命线，它关系到学校的生存与发展。当前，闻名全国的江苏省的启东中学、河北省的衡水中学、山东省的杜郎口中学等，无不是因为优异的教学质量而成为教育界的翘楚。一所普通中学，要想蓬勃发展，得到业界的认可，也只有通过提升教学质量来实现。作为校长，要想提升学校的教学质量，其本身必须具备较强的教学领导素质。对于学校而言，教学领导素质内容包括：提升教师的教学能力与水平，打造特色课程、凸显办学特色和教育科研能力等。

（一）教学水平领导能力

提升教师的教学能力与水平对学校的发展至关重要，它是提高学校教学质量的核心环节。它直接影响学校的教学水平，进而影响到学校的教学质量。学校教师的教学水平提高了，课堂教学效果就会好起来，学生成绩随之会提高，整个学校面貌将焕然一新。学校教学能力强的校长会注重提高教师的教学水平，并通过邀请专家进校讲学、开办培训班、举行赛课活动等形式，着力提升教师的教学水平，从根本上提升学校的教学质量。同时，作为校长，要在学校管理中强调教学水平的重要性，要亲力亲为，首先自己上好课，然后采取赛课、教师论坛、推门听课等方式，督促广大教师提高自身的教学水平，使每位教师都成为业务精湛、爱岗敬业的好教师。

(二)打造特色课程的能力

每一所优秀的学校都具有自身的特色,并通过特色建设来提高教学水平、教学质量,从而提升学校核心竞争力,将学校做大做强。有所作为的校长会注重打造学校特色课程,凸显办学特色,也会注重培养教师的科研创新能力,提升教师开发校本课程的能力,调动教师的主动性、积极性、创造性,最大程度地发挥他们的聪明才智,发展学校的特色课程。在打造办学特色方面,校长要精心培育一批有思想、有能力、有激情的中青年教师,鼓励他们精心研究特色课程,撰写教案,编撰教材,并开设选修课,将这些课程打造成精品课程。同时,校长更应该多组织这些有干劲的教师参加市内外、省内外、国内外各项赛事、各类教育论坛,磨砺尖兵。学校有了能力突出的教师队伍,再为教师专业发展搭建平台。如利用选修课、校刊杂志、学生大会等形式开展特色课程教育,扩大影响,不仅能开阔学生的视野,也能提高学生学习的热情。

(三)教育科研领导能力

校长的教学领导能力将会影响学校的教育科研水平。教育科研是广大教师在日常的教学中,对某些有价值的问题进行深入探究的活动。教育科研强调运用科学的教育理念,先进的教育思想及客观准确的科研手段进行教育科学研究。它是一所学校综合实力的体现,它的开展有利于提升教师的教学、科研能力,完善教师的理论体系,促进教师向教育家方向转变。作为教学领导素质高的校长,他会注重提高教师的科研能力,营造浓厚的教育科研氛围,鼓励教师积极申报教育科研课题,从而繁荣学校的教育科研文化。

三、必须具备组织管理素质

作为一校之长，要有较高的组织管理专业素质。优秀的校长不仅是教育家，而且是管理家，各方面都应当成为教师和学生的表率。校长的组织管理素质主要表现在以下几个方面：一是建立完善的学校规章制度；二是抓好干部队伍建设；三是进行民主管理，提升教职工参与学校管理的积极性。

（一）建立完善学校规章制度的能力

所谓“国有国法，家有家规”，学校规章制度是学校各项活动开展的依据，也是学校发展壮大的基石。作为校长，首先要完善学校的各项制度，如教职工坐班制度、师德师风管理条例、教职工日常行为规范、学校财务管理制度、后勤管理制度、食堂管理制度、校园安全管理制度等，让学校教职工做到“有制可依，执制必严，违制必究”。只有建立了完善的制度，学校才能促使学校管理逐渐走向科学化、民主化，才能摆脱“人治”的随意性。其次，校长及各层管理者要做到严格按章办事，其应该坚持“细”“实”“常”三点原则。“细”即从细小的事情抓起，注重常规管理的基础性；“实”即常规管理要落到实处，不仅要做到规范化，而且要有实际效果；“常”即学校管理要形成常规性，要做到学校管理工作常抓不懈。

（二）抓好干部队伍建设的能力

学校的生存与发展所面临的环境与挑战是纷繁复杂的，同时学校内部的事情也是千头万绪。作为校长，不可能凭一己之力，掌握学校所有情况，处理学校所有问题。学校的管理，还需要依赖学校其他干部的帮助。抓好学校干部队伍建设也体现了校长的组织管理专业素质，所谓“人心齐，泰山移”，校长要建立起一支

"爱岗敬业、无私奉献、廉洁自律、精诚团结"的干部队伍,才能保证学校形成"人人有事做、事事有人管"的良好局面。干部队伍是学校的骨干力量,是学校战斗力的充分体现。校长在组建干部队伍上,要做到知人善任,用其所长。充分利用不同教师的能力,形成优势互补;同时,要因事用人,任人唯贤。校长组建得力干部队伍后,就要与这支队伍协调合作,实行有效管理,切实提升学校的管理水平。同时,校长要处理好与干部的关系。在职权上,校长与干部队伍应该是领导与被领导的关系;在管理上,他们应该是决策与协助的关系;在情感上,他们应该是同事与亲人的关系。只有校长与干部队伍精诚团结,心往一处想,力往一处使,同舟共济,才能保障学校各方面的工作井井有条地开展。

(三)民主管理能力

美国教育家杜威说:"民主不仅是一种政府的形式,它也是一种联合方式。"校长的组织领导素质的高低还体现在民主管理方面。在组织管理方面校长千万不能搞"一言堂",否则会打击其他干部和教师的积极性,更重要的是,有可能致使决策失误,给学校造成难以弥补的负面影响。民主管理对于校长来说非常重要,它既能提升广大教师、干部参与学校管理的积极性,让他们为学校发展出言出力,让整个教职工群体拧成一股绳,又能实现科学管理,避免由独断专行导致的决策失误,同时,民主管理让教职工充分表达他们的观点与意愿,也能缓解教职工内部的矛盾。

在民主管理方面,校长要充分发挥出自身的组织管理水平,让广大教职工参与到学校的管理中来,参与学校的决策,提出自己的意见与建议,同时对学校的领导干部进行监督,推荐、选举学校领导干部,促使学校管理更加民主化、科学化、透明化。让广大教职工更加信任学校领导班子,更加服从领导班子的决定,让学校形成上下一心、团结奋进的良好形势。

“博学之，审问之，慎思之，明辨之，笃行之”，作为校长，应该有深厚的文化积淀，广博的学识。中学校长还要在工作上有所突破、有所成就，必须着重提高自身的德育工作素质、教学领导素质与组织管理素质。各方面素质提升了，校长的综合能力就提升了，在他的领导下，学校各方面工作也将取得长足进步，从而助推学校又好又快地发展。

浅谈现代中学校长专业素质的思考与实践

重庆荣昌永荣中学　雷　敏

2013年2月，教育部依据《国家中长期教育改革和发展规划纲要（2010—2020年）》和《国务院关于加强教师队伍建设的意见》（国发〔2012〕41号）提出"制定幼儿园园长、普通中小学校长、中等职业学校校长专业标准和任职资格标准，提高校长（园长）专业化水平"的精神而出台的《义务教育学校校长专业标准》，为中小学校长的选拔、任用，特别是对中小学校长的专业素质提供了标准。那么，在现代社会快速发展的今天，中小学校长应该具备哪些专业素质呢？我以为有以下几个方面。

一、具备领导技能素质

领导技能，其中最重要的就是"管理"技能。所谓"管理"，指既要"管"，更要"理"。"管"不是依靠校长的个人威信，而是依靠科学而完善的制度。我校地处渝西川东结合部，作为一所普通农村高中，面临的问题和困难很多，怎样才能更好地进行管理、引领师生？近年来，学校先后出台并完善了各项考核制度，如《处室工作考核方案》《二级班子考核办法》《年级组长考核方案》《班级考核方案》等，通过制度"管"人，减少了摩擦和矛盾。学校管理中，要厘清校内外、教师间、师生间等各种关系，寻找到一个大家都认同的目标和方向，让全校师生为之而努力拼搏，增强师生凝聚力。我校通过对学校历史的整理、研究，提出了以"五色石"为文化内涵的学校文化，以“师生为本，办人民满意教育”为办学思想，以“人人成长，个个成才”为教育理念，以“构建师生共享的阳光校园、精神家园”为办学目标，从校园文化角度，引领师生参与学校管理。

二、具备决策技能素质

通俗地讲，决策技能是指领导者对某件事谋策略、作决断、定方向的领导管理效绩的综合性能力。“胸无全局者，不足以谋一域。”作为一名校长，在展示决策能力的时候，一要克服从众心理。做到思想解放、不拘常规、大胆探索，才能捕捉到更多的学校发展机遇。二要增强自信心。面临困扰时，有迎难而上的胆量。三要顾全大局，当机立断。20 世纪 90 年代末，我校的发展遇到了前所未有的挑战，社会对学校的要求越来越高。鉴于这种情况，学校领导班子审时度势，结合学校自身办学条件和社会发展要求，提出了“综合高中”的办学模式作为学校办学定位。坚持以学生的发展为中心，根据学生的兴趣、特长和潜质，为学生提供了实验班、普通班、艺术班、职教班等多样化选择，实施分层式教学。在“3＋0”传统教学模式的基础上，创办“1＋2”“2＋1”“2.5＋0.5”三类教学模式。这一办学定位的提出，虽然受到部分家长、师生的质疑，但经过三年的实践，学生的职业特长、艺术专长得到充分发展和提高，高考升学率也大幅提高。如在 2013 年高考中，升学率达 96.3%，高于县平均上线率 0.75 个百分点。2013 年 7 月 15 日，我校在“中国梦・教育梦・学校梦”全国高峰论坛高中教育改革与创新分论坛上做了“为每一个学生的精彩人生奠基——探索农村综合高中办学模式的实践”的交流发言，受到参会的教育专家和同行的好评。又如，我校“探索综合高中办学模式改革”荣获重庆市政府颁发的重庆市教学成果（普通中小学、幼儿园）三等奖。

三、具备培训技能素质

学校不仅是校长的舞台，也是教师大展身手的舞台。校长应积极创造条件，加强师资培训，走多层次、多样化的师资培训之路。具体说，我校主要通过以下几个方面进行师资培训：一是“青蓝工程”，新老教师结对子；二是“领雁工程”，教学骨干上示范引领课；三是创办《永荣科研》内刊，集体备课，课后反思；四是名校联盟，与巴蜀中学结成伙伴学校；五是校际交流，与兄弟学校开展教学交流活动。通过“与专家对话、和学者交流、同名校联谊”的形式，为教师的快速成长铺路搭桥，让教师在职业中寻找到幸福感，并让其在职场中成就自己，最终促进学校的可持续发展。

四、具备修养技能素质

校长修养技能素质是一个比较大的范畴，作为一名校长，首先应该加强个人思想道德修养。良好的品行道德素质是校长管理好一个学校的基石。孔子曰：“其身正，不令则行；其身不正，虽令不从。”校长只有具备了良好的道德品质，才有抵御各种诱惑的能力，才能在学校管理中有很强的感召力。其次，校长要不断学习，养成终身学习的良好习惯。知识和能力是从学习和实践中来的，只有拥有终身学习能力的人，才能具备多元化的文化视角、拥有全球化的市场视野，才能赢得未来。其三，校长要有良好的社会管理力，时刻保持良好的心态，做一个珍爱生命、热爱生活、积极进取、有职业道德的人。其四，校长要加强正风肃纪工作。校长要廉洁自律，自觉接受监督，使学校成为一个廉洁的、有战斗力的集体。近年来，我校在打造渝西川东教育特色学校过程中，获得了全校师生的大力支持，也得到了周边社区的有力帮助，除了学校办学定位、办学理念深入人心外，也与学校管理者的个人素养是分不开的。

五、具备创新技能素质

学校管理虽然有一些现成的经验和模式可借鉴，但每个学校的管理，都应与本校实情相结合，而不能完全照搬别人的经验和模式。特别是在新的发展时期，校长必须敢于创新、勇于探索，敢于突破传统教育观念和办学模式的束缚，科学地分析学校发展的客观形势和环境条件，抓住学校发展的机遇，去开创学校工作的新局面，闯出学校发展的新路子。近年来，我校在校长的引领下，在管理工作、教育教学，以及办学定位等方面都积极开拓创新，进行了大胆的创新尝试工作，并取得了一定的成效。如在管理方面，提出"教学管理到班级、行政蹲点到班级、目标考核到班级"，以班级管理为抓手，提高管理效率。在教学方面，着重打造卓越课堂，构建高效课堂，提高教学质量。在教学理念上，树立"人人成长、个个成才"的教育理念，坚持"对每一个学生负责，实现学生多样化成才"，做到"不嫌弃、不放弃、不抛弃"每一名学生，办人民满意的教育，以"综合高中"办学模式提升学校的社会满意度。

学校的发展，在很大程度上离不开校长的专业素质。要当一名好校长，必须不断加强学习、认真反思、努力提升自身的专业素质，极力把学校建设成为培养人才的学园、发展个性的乐园、优美整洁的花园，使之成为师生共享的阳光校园、精神家园！

刍议合格校长必备的五种“修为”

重庆巴蜀中学　王国华

党的十八大报告列出的两个百年奋斗目标格外令人瞩目:在中国共产党成立一百年时全面建成小康社会;在新中国成立一百年时建成富强民主文明和谐的社会主义现代化国家。那么,在中华民族伟大复兴的征程中,教育肩负的历史使命是什么?笔者以为,当代教育的历史使命,就是为国家培养经济建设的建设者、社会进步的推动者、民族文化的传承者。简而言之,教育就是为中华民族的伟大复兴的伟业培养合格的公民。教育使命的完成,需要每个学校去实施。

学校怎么完成教育的使命,获得长远发展呢?我以为,关键在于要有正确的办学理念、有为的管理团队、科学的制度方略、特色的校园文化、优良的教师队伍……而在这诸者之间起衔接纽带作用的,无疑是学校的统筹者和决策者,即一所学校的校长。学校能否办得好的重要评判标准之一就在于是否有一名合格有为的校长。作为现代教育的管理者,一名合格有为的校长不但要懂得和做到恪尽职守、廉洁奉公,随着时代的发展,还应具备更高的“修为”。

为了推动学校发展,作为学校统筹者和决策者的校长要具备怎样的“修为”呢?从传统文化角度来看,本文认为一名合格有为的校长要具备“克己明德、厚道包容、精进坚韧、有为之为、缘人作仪”五种“修为”。

一、克己明德：牢记一个“正”字，把握一个“学”字

“敬畏天命，克己明德，诚发於中，灾销於上。”作为学校的统筹者和决策者，校长应以身作则，立事为公，廉洁清正，牢记一个“正”字，努力创设“风气纯正”的校园文化环境。同时，校长还应注重个人修养的不断完善与提升，强调“学无止境”，始终关注并学习最前沿的教育理念。

基于此，校长要做到“勤思”与“质疑”。所谓“勤思”，就是学习要勤奋并且要有敏捷、超前的思维意识。校长要应社会发展的需求，不断丰富自身的知识储备，更新已有的教育理念，要有超前的“兴学”意识。所谓“质疑”，就是要对工作实践中遇到的相关问题不断提出“疑问”，“疑”激发“思”，“思”激发“学”。带着“疑”处理问题就容易引起“探究”的辐射，“思”也就会随之应运而生。“思”越开阔，必定对“学”产生更高的要求，“学”也就会越“勤”。因此，校长时刻要以教育家的“学”的精神做教育，以“学”治教，“立学，谓创制垂法，博施济众，圣学立于上代，惠泽被于无穷。”

二、厚道包容：摒弃一个“厉”字，谨记一个“容”字

“宽厚清慎，犯而不校。”校长要努力营造“和谐”校园氛围，校园文化既要注重“正气”，同时也要强调“和气”，要做到上下级之间“厚道包容”。

在学校日常管理工作中，校长要摒弃一个“厉”字，牢记一个“容”字。宽容是人最大的美德。主要处理好两个方面的关系：一是尊重信任。学校教职员工无不希望得到校长的信任，也无不希望把校长分配的工作做好、做出成绩，得到校长对他工作能力的认可。因此，既然将任务分配给教职员工，校长就要充分信任他

们，相信他们的工作能力，让他们有足够的空间去发挥才能，充分调动他们工作的主观能动性和积极性；二是鞭策调理。校长应该善于“用人之长”，引导教职员工在工作过程中，不断提高综合能力。校长之“统”，不等于“固步自封”“事事亲为”，而要创设一种“放而不散、活而不乱”的管理机制，根据教职员工的工作能力、特长的不同，对他们进行鞭策和激励，把每个人都摆到施展才华的舞台上，让每个人在学校这个舞台上都能尽显才华！

三、精进坚韧：激活一个“创”字，突出一个“韧”字

“天地之大德曰生，生生不息之谓易。”学校要想持续发展，校长的思想就要“求变”，要对已有的学校管理理念进行不断地调整、整合甚至创新，以求“创造性”地带领学校前进。唯有如此，学校的发展空间才会越来越大。

学校的发展一定要有“朝气”，激活一个“创”字，使校园文化焕发出新活力，绽放出新色彩。只激活一个“创”字，对学校的长远发展来说，还是远远不够的。学校要想获得发展的不竭动力，校长还要有韧性，即在学校管理工作中，突出一个“韧”字。校长要善于“攻坚”，在对已有的学校管理理念进行调整、更新过程中，必然要遭遇一定的阻力，此时，校长要以顽强持久的韧劲，迎难而上、持之以恒，真正落实十八大精神，不断抢占教育“制高点”，创造学校发展“新优势”，争创“一流业绩”，实现学校实质意义上的“现代质量观”“现代教育观”“现代人才观”的跨越式发展。

四、有为之为：淡化一个“权”字，强化一个“为”字

“无为而用，同自然之功；物类其形，得造化之理，皆不知其然也。”以“权”治校，突出的是自上而下的行政意志，讲的是统一划

一的令行禁止，服从指挥。但“权”的实际功用是使学校管理有章可循、依规施政。

因此，作为校长，管理学校的思路不应放在“不许干什么”上，而更大程度应放在“应该干什么”上，把主要精力放在调动全体教职员工“主动参与”学校管理的意识上，从“要我怎么办”到“我要怎么办”，实现由被动支配到主动参与的“管理理念”的深层转化。这就要求校长要学会做“有为之为”的校长，在学校日常管理工作中，淡化一个“权”字，强化一个“为”字。“为无为而无不为”，校长要做务实、高效的校长，既要高屋建瓴地实施指导，同时又要身体力行，做具体而微的“实践家”。具体而微的“实践家”并非事必躬亲，这样既影响下级工作积极性和责任心，又使自己沉溺于繁忙事务中难以自拔。“一个人的精力、时间有限，不要去做下级能做且能做得更好的事”。好校长要用更多时间去思考、感悟、决策。

五、缘人作仪：恪守一个“和”字，首倡一个“家”字

“缘人情而制礼，依人性而作仪。”校长要学会与教职员工“和睦”地共事，让教职员工充分体会到领导的人文关怀，同时在指导教职员工工作时，校长要注意自身的风度与气度，既做到有知识涵养，又做到有人格魅力，从而使校长与教职员工之间越过传统的“上下级”之间的藩篱，常沟通、常交流，携手一心，亲如一家。家还应有家的氛围：温馨、融合、团结一致。家还应有家的文化，是文化区别着亿万个家庭。

作为“学校之家”的家长——校长，其在工作中，要恪守一个“和”字，首倡一个“家”字，学校就像一个大家庭，每一个教职员工都是家庭成员，作为家庭成员，他不仅仅是家务的工作者，更是家务的参与者，家庭成员与家血脉相连，诚善相依。因此，校长要力主实行校务公开，提高行政管理的透明度，加大民主监督力度，尊

重教职工的意见，虚心接受合理化建议，关心、爱护教职工，处处为教职工着想，吃苦在前，事业为先，无私忘我。

一个好校长，就是一所好学校。因为一个好校长会成就一批好教师，一批好教师会带出一群好学生，一群好学生会造就一所好学校，一个好学校会培养一批人才。由此可见校长的重要作用。作为履行学校领导与管理工作职责的专业人员的校长，责无旁贷应该重视自己的“修为”，管理好自己的学校，办人民满意的教育，不负党和人民的重托。

提升修为的境界　争做智慧型校长

重庆永川北山中学　吴良平

我国教育家陶行知曾说过："校长是一个学校的灵魂，要想评论一个学校，先要评论他的校长。"近年来，在教育界广泛流行的一句"一个好校长就是一所好学校"，这些都充分说明了校长岗位的独特性和重要性。可是什么样的校长才算是好校长呢？2013年2月，教育部颁布《义务教育学校校长专业标准》（以下简称为《专业标准》），从五大基本理念、六项专业职责、四点实施要求三大块，首次明确了校长专业标准。一时之间，《专业标准》成为社会、学校、专家、学者等热议的话题，同时也启迪并激励广大校长，要以精湛的专业、良好的修为、敏锐的视角，努力争做一名智慧型校长。

一、核心解读：《专业标准》明确校长标尺

由《专业标准》可知，校长应该具备三种职业角色——管理者、领导者和教育者。管理是建立在合法的、有报酬的和强制性权力的基础上对下属命令的行为；领导更多是建立在个人影响和专长以及模范作用的基础之上，指挥、带领、引导和鼓励部下为实现学校目标而努力的过程。因此，一个校长可能是一个好管理者，但不一定是一个好领导者。作为21世纪的新型校长，应该是管理者和领导者的统一体，要掌握有关指挥、沟通、激励等管理和领导方面的相关知识和技能，懂得分权和合作的重要性。苏联教

育家苏霍姆林斯基认为，校长必须是“师者之师”，要具备“精通教育科学、教育技术和教育艺术”“进行教育探索与研究的胆量、作风和能力”，可见校长首先要担当的是学校的教育者。

在校长的三种职业角色中，最重要的是教育者和领导者，其次才是管理者。无论哪种角色，拥有教育智慧都是至关重要的。教育部出台《专业标准》，可以让教育行政部门在选拔校长的时候，能够更全面地考察候选人的整体素质，减少以偏概全的用人模式；可以让学校的教职员工监督校长，看其是否按照校长应该具备的专业标准在实施管理；可以给各级教育行政部门提供考评校长的标准和依据，也有利于积累优秀的教育管理经验。

二、躬耕陇亩：《专业标准》呼唤智慧型校长

《智慧说》：智，法用也；慧，明道也。天下智者莫出法用，天下慧根尽在道中。智者明法，慧者通道。道生法，慧生智。慧足千百智，道足万法生。智慧，道法也。

于是，“智”和“慧”其实是两个词：急中生智，定静生慧。智是一种能力，慧是一种境界。智者拿得起，慧者放得下。拿得起是本事，放得下是自在。

在当今智慧教育、智慧生存、智慧人生的时代，应当如何努力去做一名智慧型校长？答案是提升修为的境界，放平心态，尽职守分，淡泊名利，在平和平实中追求平中见奇。

（一）提升理念修为境界，做开拓性校长

我校以“以美益德、以美启智、以美怡情”作为办学理念，包涵了德智体美劳科等素质教育的丰富内涵，彰显出德育、教学、管理、学校建设等系列理念。

德育理念“寓美于德、以美引善”。德育的核心在于情感的共鸣和心灵的共振，“寓美于德”的尚美教育，将审美因素与德育活

动有机地结合起来，发挥出尚美教育所独有的“益德”作用。“生活体验—自主反思”的德育模式，强调了德育的生活化，使德育工作真正贴近社会、贴近时代、贴近学生。

教学理念“寓美于智、以美导真”。蔡元培说：“凡学校课程都没有与美育无关的。”“寓美于智”的尚美教育，有助于增加学科教学的艺术性和美感，在学科教学中挖掘审美价值和育人功效，培养学生的心灵美、情操美、人格美，激发学生积极参与的热情，提高教学的效率，起到启智、促智、养智、优智的作用。

管理理念“寓美于理、以美育人”。学校确立了稳定的管理理念，培育了优秀的办学群体，构建了优化的办学文化模式，形成了一系列管理行为的观念文化。如“一个团队的人若不认同团队文化，必将被边缘化”“小胜靠技巧、中胜靠智慧、大胜靠文化”“对己，自我超越；对人，润物无声；做事，水滴石穿；做人，晶莹剔透”等这些富有哲理的句子一样。这些管理文化催生出“尚美争先、自强不息”的学校团队，辐射出“团结协作、永不言败”的学校文化。

学校建设理念“寓美于景、以美育美”。如学校修复了上百年历史的“德教祠”“杜公亭”，新建了“德教广场”“圣水双清”“龙洞朝霞”“百尺石松”“校友碑林”“兰亭壁刻”等文化长廊，呈现出古榕与香樟并茂、玉兰与黄桷争春、紫藤与桂花比艳的丰富自然景观。“步云大道”沿校门拾级而建，“书院路”“同文路”“杜公路”掩映在茂密香樟树林之中。“清净馆舍”“竹兰佳人”等雅致的宿舍名，让学生公寓亦透着一股古雅的气质，显示出学生们的艺术情性和文化修养，陶冶着学生的雅趣和灵性。

（二）提升管理修为境界，做引领型校长

要做一名平和、平实的校长，就得摒弃功利、喧嚣、浮躁、悲观，把持恬静、平易、从容、谦和，就得将平和、平实历练为一种修

为，增长成一种智慧，聚焦成一种力量，锻造成一种品质，构筑成一种应然，陶冶成一种雅趣。

校长的管理核心在于抓班子、带队伍、提质量。

一是抓班子，促管理。我校要求全体干部要具备"三三四"工作境界，即"三讲"——向机关学习讲政治，向企业学习讲效益，向军队学习讲纪律；"三互相"——人人都有优点，要互相学习；人人都有缺点，要互相提醒；人人都有困难，要互相关心；"四意识"——忠诚意识，专业意识，奉献意识，高效意识。

我校干部团队还践行着"一纵一横、处组互动"管理模式，强化了"分片包干、协作达标"的责任机制，加大了处室与年级"条块结合"的力度，像部队抓战斗力那样狠抓干部的执行力。而"一纵一横"，"一纵"是指书记校长到分管校长（年级行政），再到处室主任（年级主任），最后是所辖教职工。"一横"是指分管校长兼任年级行政，既主持分管行政工作，又负责分管年级工作。

二是带队伍，提素质。教师最重要的职业操守和良知底线是尊重与爱心，要想让学生亲其师，信其道，乐其形。首先要有爱校爱生、爱岗敬业的职业道德，要有知识储备、人格魅力、幽默与潜能等职业素养，要有与专业技术职称相匹配的过硬的职业技能。

为此，学校加强了专业素养与专业技能培训。主要从以下几个方面进行。第一，邀请清华附中赵谦翔教授到校作了"敬业、专业、乐业——我的成长之路"的专题报告，强化教师师德师风教育。第二，组织教师参加各级各类有价值的培训活动，参加新课程改革的培训活动，将新课标理念和精神贯彻落实到学科教学之中。第三，从"有效课堂"开始定位"卓越课堂"，精讲巧练，强化课前课中"助学"、课后"领悟"，加强师生交流合作，落实"精讲是关键，练习是阵地，考试是手段，合作是捷径，激励是前提"的教学策略。第四，深刻领悟和准确把握高考新动向。第五，选派名优教师到镇街初中开展"领雁工程"和片区教研活动，在实践中锤炼名师素养，提升名师境界。第六，开展“三帮”活动，领导与教职工“帮心”“帮效”，骨干教师与教学业绩差的教师“帮教”。

三是提质量，增效益。学校的校园环境、校园风气、人文气息、教师境界、学生状态、管理档次、教育教学水平，都是校长应该抓好的办学质量。为此，我校注重发挥“高、大、美”的潜质，潜心管理，狠抓质量。

高，既是学校地理位置高，也是办学品位高；大，既是占地面积与现行办学规模大，也是全体教师教育心性与志气大；美，既是古木参天、鸟语花香的自然环境美，更是尚美教育融入“最美中国”的校园文化美。

三、提升读书修为境界，做智慧型校长

哈佛大学的校徽图案由三本书构成，其中两本是打开的，一本是扣着的。两本打开的书意味着现成的知识，可以直接阅读求得，那本扣着的书表示隐藏着的智慧，需要实践探索追寻。教育承担着人类文明薪火——智慧的启迪、濡染和熏陶，作为校长，更应当引领教师崇尚阅读，提升修为境界和人格魅力，争做智慧型校长。

当代著名国学大师季羡林说：“天下第一好事，是读书。”当代著名作家余秋雨也说：“读书的最大理由是摆脱平庸。”是的，读书之美，美在恒久；读书之美，美在感悟；读书之美，美在反思。

读大师的书，读大美的书，可以使校长在众多教育改革口号、教育思想标签、教育管理创新面前，学会如何面对、甄别、传承，坚守自己的选择，弘扬自己学校的传统文化，从而做到“身在事中，心在事外”，按照《国家中长期教育改革和发展规划纲要（2010—2020 年）》中提出的“把提高教育质量作为教育改革发展的核心任务”这一要求，校长就要一心一意谋发展，聚精会神抓质量。

读管理的书，读文化的书，能使校长志存高远又不好高骛远，

真正做到崇尚人格、尊重个性、承认差异、不弃卑微，把生命看得严肃，把人性看得深刻，把师生成长看得神圣，自觉做到不偏袒、不浮躁、不刻薄、不决绝、不揽功、不自傲、不乖张、不放任，提升亲和力、同心力和前行力。

四、深度思考：执行校长专业标准需有破冰勇气

校长专业标准的制定，让校长成为个人发展愿景规划者、学习文化营造者、教师发展促进者、创新人才激励者、内部组织管理者和外部环境协调者。然而，当今中学校长仍有不少困惑，这就需要校长要有平和的心态、恒久的耐力、旺盛的激情和破冰的勇气。

作为学校上级的主管部门，在培养、选用、评价校长时，要认真思考以下几个方面。

一是加强校长的职业认同，扩大校长的办学自主权。现今评说教育和学校的部门和人士很多，观点参差不一，有时大相径庭。如绩效工资、评职晋级、督导考核等管理体制和机制，使得校长的合理愿望与实际情况不相符，它既影响教师的工作积极性，也制约校长的创新、激情与活力。因此，上级主管部门要切实为校长撑腰。

二是构建校长的培训体系，完善的校长知识结构，提高中小学校长的知识水平和管理能力。因此，中小学校长经过培训，既有压力，又有动力。

三是完善校长管理机制，做到制度规范与自主创新有机结合，专业标准与校本管理有机结合，充分发挥校长的专业引领作用和干事创业的激情智慧，办好特色学校，办好让家长和社会满意的学校。

总之，专业标准是职业发展的标志和尺度，也是衡量职业是否发展成熟的重要指标之一。制定校长专业标准是校长专业发

展的必然要求，明确了学校校长的基本条件和素质能力，衡量了校长职业所达到的专业阶段和个体专业发展程度，在角色定位、核心职责、领导能力等各方面为校长专业发展提供了依据。中小学校长应将标准作为自身专业发展的基本准则，大胆开展学校管理实践，主动参加校长培训和自主研修，不断提升专业发展水平，努力成为教育教学和学校管理的行家、专家，成为一名智慧型校长。

论中学校长的核心专业素质

重庆长寿中学　雷文超　戴　浩

在中国教育改革的新阶段,中学校长应具有怎样的专业素质成为了广大中学校长关注的话题。2013年2月教育部颁布了《义务教育学校校长专业标准》虽然没有包含普通高中和职业中学的校长标准,但它依旧给我们提供了明确而清晰的方向。笔者拟通过对相关问题的分析谈一谈目前我国中学校长应从哪些方面加强修炼,从而提高自己的领导力。

一、教学领导力

教学领导力,是校长领导学校发展的核心。我们首先应该清楚学校一天当中绝大多数时间,绝大部分人就是在从事教学工作,校长作为学校的负责人,教学领导力可以说是校长各种领导力的集中体现。从学校事务的根源分析,对于学校来说最重要的事就发生在课堂,只有当校长进入课堂,才能在学校的关键事件上做出深刻的思考,准确的判断,才能让班子成员和学校中干信服,其领导者的形象才能真实地呈现。校长要提升自己的教学领导力并不一定要通过上课来实现。

校长可以不上课,但必须经常听课,善于评课。教师上课对时间的要求比较刚性,校长必须遵守时间,坚持听课。校长听完课后要善于评课。校长评课与学科教师评课不同。校长可以更多地以学生参与的广度、深度、课堂气氛、目标的达成以及教师的语言、板书、多媒体运用等学科知识以外的问题做出分析，帮助教师找出问题。要想对一堂课做出高质量的评价，要求校长自己必须不断学习，要让自己在评课过程中具有足够的话语权。校长首先是教育思想的领导，而后才是行政事务的领导。

二、科研领导力

随着基础教育改革的深化与发展，“科研兴校”日益成为校长们普遍重视的主题，时代的变化呼吁学者型校长的大量出现。所以，校长就应该成为教育科研的专家，引领全校教师把教育科研作为提高教育教学质量的手段与方法，让教师们都能感受到教育科研带来的巨大“红利”。

目前，几乎所有学校都承担了一定级别、一定数量的课题。校长要带领教师做课题，要引领教师参与的积极性，这就需要校长具有一定的科研能力。

校长一旦成为教育科研的专家，有了自己的科研意识和底蕴，真正思考学校在教育教学和管理过程中面临的核心问题，并把这些问题作为课题来研究，这样一来课题研究的价值就能最大限度地体现出来。校长在引领广大教师做课题时，一定要引导且说明它对学校的发展有何作用，这也是研究课题的目的所在。如笔者所在的学校今年申报了一项区级课题“优化校本作业，提高教学质量的研究”就是为了解决教师过分依赖教辅资料，布置作业针对性不够的教学核心问题。

校长作为一所学校“教师的教师”，必须加强自身的业务修炼，努力做学者型校长，追求学者那样的研究高度和深度。校长要领导教学就必须是教学的行家里手，要潜心专研与学校发展相关的课题，始终把握制高点，居高临下，引领学校发展。当校长在教育科研领域的研究有了一定的高度与深度，身上就会散发出一种学者特有的气韵，这时校长自然就成为了教师们心中学习的偶像。

三、"平衡"领导力

人们提倡学者型校长，但从来就不提倡太书生气校长。学校是一个传播文化、传承文明的圣地，因而校长理所当然应该是个学者，一个儒雅、广博、富有内涵的校长更能成为一所学校的领袖，成为全体教师的文化导师。校长要想达到这样的境界就必须多读书，靠学习成就这样的气韵。"教师的教师"必须是个学者。

但校长不但要精通学术，还要精通人情世故。校长是业务的行家，但不能只精通业务；校长可以钟情于课堂，但不能沉醉于课堂而无法自拔。学校首先是社会中的学校，校长要面对非常复杂的社会。为了学校发展，为了教师发展，更加为了学生发展，办人民满意的教育，校长就必须在学术和世俗间寻找到一个最佳平衡点。学校是知识分子的聚集区，是个藏龙卧虎的地方，对这样一个群体的管理，具有更多的特殊性。作为一校之长，如果只会纸上谈兵，什么都是想当然，必将使得整个学校的运转出现问题，自己的工作处处被动。校长是一所学校的引领者，校长必须明白学校的办学必须借力于外部环境，必须依靠广大教师。学校的良性运转需要各部门有效联动，学校的管理必须依靠团队的力量。

校长在分析处理校内事务时需要平衡。教职工的工作怎样安排才能实现人尽其才？答案是平衡！班子成员之间、处室与处室之间，关键也在于平衡。社会管理中的刚柔并济、恩威并施都是经典的平衡策略。

学校的事务要得到很好的落实，就必须将任务分解到不同的部门。如哪些事务分解到教务处？哪些事务分解到教科处？哪些任务分解到德育处？哪些事务交给团委？校长首先要非常清楚，同时还要善于在部门间谋求一种平衡。部门之间因为职能不同引起观点和工作要求的分歧也是正常的现象，但校长必须要有自己的思考，要懂得发现这里边最佳的平衡点。又如教师在工作中，由于教学方法问题而产生的分歧，他们自身也许无法调解这些矛盾，时间越长矛盾越深，这就需要校长去协调，去寻找他们之间的平衡点，想办法去化解，使矛盾缓和。

校长是一所学校的灵魂，人们评价一所学校时总是要评论这所学校的校长。随着社会转型和教育现代化的进程，校长这一身份日益显得职业化。任何职业化都需要进入该职业的人具备相应的专业素质，基于校长的专业素质其实很多，而核心专业素质的提升则是校长的当务之急。有理由相信，校长一旦具备核心专业素质，校长的角色就能、就会找到正确的定位。当然，校长要想朝着专业纵深发展，还得不断地前行，因为校长本身就是教育工作者专业发展到一定高度后的一种深度修行。

“中国梦”视角下中学校长专业素质提高的实践

重庆大足中学　龚爱华

2012年11月29日，新一届中央领导集体参观中国国家博物馆“复兴之路”展览现场，习近平总书记提出“中国梦”一词，指出，实现中华民族伟大复兴，就是中华民族近代以来最伟大的梦想。实现中华民族伟大复兴的“中国梦”，就是要实现国家富强、民族振兴、人民幸福、社会和谐。

2013年3月7日，教育部部长袁贵仁在全国政协教育界别联组会议上回应政协委员的提问时，用四个词表明自己心中的“中国教育梦”：有教无类、因材施教、终身学习、人人成才。

“中国梦”的实现离不开教育，教育在中华民族伟大复兴进程中具有基础性、先导性、全局性的重要作用。“中国教育梦”是“中国梦”的重要组成部分，并将有力助推“中国梦”的实现，“中国教育梦”的实现对中学校长的专业素质提出了新的要求。作为现代中学校长应该参照2013年2月教育部颁布的《义务教育学校校长专业标准》，努力提高自身专业素质，为“中国梦”的实现而努力。

一、提升教育理论素养

作为一名现代校长，应该有先进的教育教学理论和前沿的教育教学思想。校长既是一个职务，又是一个职业，必须树立终身学习理念，坚持不懈地读书、学习、并大力借鉴他山之石，功学校之玉。校长这个职业不但需要更多的知识和能力，还要把握各方面的信息，既使自己保持对新事物的敏锐感觉，又使自己的思想观念始终在时代前列，这样才能领导自己的学校，学校才能不被激烈的竞争淘汰。

近几年，我把加强自身理论学习作为当好校长的当务之急，通过各种渠道提高自己，先后参加了在重庆第二师范学院、西南大学、北京教育学院和教育部中学校长培训中心组织的校长培训，极大地增长了知识，丰富了实践经验，提高了理论水平。特别是 2012 年在北京十一中向教育家型的李希贵校长跟班学习的二十多天，给我思想带来了巨大的震动和启迪，让我充分感受到了现代中学的味道和方向，直接体验真正的素质教育和未来中国高中教育的魅力。

二、形成自己办学理念

校长应用先进的教育理论为指导，以学生发展为本，充分吸取学校发展历史的养分，形成学校的办学理念、校训、学校精神、学校特色；校长要学会反思自己的办学思想，改变自己的习惯性思维，要在办学中学会反思，反思的重点应放在看自己的办学思想是否符合党的教育方针，是否落到了实处；校长只有与时俱进，不断修正自己的办学思想，才能超越今天，赢得明天。

作为我校的校长，应坚持践行“为学生和谐、持续发展而奠基”的办学理念，不断丰富它的内涵和外延，使其更加充分地彰显以学生发展为本的思想；形成了“全面渗透美育的”办学特色；用“励志、求真、务得、务实”的校训激励全校师生，还树立了“永不言败，追求卓越”的“足中精神”，在全校教师中倡导“把每个学生都当成自己子女”的教育情怀。

三、科学规划学校发展

校长必须时刻保持一种积极进取的精神，善于超前思维，善于根据学校的一般发展规律和自身实际，科学定位学校未来的发展方向，将自己的办学思想转化为学校的远期、中期和近期目标，将自己的办学思想、管理理念等与先进学校进行比较，明确学校的优势和差距，并在此基础上学会取人之长补己之短。

在新形势下，为"中国教育梦"的实践，学校修订和完善了"重庆大足中学中长期发展规划"，提出了"质量跨越、和谐足中、美丽校园、重庆名校"具体发展目标，为我校长远的发展播下了一颗生机盎然的种子。

四、加强教师队伍建设，走内涵发展之路

学生、教师、学校的发展是内在统一的，没有教师的发展，就没有学生的发展，也就没有学校的发展。作为校长，我一直坚持"教师为本"的教师观，把教师队伍的建设作为学校工作的重中之重。

教育要以学生为本，学校要以教师为本。学校坚持教师培训制度化、常态化，学校采取了走出去、请进来的方法对全校教师进行轮流培训。如三年内就有357人次教师、班主任到重庆、上海、北京、山东、江西、河北、江苏、浙江、湖北等课改先进地方的学校进行现场的观摩学习；每年的行政管理人员参加拓展培训，增强了团队意识，磨炼了意志，锻炼了体魄；还请到魏书生、冯恩洪、龚春燕、李常明、宾华、孙如月等一批专家学者到校讲学，效果极好；学校的"青蓝工程"建设卓有成效，学校对新教师提出"一年站稳脚跟，三年初见成效，五年成为骨干，十年力争名师"的目标，"老带新"活动扎实开展，新教师成长迅速。

近几年教师教育水平大幅提高，赛课成绩骄人，6 人获重庆市一等奖，36 人获大足区一等奖。

五、高举创新的大旗

(一)强力推进新课程改革，全面渗透美育

我校以教师全员培训为前提，以学生和谐、持续发展为目标，以建设高效课堂、卓越课堂为突破口，以市级科研课题为依托，以“三环一体”的备课组教研活动为抓手，以美育渗透为特色，稳步、强力推进新课程改革实验。

(二)创新学校内部用人机制

学校以人事制度改革为突破口，推行教职工的双向选择机制。如 2012 年开始，学校进一步引入竞争机制，行政管理岗位实现“公开竞聘上岗”；高中教师岗位实行“三方双向选择”；初中教师岗位实行“年级、教师双向选择”；非教学人员实行“处室、职工双向选择”。结果全校有 27 名教师进行了工作调整，11 名教师调整到非教学岗位，此项工作学校承受了压力，但提高了教职工的积极性，教学水平也得到了提高。

(三)创新管理模式

1.实施年级化管理

学校高中办学规模逐年扩大，一个年级的在校生就超过 2000 人，一个年级实际上就相当于一所“小”学校。这需要学校必须创新学校管理模式，降低管理重心，实施以年级组为管理单位的年级化管理。我校成立以年级主任为中心的年级管理小组，管理小组中落实专人负责年级的教学、德育、财务和日常考核；建立了年

级党支部书记参与年级管理并代表学校行使督察的职责；各年级的中层干部有参与年级管理和处室管理的双重职责；德育干事有年级学生管理和处室管理的双重职责；条块结合，年级必须服从学校的统一部署和管理的管理体系。建立了学校对年级的督导机制，学校不定期对各年级工作进行部分或全面的督导，对年级主任、副主任和参与年级管理的中层干部进行督导和评价，结果与考核津贴挂钩。

2.实施精细化管理

学校精细化管理取得好的结果，它是实现预定目标的重要保证。因此，我校从以下几个方面抓管理。一是坚持学生的民主评教制度。把学生对教师的评教结果和教学成绩，以及年级的常规考核相结合起来评价教师。二是建立专门的督导体制。成立督导室，由一名副校长专职领衔负责督导工作的管理，直接对校长负责，担负起对干部、对教师、对职员、对学生检查、监督、管理的权利，全面发挥对学校管理的监控作用。如在教学督导中，把目标督导和分散督导相结合，增加并强化随机听课的频率和力度，并且随堂听课的督导要求事先明确，教学计划、教学常规、课标任务、教学进度、备课情况、新课程理念和作业批改等都作为督导内容，并给予上课教师一个定量评价，其结果作为该教师绩效考核的主要依据。

3.实施质量目标调控管理

学校实施质量目标调控管理，是学校实现精细管理的重要措施。在实施过程中，学校把总体的办学目标落实为各部门分目标，各年级的目标，各班级的目标，甚至分解到教职工个人。学校充分把部门的目标、个人的目标与学校整个组织的目标结合起来，在管理上实施谁分管谁负责的方式，每一方面的工作都有责任人，对设计、实施、评价与调控负全部责任，形成每一项学校工作的“第一责任人制度”，从而实现“质量目标调控”的管理理念。

4.实施特长生专项管理

学校从2008年开始对体艺特长生进行专门的集中编班，专人管理，并根据体艺特长生的特点进行了课程安排、作息时间等的调整，突出体艺特长的强化培养，效果十分明显。

近几年，多名学生以国家一级运动员的身份被北京体育大学、北京师范大学、四川大学等特招，今年体考有10人达国家二级运动员标准，艺体考生高考成绩显著，重点及本科以上上线达到71人。

教育现代化需要高素质、强能力的校长。作为一名新时期学校的校长，需要在政治思想、品行修养、心理素质、知识结构等方面继续自觉提高素质，进一步增强管理、决策、组织、创新、协调等各种能力，有效整合、利用现有教育资源，从容应对各方面的挑战，为“中国梦”“教育梦”做出我们现代中学校长应有的贡献。

校长专业标准的核心

——校园文化建设能力的思考

重庆壁山大路中学　朱君涛

营造育人文化是校长专业素质的重要标准，校长是校园文化建设中的灵魂人物、核心力量。校长应该具备最前沿的校园文化建设理念与先进的思想。校长要结合所在学校的特点建设具有本校特色的校园文化，构建学校共同的价值观；同时，校长必须要有参与意识，不仅自己参与，还要引导全校师生共同参与。人人参与和享受校园文化，让校园文化在潜移默化中陶冶每一位师生的情操。同时，校长的校园文化建设能力也必将促进其他素质的提高。

一、校园文化增强团队意识，凝聚人心

文化建设能够增强团队精神，凝聚人心。一个集体如果拥有了团队精神，这个团体必然是一个富有战斗力和凝聚力的集体。而对于一个学校的校长来说，文化建设就是要建立适合所在学校区域特点的文化，将学校办学理念和办学思想内化为所有职工的理念和追求，成为全校师生共同的人生价值追求和行为方式。在实际工作中把这种理念结合实际情况加以具体化，实践化，一点一点地渗透进学校的各项制度和规范中，以求达到凝聚人心的作用。

我校前身是私立大道中学，“大道”，源自西汉戴圣《礼记·礼运篇》：“大道之行也，天下为公。”所以，把校园文化的核心思想确

定为:“大道”文化的传承。就学校而言,“道”,即为办学目标、办学理念、办学模式;就教师而言,“道”即为育人理念、教学模式、教学方法;就学生而言,“道”,即为成人之道,成才之道。当然,确立学校的理念文化应从本校实际出发,充分发动师生积极参与,从师生的精神动态和价值取向中总结提炼,生搬硬套的借鉴和强加只能是“魂不附体”,只有被师生认同的办学理念才会被师生广泛地接受。有了适宜的校园文化思想和理念,就有了“灵魂”,师生有了统一的目标,才可能有共同的人生价值追求和行为方式。

打造适合自己特点的校园文化,不仅能使学校树立科学的办学理念和办学思想,而且比较容易将这种理念融入广大师生之中,使校长的育人理念在实践中得以贯彻落实。

二、校园文化建设推动新课改的实施

校园文化是高中课程改革的重要载体,也是高中课程改革的依托。首先,没有物质文化作基础,没有科学民主的制度文化作保障,没有积极向上的精神文化的引领,高中新课程的实施、开设与开发只能是纸上谈兵、空中楼阁。其次,高中新课程的实施又为校园文化的建构提供了契机,创造了机遇。高中学科课程的实施既是科学文化的传输,也是教师有特色的课堂文化的构建。

我校结合“大道文化”这一校园文化的主题思想,开设了丰富多样的综合实践活动课。学校书法、古筝、国画等艺术班的开设不仅丰富了学生的课余生活,也传承了中国的传统文化。它既为学生的成长、成才奠定了思想文化的基础,又培养了学生对社会的责任心和使命感。同时,学校还要求语文教师以将新课改要求与学校文化及中国传统文化相结合的方式进行教育教学。不难看出,高中新课程的实施就是校园文化传输、构建和完善的过程,该实施过程也是在校园文化中传输、构建和完善。

因此,具有特色的校园文化的打造就是特色课程的实施,即地方课程和校本课程的开设有了目的和目标，体现校长在课程改革中的课程引领力，也体现了校长进行课程改革的课改能力。

三、校园文化建设有利于办学特色的形成和发展

积极营造浓厚的文化氛围，使其更有利于办学特色的长远发展。教育家陶行知曾经说："学校生活的外部环境和学校生活的内部环境，都是影响人的巨大力量。"环境影响人，环境造就人，具有文化内涵的校园环境，对学生文化素质的培养、道德行为的养成、综合素质的提高，都将产生深刻影响。实践证明，有什么样的学校，就有什么样的学生。

如学校的核心理念就是"做有道之人，铺成才之路"，并结合该校的特殊生源和区域特点，"道"是基础，"才"是多元化。这就确定了该校的办学特色的方向，不是走单一化的发展路线，而是必须走多元化、多样化的发展道路。所以，该校更加重视艺术体育生的培养。如在2014年高考中，该校艺体生的成绩尤为突出。所以，有特色的学校，才可能培养出有个性、有特色、具有开拓创新精神的学生。

校长具备了特色课程开发的引领能力，必将进一步形成学校的办学特色。

四、校园文化建设有利于形成和谐的评价机制

新课程背景下，学校要营造良好的校园文化氛围，发挥校园文化的导向作用和激励功能，能够调动师生的主动性、积极性，为学校注入活力，同时使得学校的评价机制趋于更加合理的状态，是作为校长优化内部管理，激励教师专业成长的重要手段。学校就以"大道文化"为办校理念，建立了不单以成绩评论教师的教学业绩，也不仅仅以分数来衡量学生的优劣的评价机制，将学生的

文化成绩和学生的兴趣特长相结合，同时参考学生平时的纪律表现及品德考核等，评价出一个综合素质值。这种多元化、丰富化的评价机制将成为校长、教师、学生更乐于接受的一种交流、指导、合作形式，并促进师生的共同成长，也成为学校发展的有效手段。

学校作为一种社会组织形式，自身总会蕴含着一定的文化要素，学校文化在整个学校生活中所形成的独特的凝聚力，常常对学校的教育产生重大的影响，决定着学校的精神面貌，左右着学校教育的方向。所以，校长如何建立属于自己学校的校园文化就显得尤为重要。

学校根据自身学校的特点建设出适合自身发展的校园文化是重点中的重点，也是难点中的难点。这就要求该校校长具备更多的专业知识、前卫的理念、独到的见地和更加开阔的视野，并能准确把握教育改革的动态，立足于学校自身实际，对校园文化建设进行准确的定位，确立全校师生乐于、敢于为之奋斗的文化愿景，营造出良好的校园文化的氛围，形成自己的办学特色。只有如此，学校才能真正培养出社会需要的人才。

发挥“标准”正能量　引领校长专业成长

重庆永川中学　王兴强

全国有40多万所中小学，有40多万名中小学校长，他们带领着千万名中小学教职员工，教育和影响着2亿多中小学生。校长的教育理念、教育思想、专业素养及管理能力，直接关系整个中小学教育的质量，关系党和国家教育方针的落实，关系一代甚至几代人的健康成长。《中国中小学校长专业标准》(以下简称《专业标准》)的制定出台正是基于此，它对校长队伍的建设、专业化发展起推动作用和积极影响。

一、《专业标准》清晰定位了中小学校长的职能角色，为在职校长和未来校长提供了角色参考

陶行知先生说：“校长是一个学校的灵魂，要想评论一个学校，先要评论他的校长。”而要评论他的校长，则先要明确校长的角色定位，《专业标准》认为：“中小学校长是学校的法人代表，是学校的领导者、教育者和管理者，对外代表学校。校长的基本职责是在上级党组织和政府部门或(民办学校)学校董事会领导下，对学校的教育教学和行政工作全面负责，不断提高学校管理水平。”《专业标准》清楚地界定了校长的身份构成，把校长看成学校行政工作的领导者、教育教学方面的专家学者以及在教育实践、探索和创新过程中的“CEO”。可以看出它是一个融合了多重职业身份、充满了良好发展愿景的角色认定。既符合学校作为事业

单位的机构属性,准确反映了其作为教育教学专门场所的本质特征,也渗透着"教育家"办学的教育思想。不仅让校长的角色定位变得清晰明了,更为校长的教育实践和管理实践提供了理论依据。

同时《专业标准》明确规定了校长的基本职责,具体包括:校长有责任领导学校教职工,对学校发展进行内外部环境分析,确立学校的办学理念,构建学校的愿景和目标,制定学校的发展战略,规划学校的未来,培育有特色的学校组织文化;领导和管理学校的课程、教学和德育工作,引领教师专业成长,为学生发展提供有效的保障;运用合适的方法和技术对学校的人员、财务、时间、信息等进行全面管理,建立与完善学校的规章制度,提升学校的组织效能;通过建立和维持与学生家长、其他学校、社区及机构等的广泛联系,为学校的发展创设良好的社会环境;发挥校党组织的政治核心作用,保证教职工代表大会参与学校民主管理和民主监督。这一具体规定将校长身份与其身份所赋予的职责对应统一起来,既划定了校长的责权边界,也为校长治理和作为提供了行动指南。《专业标准》既是在职校长的工作参照,也是未来校长的专业化成长大纲,具有重要的现实意义和实践价值。

二、《专业标准》凸显了以学生发展为本及教育本位的教育思想在学校治理理念中的轴心地位

一切为了学生的健康成长,应该是校长的品格和精神。"以促进学生全面发展和全面提高教育质量为核心"是《专业标准》的重要价值取向,奠定其鲜明的生本理念和教育本位思想,从根本上确保了校长的职责和使命回归其本源。《专业标准》还指出,"校长的核心目标是通过有效的领导、教育和管理,以学生发展为本,保证学校的所有工作按照国家规定的标准进行,确保教育质量",不断强化对学校职能和校长职责的正确认知,深化生本理念

和教育本位在校长治校理念中的根本地位，凸显了《专业标准》的思想内核。所以，校长应将促进学生健康成长作为学校工作至高无上的追求，作为学校一切工作的出发点和落脚点。

其实，无论是“以学生发展为本”还是“确保教育质量”，都在突出学生的全面发展，并最终体现在校长个人素养标准上。因此，《专业标准》指出校长的教育思想须包含“坚持以学生发展为本的办学理念；相信每个学生都能取得成功；提供每个学生平等发展的机会”，强调在坚持同步发展的同时，要尊重和关注学生的个体差异；承认和重视个体的价值追求，让每个生命都有绽放的平台和机会，都有发展的空间，并能平等地发展。并且《专业标准》指出：“校长应当创设良好的教学环境，建立稳定的教学秩序，推行有效的教学活动，运用监督和评价教学的制度与方法，养成学生独立的学习行为与习惯，使之形成终身学习的意愿与能力……承认和赞赏有效教学的实践与成就和保障教学在学校工作中的核心地位。”它进一步阐述了教育活动及教育对象之间的关系，指出了实现学生发展的有效途径、实施方法和保障机制，并回答了学生发展的阶段性和长远性问题，即校长作为和学校教育不仅要促使学生养成独立的学习行为与习惯，更要使之形成终身学习的意愿。

三、《专业标准》重点导向校长的专业素养和专业能力建设，旨在培育适应现代教育发展需要的职业型校长

《专业标准》的制定，既为解决当下学校教育中存在的现实问题，又瞄准了教育改革与创新的长远构思；既着眼于推进当下的教育改革，又立足于科教兴国和人才强国的战略需要。所以在总的基础上不断建构，以发展的思路解决发展中遇到的困难，在发展中推动发展，便成了《专业标准》彰显的鲜明主题。《专业标准》为此提出了构建校长的基本专业素养，认为“在校长的专业素养中，个人素养和职业素养相互依存：个人素养是职业素养的基础

和前提，而职业素养是个人素养的体现和提升条件。职业素养的六大领域涵盖了校长基本职责的外延，在校长核心目标统领下，个人素养与职业素养共同构成校长的专业素养结构”。同时，指出了校长专业素养的构成要素，揭示了个人素养与职业素养相辅相成的互补合成关系，为职业型校长的考核、培训、发展提供了重要参考。

《专业标准》进一步指出“教育思想、管理理念和价值追求”是校长个人素养的重要支撑。这正好印证了苏联教育家苏霍姆林斯基的那句名言：“领导学校，首先是教育思想上的领导，其次才是行政上的领导。”还提出了校长“应该拥有的专业知识与专业能力”的职业素养，强化了对校长身份的职业要求和专业定性，并具体指出其所涵盖的六大领域，其实质是点明了校长应具备的六种职业能力，即规划学校发展的能力、保障德育实施能力、领导课程教学能力、引领教师成长能力、提升组织效能能力、协调公共关系能力。并且要求校长“时刻保持危机意识”，要“具有追求公平而卓越的使命感和责任感”，“具有批判精神和自我反思能力”，明确了校长的价值追求、校长工作的深远意义、教育工作的社会责任，指明了教育要与时俱进、不断创新，适应社会发展的本质属性。

校长有了专业化的视野，才能着眼于中国乃至世界发展的大局、教育改革发展的大势，引领学校积极地去适应这种新的发展和新的要求；才能深刻地感受和理解国家发展需要掌握科技、面向世界、富于创造的建设者，需要民主参与、遵守纪律、富有责任感的主人翁，需要崇尚先进、追求崇高、胸怀理想的传播者，需要诚实守信、富有爱心、身心健康的参与者。校长具备了专业化的目标、理念和能力，才能以正确的思想引导人、以高尚的情操熏陶人、以科学的制度规范人、以实干的精神带动人，给教职员工创造充分的发展空间，让每个教职员工在自己的岗位上都体现出价值。同时，校长要坚守“耐得住寂寞”、安安静静地办学，扎扎实实地构建好学校文化的信念，不仅要做到“有一个好校长就有一所好学校”，而且要做到“一个好校长走了还是一所好学校”，让自己的作用和价值长久地体现和传承下去。

四、《专业标准》明确了校长素养与学生发展、教师成长及学校发展之间的内在逻辑

作为一校之长，校长是学校发展的“领跑人”。在校长负责制的背景下，校长专业素养的高低直接影响着一所学校的发展走向。《专业标准》也正是在这一具体背景下应运而生的。校长的职业角色、校长的核心目标与校长的专业发展目标为“校长的专业素养结构”提供了客观依据，要求校长不仅要具有精湛的职业素养，兼有领导者、教育者和管理者所应具备的专业知识和专业能力，还应具有良好的个人素养，包括先进的教育思想、科学的管理理念以及促进师生成长的积极的价值追求。

“教育的使命是使每个人（无例外的）发展自己的才能和创造性的潜力。”（联合国教科文组织《学习：内在的财富》）因此，校长一方面要自我修炼修为，同时还要“制定与实施学校的发展规划，以确保学生的全面发展和学校的可持续发展”，“关注和支持教师的专业发展”，“引领教师成长”。学生发展是校长的核心目标，是校长素养的生动转化。没有学生发展，就难以对校长素养做出正面评价。然而，学生发展离不开教师的强力助推。因此，教师的专业成长对学生发展的意义便不言自明。这就要求校长具备推动教师专业发展、建设优秀师资队伍的职业素养，为学生发展提供强有力的师资保障。校长不仅要用两只手托举起师生发展的天平，还要寻求二者之间的平衡，发挥好师生发展的桥梁和纽带作用，推动师生共同成长。这样，校长的引领、学生的发展、教师的成长就能形成合力，就会不断促进学生健康成长，引领教师专业发展，推动学校品质发展。

基于生态型校园建设的校长引领路径探索

重庆黔江中学　郑小波

著名教育家陶行知说:“校长是学校的灵魂,精神的汇聚,是师生敬仰和学习的楷模。”作为学校各项工作的组织者、管理者和指挥者,校长的思想观念、办学思路、工作作风、为人修养、个性品质、管理行为以及管理风格等都直接对全校师生产生重要的影响,直接关系学校的管理水平和教育教学质量的提高,可以说有什么样的校长,就有什么样的学校。作为新时期的校长,尤其是在经济全球化、知识信息化、教育日趋国际化的背景下,单靠传统的制度管理已远远不能适应现代教育管理的需要,因为“制度总有不能的地方”,在制度管理之外,更需要充分发挥校长的引领作用,构建和谐美好的校园环境,引领教师课堂教学的变革,促进教师的专业成长,增强学校发展的内驱力。

一、以思想为灵魂引领师生建设生态型校园

“思想是行动的先导”。有什么样的思想就有什么样的行动,作为教育而言,教育思想决定了学校办学的价值取向和办学行为,校长的领导主要就是思想的领导,并且要把正确的教育思想变成教师的思想和行为。新课程改革首先就是一场教育思想的革命,没有思想的更新,没有教育观念的改变,学校发展找不到准确的定位,也就没有学校的发展,更谈不上教学质量的提高。校长的第一要务就是以先进的办学思想统率学校,以先进的管理思想管理学校,以先进

的教学思想引领师生的和谐发展，从而激发师生内在的活力，挖掘师生的潜力，唤醒师生的创新力，调动师生主动参与、共谋学校发展的参与力。以“生态型校园建设”思想为指导，引领师生构建生态型校园环境是实现这一目标的重要途径。

所谓生态型校园就是将学校看作一个具有生命活力的生态系统，其基本内涵是学校内部各组成部分之间以及学校与外部之间的协调，系统中诸要素良性互动，学校教育教学活动井然有序并充满生机与活力。它具备现代学校的如下几个要素。

一是团结的温馨家园。学校工作是一项群体性的创造性劳动，学校环境首先应该是一个和睦团结的集体，每一位师生就像一个个跳动的音符，校长就是校园交响乐队的指挥，只有各个音符的和谐，才能演奏动听的教育乐章。一方面校长要引领师生加强人格的修养，引导师生培育宽容的胸怀，包容的情怀，善于接纳、乐于奉献的襟怀，建树师生团结的品性修为；另一方面就是校长要及时发现不和谐因素，通过引导、教育，消除不利于团结的负面情绪，将全校师生情感融入学校大家庭的氛围；三是校长要充分发挥学校工会、妇代会等群团组织的力量，广泛开展各种有益师生身心健康的活动，如推行爱心活动，让全体师生感受到“家”的温馨。有了这样一个团结和睦的大环境，师生个体的智慧就能得到充分发挥，集体的智慧才能生成与凝聚，学校的发展才有人文的土壤。

二是勤奋的耕耘田园。教育是一分耕耘，也是一份奉献，耕耘与奉献是教育收获的基本前提，这其中最重要的品质就是勤奋的品质。校长是一份辛苦的职业，教育也不是轻松的劳动，作为新时代的校长，既要有仰望星空的远见，又要有脚踏实地的实干精神，仅有先进的思想、美好的愿景而缺乏勤奋与执着，再美的蓝图都只是纸上谈兵。同时校长也是全校师生的第一示范人，校长的勤奋，就是全校师生的榜样，孔子说：“其身正，不令而行，其身不正，虽令不从。”校长的率先垂范，对勤奋者是更进一步的激励，对懒惰者是无声的鞭策，只有引领师生以勤奋为桨，才能起动教育这艘大航船。

三是进取的求知校园。校园是人类知识传承的集结地，是人类文明的播撒源。随着信息时代及知识经济的到来，人类的知识正在呈几何倍数地增长，无论是校长还是教师，原有的知识结构及知识储备已远远不能满足现代教育的需要，求知与进取方能保证学校永恒的生命力，这就需要校长首先树立终身学习的观念，引领教师不断地获取新知，建立学习型校园。一方面校长要带头学习，以身示范，将读书作为自己的一种生活常态。书读多了，悟透了，反而会让自己悠闲起来，因为已经形成了校长的思想，用思想去管理，是一种灵魂的管理，是一种精神的引领；另一方面要通过校长的引领，加上合适的学习制度，带领教师勤于读书、学会读书，乐于进取，再通过教师教会学生读书，形成人人爱学习，人人爱读书的校园书香氛围。

四是幸福的进步乐园。让教师教得幸福，学生学得愉快，是学校教育教学追求的理想境界。达到这一点的外在环境就是有一个幸福愉悦的校园大环境，校长是师生幸福的引领者和建塑者。在价值观上，校长要引领教师充分体会职业价值，在职业价值的认可上获得成功的体验，获得幸福的体会和感悟；在教师的日常生活中，校长要多一份关心与关爱，营造和睦相处、愉悦共事的友好人际关系；在学生管理上，充分保护学生的个性特点，尊重学生兴趣特长，让他们自由而理性地成长，以师生的愉悦换取教育教学管理的最大效能，从而成就幸福的校园，幸福的校长。

二、以课堂为中心引领师生构建生成发展型课堂

“课堂是学生生命成长的原野”，学校的办学思想，教师教学价值的实现主要依赖于课堂。校长作为学校教育教学工作的管理者，

首先应该是课程教学的引领者。随着新课程改革的深入，各种课堂教学方式如千树万树梨花般盛开，芬芳多样。但无论何种课堂教学，都应该是以人为本的教学，“生成”与“发展”是课堂教学不变的主题，校长的课堂引领，就是引领师生构建生成发展型课堂。

（一）引领教学观念，让课堂有灵魂

教学观念直接影响教师的教学行为，可以说有什么样的教学观，就有什么样的教学状态。就目前中学教学的现状看，传统教学观念依然大量存在，“满堂灌”的教学形态还没有完全杜绝，不少课堂缺乏内在的灵魂，欠缺内在的生命张力。引领教师教学观念的转变，让课堂由“接受型”向“生成型”变革，形成以学生的发展为中心的课堂教学，依然是校长引领的重点工作。

先进的教学思想，是校长引领教师教学的前提。教师教学观念的更新，首先要求校长的教学观念的更新，这就要求校长通过不断地学习，不断地交流，在吸收大量先进教学理念的基础上，通过自身的感悟和体会，提炼出自己的、符合学校现状的教学指导思想，然后在教学的各个环节予以落实。如江苏省洋思中学在较短的时间内由“全国十所薄弱学校”变为当代中国名校，至关重要的因素就是其校长能根据当时学校师资薄弱、办学条件差、生源基础差的现状，以人本主义思想为核心，提炼出“先学后教，当堂训练”的“洋思”模式，并把这种模式贯穿于整个教学环节，狠抓课堂教学的落实，创造出有活力的生命课堂，才使得其学校焕发出无穷的生命力。校长确定了学校教学的明确理念之后，通过相应的示范及制度的保障，让每位教师接受并内化为自觉的教学行为，以相应的教学理念统率自己的教学，这样的课堂才是有内在的灵魂作支撑，否则就是苍白的课堂，随意的课堂。即便某些教师的某些课堂可能也很精彩，但最终不能形成教师的精彩，学生的精彩，学校的精彩。而一旦课堂有了灵魂，哪怕个别的课堂是不成功的，也一定能创造出整体教学的精彩。

(二)走进课堂、指导课堂

苏联教育家苏霍姆林斯基说:"一个有经验的校长,他所在意和关心的中心问题,就是课堂教学,听课、分析课、评课是校长的一项极为重要的工作。"校长作为学校的最高管理者和引领者,既要"站得高",即要有理论的高度,思想的深度,眼界的宽度,同时还要"蹲得下",即要关注脚下的校园,关注师生的生活状态,更要关注课堂教学的现状。走进课堂是校长关注课堂,落实引领课堂的最重要的途径。具体做法有:一是听课了解现状。通过各种听课方式,全面把握课堂教学状况。听课之前应对全校教师进行分类,如按职称、年龄、学历、学科、年级等类别,确定听课样本,确保听课对象的全面性和典型性,全面掌握整体教学动态,并了解学生现状,掌握第一手材料。二是分析课堂查找问题。根据听课所获得的第一手材料,通过分析、查找课堂教学中所存在的主要问题,重点关注教师是否有相应教学理念支撑自己的教学,是否尊重了教学规律,是否达成了教学目标,是否落实了学校的办学思想,是否注重了学生知识的生成与发展等方面的问题,同时要对问题进行分类归档,分类解决,并制定相应的解决措施。三是评课作引领。校长凡听课必评课,可以说评课是对教师课堂引领最为有效的方式,也是校长和教师教学沟通最有效的方式。评课的方式可采用个别评与集体评相结合的方式,除对常规教学环节进行评析外,要重点评析学校教学思想在课堂教学中的落实情况,对不理想的课堂要指出改进的措施和方法,最好是进行连续的追踪式听课、评课,直至将学校办学思想落实到位为止。

(三)搭建平台示范课堂

课堂教学是一种艺术化的实践活动,也是一种技能化的活动。作为一种技能,它是能够通过实际操作训练得到提高的,有训练就有示范,校长要善于给教师搭建相应平台,给教师以实际操作的示范引领。这样的原因有几个，一是可以充分调动本校资源，利用本校的骨干教师、青年才俊等力量，定期开展研究课和示范课的活动，打造示范课堂，这既是对全体教师的引领，也是对教师价值的尊重；二是可以积极利用校外资源，聘请校外名师莅校上课，展示名师课堂，给本校教师创造随时与名师对话的条件，让名师的风采浸润本校教师的思想，在“见贤思齐”中提升自己的教学技能；三是打造精品课堂，集合学科组的共同力量，围绕一个中心，让全组教师积极参与，集集体智慧，通过“研讨—试上—修正—再研讨—再上”的过程，力求每一教学单元有一堂精品课的产生，最后由一堂堂的精品课就组成了本校的精品课资源库，在这一打磨的过程中，不成熟的教师就会变得成熟，成熟的教师会得到进一步的提升。

(四)跳出课堂、提炼课堂

课堂教学既是实践，也是对办学思想落实的检验。如果仅关注课堂，就只能停留在实践操作的层面，因此在走进课堂的同时，还必须跳出课堂看问题，这就要求校长要有独特的眼光和智慧，不仅要发现本节课堂教学的问题，更要善于发现有创意的课堂，善于捕捉教师的智慧，发掘本校教师课堂教学的精彩点、闪光点，将一点点的灵光汇聚，提炼出本校的带有普遍共性的课堂教学理念及教学模式，再用这种理念和模式反过来指导本校的教学实践，经过这样的提炼加工过程，既是对原有教学理念及教学模式的完善和修正，又是对原有理念及教学模式的超越，在不断地超越自我中，课堂教学也就越来越精彩。

三、以专业引领为动力促成教师和谐幸福成长

学校的生命力来自于课堂，课堂的生命力来自于教师，教师的生命力来自于专业的持续发展，没有教师的发展，就没有教育

教学的变革,也就不可能有学校的发展,可以说教师专业发展是校长引领的核心任务之一。

(一)以人为本,激活教师专业发展的内驱力

教师的专业发展分为“外生”和“内生”两大类别,“外生”即外力强加而生成,其特点是目标明确,学习规范,但教师是被动的,带有强制性色彩;“内生”即“自身内意、内慧、内谋、内定而自主生成”,其特点是随意的或者说是随性的,带有不确定性,优点是主动的,出自自己内心需要的发展。就目前的学校现状而言,“外生”性发展居主导地位,而“内生”性发展相对欠缺,这是导致不少学校教师专业发展乏力的重要原因。因此,我校在注重“外生”性发展的同时,还强化了人本意识,增强了教师自我发展的内驱力。一是校长要引领教师树立正确的职业价值观,引领教师做事业型、学者型、学术型教师,并提供相应平台让教师展现自己的才华,实现自己的理想,体现其社会的价值,让他们体会到自己价值得到体现和被认同的幸福感,当他们能把教育当成自己的事业而追求的时候,他们内在的活力就得到了唤醒;二是校长尊重教师,满足教师“尊重”的心理需要。校长还要有一颗博大的包容之心,尊重教师的人格,尊重教师的个性,尊重教师的劳动,教师获得了尊重就能增强教师的职业认同感,才会去主动提升自己的专业素养;三是体现人文关怀,校长要切实帮助教师解决工作和生活中的实际困难,构建和谐的校园人际关系,让教师在学校能体会到集体的关爱与温馨,让他们自觉地把自己和学校的发展融为一体。

(二)引领教师愿景,开启教师专业发展的闸门

教师的愿景就是教师的职业规划,是教师个体的发展目标。不少教师的发展动力不足,其根本原因就是欠缺教师职业生涯的

发展目标及规划，使得教学缺少激情，学习缺少动力，专业发展停滞甚至倒退，这就需要校长将学校的愿景（学校的办学目标和发展方向）与教师个体的愿景结合起来，根据教师不同的个体特点及特长，引导教师确定自己的发展方向和职业规划，根据个体特点提升其不同的专业素质。如富有研究能力的教师，让其在科研上制定相应发展规划；在课堂教学上突出的教师，让其在课堂教学中发展成教学名师；具有管理才能的教师，让其在学校管理上深入研究；富有艺术才能的教师，让其规划出自己的艺术发展之路……总之，要让每位教师明确自己的发展定位，找到自己发展的空间，明确努力的方向，细化发展的步骤。在这种目标的激励下，教师的专业发展就由自发而走向自觉，由盲目而走向明确，由无绪而走上规范。

（三）引领智力分享，为教师专业发展提供保障

在知识经济时代，对于组织而言，真正的力量不是来源于知识，而是来源于知识的分享。教师的专业发展，“内生”是核心，但“外生”也是必不可少的要素，校长引领教师团队协作，分享智力成果，是教师专业成长较为快捷的途径，也是学校发展的一项重要的保障。

一是学校建立平等、互助、共享的教师校本教研形态，这就要求改变原有校本教研的方式，将管理对象从“人”转向“知识”，管理目标从单纯促进教研转向引领教师知识创造及知识在教师间的流动、共享和增值。如我校采用“定时间、定地点、定主题、定中心发言人”的校本教研制度，明确要求中心发言人轮流进行，每次教研会其他成员必须发表自己的观点和看法，所有的发言材料交由教研室存档并纳入教师的年终考核。在相互的讨论和交流中，教师间的思想和观点得到碰撞和激发，使每个教师个体成为知识创造的发源地和知识共享的中转站，对教师的专业发展起到了积

极的推动作用。二是学校提供智力分享平台，设立“教研沙龙”，定期开展交流活动；举办校本讲座，展现教师的教学及科研成果；创办校本刊物，交流课堂教学及学术动态。这些平台的建立，能够形成知识的快速分享与流动机制，畅通分享渠道，展现教师的个人价值，有利于教师学习共同体的形成。三是多元化的评价引领。由于教师所受教育程度以及各自的经历、环境等的千差万别，专业水平也就各不相同。因此，学校就很难以一个统一的标准对教师的专业发展进行评价，这就需要从重结果的评价转向为重发展过程的评价，重在评价教师的增长点，对不同层次的教师制定不同的评价量表，让不同层次的教师能处在相同的起跑线上，使水平高的教师找到更高的发展空间，水平低的教师能看到提升的希望，从而激发每位教师专业提升的积极性，从而带来教师群体性的专业进步。四是树立榜样，以典型引领发展。学校可以通过开辟专栏，评选先进，集会表彰，媒体宣传等形式，推举出学校的优秀典型，可以达到激励先进，增强其成功的幸福感的效果，同时也能鞭策后进，对教师的专业成长起到积极的导向作用和激励作用。五是建立相应的保障机制，为教师的学习及培训提供时间及相应的物质保障和制度保障，使学校成为教师专业发展的坚强后盾。

一个好校长带动一批好老师，一批好老师能成就一个好学校。一个杰出的校长不仅仅是一个优秀的管理者，更是一个思想的引领者，课堂教学的设计者，教师专业成长的领跑者，这样的校长才能促成教育教学质量的提高，从而担当起教育改革与发展的历史使命。

浅谈中小学校长如何用“变革型领导理论”激发教师的愿景

重庆涪陵实验中学　刘群朴

俗话说：“有什么样的校长，即有什么样的学校，一个好校长，就是一所好学校。”在学校系统中，校长能力的高低，对教育质量的提高有重大的影响；校长是否优秀，直接影响着学校的品质；校长是否在不断成长，直接影响着教师的发展、学生的发展、学校的发展。高素质的中小学校长和教师队伍，是实现基础教育现代化的核心要素。《国家中长期教育改革和发展规划纲要（2010—2020年）》将教师队伍建设作为实现优质教育的重要保障给予高度关注，作为教师队伍之领军人物的广大中小学校长的专业素养，也得到了广泛重视。

有关专家研究指出：现代教育型的专业化校长的理想素质结构，应该具有多种精神力量。其中，美国政治家伯恩斯提出的“变革型领导理论”更是准确定位和将这种精神力量发挥到极致。那么，中小学校长如何用“变革型领导理论”激发教师的愿景呢？

一、变革型领导理论的提出及主要内容

变革型领导理论被认为是西方领导理论的一个重大突破。唐顿在《叛逆领导》一书中最初提出变革型领导，接着由伯恩斯在《领袖论》一书中予以概念化。伯恩斯在对政治领导人进行定性

分类研究的基础上，将政治领导人分为变革型领导和交易型领导两种类型。后来，巴斯在《领导与超越期望的绩效》一书中正式提出变革型领导理论。其主要内容包括以下四个方面。

（一）魅力或理想化影响

指领导者给追随者树立榜样，追随者认同领导者，愿意效仿领导者，领导者具有使下属产生崇拜、尊重和信任的一些品质和行为。这些品质和行为包括：具有较高的道德标准和价值观念，能够与下属共同分担风险，考虑下属的需求胜过考虑自己的需求；能够为下属提供目标和愿景，引发他们的自豪感和使命感等。

（二）精神感召

指领导者善于激发员工的工作动机，对追随者寄予很高期望，明确描述团队愿景和工作目标，赋予员工工作以重要意义。在实践中，领导者利用线条和情绪感染力来凝聚组织成员，通过积极乐观的态度唤起员工的工作积极性，使员工在乐观与希望中展望未来的发展，进而产生强烈的向心力和团队精神。

（三）智能激发

指领导者激发其追随者创造和革新的意识，启发员工发表新见解，引导和支持他们独立思考，尝试新理论，创造新方法，从新的角度和视野寻找解决问题的方法与途径。通过智能激发，使下属挑战自我，从而激发其创造力。

（四）个性化关怀

指领导者创造一种支持性氛围，考虑每位员工的独特性格，关心每位员工的个性化需求，挖掘他们的潜能，辅助他们完成任务，为他们提供持续的帮助和支持，以使他们的技能获得全面发展。领导者在帮助个体自我实现时扮演着教练和建议者的角色，帮助追随者实现其自身的需求和发展。

二、用“变革型领导理论”激发教师愿景的方法

学校的发展，必须以人为本，人是学校发展的核心要素。只有关注人的本质价值，即人的个性需求和发展，才能最大限度地调动人的主动性、创造性。学校坚持走优化管理内涵发展之路，加强学校领导的思想，努力创建和谐进取的学校文化环境，强化执行力，不断进行教育教学创新，激发教师的潜能，让每一位教师都得到发展。

（一）以人为本，着力校园文化建设，激发教师的归宿感

教育信仰本身是一种巨大的力量，是伟大教育精神的源泉。我们知道，教育是需要信仰的。它意味着教育者全心全意地献身于自己所钟爱的事业；意味着将信仰与职业、生活价值观与教育价值观紧密结合起来；意味着最少功利的考虑，最大限度地自控、摒弃与职业要求相悖的种种私欲；意味着毫不勉强地接受在他人看来十分苛刻的职业要求。所以，学校要求教师在教育中应保持自信，在教育中应关注学生的生活，在教育中唤醒学生的潜能。用爱心和责任感铸就师魂！

学校应积极建设“以人为本，全面发展”的学校文化，激发教师的内驱力，应该用“甘为孺子牛”的崇高信仰来感召他们，用“团结奉献、求实开拓、拼搏创优”的育人精神来激励他们，让他们以积极的心态对待工作和生活；以强烈的成功意识来达成于自己的预期目标；以主动出击的方式，把机遇牢牢握在自己手中；以满腔热情和笑脸去对待同事和工作；不仅热爱教育事业，愿意奉献，让爱心成为事业成功的源泉；还要不断学习，随时充电，让自己永远站在教改前沿；更要乐观自信，相信自己的实力，不断地争取成功，不断地想象成功，随时保持十足的信心。

同时，学校领导要理解、尊重和善待每一位教师，积极营造良好的校园人文环境，尊重教师的情感，理性地看待教师作为“人”的需要，尽可能促成教师在事业成功、生活幸福等方面的追求，让校园成为教师寄托情感的精神家园，从而极大地激发了老师的工作积极性、创造性。

（二）奖惩分明，强化执行力，激发教师的主人翁意识

所谓执行力，是指有效利用资源、保质保量达成目标能力，指的是贯彻战略意图，完成预定目标的操作能力。就教职工而言，执行力就是践行学校的战略意图，履行各自的职责，实现既定的目标，提升工作效率的实际操作能力，把握各自工作特点和学科特点，狠抓落实，富有创造性地高质量完成工作的能力。

执行力客观反映的是工作的绩效，折射的是教职工的工作品质、工作能力和工作作风。学校应着力建设思想素质好、敬业精神强、业务水平高的教师队伍。首先，学校通过“以人为本，全面发展”的共同价值追求的引领，使每位教师都心系学校，将自己的个体发展与学校的群体发展紧密联系在一起，与学校荣辱与共、唇齿相依。其次，制定了完善的监督措施和奖惩制度。恰当运用激励机制，奖罚分明，激发教师的工作积极性、主动性和创造性。

如今，“全面发展”的执行力已外化为学校每位教师躬身实践、亲力亲为、脚踏实地朝共同的目标努力。这样每位教师都具有了较强的主人翁意识，高度的敬业精神，具有了终身学习的能力。相当多的教师才能不断挑战个人的潜能极限，推动学校整体事业走向成功。

（三）大胆革新，建设高效课堂，激发教师的成就感

为激发教师教学改革的动力，我校从 2008 年开始探索高效课堂，先后选派大量骨干教师到江苏省洋思中学、重庆市綦江中

学、河北省衡水中学等课改名校学习、交流，然后在全校推行高效课堂模式，经过近五年的实践，我校的高效课堂模式初见成效。通过推行“自主学习、小组合作、问题探究”的教学模式，学生能轻松、愉快、高效、主动地去学习。按此模式教学，在老师的组织引导下，能激发学生的潜能，让学生通过自主、合作、探究、交流、展示、反馈，真正成为学习的主人。

作为教师要根据学情和教学内容设计教案，并以此为载体引导学生预习，同时通过启发、点拨等形式引导学生解决疑难，在教案的使用和教师的教学实践过程中，课堂教学的本质是交流，是师生互动、生生互动的过程。在高效课堂的教学过程中，每个步骤都需要教师积极参与，需要教师有激活课堂的能力，即学生预习，教师导学；学生合作，教师参与；学生探究，教师引领；学生展示，教师激励；学生达标，教师测评。一堂好的课，需要“动与静”的结合、“活与实”的结合，要让学生体验到学习的快乐，成功的喜悦，让学生的知识学习能力进一步得以内化，并有意识地转化为知识运用能力、问题解决能力，从而潜移默化地让知识走出课堂、回归生活。

（四）苦练内功，加强校本教研，激发教师的自我反思能力

学校走内涵式发展道路，第一要务是提高教师专业发展，根本措施是提高校本教研实力。因此，学校必须激发教师走专业发展之路的热情，努力建设一支高素质的教师队伍。

学校抓住教师专业发展特点，不断激励教师专业健康发展。根据教师专业发展的自主性特点，要求教师应具有自我专业发展的意识，把外在的影响转化为自身专业发展过程中的动力。根据专业发展的连续性特点，要求教师不断地进修和研究，以终身学习为基本理念，以确保教学的知识和能力符合时代的需求。根据专业发展的情景性特点，要求教师不断反思自己的教育教学理念

与行为，不断自我调整、自我建构，从而获得持续不断的专业发展。根据专业发展的多样性特点，要求教师专业发展不仅注重教育知识、技能层面的发展，也应兼顾认知、情意各方面的成长。

我校走校本教研之路，努力提高教育教学水平。因此，我校建立起了“三定一体”的校本教研模式，即学科组每周的定时间、定地点、定中心发言人的集体教研活动。我校还开展了“青年教师达标课”“高级教师示范课”，开发校本课程等系列活动。如每年10～11月举办全校性的“同课异构展示活动”，所有年级全员参与学校的教研活动。通过这一系列活动的开展，转变教师的教育观念，提升教师的教学技能和水平，提升教师的科研能力，提升学校的教育教学质量，进而极大地激发了教师校本教研的兴趣和热情。近年，学校承担了多项市区科研课题，开发了十多种校本课程。

总之，我们以“变革型领导理论”为导向，全面践行新课程改革，力求把学校的教育教学工作推向一个新的台阶。

浅谈对现代中学校长专业素质的思考

重庆云阳双江中学　谭仁坤

陶行知先生曾说:"校长是一个学校的灵魂,要想评论一个学校,先要评论它的校长。有什么样的校长,就会有什么样的学校,就有什么样的教师和学生。"由此可知,一名优秀校长所具备的良好专业素质及其躬身实践,对引领学校前进方向、凝心聚力促发展具有十分重要的作用,那么作为一名现代中学校长应具有以下几方面的素质。

一、洞悉理论前沿,捕捉敏锐信息

"校长领导学校,首先是教育思想的领导。"这是苏联教育家苏霍姆林斯基最早提出的著名管理主张。学校管理从根本上说就是教育思想的管理。校长管理学校的思想,大都来自对教育历史经验的批判与继承,来自对教育家和名师教育思想的研究与学习,来自对校长自身教育实践的总结与反思。当今社会各种知识信息瞬息万变,新课程背景下校长应该主动认识和了解教育改革,潜心研读教育方针政策、教育法律法规和国际国内先进的教育理论,深刻领会其精神实质,广泛组织教师认真学习,并结合学校实际进行深入的研究和讨论,为深入推进课程改革做好准备。

十八大提出 GDP 不再是考核地方领导干部政绩的唯一标准,升学指标亦不是衡量学校优劣的唯一尺度。为全面推进素质教育和实施新课程改革,校长应洞悉教育的方针和理论前沿,敏捷地思考问题，立足实际，不断推进学校课程管理创新、课程开发创新、课程评价创新，以先进的教育观念、理性认识和思想言论，指导解决学校管理中的实际问题，促进学校学科发展。

此外，校长还要准确把握政治、经济和社会发展的各种信息，认识获取信息对学校决策的重要意义，能够在别人司空见惯的事物和现象中发现有用的信息，做到沙里淘金。校长更要娴熟地驾驭和利用信息，从微观、零星的信息中分析出事物的整体态势，以小见大；从蛛丝马迹的信息中洞察事物的未来发展趋势，见微知著；从公开信息中发掘出隐蔽信息，由表及里；从已知信息中捕捉未知信息，探微发隐；从信息的一次性增值发展为多次性增值，节能增效。

二、彰显博大心胸，容人容事容权

《道德经》里说："天之道，利而不害。圣人之道，为而不争。"作为一个优秀校长，应有博大的心胸，不争名利，不揽权限，以"和""勉"的思想打造良好的人际环境。把"和"当作一种姿态，一种情怀，一种生活方式。放得下名利，淡然于得失，超然物外，做到与自然相和，与人相和，与自我内心相和。这就要求校长处事为人要低调，做任何事情都有戒持和控制，坚持说真话，不说假话，不说违心的话。同时，校长还要讲究一个"勉"字，既要自身勤勉，又要谨慎表扬和批评，因为失实的表扬易生骄气，失实的批评易生怨气。校长还要做到容人容事容权。容人指既要尊重教师和学生的长处，又要包容暂时的不足和缺点；容事指既要肯定一个事件中出现积极、正确的一面，又要敢于否定消极、不足的一面；容权就是要把上级赋予手中的权力，层层分解下放到班子成员、中层干部、年级组长和各个工作组管理人员手上，使其大胆而为，和勉共进。

因此，一个好的校长，只要心胸开阔，做到容人容事容权，就会形成领导与下属、教师与学生的和谐气氛，就会形成良好的校风、学风，就会形成和睦共事、共同发展的良好局面。

三、精通各种业务，引领教育教学

古人言："学高为师，身正为范。"作为一名校长，理应成为学校的精神领袖、文化领袖和教育教学的行家里手，凭丰富的管理经验、高超的领导艺术、精湛的业务技能让人心悦诚服。首先，要成为全校师生的"灵魂"。校长要机敏果断，聪明睿智；要和蔼可亲，团结协作；要坚持原则，以身作则，敢于担责，成为尊师爱生的典范。无论是会议上、办公室、生活区、活动区，还是上下班时间，时时处处都要彰显校长的人格魅力。其次，要成为学校管理的"核心"。当校长要学会用人之长，克人之短；要学会简政放权，集思广益；要善于把握原则，活用政策；要熟悉德育、教学、科研、安全、后勤等常规管理，遇事果断处置、游刃有余；要能够把学校各个点、线、面穿起来，形成一个"同心圆"，集聚正能量。再次，要成为教学业务的"尖兵"。校长不但要精通一门学科，成为学科带头人，还要广泛涉猎各门学科知识，潜心教学研究，在课堂与课后、考试与评价、总结与反思中能与广大师生倾心交流，真正成为学生学习的"长者"，教师教书的"领路人"。

四、强化师资培训，打造教师团队

"为学莫过于尊师，办学莫过于强师，师无强则校不兴。"加强师资培训和教师队伍建设，是学校可持续发展的永恒主题。具体说来应做到以下两个方面。

(一)注重校本教研,打造实效课堂

在新课程改革背景下,立足校情,以生源结构为切入点,深入开展"优化教学过程、提高课堂效率"为主题的教改至关重要。首先,让校本教研常态化,做到"三强化",即强化集体备课,深入研讨课标、考点、重难点突破策略等;强化教学研讨,围绕"实效课堂和课改",定期开展形式多样的教研活动,大兴广开言路的学风、朴实扎实的研风、总结经验的文风,让每位教师成为教学能手;强化教师自我超越,通过讲坛交流、技能竞赛、青蓝工程、教学考核、以培代奖等方式,让不同年龄阶段的教师主动发展,且产生不同的成就感、荣誉感和励志感。其次,"发展、优化课堂教学。"让所有学生在课堂上既学到知识又会灵活运用知识,实现增长智慧。此外重视课后跟踪和个别辅导,助推实效性课堂建设。

(二)打造团队凝聚力量

要办优质的教育,校长是决定方向的"领头雁",而前进的速度,要由整个教学团队来决定。如何使教学团队工作效率最大化呢?首先,要用科学决策、精心管理形成教育合力,通过校务公开、民主管理,让全校教职工成为学校的主人,增强"主人翁"意识、责任意识、团队意识。其次,年级组推行扁平化管理模式,即指派分管副校长、年级主任直接分管一个年级,按照学校校长办公会决策,自主创新管理,明确职责任务,考核培育教师,形成"众人拾柴火焰高"的发展氛围,提高管理效率。第三,建立以学科组和备课组为中心的教科研团队,着力加强课堂教学实效性的探究,研讨科学培优、高效补差策略,实现教师由"经验型"教学向"学者型"教学的转变,学生由"被动型"学习向"主动型"学习的转变。

五、改革一切陈腐，创新发展思路

江泽民说："创新是一个民族进步的灵魂，是一个国家兴旺发达的不竭动力。"作为一名优秀校长，要善于反思和总结荣耀、进步、成就与过失，结合现实需要和发展愿景，敢于掀起改革、创新的大旗，破除积弊，推陈出新，以求实效。在干部的管理使用上，要力戒降格以求、高人一等，应从校长做起，放低自己、抬高教师，让每一个领导干部成为教职工和学生的楷模。在教师的安排应用上，要力求一视同仁，关爱困难职工，帮助教学上有困难的同志，积极创设青年教师成长的平台，将全体教师扭成"一根绳"。在学校制定文件制度、管理规范时，举办重大活动、做出重大决策时，要力戒形式主义、官僚主义，广泛走群众路线，虚心听取多方意见、建议，坚持以理服人。在教学质量、教师绩效、学生成长等考核评价上，要力戒只看结果、不看过程，真正学会用全面、发展的眼光去分析和评判，让每一个人都能够看到自己的进步和闪光点，从而激发不断进步的内生动力。

总之，作为一名现代中学校长，要以良好的专业素质引领一所学校的健康发展，就一定要不遗余力地在各方面加强学习、反思和实践，唯有如此，才能跟上时代的节拍而不掉队落伍。

浅谈好校长是怎样炼成的

重庆外国语学校　张裕云

历史经验证明，要办好一所学校，首先必须有一位好校长。什么样的校长才是好校长？仁者智者各有主张。《中国中小学校长专业标准》提出："中小学校长专业素养包括个人素养和职业素养两个方面。"个人素养指校长作为学校的领导者、教育者和管理者应该具备的教育思想、管理理念和价值追求。职业素养是指校长作为学校的领导者、教育者和管理者应该拥有的专业知识与专业能力，具体包括规划学校发展、保障德育实施、领导课程教学、引领教师成长、提升组织效能、协调公共关系等六大领域。在校长的专业素养中，个人素养和职业素养相互依存：个人素养是职业素养的基础和前提，而职业素养是个人素养的体现和提升条件。可见，在当今历史条件下，真正的好校长必须具有先进的教育思想、崇高的道德品质、卓越的管理才能、高超的教学水平、深厚的人文素养。而从校长自身发展的角度来说，怎样才能成为一名好校长，或者说怎样才能把自己锻炼成为一名好校长，它没有捷径，没有奥秘，更没有标准答案，这需要每一位校长用一生的智慧与探索去寻求答案，而且，不同的人也可能会有不同的答案。但我以为，要把自己历练成一位好校长，就是要做好四项工作，即多阅读，在阅读之中积淀智慧；多思考，有大思想才有大境界；创新管理，在实验与探索中走向完善；热爱写作，成就一个与众不同的"我"。

一、读书，在阅读之中积淀智慧

培根在《谈读书》中说“读书足以怡情，足以博彩，足以长才……一个中小学教师有没有自己专门的学术研究，并不重要，但是一定要有‘自己的园地’，要有读书研究的习惯，把读书当成自己的生活方式。不只是为了备课或某些职业的、功利的目的而读书，不是停留在‘职业性阅读’，而是比较自由超脱的阅读，在读书并接触人类智慧的过程中，去发现生活，体验世界，让自己眼界开阔，思维活跃，就能超越庸俗平常的生活，摆脱职业性倦怠”。对于一个教师来说，读书是其人生的重要内容，要成为一名好校长更是离不开读书。

（一）养成广泛阅读的习惯

作为校长，既要读经典作品，也要读时下的报纸杂志。一个是“基本”的“营养”，可以“强筋健骨”；一个是“新鲜”的“营养”，增加活力，可以触发自己的思想。读书为了什么，倘不是为了功利，而是为了享受，最终的追求就会落在智慧的汲取。就像一把盐撒在汤里，你找不着摸不着，却能尝到味道。智慧是生命中的盐。但我们现在喝的多是清汤，没有味儿，人类的智慧是有积累性的，传承为经典，在新媒体时代，要留点空间给经典阅读，因为只有经典才能够给你带来智慧。

（二）养成良好的阅读态度

校长和教师要用专业的眼光去读，既要用专业眼光读专业著作，也要用专业眼光读非专业著作，更要用非专业眼光读非专业著作。用专业眼光读专业著作，是为了拓展专业知识面，打下较为扎实的专业基础，提高专业素养。作为教师特别应该常常读读《论语》《大教学论》之类的教育学经典。用专业眼光读非专业著作，是要用另一种眼光来读非专业的书，从专业的角度去“发现”，常常会有意想不到的收获。比如，我们可以从四大名著之一《红楼梦》的女主人公林黛玉的心理和命运看到单亲家庭孩子的性格缺失，我们可以从觉新（巴金《家》）等文学形象之中发现叛逆者常常具有高智商，而且叛逆者常常比一般的人要经受更多的痛苦与不幸，以此增加自己的文学素养。

用非专业眼光读非专业著作，是一种“闲读”“静读”“慢读”，看起来是“无用”的，其实“无用之用”方为“大用”，因为它可以在慢慢地熏陶渐染中改变人的性格、兴趣、品位，提高人的精神境界和思想觉悟。所以，这种“闲读”也是非常重要的。如王栋生教授提出的语文教师尤其要实行“静养式阅读，‘静养’，就是让老师们的心静下来，在一个不受干扰的环境中，通过阅读，自觉地反思教育教学工作，反思自己的生活品质，提高个人修养，让自己成为一名真正的读书人……静养式阅读是非功利阅读，读什么，怎么读，不要做任何的硬性的规定，因为是‘静养’，可以随心所欲”。其实，校长更是需要这种“静养式阅读”。这不只是一个“方法”的问题，而是一种行为，一种习惯，一种“修炼”。

（三）读出自己的智慧

特别需要强调的是作为一名校长，在尽可能广泛地阅读教育经典的基础上，要选择一两种自己特别喜欢的中外名家名作如叶圣陶、陶行知、胡适、杜威、苏霍姆林斯基、佐藤学等，反复阅读，融会贯通，读出自己的思想、自己的智慧。或者说，每三五年集中阅读一两种教育著作，圈点批注，用心索求，力求读出自己的心得。这样的阅读可以为一个校长的教育思想的形成与发展打下“硬底子”。

如陈平原主张“把读书当作人生的一种方式”。帕慕克说要把自己和书关起来。一个好校长，首先就是一个热爱阅读的书生。一个校长要建设好自己的书房，或者说，校长的办公室就是书房甚至书城。坐拥书城，热爱读书，“腹有诗书气自华”，自然就有书卷气，自然可以练就先进的教育思想。

二、思考，有大思想才有大境界

古往今来的事实告诉我们，有大思想，才有大境界。鸟长翅膀是为了飞翔，人长脑袋是为了思想。“想”就是思考，就是反思，就是领悟。朝思暮想，相思成疾，这足见这个“想”的持久、深沉与痛苦。但是，“心想事成”，只有先思考，再去实践和实验，才可能成就自己。

（一）校长要养成反思的习惯

“君子博学而日参省乎己，则知明而行无过矣。”作为校长要时常对自己的工作作出回顾与反思，总结成绩、经验，找出不足与原因，并提出改进的策略。因此，好校长应该有写工作日记的好习惯。

作为校长，要立足于自己，构建自己的“思想”。如一些教师辛苦教学很多年，仍然停留在“匠”的位置上，原因就在于他们没有“思想”，他们不过是在简单地重复前人的经验，简单地演绎前人的创造，简单地复述前人的理论。作为教师，要成为真正的名师、大师，必须努力构建自己的观念、自己的思想体系，它可能不完善，但是有自己的特点。作为校长需要构建自己的教育思想。恰如苏联教育家苏霍姆林斯基说：“学校的领导，首先是教育思想上的领导，其次才是行政上的领导。”先进的教育思想，是办好一所学校的前提。校长有了自己的教育思想，才能在办学中有定见和定力，才能有逆流而上和革故鼎新的魄力和能力，才能领导学校走向卓越。

（二）校长要对自己的工作作出具体“设想”

学校每个时期（如一周、一个学月、半学期、一学期、三年、五年)的工作都会有不同的侧重,即便是一学年一学年的循环往复、周而复始,其中虽有按部就班的一些常务工作,但是也会因为学校情况以及教育形势的改变而有所调适。未雨绸缪,作为校长尤其要注意观察学校各方面工作中存在的问题,发现苗头,有的放矢,有效应对。

(三)校长要对学校的发展做出科学构想

一位好校长可以成全一所好学校。校长不仅要处理学校今天的事务,更要考虑学校明天的发展。作为校长,必须对学校的办学理念、治校方针、发展策略、发展规划等“宏观”问题进行有深度的思考,系统构建学校的文化建设,为学校发展描画美好蓝图。即便是办学历史悠久、文化底蕴深厚、社会声誉颇佳的“常青藤学校”,作为校长,也要在回顾历史、总结历史经验的基础上,根据经济社会发展以及教育改革的大背景,为学校未来一个相当长的时期的发展拟定科学的规划。

三、管理,在研究与创新之中走向完善

校长的专业职责包括六个方面:规划学校发展,营造育人文化,领导课程教学,引领教师成长,优化内部管理,调适外部环境。归结起来,也就两个字:管理。管理工作是校长工作的核心,也是校长的基本功。好校长必须要熟悉学校管理的基本规律和方法,具备卓越的管理才能。好校长必须具备三种管理能力:一是识势善谋,二是多谋善断,三是知人善任。校长对于学校的管理包括教育、教学、科研、后勤、党建、群团等诸多方面,校长既要全面规划,统筹兼顾,更要分清主次轻重,有序推进。更为重要的是:一名校长要真的有所作为,甚至自成一家,就必须创造性地开展工作,在研究的状态下工作。

（一）搞好教育教学改革的“小实验”

一名校长，要有思想，有创新精神，要通过改进或改革促进学校发展。但是，学校真正的创新与改革却要从小实验开始。“想大问题，做小事情。”校长做好整体的规划之后，更重要的事情就是自己动手做实验。自然，要搞大的改革很可能会受到种种的限制，所以需要谨小慎微。校长从“小事”做起，从小实验开始，搞一点“小动作”不会伤“大雅”。然后慢慢地，由小而大，由量变到质变，渐渐形成自己的大视野、大境界。这就是“做小事，做实事，做出境界”。比如，重庆一中的“科技四校活动”实验，被教育部列为全国中小学推广的四种课外研究性学习活动模式，不但推进了学校教育教学改革，还提高了学校的社会声誉。

（二）搞好校本科研，促进学校教育教学改革

教育教改实验要从学校的实情出发，要以科学研究为基础。校长要搞科研，要引领教师搞科研，更重要的是自己要搞科研，以科研来促进学校的教学改进和发展。而真正切实有效的校本科研则要在课堂之中去实现，要在教育教学改革的实验之中去探索，要通过切实的实践来解决实际问题，从而改进教育教学方式，提高教育教学质量，促进学校的个性发展、特色发展。

（三）探寻学校个性化发展之路

在理想与现实之间，校长需具有战略眼光，能够全局把握，顺应时代的发展与需求，在遵循既定规则的前提下，构建学校独特的教育理念，形成鲜明的办学特色，摸索出学校自身发展的道路。校长要重视发展自我，成就自我，真正的好校长必须将自己的发展与学校的发展融为一体。学校得到很好的发展就是校长事业的成功。换言之，一个校长领导的学校发展很好，也就是这位校

长发展得很好的体现。比如，北京十一学校的成功从另一个角度讲也就是李希贵的成功。所以，作为校长在遵循既定规则的前提下，要充分听取民意，组织制定学校的发展规划。而校长更重要的工作则是要与领导集体运筹帷幄，选择学校发展的“路子”，拟定学校发展的“步子”。一步步，稳稳扎扎地推动学校不断地迈上一个又一个新的台阶。

四、写作，成就一个与众不同的“我”

作为校长，写作是为了记录自己的足迹，叙说自己的故事，写出自己的心得和思想，根本的目的就是要通过写作来提升自己，促进自己的成长。

(一)校长要养成写作的习惯

在日常工作中，校长主要是写内容具体、篇幅短小的工作日记、工作反思，也可以写札记，就某一个问题展开论说，叙述事实，总结经验并发现问题，提出对策。这样的“短、平、快”的写作，与校长繁忙的工作基本上是相适应的。如一篇札记，适当扩充，可以成一篇小论文；几篇同一主题的札记“整合”起来可以成为一篇专题论文。犹如叶澜教授说的，一个教师坚持写三年的教学反思，就可以成为一个名师。同理，一个校长如果坚持写三年工作反思，也完全可能成为一位名校长。

(二)校长要有著书立说的志向

也许校长觉得著书立说是很宏大的工程。其实，只要你去做，而且稍微有一个计划，未必不是一件容易的事情。如果校长把著书立说当作是自娱自乐的闲情逸致，而不是当作工作中必须完成的一部分，或许就会更轻松，更愉快。如叶圣陶、陶行知、李吉林、魏书生、李希贵、朱永新、李镇西等都是我们的榜样。

(三)以写作创造一个与众不同的“我”

从校长自身发展的角度来说,要通过教育教学改革实验来寻找自己,发现自己,构建自己,并且超越自己,努力创造一个与众不同的“我”。很多优秀的校长都以自己的智慧、勤劳为学校的发展做出了不俗的业绩。可是,真正能够将自己的思想记录下来、流传下来的却很少,原因有许多。所以,从某种意义上说,好校长就是写出来的。如果校长利用寒暑假梳理自己的工作,将自己的经验做一些理论的分析和提炼,也就是很专业的教育思想,其成果也就可能成为真正具有实践价值的教育专著。

总之,如果一个校长热爱教育,用心去观察、体味、思考教育,用心去关注和呵护教师和学生的成长,将自己的美好前途与学校的美好未来捆绑在一起,用自己的专业智慧、创新精神来谋划学校的未来,探寻学校个性化发展之路,并且扎扎实实地一步一步走下去,坚持不懈,上下求索,那么,他就完全可能成为一名好校长,甚至真正的教育家。

既要埋头拉车　更要抬头看路

——现代校长专业素养的思考和实践

重庆垫江中学　皮广礼

陶行知先生说:“校长是一所学校的灵魂。”确实,校长对于学校的发展,起着凝聚人心、汇聚智慧、指引方向的巨大作用。他既是学校发展的引航者,更是学校发展的规划者。这就要求校长既要有埋头拉车的实干精神,更要有抬头看路的智慧。具体说来就是要具有前瞻的教育理念,清晰的办学思路,有效的管理模式,明确的工作要求以及恰当的工作方法。

一、前瞻的教育理念

校长的前瞻的教育理念体现在学校的办学理念上,这是一所学校的灵魂所在。我校作为一所百年老校,其长期积淀的“和”文化打开了我校思路,并确定了“中正树人,和谐育人”的办学理念。它具体体现在三个方面。

(一)学校和谐发展观

学校和谐发展是校长的本职工作。它是以学校为中心的和谐,包括学校与社会的和谐、学校内部和个体自身的和谐,各种关系主体之间相互作用,各个主体共生共存、共同促进和发展的一种特定关系状态。具体说就是教师的“教”和学生的“学”之间的和谐;学科的设置、培养人才和社会需求之间的和谐;学校行政人员、后勤服务人员和教学人员之间的和谐;干部与群众的和谐;各处室之间的和谐;教学、科研和管理之间的和谐。当然,还有师生之间、学生之间、教师之间的和谐；学校与周边环境的和谐；学校与社会、家庭之间的和谐。校长应该有这样的和谐发展观，为学校发展创造宽松、有序、温馨的氛围。只有这样，才能办出成功的学校。

（二）教师专业成长观

百年大计，教育为本；教育大计，教师为本。教师是学校发展的第一资源和核心要素。因此，作为学校发展的顶层设计者——校长，一定要从指导思想到制度建设再到管理落实上，为教师的全面发展做出合理的设计和指导。教师的全面发展，就是指教师作为专业人员，在职业道德、专业思想、专业知识、专业能力、专业品质等方面由不成熟到成熟的发展过程，由一名专业新手发展成为专家型或教育家型教师的发展过程。通过教师的专业成长，实现学校的和谐发展和学生的健康成长。

（三）学生全面成才观

学校办学的宗旨就是要让每一个学生都能成才，让不同层次的学生都得到不同的发展，这是素质教育的要求，更是和谐教育的要求。作为校长，在决策学校工作的时候，不能仅仅盯住高考质量，更不能仅仅盯住考入重点本科人数，而是要让优秀学生更优秀，让特长生的特长能充分发挥，让后进生也能重新扬起自信的风帆。树立崭新的教育观、质量观和人才观，面向全体学生，学校做到因材施教，让每个学生都充满信心，并对每个学生的实际问题，对症下药，让每个学生都能愉快学到知识，都能健康成长。这样的学校，才是社会认可、家长放心、学生乐学的学校，这样的学校，才是成功的学校。

二、清晰的办学思路

俄国车尔尼雪夫斯基说："没有目标，哪来的劲头？"个人如此，学校发展亦然。于是我校根据本校实际情况，提出了"123"发展思路。"1"即坚定一个办学目标：打造名师队伍，创建巴渝名校，而名校须有名校长、名教师、名学生作为支撑。"2"即突出两大核心工程，即安稳工程和提质工程，安稳是学校一切工作的前提，而质量是学校一切工作的根本点和落脚点。"3"即抓好三大建设，即队伍建设、制度建设、文化建设。队伍建设是学校发展的关键，包括干部队伍、教师队伍及后勤服务队伍。制度建设是学校依法治校的体现，一流的学校除了文化建设之外，完善的制度也是必不可少的。

三、有效的管理模式

有效的管理模式可以实现更有效的管理。如我校制定了"456"管理模式。"4"即全校分为四大管理系统，即德育、教学、后勤及党群，由分管副校长负责；"5"即实行五大责任制，即系统负责制、处室负责制、年级负责制、教研组负责制和职能组负责制，各系统、各处室、各年级、各教研组和职能组各司其职，各负其责；"6"即六个年级具体负责落实，即由此实现学校自上而下、纵横交错的网络管理模式，实现学校管理的落实到位。

四、明确的工作要求

明确的工作要求会提高管理效率，会优化管理方法。于是我校提出了"789"工作要求。"7"即抓好七种风气建设，即政风、教风、学风、级风、班风、作风、会风；"8"即树立八种意识、精神，即公仆意识、育人意识、服务意识、成才意识、敬业精神、实干精神、创新精神、团队精神；“9”即突出九个工作重点，即德育突出活动、教育、管理，教学抓好教师、教学、教研，后勤用好人、财、物。

五、恰当的工作方法

(一)思想引领

苏联教育家苏霍姆林斯基曾提出：“一个校长对学校的领导，首先是教育思想上的领导，其次才是行上的领导。”而思想引领的实质，就是要求中小学校长，在认真把握教育本质和规律的基础上，运用自己的思想与智慧，科学谋划、科学管理。

第一，在学习中产生思想。学习是校长形成思想的重要途径，只有通过学习，才能掌握先进的知识，并把这种信息转变成自己的办学思想。如我校一直坚持订阅《中小学管理》《中国教育》《人民教育》《教育报》等报纸杂志，并让学校领导阅读《给校长的建议——101》《细节决定成败》《没有任何借口》等书籍。通过这些措施，我校在全体领导班子的带领下制定了学校的发展规划。

第二，在交流中宣传思想。重复是记忆之母，因而思想应当是交流和宣传的话题，以此来宣传先进思想，扩大影响力。如校长在与教师谈话、与家长交流、与来宾访谈中，都要围绕学校核心思想去分析、引导，这样解决问题会更容易，交流也会更深入，也会促使办学思想的内化，还可以借师生、家长和来宾之口扩大宣传。为此我校要求任何人在任何公开场合发言，必须融入思想，包括学校的办学理念、管理理念、学校的文化精神等。

第三，校园文化园彰显思想。思想依靠文化外显，文化外显促进思想内化。我校在处处皆文化、面面墙壁都说话的大背景下，校长思想的理念、目标、思路、管理模式、工作方法等要予以彰显。如我校在行政办公楼前特地制作了二十四块宣传橱窗，上面包括学校的整体工作思路、办学理念、治校方略，还包含各处室的工作理念和工作重心，以及各年级的管理理念、目标及成果，等等。学校做这些，就是要让全校师生员工理解校长的思想，并能在耳濡目染中得到内化，从而做好自己的份内工作，实现学校的和谐发展。

(二)制度先行

韩非子曰："欲成方圆而随其规矩，则万事之功形矣；而万物莫不有规矩，议言之士，计会规矩也。"一所学校最重要的是什么？有人说是优美的自然环境，也有人说是先进的设施设备；有人说是得天独厚的地理位置，也有人说是突出的办学业绩。我个人认为最重要的是管理。学校是什么地方？学校是学生成才的地方，是教师成长的地方。因此，学校只有实现了对人的合理管理，学校才能和谐发展。因为管理对象是人，"以人为本"就是教育的基本原则。管理的实践证明，仅有人文关怀是不可能实现学校的和谐发展的，还必须坚持科学与人文相融合的管理理念，也就是要坚持德法兼治、刚柔相济，用制度规范人，才能达到激励人、促进人、发展人的目的。于是我校完善了《垫江中学行政管理考核办法》《垫江中学五项制度管理办法》《垫江中学教学常规管理办法》《垫江中学名师工作室管理办法》《垫江中学骨干教师管理考核办法》《垫江中学"四课型"建设活动方案》等，以期最大限度地规范学校的管理行为。

(三)行为示范

学高为师，身正为范。在学习上、工作上、师德修养上校长率先垂范，本身就能给教师，特别是年轻教师带来一种压力和动力。

我是一位校长，一直尽力做到以事业为重，把学校当成是我的家。学校的事，教师的事，我当成家里事去做。如双休日、寒暑假，我都坚持天天到学校看看。在工作上对教师的要求我首先做到。自己的以身作则影响了教师，使教师们工作热情提高，很少有人计较工作的苦和累。

（四）人文关怀

上海郑杰校长《关注学校所有人的生命质量》的文章，谈及学校要重视人文管理，要爱护教师，关心教师，赢得教师；以情待人，激发广大教师的工作热情，可谓真知灼见。学校管理必须把“人文管理”和“科学管理”有机地结合起来。我们口口声声要尊重学生、热爱学生、赏识学生，那么我们首先要尊重、热爱、赏识我们的教师。管理者无论从责任上还是道义上，都要尊重教师的人格。在学校中，如果缺少了教师们生机勃勃的身影，不管这个学校情况如何，将来的前景都是不乐观的。于是我校建立了教工团支部、女工部、职工部，开展丰富多彩的文体活动，以此关注他们的生活，更关注他们的成长。

也许真的只有抬头看清了道路，埋头做事才不至于劳而无功，也才有可能取得事半功倍的管理效果，真正实现学校的跨越、高效、可持续发展。这就是一名中学校长的真正心声。

深入理解《专业标准》 引领学校新的腾飞

重庆丰都中学 周 勇

党的十八大报告明确提出“全面贯彻党的教育方针，坚持教育为社会主义现代化建设服务、为人民服务，把立德、树人作为教育的根本任务，培养德智体美全面发展的社会主义建设者和接班人”的方针。教育部根据报告要求，结合2008年以来《中国中小学校长专业标准》研究的成果，根据《中华人民共和国教育法》《中华人民共和国义务教育法》，制定《义务教育学校校长专业标准》（以下简称《专业标准》）。作为学校办学方向的掌舵者——校长，必须深入学习领悟这一标准，并不遗余力地践行这一标准，引导学校实现新时代背景下教育的腾飞。

一、《专业标准》的主要内容及解读

辩证唯物主义认为：实践经验只有上升成理论，才具有普遍指导意义；理论反作用于实践，才能得到新的经验和发展。没有理论的实践是盲目的实践，没有实践的理论是空洞的理论，二者相互联接不可分割。

首先，校长专业标准要求校长要以德为先。校长必须要有高度的政治素质，能坚持正确的政治方向，坚持依法治校，民主治校；要有高度的道德素养，平等、坦诚、宽厚、脚踏实地、以身作则、果敢敏捷，以公道正派的品质感染人，以海纳百川的气度厚待人，以坦诚亲切的态度亲和人；在勤政廉洁方面做好表率，以自身的道德威信和人格魅力影响并引导广大师生向上奋进,领导学校向前发展。

其次,校长专业标准要求学校教育要以人为本。学校的一切工作必须坚持"育人为本",坚持抓好全员育人、全程育人、全面育人。学校要从教育和管理的对象出发,形成学校领导、职能部门、年级主任、班主任、保卫科、门卫、食堂、公寓管理人员,学校团委,学生会干部三条线,相互配合,齐抓共管的德育氛围。学校还要强力构建家、校、社会三位一体的德育网络,开展健康有益的社会实践和校园文化活动,让学生学会做人。要以科学的政治理论、优秀的传统美德、完整的现代教育塑造具有高雅情趣、富有创新精神和实践能力的现代人。

再次,校长专业标准要求校长要引领学校发展。引领学校发展是校长工作的第一要务,校长必须秉承先进教育理念和管理理念,建立健全科学的学校管理机制,推动学校可持续发展。首先,校长要在教育理念上起引领作用,因为校长的办学思想是学校发展的核心和灵魂,校长要用带有哲学高度的思想,使学校永葆不竭的发展动力。校长还要加强教育管理理念和课程专业技能的学习,随时给自己的大脑注入适应时代发展的新的教育观念,并内化为自己的教育思想,以教育家的高度来审视管理理论。其次,校长还要以文化为引领,重视人文精神的培养,加强学校的文化建设。营造育人文化,以文化启迪智慧,以文化塑造灵魂,以文化提升学校内涵,成功地走精品发展之路。再次,校长要注重榜样引领,它包括教师榜样的引领,即以学校中优秀教师的事迹感染其他教职员工和学生;同时还需树立优秀的学生榜样,引领学生成长、成才。

第四,校长专业标准要求校长要以能力为重,注重终身学习。强化能力培养也是新课改的重要内容。校长专业标准对校长提出的能力为重的概念包含着学习能力、创新能力、实践能力和工作能力四个方面。校长要达到这些要求，就必须加强自身学习和终身学习，方能保持其思想的先进性。终身学习纵向贯穿于人的一生，横向贯穿于学习的各个层面、各个领域，是学校、家庭、社会学习等学习的统一。作为校长，必须狠抓自学、分析解决问题、创新使用现代学习工具、实践操作、表达和社会协调能力等方面的修养，树立终身学习的榜样，引领师生终身学习。

二、校长专业化标准对学校校长的作用

《专业标准》为中小学校长的专业发展和领导力的提升起到了纲领性的指导作用。

首先，校长专业标准对校长提出了成为教育家的高度要求。

苏联教育家苏霍姆林斯基特别强调："校长对学校的领导，首先是教育思想的领导，其次才是行政的领导。"校长的教育哲学就是要善于将自己所领导的学校放入时代大背景中，站在哲学的高度作深入思考，积极进行自我专业发展，从教育家的高度做好学校发展规划，把办学行为置于相关的规范之中。《专业标准》提供了基础性导向的专业发展准则。在这一准则的范畴中，要求校长形成过硬的专业和适应新时代教育发展的创新素质。同样《专业标准》也强调校长要制定自我专业发展规划，爱岗敬业，增强专业发展自觉性；大胆开展学校管理实践，不断创新；积极进行自我评价，主动参加校长培训和自主研修，不断提升专业发展水平。努力成为教育教学和学校管理专家，这更是校长培养的最高目标。

其二，校长专业标准为校长提出了文化树魂的最佳切入点。

俄国教育家乌申斯基说："在教育中一切都应当以教育者的个性为基础，只有个性才能影响个性的发展与定型，只有性格才能培养性格。"校长办教育要重视校园文化建设，重视人文精神的培养。文化缺失的校园，永远办不成一流的学校。

作为重点中学校长，要从《专业标准》专业职责之二"营造育

人文化”，狠抓学校特色文化建设，使学校文化成为学习践行标准的最佳切入点，以学校特色文化建设为工作首重，实现提升教育内涵。

我校是近几年已经完成了规模扩张的重点中学，无论是以德育管理为核心的立德育人体系，还是以教学科研为核心的智力教育体系，抑或是为这两者服务的学校后勤管理体系，这些管理机制体系的建立健全，都在很大程度上得益于整个学校领导的集体智慧的发挥。校长作为领导集体的核心灵魂人，要从学校的深层文化内涵进行挖掘，使重点中学从粗放型向集约化内涵发展。

其三，校长专业标准为校长提供了精细科学管理的途径。

校长专业标准从专业理解、专业知识与方法、专业能力与行为三个角度，引导校长从《专业标准》中找到契合学校发展的道路，使学校教育管理过程科学化。校长坚持育人为本的办学宗旨，把促进每个学生健康成长作为学校一切工作的出发点和落脚点，也就是遵循教育规律，注重教育内涵发展，推进学校“三化”管理，培养教师良好的师德，促进教师专业化成长，加强管理队伍的率先垂范力度，争做师生的表率。校长还要落实刚柔并济的管理制度，实现以人为本的管理理念，激发校内教师队伍、管理层的活力，促进校内外环境资源的优化，并以课堂教学改革为抓手，多途径、高层次实现学校的发展。

三、在校长专业化标准的框架下校长如何去践行

首先，努力锻造“知全局，懂本行，干实事”的干部教师队伍。

师高弟子强，只有加强教师队伍锻造，才能促进学校教学质量的整体提高。因此，学校要建立学习型学校，校长就要对教师加强学习的引导，选好突破口和学习内容。如从教师道德理想教育、形势教育、法纪法规教育，以及新课程改革学习、心理素质与健康的培训疏导等方面，为教师创造良好的学习环境和氛围，为

学校培养真正的教育教学精兵强将，为每个学生提供更适合的教育。

其次，通过学习，提升管理的执行力，令行禁止。学校要优化内部管理职能，校长在保障德育和课程教学的前提下，要强化学校对各部门进行有效的组织和管理，建立与实施各项规章制度，不断提升学校的组织效能和执行力。校长要做深化课改的先锋，积极投身课堂改革，用“勇拓荒、敢登顶、争一流”的进取精神，文化树魂，质量立校，彰显特色，走精品效益发展之路，合理规划学校发展。校长还要通过与政府教育行政部门、学校教职工以及其他利益相关者一起，融合校长个人教育理想、信念和价值观，确立科学性、前瞻性和连续性的学校发展目标，让学校的发展走得更远，成就更大，声誉度更高。

第三，优化内部管理，“保障德育实施”和“领导课程教学”。德育是学校教育的首要工作，校长要按照党和政府有关学校德育工作的方针政策，整合学校、家庭和社区的教育力量，以充满人文精神和团队合作能力为核心的校园文化，实施独具特色、高效的道德教育。课程教学是中学的核心工作，校长应领导学校相关处室，按国家标准设置与实施课程，创设良好的教学环境，建立稳定的教学秩序，推行有效的教学活动，实施有效监督和评价教学的制度与方法，形成教师课堂教学的行为风范，养成学生独立学习的行为与习惯。校长要站在历史的高度，站在时代发展的前沿，适应新课程的改革需要，领导学校逐渐从劳动密集型提高教育教学模式转变为科研效益型的教育教学模式。

因此，校长要努力学习《专业标准》，科学应用《专业标准》，结合校情，厘清思路，创新学习，使学校发展走上科学的、可持续发展的快车道。

浅谈现代中学校长应具备的素养

重庆文理学院附中　穆洪太

校长是一所学校的灵魂，是学校的一面镜子，教育界有句名言："一个好校长，就是一所好学校。"这说明校长对一所学校发展的重要作用是不言而喻的。在新时期，校长应具备哪些专业素养，才能管好一所学校，才能成为一名称职或优秀的校长呢？我认为有以下几个方面。

一、以德为先，做楷模型的校长

校长名为管校，实为管人。"欲正人，必先正己。""其身正，不令则行；其身不正，虽令不从。"校长的德行在学校师生中具有引领、示范作用，校长要不断完善德行修养，优秀的校长不会完全依赖手中的权力，而更多的是依靠非权力因素，即用人格的力量去推动学校工作、营造学校文化。因此，校长要不断加强自身修养，形成良好的品质和人格，培养和塑造良好形象。在学校工作中，校长一定要做到严格自律，率先垂范；要求别人做到的，自己首先做到，要求别人不能做的，自己坚决不做；要求教师敬业，校长首先要做到勤政；要求教师廉洁从教，校长首先要做到廉洁从政；要求教师加强学习，校长首先要带头学习；要求教师要尊重学生，校长首先要尊重教师。在学校工作时校长要努力做到"德、谦、廉、信、诚"，成为教师的楷模，师生的表率。

二、以才为本，做业务型校长

教师是学校管理的被管理者，都具有较高的文化修养和知识水平，校长要管好学校，必须要具有渊博的知识，不断增长自己的才能，成为教学的行家里手。要做好一名校长，首先要使自己成为一名好教师。校长必须要掌握教育科学知识，熟悉教育规律，知晓教育教学业务，尽量掌握各学科专业知识，努力做到业务精湛、专业冒尖、学术带头，才能更好地发挥带领作用，作为校长无论多忙，专业不能废。同时校长还要不断充实自己，用各种知识武装自己的头脑，不仅要读专业方面的书，也要读一些教育学、管理学、哲学、文学以及其他学科的书。

三、以勤为基，做实干型校长

校长要办好学校，办人民满意的教育，要提高学校的社会声誉，工作必须勤劳，必须带头实干，努力形成务实、追求实效的工作作风。校长做事情要务实，解决问题要唯实，为人处事要诚实；校长不仅要精力充沛、观念新颖、勇于开拓进取，更重要的是要敬业务实、真抓实干、扎实苦干；校长在工作中必须站好位，尽好责，切实把精力用在做事创业上，把心思用在无私奉献上，兢兢业业、踏实工作。校长应力戒做表面文章、形式主义，坚持求真求实，力戒浮夸急躁，真正把学校办出质量、办出效益。

四、以新为向，做创新型校长

校长应该具有先进办学思想，具有强烈的事业心、进取心和责任感。校长还要勤奋好学，在工作过程中敢于突破，勇于创新，不断开拓新思路、探索新方法、开创新业绩，树立“不做则已、做就按一流的标准去工作，敢跟好的比、敢跟强的比、敢争第一”的工作作风。校长在工作过程中要勇于革除因循守旧、故步自封的落后思想，敢于打破条条框框的束缚，创造性地开展工作，不断追求新发展。在学校管理中，要尽可能体现多劳多得、绩效优先原则，要让会干事的人有想头，多干事的人有奔头，干得好的人有盼头。让学校逐步形成绝大多数教师争着干事，努力干成事、干好事的良好氛围。努力把学校办成当地有较好声誉的学校。

五、以民为根，做服务型校长

校长要树立办学服务社会的思想观念，以办人民满意的教育为根本，努力让更多的学生享受到优质教育，努力创设良好的校园环境、安全设施、人文环境和校园文化等。只有校长的社会服务意识到位，学校的相关工作才会做到位，家长才会放心，社会才会满意。在工作中校长首先要树立服务学生的意识，学校办学一切为了学生，为了学生的一切，为了一切学生。在办学中，校长要树立“健康第一”理念，不仅要师生身体健康，还要师生心理健康。校长还要努力抓好体艺工作，让学生张扬个性，快乐学习，要坚持教育教学改革，提高教育教学水平，培养学生的主动性、积极性、创造性，重视培养学生的动手能力，帮助学生学会学习、思考、求知。只有热爱学生的校长，才会带出热爱学生的教师。其次，校长要树立为教师服务的意识，努力为教师的发展搭建平台，学校要营造浓厚的学习、教研、激励、竞争氛围，为教师的发展提供一切条件，为教师的成长与成功铺就跑道。校长要更多地关爱教师，当教师们有需要时，要尽力为他们排忧解难，尽可能地为他们解决后顾之忧。同时要尊重教师，多倾听他们的意见、建议，公正、公开、公平地做好每件事。努力让教师们心情舒畅地对待工作和学习，心甘情愿地把该做的事做好，心平气和地处理工作中的问题，志存高远地对待自己的发展，心存善意地处理工作中的关系。校长要想别人不去想的问题，看别人看不到的地方，做别人不做的事情，只有用心用情做事，为教师们的工作搭建平台、提供道具，为他们展示才华创造机会，校长才能办好学校，发展好学校。

六、以人为善，做大气型校长

校长在学校管理中要做到宽容大度。教师们乐于进取，渴望被认可、被尊重。因此，作为校长，除了科学的管理方法以外，还要敢于放开自己的"权力"，实行民主化管理，充分发挥工会、教代会的桥梁与纽带作用，让广大教职工都能以主人翁的姿态参与到学校建设、改革与发展中来，把学校管理变成多数人参与的集群化管理。在工作中，校长要有容人容事的雅量，当涉及自身利益时，能平衡心态，不斤斤计较，不患得患失；对不同意见，能正确对待，不压制批评，不打击报复。校长对教师讲大气，就是要能够包容教师的个性甚至一些缺点，为教师营造相对自由、宽松的成长环境。讲大气，就是要善于倾听教师中不同的声音，吸纳积极的建议。不断提高和改进工作，大气的校长还要善于协调好各种关系和资源，为学校发展赢得更多机遇、条件和空间，助推学校发展。

教育是一个国家千秋万代的光辉事业，在新的历史时期，作为校长，要时刻保持一颗责任心、爱心、进取心，把该做的事做好，把平淡的事做到极致，做成经典，就一定能把学校办成在当地有影响的、受社会称赞的名校，校长才能成为一名优秀的校长。

漫谈校长专业标准及其思考

重庆荣昌中学　余晓堰

2013 年 2 月教育部颁发了《义务教育学校校长专业标准》(以下简称《专业标准》),是针对当前中小学校长队伍现状,进一步明确和规范校长的专业素质要求,建设高素质专业化的中小学校长队伍而提出的。通过对中小学校长专业标准的学习,笔者有以下几点思考。

一、践行校长专业标准的基本理念

(一)为人师表,以德为先

校长的存在必将是为人师表的表率。一个学校以什么为重,以什么为轻,以什么为主,以什么为次,这些价值判断直接决定了学校的正确意识走向。教育是文化的传承,课程改革就是要更好地实现文化的传承,文化的核心就是价值思想。作为一名校长必须坚持社会主义办学方向,贯彻党和国家的教育方针政策,将社会主义核心价值体系融入学校教育全过程,依法履行法律赋予的权利和义务;热爱教育事业和学校管理工作,具有服务国家、服务人民的社会责任感和使命感;履行职业道德规范,立德树人,为人师表,自尊自律,关爱师生,尊重师生人格。

(二)育人为本,身先士卒

从行为管理学的角度来看,实践教育理念比倡导教育理念更重要。这就要求校长在实施教学领导的过程中,率先垂范,积极开展教学实践,做到亲自带班上课,并参与教学质量监控等。校长通过参与各种教育教学实践,不仅可以亲身经历和体验新课程的改革,而且对教师参与课改热情和现实状态以及学生的学习情况有一个真实、客观的了解,从而为科学地做出教学决策提供可行依据。校长坚持育人为本的办学宗旨,就是把促进每个学生健康成长作为学校一切工作的出发点和落脚点,并扶持困难群体,推动平等接受教育;校长还要遵循教育规律,注重教育内涵式发展,始终把全面提高义务教育质量放在重要位置,使每个学生都能接受高质量的义务教育;校长更要树立正确的人才观和科学的质量观,全面实施素质教育,为每个学生提供适合的教育,促进学生生动活泼地发展。

(三)身临其境,引领发展

教学领导力是校长领导力的核心要素。校长教学领导力,应该而且必须体现在教学基本环节的引领、控制、评价之中。它不仅在教学的决策层,而且在教学的执行上都应做到有效统一。授课是学校的核心领域,校长应是授课领导的第一责任人。校长只有深入课堂,亲自上课,参与课改实践,才能对这些问题在微观层面上有所把握。校长要进班上课,就必须自觉钻研教学大纲和实施方案,以便把握各学科教学改革的主旨和精神,并在课堂教学实践中主动去贯彻和落实。校长通过上课,对教学目标的确立、教学内容的选择、教学方法的运用、教学策略的实施等,对教学才能有一个清晰的了解。校长作为学校改革发展的带头人,担负着引领学校和教师发展,促进学生全面发展与个性发展的重任，就要将发展作为学校工作的第一要务，秉承先进的教育理念和管理理念，建立健全学校各项规章制度，完善学校目标管理和绩效管理机制，实施科学管理、民主管理，推动学校可持续发展。

(四)孜孜不倦，终身学习

校长参加专题培训是提高校长教学领导力的另一个有效办法。校长通过参加“课程领导力”的专题培训，可以掌握执行学校课程计划的方法；加强学科建设理念，具备课程资源的开发和利用的意识与能力，落实学科教学的有效性；加强课程组织管理与制度建设，在教育实践中提高课程管理实效，在研究、解决问题中提高校长的课程领导力。其次是校长参加专题论坛。校长参加各种形式的专题论坛活动，营造学习、思考、实践的教育氛围，并以此交流校长在办学思想、管理特色及课程领导等层面的思考和实践，促使学校有效果、有效率地实施国家课程与校本课程的有效结合。校长应牢固树立终身学习的观念，将学习作为改进工作的不竭动力；优化知识结构，以提高自身科学文化素养；与时俱进，以及时把握国内外教育改革与发展的趋势；注重学习型组织建设，可以使学校成为师生共同学习的家园。

二、校长应具备的各项专业标准内容

《专业标准》是对义务教育学校合格校长专业素质的基本要求，具体包括以下几个方面内容。见表1、表2、表3、表4。

表1　校长作为教育者角色应具备的专业知识和专业能力结构

专业知识	理论性知识	教育心理学 学生发展和学习理论 教师学习和专业发展知识 学校教育的宗旨与目标
	实践性知识	教学计划及课程的设计、执行和评价 教育、教学方法和策略 指导教学的知识 教学评价的知识 考核、评价和测量的知识 信息、通信技术和教育技术
专业能力	促进教师发展的能力	指导教师教学 指导教师研究教学和课程 评价教师 提供给教师所需的教育技术 鼓励并规划教师在职进修和专业发展
	促进学生发展的能力	关心和激励学生 评价学生 指导学生全面发展

表 2　校长作为领导者角色应具备的专业知识和专业能力结构

专业知识	理论性知识	领导理论 战略管理理论 文化理论
	实践性知识	学习 SWOT 分析技术
专业能力	组织领导能力	系统思考和创造性思考的能力 规划能力 决策能力
	愿景领导能力	创建一个为学校利益相关者所共同接受的愿景 领导学校成员共赴愿景 持续监督学校愿景和目标的实现 创造和培养一个学习型学校 培养优质的学校文化 发展学习特色

表 3　校长作为管理者角色应具备的专业知识和专业能力结构

专业知识	理论性知识	学校组织的特征 激励理论 人力资源开发与管理知识 与学校管理有关的教育政策和法规
	实践性知识	选拔和任命教师的知识 评价教师的知识 财政、预算、会计学、经费管理知识 学校设备和资源管理知识 公共关系学知识 与学校、家庭、企业、政府等合作的成功模式
专业能力	组织管理能力	评价能力 沟通能力 团队合作能力 目标管理能力
	人事管理能力	选拔、聘用教职工 关心和激励教职工 监督、评价、考核教职工
	财、物等资源管理能力	学校财政的编制与预算、学校经费的安全使用和监督 校园规划与学校建筑管理 安全管理 教育资源分配
	公共关系管理能力	熟悉政策、法规和行政命令 执行与学校有关的教育法规和政策 保持与上级机关的良好互动关系 建构校际合作伙伴关系 获得家长对学校教育的支持

表 4　校长应具备的专业精神标准

专业精神	专业理念	树立正确的社会观和发展观 掌握教育发展趋势与改革动态 树立正确的学生观和教育观 承担学校教育与教学的责任 尊重学校成员的个体差异 持续改进学校服务水平
	专业伦理	履行校长职责和法律义务 遵守职业伦理规范 有明确的个人信仰和价值观 品德高尚，为他人树立行为规范 具有民主精神和亲和力，谦逊待人 全心全意为学校和学习成员谋发展 公正廉洁 承受压力，勇于应对挑战
	专业自我	坚持自我反思和评价 通过阅读和学习不断提升自我专业发展水平 与教师一起实现专业成长 与校外同行共同研究和交流 通过参与各种专业团体促进自我专业发展

三、校长专业标准之定位及其解读

教育领导范畴不同，专业领域也不同，就会具有不同的专业定位，扮演不同的专业角色。价值领导的核心工作领域包括规划学校发展和营造育人文化，其专业定位包括发展愿景规划者和学习文化的营造者。教学领导的核心工作领域包括领导课程教学和引领教师成长，其专业定位包括教师发展促进者和创新人才激励者。组织领导的核心工作领域包括优化内部管理和调试外部环境，其专业定位包括内部组织管理者和外部环境协调者。三个领导范畴细化为六种专业定位，并从理念、品性、知识、能力、行为等方面提出具体要求，这就构成了校长专业标准的整体分析框架。

（一）形成共同愿景，引领学校发展

学校发展的共同愿景能激发组织成员发挥出潜在的智慧、力量与勇气，回归教育本质；当学校发展遭遇阻力时，共同愿景能唤起成员的希望，使之不会偏离原有发展方向；共同愿景会让组织成员发现思考的盲点、放弃固守的看法、承认个人与组织的缺点；在追求共同愿景的过程中，组织个体会更愿意承担风险，更愿意参加变革与创新。

校长的个人办学理念是形成学校共同愿景的重要基础，它是建立在对学校传统与发展现状进行理性分析的基础之上，并结合个人对学校教育本质与功能的理解而形成。它不仅要具有理论的高度，更要具有实践的深度，不仅要来自实践，更要转化为师生都认同的观念，并能形成具有可操作性的目标。

校长必须把建立学校共同发展愿景作为日常工作的核心，通过不断与组织成员分享个人愿景而建立共同愿景，使之成为学校发展理念的组成部分。

（二）听取各方意见，整合发展力量

学校组织处于复杂的社会关系网络之中，包括学校与上级教育行政系统、教育科研和督导系统的关系，学校与社区、家庭的关系，学校内部不同年级、不同班级、教师和学生、学校管理者与教

师和学生等的关系。这些关系都内含着对学校教育的期望、要求、不满甚至反抗。因此，校长应虚心倾听各方意见，鼓励教职工、学生家长以及社会各界人士多提意见，这是有效整合学校发展力量的重要前提。

在整合学校发展力量的过程中，校长不仅要关注学校内部的各种关系与力量，更要联合学校外部的各种力量。因此，校长需要从“育人”的角度去看待与评估各种外部资源，要与相关机构和人员建立合作关系，以获得社会的了解和支持，开发对学校、教师和学生发展具有积极作用的经济、文化等各种社会优质资源，通过积极参与社会公益活动，发挥优质社会资源的潜力，使之为打造办学特色和整体发展服务。

(三)理解规划本质，实现“动力内化”

学校发展规划的制定在本质上是挖掘、聚集、凝练学校内在发展动力的过程。校长个人教育理想、信念和价值观要想取得师生员工的认同，需要其在规划以及各种行动方案的制定中，准确地表达对教育理想的追求、信念的显露和价值观的彰显。

(四)实施建议

(1)《专业标准》适用于国家和社会力量举办的全日制义务教育学校的正、副校长，对幼儿园园长、普通高中、中等职业学校校长有借鉴作用。鉴于全国不同地区的差异，各省、自治区和直辖市教育行政部门可以依据本标准制定符合本地区实情的实施意见。《专业标准》可在试行的过程中逐步完善。

(2)各级教育行政部门要将《专业标准》作为义务教育学校校长队伍建设和校长管理的重要依据。根据教育改革发展的需要，充分发挥《专业标准》的引领和导向作用，制定义务教育学校校长队伍建设规划，严格义务教育学校校长任职资格标准，完善义务教育学校校长选拔任用制度，推行校长职级制，建立义务教育学校校长培养培训质量保障体系，形成科学有效的义务教育学校校长队伍建设与管理机制，为实现义务教育均衡发展提供制度保障。

(3)义务教育学校校长要将《专业标准》作为自身专业发展的基本准则。制定自我专业发展规划，爱岗敬业，增强专业发展自觉性；大胆开展学校管理实践，不断创新；积极进行自我评价，主动参加校长培训和自主研修，不断提升专业发展水平，努力成为教育教学和学校管理专家。

(4)各级中小学校长培养培训的机构要将《专业标准》作为义务教育学校校长培养培训的主要依据。重视中小学校长职业特点，加强相关学科和专业建设。根据义务教育学校校长发展阶段的不同需求，完善培养培训方案，科学设置校长培养培训课程，改革教育教学方式。注重校长职业理想与职业道德教育，增强校长教书育人、管理育人的责任感和使命感。加强校长培养培训的师资队伍建设，开展校长专业成长的科学研究，促进校长专业发展。

浅谈对中学校长专业能力的思考

重庆潼南塘坝中学　龙永江

我国著名教育家陶行知说过:“校长是一所学校的灵魂。”那么,新型的专业化校长应具有什么样的专业能力呢?笔者以为,现代中学校长必须具备决策、经营、管理三个逻辑维度上的专业能力。

一、现代中学校长必须具备专业的决策能力

所谓决策能力就是战略思考与规划能力。它既要求校长善于从宏观战略上做出合乎教育发展趋势的前瞻性决策,又要求校长敏于从微观战术上做出合乎实际的科学安排。

(1)合乎教育发展规律的战略思考,是校长正确决策的前提与基础。

战略思考要求校长必须具有预测未来的前瞻性广阔视野。要求校长具有“面向世界、面向未来、面向社会”的大视野,即国际大视野——从世界看中国——跟上世界的发展步伐;未来大视野——从未来看今天——今天在做明天的事;社会大视野——从社会看学校——教育以社会需求为导向。前瞻性是对校长一种视野上的要求,前瞻趋势则是对规律性的审视与把握。所以校长只有广泛吸纳信息,不断学习,才能掌握前沿理论,提升职业能力。战略思考还要求校长善于洞察事物的变化,见微知著。

在当代经济全球化、教育国际化背景下,校长必须在教育产

业、教育经营、教育创新等方面做出与时俱进的战略思考。

(2)校长专业的规划能力,是在战略思考的基础上,依据现代教育观和丰富的教育实践经验,定位学校的发展方向和目标。

教育规划在于创新。“决策如棋局局新,谋略如拳招招变。”因此,校长要以创造性思维,不断超越自我,超越他人,谋求特色。学校规划需要校长系统思考、纵观全局、统筹兼顾、整体把握。而规划要建立在科学、客观、现实的基础上,要具有科学性、前瞻性、创新性、发展性和实践性(可行性、可操作性)。

总之,战略思考和规划能力是校长科学决策的前提和基础,所以,必须把其列为校长专业能力的重中之重,予以培养和修炼。

二、现代中学校长必须具有专业的经营能力

所谓专业的经营能力即资源整合与运作能力,包括以下几个方面。

(1)学校经营包括经营活动要素、经营机制和经营过程三个层次及学校产品经营、学校资产经营和学校资本经营三方面内容。

教育经营是教育发展方式的一次革命,它是以教育产业为载体的经营,是以教育进入市场为前提的经营,是以教育获得最大效益为目的的经营。为了有效经营学校,校长首先要树立现代教育产业经营观。在市场经济条件下,教育的产业属性已被确认为教育是一个产业,那就应当对之进行经营。

(2)经营学校要有市场意识、资源意识、投资意识、效益意识。

教育产业经营,是指运用市场机制,按产业方式来运作教育活动,提供服务,以便在教育领域内部建立起投入与收益良性循环的活动过程。教育产业经营的实质是教育资源配置方式的市场化。因此,教育经营必须引入市场机制,遵循市场规律。

教育经营,本质上说,就是教育资源的经营,即教育资源的重

新配置与运筹。而教育资源是指具有教育意义或能够保证教育实践得以实施的各种可供利用的物质和精神条件。它包括人力资源、物质资源和文化资源等。教育资源又是一种客观存在,只有经过开发才能变为现实的教育资源,只有合理利用才能变成有效或高效的教育资源。

(3)整合教育资源是开发利用教育资源的重要途径和手段。校长在办学过程中,除了要充分利用校内有限的教育资源外,还必须把触角延伸到社会,广泛开发和利用社区教育资源。同时,校长还要善于将校内外相关教育资源加以整合或重组,使其发挥更大效益,即所谓“借势、造势、融势”,通过“巧妙组合”“虚拟合作”,实现“资产增值”“放大输出”,从而创造特色品牌,提高学校教育质量。

整合会出效益、出奇迹。只要我们把教育活动所涉及的各种要素科学地整合到一起,便会创造出新结构的教育资源,从而产生“原子裂变”般的效应,创造出“1+1>2”的奇迹。

三、现代中学校长必须具有专业的创新管理能力

现代中学校长必须具有专业的创新管理能力,是指其必须具有动态管理与组织能力。一般的校长是事务型、管家型的校长,较好的校长是管理型、经营型的校长,新型的校长是专业化的学者型校长。

教育产业化经营及其市场化运作,要求校长必须从传统的思维方式、教育观念、管理模式中跳出来,着眼于教育的未来发展,立足于教育管理创新。在思维方式上,要跳出教育看教育,即用经济观审视教育问题;在教育观念上,克服孤立教育观,树立教育与经济相融合的大教育观;在管理模式上,摒弃传统的静态管理模式,构建适应市场经济的动态管理模式。

(1)创新管理,即打破封闭、僵化局面,适应市场变化规律,以

变应变、以动制动的管理策略。把僵化的、封闭的管理方式变为开放的管理方式；把单一的、机械的管理方式变为多元的、个性化的管理方式；把单向的、强制的管理方式变为互动的、民主的管理方式。

(2)实施创新管理的核心是紧紧把握教育及其环境的变化态势，以及教师个体需求的变化规律及由此引发的想法，以满足教师正当的、合理的需求，抑制非正当、非合理的需求，肯定、鼓励其积极的思想和行为取向，克服错误思想和不良情绪的干扰。可见，动态管理充分体现了“以人为本”的现代管理思想。因此，动态管理的基本原则就是“紧紧围着人转，紧跟市场变化而变”。

(3)实施创新管理。校长必须致力于教育管理的创新，改变传统的“见物不见人”的“刚性”为主的管理方式，大力倡导“人本管理”和“柔性管理”的思想和方式。

校长下大力气加强“校长非权力影响力”的内功修炼，努力做到用文化的力量陶冶人、用思想的力量感召人、用人格的力量感染人、用情感的力量感化人、用智慧的力量启迪人。从而形成一种积极向上的良好氛围，构建一种达成共识的先进理念，树立一种令人倾慕的楷模形象，结成一种友善和谐的人际关系，展示一种博学多识的学者风范。最终达到“无为而治”的最高管理境界——这才是专业校长所追求的。

现代中学校长应有专业素质的思考与实践

重庆荣昌仁义中学　李　斌

梁启超言:"少年智则国智,少年富则国富,少年强则国强,少年独立则国独立,少年自由则国自由,少年进步则国进步,少年胜于欧洲,则国胜于欧洲,少年雄于地球,则国雄于地球。"少年要智、富、强、独立、自由、进步归根结底要靠教育。一个民族有没有希望,要靠知识,知识能够照耀其思想灵魂。教育兴,则人才兴;人才强,则国家强。人才的发展离不开教育,教育的发展落实在学校,学校的发展根基在校长。陶行知先生曾说:"校长是一个学校的灵魂,要评论一个学校,先要评论他的校长,有什么样的校长就会有什么样的学校,就有什么样的教师和学生。"对于中学而言,笔者认为衡量一所学校教育质量的标准绝对不是只看考入重点大学人数的多少,而应主要看学生毕业后自身的发展和学校自身特色的打造及办学理念。因此,学校要走自己的路,创自己的品牌。其他学校的优秀之处可借鉴,但不可复制。作为现代中学校长,必须具备以下两个方面的专业素质,一是发展学校的文化力,二是提高学校的文化内涵,这样方可促进学校的可持续发展。

一、前瞻意识强

古语云:"兵马未动,粮草先行。"学校的发展,要先谋而后动,前瞻性和计划性对中学校长而言十分重要。这就要求中学校长要加强教育理论的学习,了解教育发展的新动向,具备现代教育思想和教育观念，有新颖的人才观和科学的评价体系，注重外部环境的变化与学校内部发展的需求。校长还要了解学校现在发展亟须解决的问题和预见学校未来发展将会遇到的问题，找到相应的解决方案和办法。校长更要勤思考，勤学习，懂得如何高效地管理一所学校。

当前，我国的教育正处于改革发展的时期，教育观念、办学体制、育人模式、课程设置和道德教育都在不断地进行改革和摸索，作为中学校长，必须要有敏锐的眼光，深刻的洞察能力，有对自己学校的理性分析和对中学教育的理解，厘清学校发展的思路，做改革的先驱者，这样才能找到适合自己办学的发展模式。

我校是一所农村高完中学校，学生生源质量不高，学生的学习习惯和学习兴趣普遍很差。基于这种情况，在 2011 年 9 月，我校提出了“123”计划，即以学生学业质量为中心，三年中每个学生培养一种兴趣，每位教师每个年级两套教学模式，学生三年出成果。从目前的效果看来，我校高 2014 级学生学业有了大幅度的改观，无论在学校活动中还是学业测试中，学生都发生了质的变化，无论在精神面貌还是言谈举止方面都得到了很大提升，尤其是在2013 年11 月全县高三统一测试中，我校成绩普遍比同级学校高很多。学校教育只有质量提升了，社会满意度高了，育人体制逐步规范了，并在前瞻性意识指导下，学校的良性发展方指日可待。

二、推手能力够

校长这一角色，决定了他是学校的领跑者，学校事务的管理者，师生员工的教育者和学校管理的研究者。校长的领导，更多的是面对人的管理。笔者认为，中学校长只要做好了人才战略，当好了推手，才能够充分调动教职工的积极性和创造性，再由教职工去影响学生，让学生懂得做怎样的人才能得到社会认可。

校长做好推手，要有自己的人才战略。校长要熟悉学校教职工的能力，要平时多观察、多听课，是龙，就让他腾飞；是虎，就让他跳跃。校长只有让教师安心工作、有效工作，才能提高教育教学质量，当然这一切还得有科学的人才评价体系，要有一套规章制度作为保障。这个保障包含着激励人才机制、凝聚人才机制、奖励人才机制。以情为经，以制度为纬，尽量将自己的思想融入学校的规章制度中。如哈佛大学荣誉校长陆登庭曾说："哈佛的成功主要是形成了一种明确的办学理念，一套系统的制度和机制。所以现在即使没有了校长，哈佛一样可以正常运转。"

农村高完中校长办学困难的原因，一是优秀的人才进不来，二是优秀的人才留不住。因为学校的教学质量的提升，很大程度上要依赖于优秀的教师。经过多年的摸索，我校成立了名师引领工作室，形成老中青"传帮带"，即凡是名师给予一定的工作奖励，凡是青年教师成了骨干或者名师后给予一定的工作奖励。同时高级教师必须指导青年教师，对他们的教学提出中肯的建议。如对一堂课反复进行揣摩和修改，找到适合自己学生的教案和方法。同时每学期都选派青年教师脱产培训，提高其业务水平，从而提高教学质量。

作为校长，就是要做好推手，让能者在他们所处的位置上大放光芒，让他们意识到学校对他们的认可，激发他们的自信心，并高效地工作。

三、文化力意识浓

文化力是学校工作建构中的一个重要方面，我们所说的校风、学风怎样，很大程度上源于学校文化力的建设。作为中学校长，意识到教育作为一种实践活动，它的具体性和个性是独特的时，就要思考到文化力建设的时候，其实就是要营造一种积极、向上、健康、人文的氛围，张扬一种自强不息、追求卓越的精神。它是一种思想意识方面的积淀，只有深刻理解才能明白它的魅力所在。这就是为什么上百年的老校其人文明显优于新建学校的人文的原因。

我校致力于学生“仁”“义”文化氛围的打造，在校园处处用“仁”和“义”方面的知识进行覆盖，校园名言警句现“仁”“义”，教学楼走廊话“仁”“义”，运动场旁写“仁”“义”。让学生处处感受“仁”“义”的要求，在自己的行为习惯方面、道德情操方面下意识地去管理自己，提升自己的思想境界和品位。“随风潜入夜，润物细无声”，用无言的字句表达深刻的意识，让师生无论在何种场合，都受到教育，都能有所感，有所悟。

当然，作为现代中学校长，他需要的是综合能力，既有人格的魅力，也有教育家的素质。教育管理是一个漫长的过程，要将思想融入学校的灵魂，需要专业的素质和不断的实践。积淀下来的东西才是美的，探索不止，风光也将不断。

浅谈现代中学校长专业素质的思考与实践

重庆綦江南州中学　蒋发林

实行校长负责制，校长就是一所学校的“行政首长”和“精神领袖”。校长要系统地规划学校发展，特别是学校的办学目标及其实现目标的主要途径；形成并完善学习氛围，促进教师的专业发展和提升教师的业务能力；合理配置学校资源，保证有一个安全和有效的教育环境；建立起学校、家庭和社区之间的合作关系，改善学校外部环境，引导家长和社会确立起对学校教育的合理期待；采取必要的措施，提高课堂教学的效率，以促使所有学生学业进步……这就需要校长具备相当的专业素质。

现代中学校长必须具备较高的思想素质、管理素质、服务素质和教育素质，才能引领一所学校的可持续发展。

所谓思想素质，可分为政治思想素质和专业思想素质。过硬的政治思想素质是治校的保障。校长应该具有马克思主义的基本观点，能根据党和国家教育方针和“教育要面向现代化、面向世界、面向未来”的要求，来引导全校师生端正教育思想，使大家自觉贯彻教育方针，促进学生德、智、体全面发展；面向全体学生，促进学生共同发展。富有内涵的专业思想素质是治校的灵魂。校长通过整合先进思想成果，博采众长，依据学校发展和师生愿望挖掘出引领学校发展的精神文化。具有个性创新特色的精神文化，不仅是校长个人智慧的结晶，也是学校集体的结晶，将有利于引导“特色学校”“品牌学校”的建设。

我校从2005年就开始着力打造学校的精神引领，并提出了“和谐发展、张扬个性”的办学理念、“和衷共济、追求卓越”的办学思想和“为每位师生的幸福人生奠基”的办学宗旨，并在此基础上提炼出“融德融能、开智开心”的校训，旨在希望我校师生弘扬中华之美德，挖掘个人之潜能，用良好的品德奠基人生，用卓越的才能成就人生，用聪明的智慧幸福人生，用快乐的心态面对人生，德才兼备、勇于超越，并以“自主管理”“自主课程”“自主课堂”“自主评价”“自主学习”为载体，走出一条“自主教育”的特色发展之路。

所谓管理素质，是指校长要善于从丰富的学校教育管理知识宝库中，吸取那些对本校适用的资源，善于从学校传统管理中总结成功的管理经验，善于发掘学校先进的管理智慧，然后以“人本管理”为基点，通过行政引领的形式将校长个人智慧与学校集体智慧融合并形成有效的管理措施，在全校范围内施行下去，使之在长期的潜移默化中被师生共同接受，自觉弘扬，从而内化为代表学校整体价值追求的有效管理文化形态。

我校的管理文化是“自主管理文化”，这是以“融德融能，开智开心”的校训为核心价值观建立的。它强调以完整的管理规章制度（制度文化）、高效的执行力和行政效率（执行文化）、融洽的团队管理队伍（团队文化）建构而形成自动、自发的自我管理。主要体现在通过全体教职员工的自我约束、自我控制，来自我发现问题、自我分析问题、自我解决问题，变被动管理为主动管理，进而自我提高、自我创新、自我超越，推动学校教育的不断前进与发展。

所谓服务素质，就是优化配置学校资源，站好服务师生的后勤岗。校长就是服务者，是全体师生和广大家长的公仆。校长必须树立全心全意为师生服务的思想，时刻把师生的冷暖挂在心上，在自己职权范围内，要为师生办实事，变领导型校长为服务型校长。这种服务表现在：政治上关心他们的进步，思想上帮助他们提高，工作学习上给予大力支持，生活上给予多方面的照顾与关怀。学校同时建立起学校、家庭和社区之间的合作关系，改善学校外部环境，引导家长和社会确立起对学校教育的合理期待。

我校想方设法改善教师的经济待遇，关心教师的精神生活，对有困难的教师给予必要的帮助。但是，笔者认为教师物质上的需要只是一般人所共有的最低层次的需要，教师有更高层次的需要，那就是自身的专业成长与价值体现。“培训是教师最好的福利”，近年来，学校先后派出学校干部、各级骨干教师共 143 人次到北京、上海、江苏、山东、海南、云南、广东等地考察学习新课程理念，选派教师 1700 多人次到重庆市其他学校观摩学习，同时学校还先后邀请了 35 名知名教育教学专家、教授来校做报告、举办讲座，从思想理念的引领到行动策略的指导，助推教师快速成长。学校还营造积极向上的校园文化氛围，给予学生一个安定的学习生活环境。我校对家长和社会尽力组织建立起有效的多种沟通渠道，虚心听取社会各界及学生家长的意见，努力改进学校工作，促进学校工作和谐健康地发展。

所谓教育素质，包括教育实践素质和教学实践素质。教育实践素质是指学校处处皆教育，校长要全方位审察学校的教育工作，根据学校教育的实际需要，从校园土壤中催生出育人的绿芽。教学实践素质是指校长虽然不一定等同于普通教师立足课堂教学，但校长一定要懂得教学规律，了解本校教学情况，以新课程理念引领学校教学改革。校长要具备的教学知识不是学科教学知识，而是课程教学的共性知识。

我担任南州中学校长以来，努力做勤奋学习的带头人，打造学习型学校，促进教师的专业成长。无论是教育工作还是教学工作我都亲赴第一线指导，一是以“4567 自主德育模式”，有效推进学校教育工作；二是以“全国高中课改联盟”“重庆高中七校联盟”“綦江未来学校联盟”为平台，强力推进课堂教学改革；三是狠抓校本培训，促进教师专业发展，开展了“领雁工程”“青蓝工程”“教师基本功大赛”“班主任基本功大赛”“开智开心大论坛”等活动，促进了教师的专业成长。尤其是在教科研方面，要求全校教师人人参与课题研究的工作，我以身作则，三年完成三个课题，如亲自主持研究的“中学‘四边’课堂教学模式的研究”和“高效互动课堂教学策略研究”两个区级课题，一个参与主研的“农村中学艺术特长生培训过程中的创新思维研究”的区级课题。

基础教育是提高民族素质的奠基工程。提高教育质量和办学效益、为提高全民族素质打好智力基础是现在学校教育的重要任务。要顺应时代的发展，作为一名现代中学的领导者——校长，必须是一个复合型人才，也就是需要多种专业素质。以上种种，仅仅是我个人的管窥之说。

浅谈现代中学校长专业素质的思考与实践

重庆合川太和中学　邹　泉

伟大的教育家陶行知先生说:"校长是一个学校的灵魂,要想评论一个学校,先要评论他的校长。"无数的事实也证明"一个好校长就是一所好学校"。一所成功的、人民满意的、家长学生向往的学校,一定离不开一位高素质校长的励精图治。校长是学校的灵魂,是学校发展的核心,校长的素质决定着学校的发展前景。

随着社会主义市场经济的发展,我国进入了转型时期,各种矛盾也日渐凸显,各行各业都需要大量优秀人才。对于教育而言,教育部门急需培养大批优秀人才,来支持各行各业,学校育人的责任非常重大。面对教育形势的改变,校长的素质理应得到全方位的拓展和提升。基于此,我认为现代中学校长专业素质的思考与实践可以从校长的思想政治素质、人文素质、业务素质、身心素质等入手。

一、校长的思想政治素质

苏联教育家苏霍姆林斯基曾说:"领导学校,首先是教育思想上的领导,其次才是行政上的领导。"思想政治素质对校长自身乃至全校师生的行为起到巨大的引导和规范作用。校长作为教育事业的基层领导,首先要有政治性,即校长必须坚持毛泽东思想、邓小平理论、"三个代表"重要思想、科学发展观等重要思想,坚持社会主义办学方向,忠诚于党的教育事业,认真贯彻落实党的教育路线、方针、政策，并结合学校实际，用科学的理论指导实践；校长还要熟悉教育政策法规，自觉遵纪守法、依法治校、依法治教，同时校长自身还要清正廉洁、襟怀坦荡、克己奉公、不铺张浪费、不以权谋私；校长更要以人为本，以德治校，走群众路线，自觉接受群众监督，热爱教育事业，要具有事业心和责任感，在学校的一切工作中率先垂范，成为师生员工学习和敬仰的楷模。

二、校长的人文修养素质

人文修养素质不只是文化程度的高低，也不仅仅是对科技文化知识的掌握程度，它涉及人与人、人与社会、人与自然关系的认识程度和把握能力。所谓校长的人文修养素质，是指在人格品质、人文知识、人文环境的滋养熏陶中形成的思想观念、价值取向、道德境界、审美情趣、思维方式、学识才华等的总和。

人文修养是校长素质的重要组成部分，是衡量一个校长领导水平、执政能力的重要指标。校长的人文修养是校长领导学校不可缺少的素质，直接影响着领导干部的思维方式、思想水平、人格魅力和决策水平。现实社会中，一些校长品格失范、言语失范、行为失范，极大地影响了校长的形象。因此，校长就应该通过人文修养的培育和锤炼，陶冶情操，升华灵魂，提升品位。校长人文修养素质的提升尤其要注重以下几个方面的培养，即谨遵博学、慎思、审问、明辨、笃行之法，以积淀校长厚重的文化底蕴和形成独特的个性魅力；勿以善小而不为，勿以恶小而为之，培养校长高雅的审美情趣和丰富的精神世界；健全个人人格，增强心理耐受力，锤炼健康的心理品质，形成积极的人生态度。

三、校长的业务素质

校长作为管理者，要不断提高自己的业务素质，它包括管理素质与管理能力，如决策能力、知人善任能力、组织协调能力等。

在这些能力中，决策能力是校长最重要的能力要求。校长要在深思熟虑、通览八方利弊后果断决策、及时推进。而决策的下一步就是要建章立制，以制度约束人的同时调动人的积极性。完善的学校制度是教育质量的保障，是平衡各方利益的法宝，是校内健康人际关系的基础。通过一系列制度帮助教师树立工作目标，激发他们的工作热情、事业心和成就感；加大分配制度改革力度，实行"多劳多得、优质优酬"，调动教职工工作的积极性。

校长要善于凝聚人心、知人善任。任何一个管理者都非全才全能，但明智的领导人一定会想方设法发挥群体中每个个体之能、之强，集众人之智，扬大家之长，致力于做好育人的文章，才会实现管理的最佳效能。校长还要贯彻民主治校的原则，努力促进学校民主管理全程化，引导广大教职工积极关心、支持和参与学校管理，把个人发展和学校发展紧密结合起来，不断增强主人翁意识。校长还要完善教代会制度，成立专门小组监督校务，制定规章，提高管理层决策的民主化程度，充分发挥教代会作用，及时听取教职工代表对学校决策和决策实施过程的反馈意见，不断改进和完善学校管理制度；实行中层干部竞争上岗，让中层干部定期向教职工代表大会汇报工作，实行民意测评，提高干部在教职工中的满意度。校长更要实行校务公开制，加强行风建设，维护教职工知情权、参与权和监督权，主动接受教职工的民主监督和民主评议，进一步增强校务工作的透明度。

校长不仅要有极强的组织能力，还要善于创设一个良好的育人环境。它包括三个方面：首先是硬件条件。现代化的教学设施，优美、洁净的校园环境，使校园内有一种真善美的感染力。其次是校园文化氛围，其外在形式是校风、学风、教风和优美的校园文化，这些会使师生自觉遵守学校的纪律，自觉维护正常的教学秩序。三是人际环境。学校要注意营造民主、和谐、自主的人本环境，关心、理解和尊重师生,形成积极向上、团结协作、和谐进取的人际关系。校长还要强化服务意识,为教职工办实事、办好事,尽可能满足教师的合理需求,尽力改善教职工的工作和生活条件,积极组织教职工开展丰富多彩的文体活动和娱乐活动,活跃身心,养身健体。

校长必须有一股有所作为的闯劲和一颗不甘落后的进取心。发展是学校永恒的主题,校长应具有挑战自我的创新精神,善于集思广益,能够把握教育的发展趋势,以深化改革和增强活力为目标,制定学校发展的规划与策略。校长要善于向全体教职工提出奋斗目标,团结和鼓舞全体教职工为这一目标奋斗。同时,校长还要把共同的目标转化为每个处室、年级和教职工的工作目标,这样学校才会有凝聚力,个人工作才会有动力。校长还应具有实干精神,既要参与到教育教学改革中,成为实干家,还要对事关学校建设和发展的关键性工作抓好,一定要把实施与检查相结合,把工作落到实处,抓出实效。

校长还要善于理财,一是盘活学校资金,如对学校经费收入、支出、主要用途做到心中有数,严格控制支出,力争把有限的资金充分用于学校发展上;二是合理开发利用学校的人、财、物资源,减少浪费,提高资源的使用效率,减少多余的人,做到物尽其用;三是对教职工收入心中有数,想方设法增加教职工的收入,实行"多劳多得,优质优酬"的绩效工资方法。

今天这个时代,在社会变革的大环境中,校长要管理学校,要筹集经费,要与社会打交道,应善于处理好各种关系。一是积极争取各级教育行政部门的支持,经常主动听取上级领导的意见,主动接受他们的指导,把自己的办学思路、改革想法、取得的成绩和存在的问题主动汇报,通过交流和沟通,争取上级的理解与支持。二是处理好与社会的关系,校长要重视加强与社会各界的横向联系,增进彼此理解、信任与沟通,争取社会对学校的大力支持,协调沟通社会各界关系,拓展学校的生存和发展空间。三是处理好与其他学校的关系，竞争并不妨碍合作，而是在竞争基础上的合作，在合作基础上的竞争，学校之间既做对手，又做朋友，相互借鉴，相互学习，共同提升管理水平和办学水平，走共同发展的道路。

四、校长的身心素质

李岚清同志曾说："道德修养好和本事大的人，身体不好也派不了大用场。"校长的工作有人总结为"三多三少现象"：超负荷工作的多，参加文体活动的少；受的气（指埋怨、委屈等）多，出的气（指牢骚、要求等）少；情绪易波动的多，具有耐久力的少。校长身心素质令人担忧，作为一校之长缓解这种状态至关重要。首先，要注重自己的身体健康，充分认识强身健体的重要性，生活尽量有规律，积极参加体育锻炼，砥砺吃苦精神，增强韧性，以期愉快地进行富有创造性的劳动。其次，要维护自身的心理健康，形成良好的社会适应性，作为校长，应以大局为重，严于律己，宽以待人，在互谅、互让、互相理解、互相帮助的基础上共事，与教职工赤诚相见，团结广大教师形成融洽协调的集体，充分调动教师工作的积极性。教育是一项永久性工程，任何社会、任何国家的教育事业都不可能一蹴而就，也不可能一劳永逸，教育者没有强壮的身体、健康的心理、健全的人格、顽强的意志，是不可能长期地、有效地工作的。

培养健康的心理无外乎要有一个开朗乐观的性格，饱含情感的热心肠。时时事事放下"官架子"，以情感人，以情待人，以情暖人，与教师风雨同舟。"投以桑榆，报以桃李"。校长只有以健康的心理，倾洒真诚的感情，才能得到广大教师的拥护。

总之，在教育改革高速发展的今天，作为现代中学校长，应具有高度的思想政治素质，宽厚的人文素质，精深的业务素质和良好的身心素质。这样，才能正确行使党和人民赋予的权力，在管理中影响学校、把握学校、引领学校、开创学校，办出更好、更有特色的学校。

浅谈对中学校长专业标准的思考

重庆奉节夔门高级中学　唐耀启

近年来，专业学者对中小学校长专业标准问题的研究不断更新，截至目前，学术界主要认为校长应该有这样一些专业标准：一是学校发展愿景的规划者和学习文化的营造者；二是教师发展的促进者和创新人才的激励者；三是内部组织的管理者和外部环境的协调者。本文主要从中学校长专业标准的意义和内涵、中学校长专业标准能力培养目前面临的主要问题以及如何提升中学校长专业标准能力三个方面展开论述，浅谈对中学校长专业标准进行的思考与探索。

一、中学校长专业标准的意义和内涵

对于校长专业标准和角色，《义务教育学校校长专业标准》（以下简称《专业标准》）对中小学校长专业标准有更为明确和细致的界定。《专业标准》认为校长应具备两方面的专业标准：一是个人素养标准；二是职业素养标准。校长良好的个人素养是实现校长专业化发展和教育家办学的前提条件，也是校长达成核心目标和履行基本职责的思想道德基础。校长是学校的领导者、教育者和管理者，其教育思想、管理理念和价值追求应该符合国家的教育法律法规、党和政府的教育方针政策，与基础教育改革和发展的趋势相一致。对于一所学校来说，校长的职业素养在办学中显得更为重要。因此，校长应做好以下六点。

(一)规划学校发展

职业素养标准给校长提出的第一个要求就是要正确规划学校发展。校长领导角色定位的关键是通过与政府教育行政部门、学校教职工以及其他利益相关者一起,融合校长个人的教育理想、信念和价值观,确立学校的发展目标,制定与实施学校的发展规划,以确保学生的全面发展和学校的可持续发展。

(二)保障德育实施

保障学校德育工作的有效实施,为培养合格的社会主义事业建设者和接班人奠定良好的素质基础。校长必须按照党和政府有关学校德育工作的方针政策,整合学校、家庭和社区的教育力量,努力创设优良的育人环境,培育学生的人文精神和团队合作能力,促进学生的人格健康成长。

(三)领导课程教学

校长担负按国家标准设置与实施课程的责任。校长应当为师生创设良好的教学环境,建立稳定的教学秩序,推行有效的教学活动,实施监督和评价教学的制度与方法,养成学生独立的学习行为与习惯,使之形成终身学习的意愿与能力。

(四)引领教师成长

校长负有引领教师专业成长和建设教师队伍的主要责任。校长应当培育促进教师专业发展的文化氛围,建立与实施激励教师专业发展的制度,寻找选择与推选、评价教师专业品质与成就的有效方法,引领教职工的行为达到其专业标准。校长还应致力于自身专业的不断发展,从而有能力承担领导学校的职责。

(五)提升组织效能

校长担负着对学校进行有效的组织和管理的责任,必须充分发挥党组织的政治核心作用和教职工代表大会民主管理学校的职能,建立与制定学校各项规章制度,合理配置学校的各种资源,落实教职工的岗位职责,评估教职工的工作业绩,激励教职工的进取精神与行为,不断提升学校的组织效能。

(六)协调公共关系

校长担负协调学校公共关系的责任,应建立学校与政府部门、学生家庭、其他学校及机构的合作关系,为社区提供必要的人力与物力资源的支持,也为教师和学生获取发展的机会,创设学校发展的良好社会环境。校长还应当指导和帮助教师与学生家长及其他部门的沟通协调,鼓励教师和学生积极为社区服务,参与同其他学校及机构的合作活动,不断扩大学校的影响力。

二、中学校长专业标准能力培养目前面临的主要问题

(一)培养制度不健全

中学校长虽参加各种培训,但我国的中小学校长培训机制还不健全。如校长的培训常常出现这次培训内容与下次培训内容重叠,甚至几次培训内容大同小异,虽然校长从中学到了知识,但整体培训效果不佳。

(二)培养机会不均衡

对城区校长和农村校长而言,他们获得的培训机会是不均等的。有调查报告显示,在重庆市范围内,都市功能核心区、都市功能拓展区的校长参加培训较多,农村学校校长则较少。两者培训

的机会差距是十分巨大的。据调查报告分析，在都市功能核心区、都市功能拓展区，校长参加培训的机会超过百分之八十。而在渝东南和渝东北，每学年能够参加培训的校长只占百分之二十左右，当然造成这种局面的原因也是多方面的。

(三)培训内容轻理论

校长的培训机构多是教师进修学校或者当地的师范院校，而教师进修学校培训的师资大多是从教育教学一线提上来的教师。这些人员虽然有多年的一线经验，培训时实践讲得多，理论讲得少。所以培训机构的师资应该调整，改变重实践、轻理论的做法。因为校长要领导一所学校，必须有合乎时代的理论做指导。

(四)培养态度不积极

由于缺少必要的培训考核制度，校长们参加培训往往表现得不积极。有的校长甚至认为培训就是“公差出游”，把培训当作自己放松休息的好机会。而对于培训的内容毫不在意，所以，培训的目标没有达到，培训机构应改革培训的方式。

三、如何提升中学校长专业标准能力

(一)健全校长培训制度

任何事情的顺利开展，都离不开制度的保障。而健全校长培训制度是提升中学校长专业标准的当务之急。个人认为，对于校长参培的机会、培训的内容组合、培训的师资构成、培训的时间等，都要有明确的制度规定。只有给予校长们平等的培训机会，设计科学的培训内容，打造一流的培训师资之后，才能保障培训的高效。

(二)确保经费支出

经费保障是校长培训的重中之重。要打造一流的培训基地，聘请一流的培训师资，给予更多校长培训机会，这些都需要国家及全社会的大力支持。

(三)建立并完善校长培训考核制度

为了调动校长参加培训的积极性，并适当对其消极懈怠思想进行约束，培训机构建立并逐步完善校长培训考核制度至关重要。考核制度要明确规定校长参加培训需按什么标准进行，严格要求参加培训的校长必须参加各种内容的培训，不得缺席，并结合考核加考试的方法测定校长培训结果，严格执行考核标准制度。

校长是学校发展愿景的规划者和学习文化的营造者，是教师发展的促进者和创新人才的激励者，是内部组织的管理者和外部环境的协调者。校长要扮演好这几种角色，需要不断学习，把新的理论和学校实际结合起来，做一个真正的教育领导者。

浅谈校长专业化的思考与实践

重庆永川景圣中学 刘才兵

《国家中长期教育改革和发展规划纲要(2010—2020年)》(以下简称《纲要》)提出了“促进校长专业化”“大力倡导教育家办学”的新举措。《纲要》指出要“制定校长任职资格标准,促进校长专业化,提高校长管理水平,推行校长职级制”。这四项措施的核心是“促进校长专业化”。

谈到“校长专业化”,就要谈谈校长是什么。校长是一个学校的灵魂,是领导者,是管理者,是学校发展的决策者。

校长是学校的灵魂。校长必须有先进的教育理念,要懂得教育规律,要在教育改革和教育创新方面有独特的见解和理念。

校长是学校的领导者。领,就是引领;导,就是导向。不懂教育的校长如何做到学校教育发展的引领和导向?领导者,不是一个职务的别称,而应该是学校教育和发展的“领导者”。

校长是学校的管理者。管理,就是“管”和“理”,就是把事情做正确。把事情做正确和做正确的事情有着极大的区别。把事情做正确,不出错,这是管理;做正确的事情,需要判断这个事情的正误,需要眼光和思考,然后交给别人去管理,这是领导。

校长重在“领导”而非“管理”。学校是承担教育责任的主要场所,其主要任务是教育,所以校长作为学校教育、发展的决策者,第一要务就是要懂教育,更要是一个优秀的教育者。

只有懂教育的校长才能真正知道学校发展的方向是什么,怎样发展。因此，温家宝同志于2003年教师节在人民大会堂会见教师代表时提出要“教育家办学”，尤其是从2006年以后连续几年在《政府工作报告》中都谈到了“教育家办学”的问题；温家宝同志认为“要大张旗鼓地讲教育家，宣传教育家，中国得有成千上万的杰出的教育家来办学。”

那么，什么人可以称为教育家？教育家是指专门从事教育工作并在教育实践、教育研究工作中取得一定成就的人。教育家既包括教育思想家，也包括教育实践家，或者集两者于一身。“教育家办学”就是一个学校要有一个教育家校长，或者至少是一个精通教育的校长。

温家宝同志对“教育家校长”提出了三条标准。第一，热爱教育。有教育追求，有终身从事教育的理想与信念，愿意将自己的一生投身于教育事业。第二，懂得教育。有教育思想和教育实践，能将自己的教育理想通过不同的形式付诸于教育实践，并用实践来检验和完善自己的教育思想。第三，终身从事教育。要是一个长期或者终身从事教育工作的人，并在教育理论或者教育实践中有教育创造，有理论研究或者有教育教学实践创造性的成绩。

按照温家宝同志提出的教育家的三条标准，学校最缺乏的是懂教育的人管理学校。懂教育的校长不仅本身是教育者，还需要符合时代的先进教育理念以及将教育理念付诸实践，是要在教育实践的过程中去理解教育、掌握教育、研究教育，进一步去创造教育和建树教育，从而形成有自己特色的教育思想或者是教育艺术，并且把这些“思想”和“艺术”应用于办学实践。

“教育家办学”为校长专业化发展指明了方向，使校长集教育思想和教育实践于一身。这要求校长要有目的、有计划地丰富教育管理所需的教育理论知识、教育法规知识和管理理论知识，提高自己的教育理论和政策水平，在学校管理实践中不断提高各种能力，形成独具特色的办学理念和治校理念，自觉地走专业化发展道路。所以，专业化是校长发展的必然方向。

我国现在在职中小学校长已达到100多万人，我作为其中一名普通的校长，根据多年的教学经验和校长经验，结合《纲要》对“校长专业化”谈以下几点思考。

一是校长要有先进的教育理念。教育学将教育目的定义为对培养人、造就人的总要求。而学校校长的教育理念会影响到他对社会现状及发展趋势的认识，和对学校培养目标的设定以及为实现这一目标而进行的学科专业设置、教学内容和方法、教学制度的选择等。校长的办学理念被教师认同后会内化为全体教师的共同愿景，就会焕发出教师教学的巨大潜能。

我校的教育理念是“让圣贤引领卓越，让教育回归生活”（践履先贤足迹，铸就成功品质；以圣贤为友，与经典同行；志在存高远，进步亦成功）。在这个理念的引领下，我校走“圣贤文化”特色发展道路，营造以“养正气，博古今”为校训、以“见贤思齐，博雅自强”为校风、以“启迪心智，至诚至坚”为教风、以“励志笃学，致知力行”为学风的校园文化氛围，倡导“行动育德”，把“优秀是一种习惯，优秀是一种思维方式”的观念扎根于学校的教育教学当中。

二是校长要制定适合本校实际的办学目标。校长是学校的灵魂，是学校办学方向的引领者、教育改革的指导者和教育理论的实践者。没有科学的办学目标，学校教育的发展便是盲目的，缺乏可持续发展的力量。明确办学目标，能使校长按教育规律办学，构建校园文化，进行学校管理，促进学校发展；能使教师更好地理解新课程、适应新课程，促进教师角色的转化，积极主动地进行自身专业化水平的提升。因此，校长要想获得教育的成功，一定要有先进的教育理念和适合本校的办学目标。

我校确立的办学目标是：“初中教育铸品牌，高中教育创特色”“创建全国诗教单位，建设多元特色发展的高完中”“让每一个景中人都找到成功的感觉”。全校教职工在校长的引领下积极完善和充实自己，走专业发展道路，既创设了教师和学生共同成长、一起成才的局面，也为达到学校目标而努力。

三是校长要打造学校的特色和规划可持续发展。校长作为基础教育改革第一线的领军人物，是打造学校特色的思考者和研究者。它不是一个独立的个体，而是一个专业化的岗位，对学校的发展起决定性作用。规划学校特色，校长必须进行深入研究和思考相关的前沿理论，必须是先进教育思想和前沿教育理念的思考者、学习者和践行者。

我校在打造本校特色的时候，充分挖掘了我校的历史文化资源，从学校发展的历史、现状、前景、资源等方面，在“圣贤文化”的大背景下进行思考研究。经过全校师生的共同努力，我校已经有了四个特色，即景圣文化特色学校、全国楹联教育基地、绿色校园和全国景圣阳光青少年体育俱乐部。这些特色的创建，使得我校在新一轮的教育资源整合当中得以保留并扩建，既促进了我校的可持续发展，也体现了这些特色的长久生命力。

四是校长要注重教育教学和科研的结合。学校是教育单位而非行政单位，学校的核心工作是教育教学。校长对学校办学方向的把握，必须从课堂教学获得第一手资料。校长掌握办学方向需要掌握与课程和教学相关的知识、技能，并能够直接参与教师的教学研究，促进学校改革和教学创新。课堂教学是学校发展的核心业务环节，校长只有深入课堂，重视教育教学与教育科研相结合，才能了解学校的教学情况并做出正确的教学评价；才能创造性地解决实际问题，为正确地把握办学方向、指导学校的校本研究、加强教师队伍建设提供可靠依据；才能真正把教育改革和发展必须依靠教育科研，教育科研必须为教育改革与发展服务的观念落实到各项教育工作中去。

我校立足课堂教育教学，分别申请了重庆市市级课题“基于校本文化德育实效性评价体系的研究”和永川区重点课题“‘卓越课堂’片区教研研究”两个课题。

校长作为学校发展的领头人，能否促进学校教育教学质量的提高，带领广大教师提升办学效能，实现学校可持续发展，与校长专业化水平息息相关。现代校长只有实现了专业化发展，即具备了策划、决策、经营、管理等方面的能力，提高科学研究与文化建设能力、战略策划与战略管理能力、资源整合与开发能力、思维创新与多元发展的能力等，才能确保学校优质高效地可持续发展。因此，校长为了适应新形势下的学校发展需要，必须走一条专业化发展的道路，校长专业化也就成为优质学校建设的必然要求。在这样的要求下，实现“教育家办学”的宏伟目标，就需要懂教育的专业化教育家校长。而校长专业化，校长首先要是一个精通教育的教育者。

浅谈校长的坚守

重庆鱼洞中学　张忠俊

面对“现代中学校长专业素质的思考与实践”这一主题，我认为在众多的必需素质中，“校长对教育规律的坚守”是很重要也是迫切需要的一种素质。

在当前浮躁的社会风气影响下谈校长的坚守我认为非常必要。因为急功近利、图慕虚名之风在教育领域还很盛行，如有的新校长上任不久就开始大吹学校发生了多大的变化；有的学校才开始搞课改就树立自己的旗帜，推销自己的模式；还有在短时间内建成的各种令人眼花缭乱的所谓特色校园、文化校园、品质校园等，大多都只在外在形式上做文章。

学校是一个复杂的大系统，其变化是在不断发生的。但总的来说，从学校变革的历程来看，变革包含了三个层次，即物质条件的变革，管理、教学手段的变革以及学校文化（即教师信念、价值观等）的变革。一般情况下，学校的变革大多在第一、二两个层次就停止了，这两个层次的变革是显性的（如新的教学楼、教学设施、新的管理制度等），是可以参观和炫耀的。但校长必须明确，对学校而言第一、二两个层次的变革只是一种“表层变革”，真正的变革是第三个层次发生显著性改变，即学校文化发生深度变化。而文化的变化是缓慢而隐性的，这样的变革恰好是需要校长真正去做的。

学校深层改革“慢变”的规律是由教育的内在特征决定的。教育的转变首先是教师观念的转变，而“每一个人都生活在自己的心灵世界里”,改变人的观念和行为是非常艰难而缓慢的工作,其过程可能会遇到各种无法预料的阻力。而且教育本身就是一个变化缓慢的过程,校园文化的形成、制度的适应、新型人际关系的建立都不可能一蹴而就,更不可能一招就灵,要下功夫才能形成。

所以,一个真正以改革为目标的校长要强力推进第一、二层次的变革,但更要着力于第三层次的变革,这就要求校长要有坚守的勇气和毅力。

伦理学家麦金泰尔说:“教育者的责任就是要抵抗事实上将会控制他的社会潮流。”在社会大环境影响下,真正做“麦田的守望者”并不容易,但校长应该有传教士那样的毅力永远守住教育的真谛,不为世俗所扰、不为世风所动,校长要站在历史和未来的高度来把握教育,经常静思教育,让思想能超脱浮世的困扰,让身体能摆脱功利的纠缠,来洞察教育的真谛。

校长的坚守来源于校长的自信,而这种自信首先来源于对教育的深刻理解。

我个人认为当好校长首先应该抓住教育之魂,教育之魂是什么呢?

首先,遵从教育规律办教育。西方国家在初中(以 15 岁为界)以前基本上不给学生施加任何学习压力,学生学得很轻松。学生既有一个无忧无虑的童年生活,还可以让各种兴趣自由地形成,各种思想自由地发展,让学生的心理和生理有一个健全的成长过程。但超过 15 岁进入高中阶段,学习迅速变得严格起来,而且学习负担和压力都有显著的增加,这种状态将持续增强直到大学毕业。学生在学校的学习强度与人的理解能力及智力发育保持同步增长,这就是教育的基本规律,这也是中西方教育的根本差异所在,也是中国现行的教育方式中最深层次的、最实质性的、最难被人们注意到的要害问题。

其次，遵从教育的本质办教育。教育的最终目的“在明德，在亲民，在止于至善”、在于培养良好的有责任感的社会公民，要有勇气丢掉“器物”的培养思想。

第三，遵从教育方法和科学精神，教育的方法在“启”而不是“灌”，通过教育要培养学生独立思考的能力和“敢于怀疑、敢于批判、勇于创新”的科学精神。

校长心中要明确一个基本的道理，那就是“没有成绩过不了今天，只有成绩过不了明天”。教育就是要在学生的“今天和明天”之间寻找到最佳平衡点。这种平衡点就是抓真正有效的德育和真正有效的课堂。

校长的坚守自信力也来源于对自己素养的深度把握。陶行知先生说：“校长是一所学校的灵魂，要想评论一所学校，先要评论他的校长。”优秀的教育家有一些共同的特质，即高尚的人格、开阔的胸襟、远大的理想、执着的追求、坚定的信念……朱永新教授说：“理想的校长应该是一个能清晰意识到自己的使命与价值，具有奉献精神和人文关怀的校长。”而这一切的源头，都起源于“爱”。

校长要有良好的人格素养。“大胜靠德”，俄国教育家乌申斯基也说：“在教育工作中，一切都应以教育者的人格为依据，因为教育力量只能从人格的活源泉中产生出来。任何规章制度，任何人为的机关，无论设想如何巧妙，都不能代替教育事业中人格的作用。”每个人都或多或少有几个“心中的恶魔”，这个恶魔主要是贪欲。校长要有佛家的心态，能看穿红尘之事，才能认真对待功名利禄；同时校长还要有儒家的进取之心，要有入世之心，才能引领学校奋发有为；同时还要有老庄的旷达，在入世过程中进退皆不失态。具有了儒佛道三心，再加上不断地在实践中修炼自己，校长就能战胜自己“心中的恶魔”，就能进德修身，完善人格。有良好人格素养的校长，才会自身正直，为人师表；才会胸有大爱，平等无差别地对待每一位师生；才会肩负大责，着力培养师生。

有良好人格素养的校长,应具有宽广的胸怀、正确的认识、勇于担当的精神,顽强的拼搏意志,这种胸怀、精神和意志是一种正向力量,可以带领团队始终以高昂的斗志不断向前。

校长还要有丰厚的学识素养,是实践的思想家。巴尔扎克说:“一个有思想的人才是一个有力量的人。”黑格尔也说:“思想使人站立。”

校长的思想从哪里来呢?

首先是博学,爱好读书应该是校长的职业素养和习惯。如同军人喜爱武器、孩子喜爱玩具一样,校长的第一至爱应该是书籍。校长应该是文理史哲兼容的杂家,只有博览群书,才能信手拈来、应用自如;只有引经据典,才能妙趣横生、兴味盎然;读书万卷,才能胸藏万汇凭吞吐,笔有千钧任翕张。广博的知识能让校长具有深刻的洞察力和思辨能力,应多读优秀校长的管理经验、先进的教育理论和古今中外的教育经典。校长心中要有大量的理论、道理,讲给老师听、讲给学生听,让他们有一种“听君一席话,胜读十年书”的震动,让他们的精神有为之一振的冲动,让他们的思想有一种醍醐灌顶的感慨。然而如果校长只读教育类的书籍,那他们就会处于“不识庐山真面目,只缘身在此山中”的尴尬境地,只有文、史、哲、宗教、科学思想兼容,才能在一个很宽大的视野里面定位教育,才能正确确定办学的方向。

其次是实践,“实践出真知”,“纸上得来终觉浅,绝知此事要躬行”,实践中会遇到很多的矛盾,甚至会犯错误,然而这是建立感性认识的必然阶段,没有充分的感性认识,很难实现认识的第一次飞跃,只有感性的认识积累多了,才会产生质变,才会产生理性认识,从而形成初步的思想。校长在这种思想的指导下再实践,检验思想的正确性,并进一步在实践中完善和提升自己的思想(当然这一个过程并不是一帆风顺的,要遇到困难、挫折甚至斗争),最后才能形成属于校长自己的思想体系,形成校长自己特有的管理实践经验。只有经历这样的过程，校长才会有自己的办学思想，校长才能建立充分的自信去办学校。

校长要有宽泛的素养。校长素养的第一表现就是要能准确把握学校的办学思想。办学思想是国家教育方针的具体化，是学校的教育方针，也是学校的价值观、育人理念、育人目标的高度浓缩。思想形成理念，理念化为目标，目标形成任务，任务引导行为，行为促成方法。办学思想是办学行为的出发点和归宿，有什么样的办学思想，就有什么样的办学行为。

校长还要有远见。远见来源于思考和分析判断，对学校的现状、大政方针、教育发展的方向要有清醒而准确的认识和独立的判断。校长有了这样的分析和判断然后才能定位学校的发展是走超常规发展之路还是稳步发展之路，如果对学校未来有良好的预期，超常规发展显然是最好的选择，学校就会出类拔萃，否则会错失发展良机。因此，校长的远见是非常重要的。

校长还要有较强的语言素养和写作能力。从古至今的领导者都非常重视写作和演讲的作用，好的演讲甚至胜过千军万马。一次好的演讲很能激起师生共鸣，也很能激发师生的情感，从而形成众志成城、奋力拼搏的干事场面，这就是一个单位的气场。

作为管理者的校长更要会实干。校长要成为精神领袖除了有理念、有思想之外，更重要的是要做出行动，做出成绩，这三者缺一不可。实干的第一要素是快速解决师生问题，它最温暖人心。师生问题必须马上行动，绝不允许“以后再说”。办事拖拉、推诿非常影响校长在教师和学生心中的形象，一个求真务实的校长，“立即行动”便是第一考验。如发现了问题，要立即纠正；有了疏漏，立即弥补；师生反映的问题，立即解决。让师生感觉到学校工作落到了实处，行政成员执行力强，结果是大家受益。校长实干的第二要素是要有坚持力。很多校长，精于谋划，弱于执行，但若是没有坚定的决心、坚强的意志和执行的能力是很难将谋划进行到底的。所以，校长对谋划之事的后续推进能力显得非常重要，每走一步，一定要想好接下来的几步该怎么走，否则，你将成为思想上的“巨人”，行动上的“矮子”，很快会失去师生的信任。

具备了以上的认识和能力，校长便有了自信，只有自信的校长才有真正强大的内心，才有真正自由的意志，在办学方向、办学实践中才能不为外物所动，不生搬硬套，不人云亦云。这种坚守需要胆识、远见、勇气和智慧，才会顶得住压力、守得住品质，才能在市侩的浪潮中坚韧前行，达到“从心所欲不逾矩”的境界。

现代中学校长专业素质的思考与实践

重庆云阳江口中学　刘　红

校长的素质是办好学校、提高教育教学质量关键性的因素。常言道:“有什么样的校长,就有什么样的学校。”特别是实行校长负责制后,校长的责任更为重大。因此,在现代化的时代背景下,对校长的素质进行研究,更应该引起校长们的高度重视。

一、厘清概念

“素质”这一概念有广义和狭义之别,狭义的素质是指人的先天生理解剖特点,它是以人的心理和生理实际作基础。广义的素质是对一个人的性格、品德、兴趣、文化、智力、能力、情感、意志和体力等的总称,主要是指一个人的修养。有的学者把先天的素质与后天的修养二者结合起来,称作素养。本文在这里侧重从广义的层面理解校长素质,即着重研究校长应具有的素养问题。

从广义层面上理解现代中学校长所应该具有的专业素质,又可划分为两个层次:第一个层次是校长作为社会公民的基本素质,即公民素质;第二个层次是校长作为一种社会职业所要求的特殊素质,即职业素质或专业素质。本文在这里所研究的校长素质,主要针对的是后者,也就是校长开展学校领导管理活动所必须具备的专业精神、道德修养、知识与能力等因素的总和。

二、结构分析

现代中学校长应该具备的专业素质包括专业精神、专业修养以及专业能力三个方面。

(一)专业精神

校长的专业精神是一种使命感、责任心和对学校以及教师与学生发展的强烈追求。专业精神,可以激起校长办好教育的激情。它要求校长必须是一个"识大势、明大事、成师表"的人。所谓"识大势",就是要了解社会的发展趋势并由此对教育所提出的要求。它要求校长要具有战略眼光,把握教育的发展方向,特别是要少讲真干。所谓"明大事",即校长必须明白要改变学校现状,最应该抓的是牵一发而动全局的事情。作为一校之长,精力有限,大小事情不可能亲力亲为,要学会放权,学会以理服人。"明大事"是相对的,是因学校的不同而异的。一所学校的大事并不一定是全校的大事,不同的学校或同一所学校处在不同的时期就有不同的大事要处理。以农村初高中为例,学校常面临生源不足,中途还有学生要转学的问题。在这一时期对校长而言,留住学生就是大事。农村高中由于地理位置的缺陷,常面临优秀教师进不来,即便是进来后也留不住的问题。此时期对校长而言,招聘优秀人才、留住优秀人才就是大事。所谓"成师表",意即没有必要苛求中学校长的知识有多么的渊博,教学技能有多么的高超,最核心的问题是校长要具有人格魅力、有良好的人品,能够以严格的标准规范自己的言行,起到模范带头作用。

(二)专业修养

我们可以从以下两个层面来分析现代中学校长所应该具有的专业修养。其一,从学生的角度而言,校长要关注其成长。教育形式生动活泼有助于学生的健康成长。作为一名中学校长，不仅要将教育学生的重点放在提高成绩上，还要重视加强学生的情商以及锻炼学生的思维能力。情商和思维能力对于学生未来的人生发展，所起的作用是巨大的。校长要走近学生，了解学生的实际状况，让学生感受到领导的关怀，尽量满足学生的合理要求。其二，从教师的角度而言，校长要重视其生命体验。从教师的职业角度来看，主要是引导其专业化发展，提高其教学水平。这些就需要校长具有专业修养，即具有人格、品德、情感等修养，以此引导学校的发展。

（三）专业能力

现代中学校长需要具备良好的专业能力。专业能力可大致分为专业知识能力和专业管理能力两个方面。从专业知识能力角度看，现代中学的校长至少要在某一个学科能够驾轻就熟，同时还要掌握心理学、教育学以及管理学等相关知识。中学校长只有在教学能力扎实的基础上，才能够有独立的科研能力。学校是一个治学的场所，营造浓郁的学术氛围，需要以科学研究做支撑，为教师提供各种形式的讲座和进修机会。校长要想不断更新自己的知识，夯实自己的专业基础，就需要多向教师们，尤其是优秀的教师虚心学习。听课对于校长来说，是掌握第一手教学材料的基本途径。校长不听课，就难以了解学校教师的整体素质，自身的专业知识也会随着知识的更新而矮化。从专业管理能力上看，组织、管理学校是校长的主要职责之一。校长要能够有效传达自己的思想，确保学校信息渠道的畅通。专业管理能力是现代中学校长管学校所必须具备的一种能力。校长要适时抓住学校的发展机遇，促进学校的跨越式发展。常言道：一步主动，步步为营。如我校在重庆地区各兄弟学校中率先提出了“耕读文化”的口号，鼓励学生发挥自身的长处，自食其力。结果学生的身体素质不仅得到了加强，学生们对来之不易的求学机会也倍加珍惜，也会以饱满的热情、昂扬的斗志面对学习、面对生活。这是我校成功成为重庆市重点中学的重要原因之一。可以说，“耕读文化”改变了我校学生的面貌，也改变了我校的面貌，更改变了整个云阳北部地区学校教育的面貌。

三、路径探求

从实践的角度考察现代中学校长的专业素质，校长可以从健全制度、激发动力以及积累经验三个方面做出努力。

（一）健全制度

校长是重要的人力资源，应根据人力资源管理流程的要求建立、健全校长管理制度，通过制度建设促进校长专业素质提升。从人力资源管理的角度出发，应建立起校长职业责任制度、资格制度、聘任制度、培训制度、考核与监督制度、职务晋升制度、薪酬制度以及相关的保障制度等，而不是一般地按照教师管理制度来管理校长，这有利于促使校长定位自己的专业角色，激发校长的职业热情与责任感，激励校长不断提高自己的专业水平。例如，为加强校长的评价管理制度，就要求校长把工作做实，不走形式。同时还要端正校长评价的目的性（应本着促进校长发展的原则），调整评价的形式，考虑评价的人选（比如说让教师、学生、家长参与评价），调整校长评价的内容等。有效的校长评价机制，会促进校长素质的大幅度提高，这就需要行政部门本着发展、激励的原则建立完善的校长管理机制。

（二）激发动力

一名校长的成长是一个动态的过程，需要源源不断的动力。在长期的教育教学实践中找到幸福感和成功感，是校长成长的动力。专业发展也是校长成长的动力，它能够影响校长继续发展的最主要的原因是校长专业情感的重要组成部分——专业理想。校长的专业理想是校长对成为一个成熟的学校教育者、领导者和管理者的向往与追求，它为校长提供了奋斗的目标。教育行政部门应该多让校长接触先进人物，因为校长的发展动力有很大一部分是来源于身边和同行中的先进人物，他们的经历与成绩有很强的示范性和引领性，能使校长获得前进的动力。

（三）积累经验

没有学校管理的实践或缺乏丰富的实践经验，校长的成长是难以实现的。校长必须到教育教学的一线去锻炼，从一位普通的教师做起，体验教育，领悟教学，学习管理。只有这样锻造出来的校长才是一个具有实践智慧、实践知识、实践能力的脚踏实地的校长。在实践工作中学会发现问题，敏锐而有效地解决问题，校长才会增长实践的智慧，才会思考现实的问题，才会形成自己的教育思想、管理理念。学校也可效仿教师成长的方式，采用师徒制，让有经验的老校长，把他们的工作经验、宝贵财富传授给校长的候选人，引领年轻校长深入学校的工作场景，在实际的工作情境中去提高新校长们的素质，让新任的校长看一看老校长处理问题的方法，听一听老校长们的富于表现力的演讲，学一学老校长们的教育思想。

著名教育家陶行知曾经说过："做一个学校校长谈何容易？说得小些，他关系千百人的学业前途，说得大些，他关系国家与学术之兴衰。"校长是党和国家教育方针政策的执行者，是学校的设计师、组织者和领导者，在学校、国家、社会中都有其重要的地位。一名优秀的校长就是一所成功的学校。从某种意义上说，中学校长专业素质水平决定了学校的办学水平。因此，建设一支高素质的校长队伍是关系到一所学校能否全面贯彻教育方针，全面实施素质教育的重要因素，是一项关系到我们的教育事业兴衰成败的战略任务。

着眼未来　做一名教育家型的校长

重庆梁平红旗中学

校长专业化是我国教育事业的重要议题之一。在过去，校长要办好一所学校，从业务的角度必须主要抓好哪几方面工作，很多校长对此认识各不相同，各级教育行政部门的要求也不统一，没有一个明确的标准。那么，做一名合格的中小学校长到底需要具备哪些专业素质？2013 年 2 月，教育部颁布了《义务教育学校校长专业标准》(以下简称《专业标准》)，这虽是义务教育学校校长专业标准，但也为中学特别是高中学校校长的管理和办学行为的标准提供了强有力的支撑和参考。教育界倡导教育家办学，在理论和实践中都得到了广泛认同，甚至还得到了整个社会的普遍认同，这也是《专业标准》所倡导的。做一名"教育家型"的校长，这应该作为每一位校长的职业理想和人生追求。目前，实际的情况是校长的专业标准离《专业标准》所需求还有距离，要根本实现它还有一个较长的过程。

怎样才能做一名"教育家型"的校长呢？作为教育家有着严谨的治学态度、较强的学习能力，爱读书、善学习，有独到的见解和思想。作为优秀的校长也要有组织管理能力、创造力和感召力，珍惜学校的名誉胜过爱护自己的眼睛，解放思想，还要为师生创造自由的教学环境，具体有以下几个方面。

一、做一名书生校长

书生校长应该是一个热爱读书的校长。如何做校长有多种方式，有认真执行上级命令的，也有热心于拓展社会空间的，这些都无可厚非。社会交往是当校长的职责的一个方面，但书生校长不同，经常流露出除了处理正常事务之外，其他娱乐活动，不如看书感觉适意。如著名人士程红兵当了校长后，仍然不改书生脾性，仍然爱书、买书、藏书、看书、教书、写书。他建议校长应该培养自己的读书习惯：一读教育经典，真正的经典永恒而平易；二读教育报刊，了解同行在思考什么；三读人文书籍，拓展自己的人文视野；四读中学生写的和为中学生写的书，走进学生的心灵。

书生校长其优势是书读得多了，眼界开阔了，知道前人做过什么，现在同行在做什么；书读得多了，知道的多了，不自觉地就会比较，一比较就知道什么是毫无意义的问题，于是不去浪费时间，就容易抓住有价值的根本问题，心无旁骛地做下去；书生常常有书生气，喜欢较真，做事情先要把它想明白了，然后拟订规划，不自觉地把自己想象成战略家，然后真诚地鼓动教师们一点点地去做，或许真诚的校长容易打动人，或许是教师们本来就是读书人，容易理解书生校长的意图。

二、做一名有思想的校长

黑格尔曾说："人是靠思想活着的。"同样，教育也需要靠思想而活。在这个分享教育家智慧、呼唤教育家办学的时代，作为学校管理者的校长，要想办好学校，就得有教育家的追求。有教育家的追求，首先就要用心于教育，追求高远，潜心研究，做一个有思想的校长。"思"教育的本真，"想"学校的发展，不断实践，不断探索，不断学习，不断思考。校长缺思想好比人缺钙，缺钙的人是站不直的，是萎缩、萎靡、软弱和消极的。同样，校长的思想见识就是校长的"钙"，是决定一个校长能否站"直"并进而有所发展的关键因素，也是决定一个校长有无大作为的关键所在，更是能否产生教育家的关键所在。

校长的思想从何而来呢？思想来自于自身的不懈思考，校长要学会思考，既要高屋建瓴，又要脚踏实地。校长的思想也从学习中来。学习是读书，是用脑，校长应该不断更新自己的知识结构，使自己跟上时代。因此，校长要经常读书，经常用脑。校长的思想还从研究中来。校长最主要的活动场所应是学校、是课堂。从实验研究的角度看，学校、课堂是最佳的教育研究实验室，校长可以通过一个实验过程来系统地解决学校、课堂中遇到的问题，这使校长拥有了得天独厚的研究机会。校长的思想从批判中来。校长不应再迷信自己，不再把自己的职业角色神化，而是敢于批判自己，甚至敢于否定自己，事物在发展，时代在前进，校长不可能穷尽过去和未来，要做的就是在不断地批判自己中创新。校长的思想从创造中来。校长要成为有尊严的人，就应该选择富有创造性的职业，并以创造性的劳动去实现自身的生命价值，在创造性的劳动中享受自身生命力焕发的欢乐。

三、做一名"给力"的校长

一个好校长就是一所好学校。校长是学校的领导核心，是学校的代表。作为学校的领导、学校的火车头，要真正将学校管理出活力，管理出生命力，真正"给力"，自身必须有"力"。

首先，校长要有得心应手的组织管理能力。校长在计划、指挥、组织、决策等管理活动中，要能够综合运用各种管理手段创新和变革，最大限度地发挥学校资源的整体效益。组织管理能力主要包括教育科研能力、运用管理手段能力、科学决策能力、预见能力、统筹能力五项能力。

其次,校长要有与时俱进的创新素质和能力。创新是进步的灵魂,是发展的动力,现代教育呼唤校长创新。作为校长,要敢于向传统的不适应时代要求的旧的教育思想、教育内容、教育方法挑战,敢于突破传统的教育观念和办学模式的束缚,去开创学校工作的新局面,闯出学校发展的新路子。归纳起来,创新素质和能力主要体现在三个方面,即改革创新的能力、开拓精神、立体思维能力。

另外,校长还要有一呼百应的"感召力"。这就要求校长要具有人格魅力、学识魅力、胸怀魅力、工作魄力与亲和力。人格魅力,指要有高尚的人格、有道德涵养,以德服人;学识魅力,指要学识渊博,情趣高雅,有品位,有"鸿儒"之风;胸怀魅力,指要有宽大的胸怀,不咄咄逼人,不以权压人;工作魄力,指校长要具有开拓意识、超前意识,看准了的,就不能优柔寡断、瞻前顾后而错失良机,必须有敢为人先的胆略,锐意进取,不断开创学校工作的新局面;亲和力是指校长只有具备亲和力,才能将八方将才收于麾下,才能振臂一呼,应者云集,才能激发全体教职工的创造意识、合作意识和奉献意识,才能无往而不胜。

四、做一名珍惜学校名誉的校长

理想的校长,应该是一名珍惜学校的名誉胜过爱护自己的眼睛和自己的生命的校长。作为一名校长,如果他把学校声誉和形象看得很重要,他会尽他最大的努力去维护它,而学校的声誉又取决于校长的声誉和形象。

但在现在,校长的声誉和形象似乎还没有引起足够的重视。由于受一些腐败思想的影响,出现了如"校长带女学生开房"等一些影响恶劣的事件,严重地影响了校长的声誉、损害了学校的形象。在这方面可以参照其他国家的做法,如有的国家在学校、在会议室或者是礼堂,都悬挂着一代一代校长的照片,不因为荣辱变迁而影响某一位校长在学校历史中的地位。因为在他们看来，只要是做过某所学校校长的人，都应该在该校历史上留下痕迹。这不仅仅是宣传校长个人，更是给校长一个提醒：你将给学校的历史留下什么？同时，也让学校里所有的人——所有的学生、所有的教师，都看看校长在这个职位上干了什么，为这个学校新添了什么华章，学校在他手里有没有进步，有没有发展。任何一个校长如果看到自己和自己前任的照片，他的责任感会增加很多。

因此，校长专业标准要求在选拔校长时要以德为先，把师德放在首位。其次，校长们更要加强自身的道德修炼，提高师德素养，只有校长成为珍惜自身和学校名誉的典范，才能带动更多的师生去珍惜。另外校长在平时工作中也要把德育工作放在首要位置，全面加强学校道德教育。校长的正气就是学校的风气。如一所名牌学校的悠久历史和优秀传统，是在几代、几十代的校长竭尽全力、鞠躬尽瘁的奋斗下形成的，就像奥林匹克长跑接力棒一样延续下来的。若一个校长从校长岗位退下来的时候，当他回首往事，能够像奥斯特洛夫斯基那样写一份无悔的人生答卷的话，那一定是一名非常优秀的校长。

五、做一名自由的校长

教育家一定是自由的教师、自由的管理者，做一个自由的教师一定是幸福快乐的。这里所说的自由，就是校长不为社会的各种诱惑所影响，他们热爱教育，喜欢跟孩子们在一起，静静地守望孩子们慢慢成长。但是在中国，校长多数是由上级主管部门任命的，大多是在执行上级的命令，但随着社会的发展，现在要求校长做一个有理想、教育型的校长，教育部制定的《专业标准》，无疑给校长提出了新要求。

十年树木，百年树人。教育需要按教育规律办事，需要摆脱束缚、远离诱惑，需要耐心，更需要等待，不能急躁，更不能目光短浅、急功近利。这就要求摒弃那些束缚校长思想和行为的条条框框，要转化那些植根在校长头脑里的落后的甚至是错误的观念，要改变那些决定校长“前途和命运”的行政制度，要“去行政化”，走职业化的道路；改变那些急功近利的短期做法，坚决纠正那些违背教育规律的“政绩”行为。校长也要解放思想，形成自己独特的办学理想和办学目标，自由地、大刀阔斧地、科学地办出各具特色的学校。只有这样才可能促进教育事业的繁荣昌盛，涌现出更多的“教育家型”的校长。

西部农村地区高完中校长专业化发展过程中面临的困境与出路

重庆开县临江中学　余　红

近几年，中学校长专业化发展这一问题，被越来越多的教育界专家和学者所重视。在教育主管部门的关心和支持下，几乎每年全国各地都在举办中学校长培训班，使人们欣喜的是有相当多的中小学校长在专业化的道路上不断前进，在实现自身发展的同时，也带领自己的学校不断进步，为国家培养了大批优秀人才。

然而，在全国中小学校长中，有一个群体，那就是西部农村地区高完中校长。在专业化的发展道路上由于其学校所处的地域、经济发展及其他因素，在一定程度上导致他们在专业化发展的进程中发展较为缓慢。本文拟就这类学校的校长在专业化发展中遭遇的困境做简要分析，同时提出相应的对策，以期能为西部农村高完中校长的专业化发展献计献策，为西部农村高中教育贡献一点绵薄之力。

一、需要厘清的几个概念

(一)西部地区

西部地区包括重庆、四川、贵州、云南、广西、陕西、甘肃、青海、宁夏、西藏、新疆、内蒙古十二个省、市和自治区。其土地面积约681万平方公里，占全国总面积的71%；人口约3.5亿，占全国总人口的28%。

西部地区具有厚积薄发的优势。这里有悠久的历史，如拉萨、成都、西安、昆明等城市，在历史上都是数代帝王之都；这里有光辉灿烂的文化，如藏传佛教、秦始皇陵、蜡染工艺等。因此，办好西部地区的教育，对传承和发展中华文化具有十分重要的意义。西部地区，是汉族与少数民族、高收入阶层与中低收入群体共处的地区，办好西部地区的教育，对维护西部地区的发展与稳定和国家的长治久安，也有重要意义。

由于学校是教育的主要实施者和组织者，历史的重担就压在了西部地区教育主管部门和西部地区各类学校的肩上。地理位置和自然条件，决定了西部农村地区高完中校长所从事的职业的特殊性；而西部地区的人文社会现状，又决定了西部农村地区高完中校长所进行的任务的重要性。如何在特殊的环境中实现自身的专业化发展，如何在艰苦的条件下更好地完成党和国家交给的重要任务，就成了摆在西部农村地区高完中校长面前的重要问题。

(二)农村地区

实际上，国家并没有直接规定“农村”这一统计指标的口径，仅规定了“市镇总人口”和“乡村总人口”这两个人口统计指标。根据国家统计局解释，“市镇总人口”指市、镇辖区内的全部人口；“乡村总人口”指县(不含镇)内全部人口。根据当前实际，我国西部大多数农村高完中都设在乡镇，因此，本文指的农村地区，实际上是指区、县行政区划内下属的乡镇及乡镇以下区域。它们的总体特点是：农业人口所占比例大，居民生活水平低。新时期，农村地区人口呈现出的典型特点是外出务工人员较多，留守老人和留守儿童较多。

因此，在农村担任高完中校长，是一件具有挑战性的工作。一般来说，没有一定的专业水准，没有吃苦耐劳的精神，很难胜任农村地区高完中校长这一职务的。

(三)高完中

本文所指的高完中，是指这样一类学校：在同一所学校中，既有初中三个年级，也有高中三个年级的独立建制的全日制普通中学。由于在同一所学校中既有高中，又有初中，校内教师层次多样，校内学生层次复杂，这样一来，高完中校长便要充分了解初中学生和高中学生两个群体的基本情况。这也就导致高完中校长要“一心二用”，既要处理好初中部的管理问题，又要兼顾好高中部的管理问题。

(四)校长专业化发展的考量标志

陈小娅提出：“要成为新时代的人民教育家，迫切需要校长的专业化发展，建设专业化的校长队伍。”笔者认为新时期校长专业化发展，要着力做好以下几个方面的工作：管理水平的提高、管理技能的进步、领航学校课程的开发和引领学校课改的方向。

校长是学校发展的舵手，是学校前进的向导。在学校的总体工作中，校长具有无可替代的作用。因而西部农村地区的高完中校长，于国于校，于人于己，都必须不断提升自身的专业化水平。

然而，西部农村地区的高完中的校长应当有思想准备，那就是，在发展中面临各种各样的困难，就意味着投入更多的时间和精力，实现自身的不断进步。

二、西部农村地区高完中学校的特点

地处西部、设于农村，再加上高完中特殊的师生状况，使西部农村地区高完中校长在发展中面临一系列的困境。这些困境有时会制约学校的发展，也会制约校长的专业化发展。具体来说，西部农村地区高完中具有以下典型特点。

（一）办学资源配置落后

由于多方面的原因，西部农村地区高完中的办学资源配置相比其他地区比较落后。如学校的配套基础设施不健全，经常停电、停水、停气。学校经费的不足，致使校舍相对破旧，安全隐患较大。很多学校的学生，由于地域所限没有场地跑操，只能做操。就连基本的体育课都难以正常进行。

（二）学校周边环境差

西部农村地区经济文化相对较落后，这导致高完中周边环境较差。如我校的围墙之外便是化粪池，夏天的时候，老师和学生经常要捂着鼻子上课。校园的环境也导致了学校师生的教学质量低下，既影响了心情，也影响了师生的身体健康。

（三）教师队伍“难进易出”

由于西部地区农村高完中大多地处乡镇，交通十分不便。很多教师拼命教书的目的，只有一个，那就是跳槽到县城或更好的地方。在招聘教师时，省重点以上的师范类毕业生一般不愿到乡镇，这就造成了农村地区高完中教师队伍“难进易出”的困境。以我校为例，在2012年某专场招聘会上，共招聘了26名研究生，其中有两位特别出色的研究生，来我校考察后当天就提出解除协议。剩下的研究生教师，也有很大一批人时常关注外界的教师招聘信息、事业单位招考信息和公务员招考信息。可以说，这批教师，只是缺少一个离开的机会，一旦机会成熟，他们必将离开我校。

另外，县城和其他市区级学校招聘在职教师的行为，也对农村地区高完中的师资造成了巨大冲击。以我校为例，开县县城和万州城区的学校，每年都会考调教师或招聘在职教师，几乎每年，我校都有5～8名优秀教师离开。

类似的情况，在西部很多农村高完中都存在。这导致这些校长，既要抓教师的管理，又要抓教师的生活；不仅要关注他们的教学质量，还要稳定他们的思想，想方设法提高他们的幸福指数。这样一来，农村地区高完中校长投入学习和科研上的精力就更少了。

(四)生源状况日益滑坡

国家目前大力实施九年义务教育，规定初中生就近入学，但择师择校的风气在农村依然盛行。很多家庭，只要收入允许，都会让孩子去县城的学校或条件更好的学校就读。加之西部农村高完中学校交通条件较差，住宿条件不好，其生源质量日益走下坡路。

这些学校的生源特点是：学科知识不全、综合素质不高、行为习惯不好、家长重视程度不够。全校领导班子几乎每周都要加班来研究学生在成长中遇到的困难，并花很大的精力来部署下周的学生工作。

以某校为例，在2013年招生中，高一新生占全县前1000名的比例不足30%，且很多家长长期在外打工，隔代抚养问题比较突出。很多学生，娇生惯养、我行我素、十分任性，教育难度较大。还有许多家长，由于经济原因，不能给学生提供必要的学习和生活条件，导致学生内心的自卑情绪加深，严重影响了学生的成长和进步。

这样一来，西部农村地区高完中校长，既要处理日常的行政管理，又要腾出时间来研究学生的状况，在专业化发展的道路上又受到了一层束缚。

三、西部农村地区高完中校长岗位的特点

西部农村地区高完中发展面临着很多的困难，同时，这些地区的高完中校长，他们所从事的岗位本身也有一些特殊性。

（一）事务繁杂

前面我们已经谈到，西部农村地区高完中在生存和发展中会遇到很多难题。比如校外基础设施问题、周边环境问题，校内硬件问题、师资问题、生源问题等。这就使得这些学校的校长，不仅要抓学校内部的建设，还要兼顾与校外方方面面的关系。尤其是在夏季，农村地区的高完中校长还要时刻与供水、供电、供气部门保持联系，因为，这些部门管停水、停电或者停气的事宜。水电气任何一个方面出了问题，都会影响学校的教学秩序。

如果说，城区学校的校长可以将80%以上的精力用在学校管理上，那么农村地区高完中的校长在自然状态下只能抽出60%～70%的精力用在学校领导班子建设、学生教育管理和教师质量管理上。因此，这些校长用于学习的时间也会相应减少。

（二）岗位难稳定

西部农村高完中，处于高中教育的夹缝地带。在这些学校任校长，一般是五年一届。一旦这些校长在任职期间业绩较为突出，就会被调往更好的学校或当地教委任职。每个校长的管理思路并不一致，这就导致新任校长刚把学校情况摸熟，各项事务刚有进展，就会被调到新的岗位上去。

同时，西部农村地区高完中苦于经费不足，办学条件差，社会影响力不足，导致校长参加各种形式的集中学习、培训的机会很少。如乡下的高完中，很少有机会举办省市级的教研活动。这些学校，受生源影响，教学质量长期没有大的起色；受地理位置的影

响,这些学校很少有自己的品牌。这就导致农村地区高完中校长成名难,成才更难。受功利心的影响,一大批农村地区高完中校长牵挂的不是如何在学校长期扎根,而是如何跳槽到更好的岗位上去。

由此可见,由于制度的影响,加上个人名利心的影响,导致西部农村高完中校长岗位频繁变迁。

(三)缺少指导

个人的成长,离不开导师的指导。作为西部农村地区高完中的校长,他们所处的乡镇,交通不发达,文化不繁荣。在专业化的进程上,他们更多的时候,只能求助于书籍。而购买高层次、高水准的专业书籍,在乡镇一级行政区划,甚至到县城,都是很不方便的。

当前,西部农村地区高完中校长,年龄多在 40 岁以上。他们中有很多是毕业于中师,之所以有今天的成就,完全归功于他们不断地学习和进步。然而,当上西部农村高完中校长之后,他们面临着更多的困惑,更多的迷茫。这个时候,就需要有一位甚至几位德才兼备的专家学者做他们的导师,来指导他们在新的岗位上处理前所未见的复杂局面,去处理前所未闻的复杂问题。然而,在现实中,无论是购买到高水平的书籍,还是找到出色的导师,对于农村地区高完中校长来说,都是很不容易实现的。

由此可见,要想在复杂的环境中工作,在特殊的岗位上进步,西部农村地区高完中校长,必须突破前文所述的所有障碍。

四、西部农村地区高完中校长专业化发展的出路

(一)从校长自身看

西部农村地区高完中校长,要想实现自身的专业化发展,必

须树立甘于奉献的精神。要树立扎根农村、服务基层、奉献社会的远大志向，在农村开拓出一片教育的新天地。

西部农村地区高完中校长，要想加快自身专业化发展，必须树立刻苦学习的精神。现在，每年都有各种类型的校长培训班、校长交流会。西部农村地区的高完中校长，要抓住这种机会，积极向专家请教，积极与同行交流。

西部农村地区高完中校长，要想加快自身专业化发展，必须具备知人善任的能力。在班子建设方面，要根据成员特点分配合适的任务，做到“事事有人抓，事事有人管”。要做到将具体事情大胆地放给下级工作人员去做，在大的原则和方向上重点把握。

(二)从学校建设看

西部农村地区高完中，要重点抓好学校基础设施建设。因此，新任农村地区高完中校长，到任之初，就应当对学校内部情况进行摸底排查，首先解决好校舍安全问题、食堂安全问题和校园安全问题。以我校为例，通过多方筹款，我校于2012年新建了科技实验大楼，解决了学生无场地无设备进行理化生实验的问题；得益于县教委的良好政策，我校实施了“三百万工程”，新购置了大量教育教学设备；受惠于县政府的良好政策，我校获得了大量的资金，新征地300亩，进行运动场的扩建。这样一来，我校现任校长便不必再用太大的精力来思考如何解决校舍安全问题和办学资源问题。

西部农村地区高完中，要与当地行政事业单位及公共服务部门建立和谐优质的关系。目前，我校已经与开县临江镇城建、警务部门建立了良好的关系，在学校周边噪音过大影响到我校正常的教学秩序时，他们会积极出面协助。每次停水、停电，或停气，相关部门都会提前24小时，用电话或者短信告知我校相关职能科室。这样一来，我校就能有充足的时间进行应对。

(三)从教育主管部门看

教育主管部门应当加大对西部农村地区高完中的经费投入。高中学校的上级主管部门是当地教委,因此教委应当着力推行教育均衡发展政策,将教育经费向边远地区、农村地区适当倾斜,优先解决农村高完中的校舍安全问题和教学设备更新问题,以解决这些地区的校长在专业化进程中的后顾之忧。

教育主管部门应当将教师待遇政策向农村学校适当倾斜。比如在评优评先、评职晋级等方面适当给予农村学校更多的名额,为农村地区学校留住更多的优秀人才。同时,上级部门如果能为边远乡镇的教师提供一定的津贴或其他福利,也能帮助这些地区的高完中校长留住更多优秀教师。开县于 2010 年推出了"万名人才引进计划",为新进硕士研究生教师每月提供 1300 元生活补助,为新进教师提供公租房,为稳定我校的师资提供了很大的帮助。

教育部门应当制定合理的政策,注意同类学校间的生源稳定。以我校为例,由于开县教委推出了较为合理的均衡发展策略,虽然目前我校的生源质量和县一中相比仍有很大差距,但与县内其他兄弟学校相比,仍能处于相对均衡的地位。我校长期以来形成的良好教风和淳朴学风,使我校的教学水平有大的提高,课改也取得了喜人的成果。这样一来,现任校长的后顾之忧更少了,用于自身专业化发展的时间和精力也就更足了。

在困境中打败困难,在困难中战胜困难,是西部农村地区高完中校长面临的重要任务。我们坚信,只要西部农村地区高完中校长能树立不怕困难、扎根基层的信念,优先解决好学校的基础设施和师资、生源问题,再加上教育主管部门和其他行政、公共服务部门的支持,他们终将战胜困难,实现自身专业化的快速发展,在农村高完中教育这片沃土上放飞梦想,走向成功。

现代中学校长专业素质的思考与实践

——如何提升校长课程领导力之浅见

重庆广益中学　章显林

高中新课程改革已三年有余,它为全面推进素质教育、提高教育质量、培养适应社会发展的创新型人才提供了难得的发展机遇,同时也对校长的课程规划、实施、管理和课程文化建设能力提出了更高的要求。如何把握新课程改革契机,采取有效策略,在发展学校的同时,不断提升校长课程领导力,是每个校长面临的专业素质的思考与实践的问题。校长只有具备高效的课程领导力,才能增强学校课程实施的整体效应,从而促进课程管理品质的提升,学校的教育教学才可能有高质量、高效能的成果展现。那么怎样做到这些呢?以下是我通过思考、实践和探索后的一些浅见。

一、加强课改领导团队的思想建设和组织建设,充分发挥校长的思想引领作用

"校长对学校的领导,首先是教育思想的领导,其次才是行政上的领导",这是著名的苏联教育家苏霍姆林斯基提出的学校管理理念。可见,教育工作的关键因素是人的因素,课程领导团队的思想素质和能力决定着新课程改革的深度和广度。提高课程领导团队的思想素质,是学校获得发展的重要支柱。也就是说,只有拥有一个课改质量高的团队,才能有一所课改好学校。校长要真正发挥其引领作用,首先要带头学习新课程理论和外校课改先进经验,掌握新课程的实质,以新的管理模式去实施新课程,用新观念、新方法引

领教师教学观念的转变，为全面推进学校课程改革打下坚实的思想基础。在课改理念的引导下，学校由校长带头组成了课改团队，组织团队成员学习研读《走进新课程》《普通高中新课程方案》《普通高中新课程研修手册》《创新课堂》等书籍，带领他们到外地学习参观，不但开阔了学校课改团队的视野，也提高了其思想认识，更明确了课改方向，从而也提升了校长的领导力。

作为"重庆市普通高中新课程实验样本学校"，我校建设了一支职责分明、运行有序、专业能力强、管理水平高的课程教学管理团队。组成了以校长为组长的"新课程改革实验工作领导小组"，下设6个功能性课程管理组织，建立了15个学科课程教学研究小组，形成了在校长领导下的学校课改管理团队。学校制定了《广益中学课堂教学改革研究实施方案》《广益中学校本教研制度》《广益中学研究性学习实施方案》《广益中学社会实践与社区服务实施方案》《广益中学校本课程开发建设方案》《广益中学学生选课指导意见与选修课管理办法》《广益中学学分管理办法》等制度性文件，明确了责任分工，形成了在校长主持下的课程领导团队，带领全体教师积极地进行学校的新课程改革。

二、加强师资培训，强化校长的课程领导力

加强教师培训是课改成功的关键。新课程改革对于教师的挑战远远超过对校长的挑战，这就要求校长具有强有力的课程领导力，帮助教师解决课程改革中遇到的各种问题，保证课程改革健康全面展开。因此，我校制定了高中课程改革方案并立足本校实际，采用"走出去、请进来"等形式，大力加强教师培训，提高教师的新课程实施能力。如每年暑假，学校都积极选派各学科骨干教师参加"重庆市普通高中新课程实验教材骨干教师市级培训"，选派教师参加有关校本课程开发和学生综合素质评价的培训，选派部分骨干教师赴江苏洋思中学学习"先学后教，当堂训练"的课堂教学模式。学

校还聘请中央教科所华国栋教授指导学校新课程改革工作，邀请专家到校做报告，为新课程实施奠定了理论基础。

同时，学校还充分发挥骨干教师的力量，让骨干教师与新教师结对子，对他们进行经验传授。

三、加强校本实践研究，提升校长的课程实施领导能力

学校确立了以“课堂为落脚点，教研活动为主线，全面课改为面”的校本教学研究与推进思路，建立了四个支持系统。一是组织保障支持，明确校本教学研究校长为第一责任人，校级领导和部分中层干部根据自己的专业实行包教研组、包教师、包班级的三包措施；二是制度规范支持，学校建立和完善了各种制度，如教研组长、备课组长职责，集体备课方案等；三是理论支持与指导，学校聘请专业人士到校指导；四是经费支持，只要是校本教研需要的经费、场地、专用教室等，学校都尽其所能给予满足。为此，学校建立了以各学科教研组和备课组为单位进行校本教研的机制，通过听课、评课、集体备课，以“减负、特色、质量”为目的的新课程改革，从而提高教育教学的质量，探索“以学导学”的课堂模式。学校还集中培训师生，统一认识，理解导学课堂要义、操作和实施流程；聘请中央教科所专家开展高端培训，具体指导学校导学课堂，引领学科深入发展；按照“骨干示范，常态跟进；研讨交流，学习提高；反思提炼，形成成果”的过程开展校本研讨，稳步推进《学与导》的编写；举办重庆市“以学导学”导学课堂模式现场研讨会，深化落实“卓越课堂”建设。

这些措施离不开校长的领导，而校本实践的研究也会提升校长的课程实施领导力。

四、注重校本课程开发，提升校长的课程开发领导能力

校长课程开发领导力表现在校长对课程开发具体实施的组

织管理能力。新课程改革增设了通用技术、综合实践活动课等新课程科目，要求学校因地制宜开设选修课，开发校本课程，构建具有本校特色的课程文化。这就要求校长由过去课程实施的管理者转变为课程建设的领导者，善于把握师生在校本课程开发中的需求，充分利用一切可以利用的因素，为校本课程开发的组织实施拓展尽可能宽广的时空领域。

我校通过“课程育人”，实施国家课程校本化、校史课程特色化、地域课程个性化、选修课程多样化、活动课程系列化五大工程。一是“以学导学”导学课堂。探索从学情出发的课堂教学，形成以《学与导》教案为载体，以“三环九步”为流程的“以学导学”自主学习模式，培养学生终身学习的习惯和方法。二是“知校爱校”校史课程。我校依托百年校史、杰出校友的成功事迹，编辑《浩然文峰，百年广益》校本教材，以知名校友墙和校史馆为体验场所，实施“知校爱校”教育和励志教育。三是“实践探究”校本课程。依托学校南山地域优势，结合综合实践活动，开展实地探究课程，培养学生创新能力和实践能力。四是“校友专家”选修课程。我校依托校友会，聘请社会各界知名校友，开展涉及航天科技、医学卫生、人文素养、经济旅游、身心健康等各领域10余个模块的教学，拓展了学生的视野，提高了学生的综合素养。五是“拓展特长”选修课程。我校依托学生社团，根据学生兴趣爱好，开设了乐器、美术、播音、科技等10多个特长类课程，鼓励学生多元发展。

课程领导力是校长最基础、最重要、最核心的专业素质。作为现代中学的一名校长，更要进一步提高专业素质，突破困难和压力，发挥课程领导者的智慧和能力，在实践中不断地思考与探索，提升课程领导力，让课程改革走向深入，形成现代化、专业化和特色化的学校管理。

浅谈校长如何提高职业素质以适应新课改的要求

重庆秀山一中　杨昌斌

著名教育家叶圣陶说过："校长是一个学校的灵魂。"中国教育学会会长顾明远教授也强调："校长之于学校，犹如灵魂之于躯体。"所以人们常说："一个好校长就是一所好学校，要评价一所学校首先评价这个学校的校长。"新一轮课程改革成功与否，校长起着十分重要的作用。那么，什么样的校长才是好校长？新课程改革又对中小学校长的职业素质提出了哪些更高的要求呢？

一、高尚的品性修养（德）

校长是国家教育方针的贯彻者和执行者，是学校教育活动的组织者和管理者。高尚的品性修养是一名优秀校长应该具备的最基本的素质，也是新课程改革顺利推进的有力保障。

（一）思想品行

思想品行是一个人素质的灵魂。一位优秀校长应具备良好的政治素质，坚持社会主义办学方向，自觉贯彻党的教育方针，言行一致、作风民主、宽容兼容、公正坦诚、清正廉明、以身作则、锐意改革。为此，无论是作为一名普通教师，还是一校之长，都应在思想品行方面对自己高标准、严要求，做师生的表率。

(二)教育理念

苏联教育家苏霍姆林斯基说:“学校领导首先是教育思想的领导,其次才是行政领导。”这就要求校长首先是一位教育家,具有公平正义、以人为本、尊重个性等教育理念,有符合本校实际的办学思想,并在遵循教育发展规律的前提下推进课程改革。我校在校长带领下,积极用先进的教育理念进行新课程改革,使学校教育质量有了提高。

(三)职业理想

校长肩负着党和人民的期望,课程改革任重而道远。这就要求校长具有崇高的理想和饱满的热情,认真履行校长职责,开拓进取,无私奉献,团结和依靠广大师生,千方百计把学校办好。不仅要全力以赴做好当前工作,还要面向未来,谋划学校发展的蓝图。

(四)人格魅力

校长有两种权力:一种是有形权力,由校长的职位赋予;另一种是无形权力,由自己的人格魅力产生。优秀的校长总是以学识和言行服人,以独特的人格魅力感召人。课程改革,不能仅靠行政推进,也要靠校长的人格魅力去赢得全校教职工的信服。权力是一种外在的刚性制度,而人格魅力则属于一种无形的柔性制度。校长要做到二者结合,才能带领学校向前发展,搞好新课程改革,提高教学质量。

二、合理的知识结构(识)

丰富的知识是校长进行科学管理的能量源泉。一位优秀校长需要构建与新课改相适应的合理知识结构,既要有理论知识,又要有实践经验;既需要基础知识,也需要专业知识。

（一）政治理论和国情知识

一位优秀校长不仅应具备马列主义、毛泽东思想、邓小平理论、“三个代表”重要思想和科学发展观等思想理论知识，还要了解中外历史和现实国情，能够联系国情、校情的实际，指导学校课改工作，以保障新课改既不偏离党和国家的大政方针，又能借鉴国外的成功经验并符合国情及校情，带领学校向前发展。

（二）教育方针和法律常识

校长应全面理解和把握国家的教育方针政策，熟悉国家有关教育的法律法规和改革发展规划，做到科学决策、依法治校。为此，我校领导班子经常学习《中华人民共和国教育法》《中华人民共和国义务教育法》《中华人民共和国教师法》《义务教育课程改革实施方案》《国家中长期教育改革和发展规划纲要（2010—2020年）》等法规及文件，并深刻领会，以保证学校决策的法制化和科学化。

（三）教育学科知识

校长只有懂得教育学、心理学等教育基础知识，了解现代教育的新发展，了解中外教育思想和实践的历史、现状及发展趋势，熟悉我国当前的课程改革计划、各科教学目标及学科教材内容，才能科学引领学校教育教改的发展。

（四）现代管理理论

课程改革是一项复杂的系统工程，一位优秀校长应努力掌握学校管理学、学校领导学、组织行为学、公共关系学等现代学校管理学的基本原理、规律和方法，形成科学和具有特色的管理模式，提高学校管理水平，切实推进课改。用现代管理理论去管理学校，带领学校发展。

三、全面扎实的能力（能）

课程改革纷繁复杂，管理内容千头万绪。根据管理能力在学校中的功能定向，新一轮课程改革要求校长主要应该具备以下几方面的能力素质。

（一）计划决策能力

计划决策能力是衡量一位校长领导能力的重要标志。校长必须养成实事求是的作风，具备审时度势、科学预测的能力。在决策过程中，既要有胆有识、当机立断，又要避免一言堂和独断专行，要积极吸收师生员工的合理化建议，做到科学决策、民主决策，使学校的发展不偏离课程改革的方向。如2011年秋季，我校在校长带领下，在深入调研、认真提取教职工意见的基础上，提出了"追求人品与学识同步卓越"的办学理念、"一年换旧貌，三年成特色，五年成名校"的办学目标和"立足初中建精品，创新高中求特色"的办学模式。

（二）课程领导能力

校长是课程改革的领导者，课程改革对校长的课程领导力提出了新的要求。校长的课程领导力包括课程理解力、资源开发力、实施规划力、文化构建力等，它体现在对国家课程的创造性理解和个性化实施以及对校本课程的有效开发方面。而校本课程的开发和实施，尤其是隐性校本课程的激活与否，最能考验校长的智慧和领导力。

（三）统筹整合能力

课改的顺利开展，需要校长合理统筹和整合学校的各种资源，依靠师生员工的精诚团结、通力合作。这就要求校长要善于将自己的办学和课改思路、学校发展的目标，转化为全体师生员工的奋斗目标和实际行动，并积极协调人力、物力和财力的关系，做到人尽其才、物尽其用、财尽其效，使学校各项工作始终围绕学校发展目标有效运转。如我校充分利用和整合校内校外、教师学生、前勤后勤等各种资源，大力实施“烛光工程”“星光工程”“铸魂工程”“明眸工程”“三园工程”“质量工程”六大工程，确保课改全面协调地进行。

（四）教学教研能力

一位优秀的校长首先应该是一名优秀的教师和课改的领头羊。校长要承担一定的教学任务。校长自己能够上好课，有教学专长，才能真正深入教学领域，才能有效地指导教师的教学。若校长是教学行家里手，则必然会带动和影响教师，起到榜样和表率的作用。校长也要具备教育科研能力。而教育科研能力包括教育科研规划能力，探索教育教改规律的能力，指导管理教师科研的能力和推广优秀科研成果的能力。一位校长若具有很强的教育科研能力，一定会带动本校教师对教育进行研究，而本校的教学水平一定会有所提高。

（五）信息化领导力

信息化领导力是指校长推进学校教育信息化的能力。21 世纪是信息世纪，新一轮课程改革提倡开放的课程观，对校长的信息化领导力提出了更高的要求。一位优秀校长必须掌握现代信息技术，具有收集、分析、处理信息和推进学校教育教学信息化的意识和能力。如我校的“三园工程”，其中一个重要内容就是“大力建设现代信息化校园”。我校不仅重视信息化校园的硬件建设，更重视提高现代信息化设施对推进课改的实效。校长还亲自组织和指导教师对现代信息技术的培训。

(六)学习创新能力

新课程倡导自主学习和合作学习,提倡创新教育。一名优秀的校长应该是学习型校长和创新型校长,能够引领教职工终身学习,应具备创新学校发展思路、更新管理机制和方法的能力,还应具备调整学校资源配置、推进教育教学改革的能力。校长应把爱学习勤思考、与时俱进养成一种习惯,这也会推动全校师生员工爱学习、重儒雅的良好风气的形成。如为应对教育课程改革,调整我校课程的布局,我校审时度势,创新发展思路,确定初中"建精品"、高中"求特色",同时大力挖掘我校深厚的文化内涵,着力打造"书香校园"和"科技校园"。

四、健康的身心素质(体)

新课程改革任务艰巨,许多课题需要研究,许多工作需要推进,许多问题需要解决。校长是新课程改革的领导者和引导者,工作压力大,任务重,这对校长的身体素质和心理素质都是一个严峻的挑战。

(一)身体健康

健康的身体是成就事业的基础,一位优秀的校长应具有健康的体魄、坚强的毅力和适应各种环境的能力,以保证有充沛的精力和积极的情绪去完成繁重的任务。因此,校长在工作之余要增强健康意识,加强体育锻炼,注重日常保养,合理饮食,劳逸结合,以保持旺盛的工作精力。

(二)心理健康

良好的个性心理品质,是校长积极进取的动力源泉。这就要求校长具有良好的心理素质,提高自身顽强、乐观、自信的品质,磨炼不畏艰难和承受挫折的意志，培养果断处事的魄力和沉着冷静的气质。校长还要自己注意加强学习，提高修养，努力做到心胸豁达、心态平和，与师生员工做朋友，使各种关系都非常融洽。具体从以下几个方面努力。

1.情感

一位优秀的校长在努力培养自己积极健康情感的同时，还要善于用自己积极的情感影响和感召师生员工，允许别人发表不同的意见，善于听取意见和采纳合理化建议。

2.意志

校长要有坚强的意志，养成工作的自觉性和有始有终的习惯；在处理复杂问题时，有主见，不惊慌；遇到困难和挫折时，不犹豫，不气馁；在各种名利诱惑面前，能自我控制，不为所动。

3.性格

一位优秀的校长应该有豁达开朗的性格，有凝聚人心的人格魅力。这样才有利于团结共事、减少内耗，共创事业。校长还要培养自己良好的性格，关键要有自知之明，能经常反思，正确评价自己，有针对性地加强修养。

抓住新课改的契机　构建特色课程体系

重庆巫山中学　卢　尧

2013 年 2 月，教育部颁发的《义务教育学校校长专业标准》明确提出："坚持面向全体学生，因材施教，全面提高教育教学质量；尊重教育教学规律，注重培养学生的责任意识、创新精神和实践能力。掌握学生不同发展阶段的培养目标和课程标准。有效统筹国家、地方、学校三级课程，确保国家课程、地方课程的落实，推动校本课程的开发与实施，为学生提供丰富多样的课程教学资源。"

无论是基于新课程改革的总体要求，还是在实际工作中贯彻落实校长专业标准，都要求校长切实着力"领导课程教学"，确保国家—地方—校本课程有机执行。我校立足于教育的长远发展，秉承"3 年高中教育，为学生 30 年着想"的教育理念，结合学校的实际情况开发了具有个性化的校本课程体系，努力建设一个有特色的学校，具体做法有以下几个方面。

一、在新课改理念上树立建设特色学校的意识

高中课程改革的实施，加大了学校对课程教学管理的自主权，给教师搭建了更为宽阔的实践创新平台，它有利于特色学校的建设。

我校课程改革的管理，根据现代社会发展对人才的需求，在国家课程政策和标准的框架下，结合学校实际，把对学生发展产

生影响的各种因素及资源进行整合开发，并加以实施，形成农村高中学校有特色的系统课程。它主要分为四类：第一类是国家课程中必修、必选课程的校本化；第二类是学生自主选修课程，包括国家部分选修Ⅰ课程的校本化和学校开设的部分选修Ⅱ课程；第三类是校园生活课程，主要是与学生的校园生活密切相关的部分选修Ⅱ课程；第四类是综合实践活动课程，包括研究性学习、社区服务、社会实践等。这类课程育人侧重点各异，但互相渗透，互为补充，是一个有机整体。它的实施促进了学校、教师、学生的发展。对学校来说，拓宽了育人途径，有利于实现教书育人、管理育人、活动育人、环境育人、服务育人的目标。

特色教育的着眼点在学生，只有服务于学生、服从于学生的认知需求，学校的特色建设才有成效，特色品牌才能够真正树立起来。特色教育如常态教育一样，也是一门艺术，也需要遵循一定的科学规律，遵循学生的认知结构。若违背特色教育的规律，最终必然走向没落。一个班的特色不是一个年级的特色，一个年级的特色也成就不了全校的特色。一所学校的特色项目需要全员参与。只有全员的认可和参与，才有全员的拥戴和支持，有了全员的参与和支持，学校特色也就成了学校的一种自觉的行为习惯。这种习惯就是一种文化，一种品牌。

新课改是走向科学教育的一条途径，但新课改不能冷落传统教育方式。过去一些好的做法我们应该继承和发扬，现成的东西我们不能视而不见，一味地求新也可能会走弯路。实施新课程是一个不断探索的过程。在实践过程中，我们始终以是否有利于学生的全面发展，是否有利于学校教育教学质量的提高，是否有利于教师的专业成长为衡量标准。

课堂教学是课程实施的核心环节，探索新型教学方式是新课程实验的重要内容。如我校组织教师认真研读各学科《义务教育课程标准》《学科实施意见》等文件，科学把握各学科的教学内容和难度，改变了以往随意提高教学难度、提前结束新课、作业过多过滥等不良做法，从提高教学效率、切实减轻学生课业负担、使学生身心得到健康发展等方面入手进行课程改革。

我校还努力促进教师树立正确的教学观、知识观、教材观，结合学校办学特色，积极探索模块式课程的教学方式，努力落实教学的“三维目标”，促进学生主动地、有个性地、可持续地发展，并认真领会新课改的精神。

如我校提出了“三峡红叶”校园文化特色学校建设的理念。校长的办学理念决定了一个学校发展的方向，是特色学校建设的核心。校长既是特色学校思想文化特色的引领者，同时又是特色学校建设的践行者。我校以“三峡红叶”为载体，展示巫山中学人的精神风貌，是我校特色学校建设恰当的精神与视觉载体。

因此，我校的办学理念“立德立业、唯精唯一”，是片片“三峡红叶”赖以健康生存发展的特色文化基础。而校长是联系全校师生员工的桥梁，并通过他们实现学生的个性化发展；校长也能激发教师的主观能动性，并引领其达到教师专业化发展。校长还要激活学生主动探究知识的能力，通过特色活动，促进个性发展，使其达到自我教育的目的。

正所谓“片片红叶展风采，千姿百态成人才”，“片片红叶展风采”即指学生、教师等个人的潜能得以发挥，“千姿百态成人才”即指师生均在自己的学习工作中展现自己的才华，回报社会，促进和谐社会的建设与发展。一片红叶不足奇，漫山遍野的“三峡红叶”才能走出三峡、走向世界！

二、在课程设置和资源挖掘上突显学校特色

我校自 2010 年秋就结合综合实践课程，制定了选修课程（主要是非学术性课程）的管理办法，以建设红叶特色学校为抓手，全面实施新课程改革。以“片片红叶展风采，千姿百态成人才”为办

学理念，促进学生个性发展、教师专业发展、学校特色发展，成为我校的主要任务。

(一)立足学情，高质量开设国家课程

1.学科必修课程，不断创新教学模式

教师在必修课程的教学中，各备课组从学生实际出发，不断摸索适合学情的教学策略，选择最佳呈现方式，提高了课堂的实效性。如我校政治组探索“情境—自学—探究—展示—反馈”自主学习教学模式，构建立体课堂，充分发挥学生主体作用，让学生成为真正的学习主人；地理组挖掘乡土课程资源，努力构建开放的地理课堂，促进教育可持续发展；数学组注重构建“生活化的课堂”，引导学生理解数学、体会数学。

2.学科选修课程，重在提升素养

我校开齐开足课程标准所规定的国家必修课程，创造条件，最大限度地开设选修课程，满足学生的兴趣、爱好和未来发展的需要，提高学生素养。如我校开设了美术的“工艺”与“设计”选修课程，音乐的“歌唱”“音乐与戏剧”选修课程，还开设了“家政与生活”“电子控制技术”两门通用技术选修课程。在选修课程中，学生选所爱，爱所选，学习积极性非常高，教学效果非常理想。

3.综合实践活动，力求丰富多彩

按照我校综合实践活动的规划，我们精心策划，认真组织，使新课程“亮点”真正“亮”起来。

(1)社会实践活动

一是组织好军训、运动会、科技节工作。学校通过每学期的大型活动，使学生的集体观念、纪律意识、吃苦和团结协作的精神都有了很大提高。

二是走出去，请进来。学校坚持每学期组织学生外出参观、

听专家报告、参加当地的公益活动。如聘请法制专家来学校进行专题讲座，组织学生祭扫革命烈士墓活动，参加学校里的团校、业余党校学习等。这些活动课程，既活跃了校园文化生活，也提升了学生的人生理想、审美情趣，对他们综合素质的提高有着积极的意义。

(2)社区服务方面

我校在学生中大力宣扬“学校即社区，社区即课堂”的成长理念，着力引导学生的社区服务意识，并鼓励学生参加学校或家庭附近所在社区的各种公益活动，如法制宣传、人口与保健宣传、环保与卫生宣传、科普活动、电脑培训、助学帮困、拥军拥属、文娱活动等。让学生参加为社区成员进行的生活服务、家政服务，如环保卫生、绿地领养、社区学校辅导、板报橱窗制作、交通秩序维护及其他志愿活动等。也让学生参加社区管理服务，如帮助调查社区社情、参与社区规划、提出社区建设合理化建议、体验社区干部工作等。还让学生参加社区劳动等各种义务活动，如参加社区组织的捡拾白色垃圾、栽树等活动。这些活动，对学生的成长积累了宝贵的经验。

(3)研究性学习活动

研究性学习强调学生通过实践，增强探究和创新意识，学习科学研究的方法，发展综合运用知识的能力。从研究人与自然关系的角度，提出如长江巫山段水质监测、大宁河环境保护、观光生态农业建设等课题。从研究人与社会关系的角度，提出如学校规章制度研究、师生关系研究、三峡库区工业发展、库区产业调整与转移研究等课题。从研究历史与人的发展角度，提出如龙骨坡文化研究、小三峡悬棺研究、神女传说与文化研究、大昌古镇研究、三峡红叶诗词歌赋研究、三峡方言等课题。从科学的角度去研究社会生活中的一些现象，如巫山峡谷风光的形成研究。从关注个人成长的角度，提出如学生矛盾调解方法研究、学生消费研究、学生行为方式研究、同学关系研究等课题。从科学技术与时代发展角度，提出如遗传与化学、计算机与多媒体技术、股权经济等研究课题。从如何有效提高学习效率的角度，提出如提高英语阅读能力的研究、考试规范性答题研究、考试减少人为性失分策略研究等。这些研究性学习活动，极大地调动了学生的学习兴趣，也提高了学生学习的能力。

(二)立足校情，挖掘校本课程资源

根据新课程改革的课程设置要求，学科教师配置发生了很大变化，这将导致部分学科师资紧缺，使相关学科应开设的有些课程无法正常开课。教师也不适应新课程教学的需要，成为当前新课改的瓶颈。因此，学校就根据自己的办学目标、理念来设置自己的校本课程，而不是一味地为了追求数量去开设不必要的课程，浪费资源。如遇到教室不足、师资不足、实验室不足等问题时，我校扬长避短，充分挖掘学校的优势资源，办出了自己学校的特色。

1.整理原有课程资源，纳入校本课程规划

新课程实施后，我校对原有课程进行整理，使之具有明确的目标、任务、内容、评价方式等，形成系列化的、具备课程内涵并有利于操作实施的校本课程。

以德育校本课程为例，我校开展了“文明从不说脏话开始”“礼貌从排队买饭开始”“友爱从关心同学开始”“公德从爱护公物开始”“卫生从不乱扔垃圾开始”“健康意识从不吸烟开始”“自尊自爱从男女生正常交往开始”“孝敬父母从刻苦学习开始”的“八开始”系列活动，让我校的学生在教室、在餐厅、在宿舍、在卫生间，所到之处都能举止文明、行为端正。我校还将这些活动归纳整理，形成《文明礼仪》校本课程。再如校本课程《公民形象》就是由每周一次的、系统规划教育主题的国旗下讲话形成。

我校还把社团活动纳入校本课程，使校本课程体系更加完

备。我校选择有专业特长的教师或在校外聘请的教师承担辅导任务。学生还成立了合唱团、书画社、文学社、摄影协会、街舞社、健美操队、跆拳道协会等社团组织。此外,学校还组织文体活动,开展宿舍文化节、主题班会活动,进行手工作品制作等,丰富了学生生活。

2.挖掘校内外课程资源,探寻课程生长点

我校学生人数众多,学业基础、成材期望、个性特长参差不齐。学校的课程设置充分尊重差异,形成多样性校本课程,让学生根据自己的特点和需要,选择自己所需课程。如学校开发了提高学生修养的人文素养类、艺术体育类、信息科技类等校本课程,满足学生多样化需求。

学校还挖掘本地区民间资源,开发校本课程。将大众体育活动如轮滑、呼啦圈、花样跳绳等引入课堂,深受学生喜爱。从校外请来跆拳道教练、花卉种植专家,真正建立起社会、学校和家庭结合的课程资源开发模式,开放办学,拓展教育教学资源。

3.构建"三峡红叶"特色课程

(1)特色课程的理解

"课程"一词来源于拉丁文词根"currere",意为"跑道",指学生沿着学习的"跑道"进行学习,是学生学习知识、增长经验的过程。专业教育者也认为,课程是比较标准的场地,学生在上面跑向终线(获取文凭),而本身不是终点线。

我校在特色学校的建设中,特色课程是以特色彰显出学校的特质。它旨在通过对学校课程结构、教学形式、教学方法等诸方面的理论和实践上的探索,促进学校自身教学水平的提高,体现我校"片片红叶展风采,千姿百态成人才"的办学社会价值。

(2)建设特色课程的依据

特色课程的建设是素质教育的基本要求,是因材施教的充分体现。特色课程的建设，既重视学生的认知发展，又加强兴趣、情感、意志等非智力品质的培养；既重视学生实践能力的培养，又重视观察、记忆、想象等思维能力的训练。特色教育不是培养少数人的教育，也不是只培养某种素质的教育，而是面向全体学生，通过富有成效的教育，有机整合学生的经验、智慧、能力、情感和意志，全面开发每个学生的潜能，充分发挥他们的个性。

特色课程的建设是创建特色学校的重要组成部分。学校要具有稳定而鲜明的个性、丰富的内涵，就要具有一种"人无我有、人有我优、人优我精"的独特的风格。如我校特色课程的构建，就是以培养学生的创新精神和发展学生的实践能力为核心，既发展了学校课程的教学内容，也丰富了教学手段。课程建设是学校教育的主体，特色课程建设改变了传统课程的简单划一和因"教"而"学"的格局，真正体现"课程学习与综合实践相结合、身体力行、互帮互学、文理兼通、学以致用"的教学特色。

特色课程的建设是提高学校师资水平的一个有效途径，是提升学校办学效益的必由之路。课程质量是衡量一个学校教育水平的主要尺度，课程要通过教师的活动去落实，课程和教师是同步发展的。如我校以特色课程建设为中心开展一系列研究活动，以点带面、以局部带整体，使学校的教科研工作真正融于每个教师的日常教学，不仅提高了广大教师的专业素质，也使教师的创造能力、研究能力得以发展，使每个教师都能达到"教有专长、教有特色、教有研究"。

(3)特色课程建设的效果

通过对课题研究的实施，我校针对学生个体差异的不同开设了近30门的选修Ⅱ课程(校本课程)，如针对艺体生发展的播音主持与表演、器乐演奏课、健美操与舞蹈、象棋围棋桥牌入门、散打与武术等；针对红叶精神内涵开设的"三峡红叶诗文赏析""巫山地理综合课本”等体现地方特色的校本课程;针对学生心理健康安全的心理讲座;针对红叶实践活动的“红叶文学社”“红叶演讲赛”等课程,这些特色课程,极大地促进了学生的个性发展。学生参加全国和市创新大赛获奖达100多人次。教师的个性发展也取得了很大的进步,如教师的表演上了中央台的青歌赛,教师的课件制作获得了国家级奖项。

三、在具体实施新课改中体现学校特色

(一)校本教研的制度化要彰显特色

教材的改革是新课改的重点内容。新的教材涉及的点、面更为宽广,但课时却相对减少了。这也使得教师在教材的处理上有些手忙脚乱。新的教材,老的练习试题,老的考试模式,高考难度也并没有降低,使得学生也颇为头疼。因此,教师必须对教材进行宏观把握,重新对高考进行定位,大胆取舍。这离不开教研室全体人员的共同研究。

要实现普通高中的优质化与特色多样化发展,校长的工作重心要从行政管理转向教学指导和教研引领。在领导、参与和组织校本教学研究方面的职责和角色集中体现为以下四个方面:资源提供者、教学资源人、有效的交流者和协调者、教师和学生可以接触到的人。

1.狠抓校本培训,提升教师的科研力

学校要想建设好教、研、训三位一体的教师发展体系,就要建立教师培训制度、培训途径。如集体备课、听课与评课研究制度,培训内容上的教材、课堂和学生学习三位一体式研究制度,培训绩效上的以学生学习成功为标准的课堂效率评价制度,培训管理上的重心下移的学校三级(行政、科级组、备课组)检查制度。

2.铸造教研共同体,提高教师的协作力

学校建立了良好的教师交流、协作与共享的运作与评价机制,形成合力,发挥教育整体效应。实施效益评价,增强教师的行动力。学校教学质量提高的关键之处就是将先进的素质教育理念转化为全体教师的教育教学行为,通过效益评价,使教师的教学行为认真落实到每堂课上、每位学生发展上。

校本教研共同体是一种充满"书卷气"的校园文化,一种充满"研究气"的校本教研氛围。教师专业发展就是在这样的校园文化和校本教研氛围中熏习而成的。学校要建立扎根于有效课堂教学、立足于教师专业发展、定位于教学效益全面提高、以行动研究为基本研究方式的校本教研制度;学校也要建设以备课组为核心的校本教研共同体,走共有、共享、共赢的协作发展道路,发挥团队作战的整体优势;学校还要促进校本教研的常规化、常态化,深入展开对教学常规环节、教学常见行为的研究;要打造浓郁、和谐的校本教研氛围,使教师在教研文化中熏陶成长,整体发展。

(二)评价体系要有自己学校的特色

新课程实验提倡的学分认定、学业评价与成长记录相结合的评价方式理念很好,但是教师工作量明显增加,担任的工作更加复杂,且各校之间在学分认定上存在差异。如何对学校、教师和学生进行评价,将直接影响新课改的质量,因此学校必须建立一套完整的评价体系。

1.建立和完善学生发展性评价体系

坚持"立足过程,促进发展""激励是手段,发展是目的"等新的评价理念,依据基础性发展目标和学科学习目标,深化日常评价改革,班主任和学科教师要搞好教育教学活动过程的学生评价;建立和完善学生成长记录袋评价制度,加强指导,定期举行展示，搞好学生发展过程的自我评价；建立和完善学生发展性评价手册制度，搞好学生发展过程的阶段性评价，并将学生发展性评价手册与学生综合素质评价相结合；要深化学生综合素质评价改革，将学生成长记录纳入综合素质评价范围，促进日常评价结果与学生考试评价相结合，健全和完善学生综合素质评价制度。

学校根据新课程对教师专业发展的新要求，按照教师发展的不同阶段，把发展性评价与管理性评价结合起来，从职业道德、教育理念、知识结构、教育智慧、行动研究、终身学习等方面全面评价教师，落实教师评价的主体地位，唤醒教师自我发展意识；让教师共同参与、交流沟通、对话互动，激励教师自我改变、自我完善、自我发展、自我超越，真正发挥评价对教师专业发展的导向、调控、激励、促进作用，推动教师专业可持续发展。

2.构建红叶精神评价体系

所谓构建三峡红叶文化内涵的评价体系，是指通过充分挖掘师生个体的红叶品质，弘扬个性发展，构建“红叶名师”“红叶优秀学生”“红叶科技节”“红叶运动会”“红叶班级”等评价体系，丰富红叶精神内涵，形成学校的特色管理。

红叶文化内涵的评价体系的形成，一方面，红叶的精神内涵在师生中得以弘扬，加强了师生对红叶校园文化内涵的理解，形成校园整体的文化氛围；另一方面，以此促进了红叶校园文化建设的实践发展，从教师到学生，从制度到评价，从形式到内容，把全校师生凝聚到红叶精神之下，这样才能充分形成办学的特色。

在具体实践过程中，学校从如下几方面进行了尝试，取得了很好的效果。

①构建了班级“三峡红叶”校园文化

主题明确：各班级以一个学期或一个学年为期限，依据班级特点，结合学生实际、教师专长，确定构建三峡红叶校园文化的主题。

氛围浓厚：围绕主题，搞好教室宣传布置，如红叶文化园地、红叶文化小报、红叶文化专栏等，学校组织考查评比。

活动丰富：每个学期开展若干次红叶文化主题班会或红叶文化精神和品质系列教育。

及时评价：每个学期末按照学校的红叶评价体系进行先进评选，促进了学校的班级特色管理水平。

②实施三峡红叶人才工程

我校构建了“红叶名师”“红叶学科带头人”“红叶教坛新秀”师资建设体系，开展了每年度的“红叶十佳优秀学生”评选活动。

评价的实施，造就了大批的特色人才。

③把三峡红叶校园文化活动纳入评价体系之中

我校创办了三峡红叶文化校刊，全面系统地进行文化形象的宣传和升华；成立了三峡红叶校园文化文学社，进行红叶文学作品的创作，如红叶美文、红叶诗歌等。

我校举办了每年度的大型“三峡红叶校园科技文化节”和“三峡红叶校园运动会”。

我校成立了“红叶艺术团”(由“红叶军乐团”“红叶电声乐团”“红叶摄影小组”“红叶合唱团”“红叶艺术沙龙”等组成)“红叶篮球队”“红叶足球队”“红叶运动队”“红叶名师周末讲座”“红叶科技小组”“红叶知识竞赛”等组织进行活动，弘扬红叶精神。

我校开展了“我是三峡一片红叶”大型中英文演讲赛和征文大赛，培养学生能力，积淀校园红叶文化。

学校通过构建红叶精神的评价体系，促成了新课程特色活动的开展和学校新课程整体特色的建设，收到了良好的效果。

提升校长课程领导力　推进学校内涵发展

重庆铜梁一中　阳兴春

长期以来，作为重庆市区县的重点中学，学校的工作重心往往是偏重校园规模的扩大、高考成绩的提升和学校收益的增加等方面，却忽视了以文化底蕴的积淀、人文素养的提高为主要内容的学校内涵发展。现实中，区县重点中学坚持内涵式发展将是突破发展瓶颈、走上可持续发展道路的必然选择。而学校内涵发展的核心要素包括课程开发、课堂改革、教师专业发展、学生快乐成长等方面。其中，课程开发和课堂改革的关键就是课程建设，而课程建设的关键是校长课程领导力的提升。当前，新课程改革正进一步加深，在这种现实背景下，校长被赋予了学校课程教学第一领导者的角色使命。这一新的角色使命，使得校长必须把学校课程领导作为学校行政领导的核心任务，必须明确课程领导力的意义、课程实施的现状、课程改革的思路等。从目前区县重点中学的课程领导看，校长还遭遇着现实的诸多困境，其作用的发挥并不理想，在一定程度上制约了学校的内涵发展。下面，笔者就校长课程领导力的内涵和提升途径做一些肤浅的探讨，以作为抛砖引玉之用。

一、对校长的课程领导力的理解

校长的课程领导力是指校长在学校教育教学活动中引导教师团队和全体学生，根据学校办学实际，正确地理解和执行党和国家的教育方针、政策，通过制定和实施学校课程规划，调控课程管理行为的能力。校长课程领导力是校长专业发展的重要标志，是校长领导力的核心，体现了校长的领导素养和领导智慧。它的具体内涵主要包括：

（一）课程价值的领导能力

课程价值是学校办学人才观的具体体现。所谓校长课程价值的领导能力就是校长通过对课程政策的理解、对“三级课程”比较分析等，把自己关于学校人才培养目标和学校发展目标的认识转化为学校全体教育者的教育人才观的能力，即用校长的人才观来统领学校教育者的教育教学行为的能力。新课程改革实施以来，我校就确定了把“立人、立德、求是、求新”作为对学生人才培养的目标，把“创建人文校园、和谐校园，办人民满意教育”作为学校发展的目标，而课程规划、设置、实施均围绕这两个目标进行。

（二）课程体系的设置能力

课程体系的设置能力即校长领导广大教师合理设置各年级课程的能力。在课程领导中，我校一方面考虑国家、地方与学校这“三级课程”的关系，在执行国家与地方课程的同时，根据学校的办学传统、办学特色、办学方向，开设了学校校本课程，如“铜梁龙文化”“女生教育”“学科专题辅导”“科学素养”等。另一方面，我校也考虑国家必修课程、国家选修Ⅰ课程和学校校本课程的关系，既考虑学生综合素质的课程，又关照高考升学的课程。

（三）课程资源的开发能力

课程资源的开发能力，即校长领导广大教师着眼于国家要求和学校实际，统筹和整合国家课程、地方课程和学校课程资源的能力。新课程改革的最大特点之一就是为学校留下了课程开发的广阔空间。如我校非常注意营造尊重学生个性特点、开放性的教育环境，非常注重开发教师资源、教材资源、学生资源和非显性的环境资源等内部资源，同时，也注重开发社区资源、家长资源、周边环境资源等外部资源。

(四)课程实施的执行能力

课程实施的执行能力，即校长对课程的选择、规划、设计以及课程实施的组织、管理能力。这是课程改革有效实施的关键。我校不但把国家规划的所有课程开齐，而且还努力构建测评标准体系，推行基于标准导向的课程教学行为管理：一是抓教育教学过程和质量效益的测评；二是抓学生及家长满意度的测评；三是抓持续改进的控制，以规范实施确保学校课程执行力。

(五)课程实施的评价能力

课程实施的评价能力，即校长对课程实施过程、方法和实施质量的评价以及影响因素的分析能力。它对课程实施起着导向、激励和监控作用，直接影响着课程功能的转向与培养目标的落实。如我校以终结性评价为基础、以发展性评价为归依，寻求不同评价模式的最佳融合点，对学生采取学业评价和学生成长记录手册相结合，对教师采取教师终结性评价和教师发展性评价相结合，构建优质课评价、教师教学评价、教学质量评价，建立了既重过程，又重结果的多元、民主、开放的评价体系。这种做法既有对教师和学生的教学业绩的压力，又保证教师和学生的内在激励，促进了课程的有效实施。

二、提升校长课程领导力的途径

课程领导力是校长领导力的核心能力，是指培育优秀团队和全力落实国家课程的能力。而着力开发校本课程是校长课程领导力的具体体现。

(一)构建新的课程理念是提升校长课程领导力的核心

校长要建构新的课程理念,并将其转化为领导行为、管理行为,从而把学校的办学思想课程化。首先,校长要对国家和上级教育部门关于课程改革文件的精神进行学习,在理解和把握当前的课程改革理念、课程流派、课程开发、课程目标、课程类型、课程内容与课程评价的基础上,形成自己的教育思想和课程理念,并努力在实践中把这些思想和理念转化成具体的引领和指导决策,最终通过学校制度转化为教师行为。其次,校长还要转变课程领导的角色意识,即校长应变传统课程管理者、执行者和控制者为课程领导的协作者、课程文化的构建者、课堂实施的调控者以及课程实践的反思者。

(二)培育优秀教师团队是校长课程领导力的前提

芬兰罗素中学校长这样说:“我们成功的秘诀很简单,就是我们优秀的教师。”在课程实施过程中,校长作为引领者、支持者、协调者和组织者,要培育出一支能教书、善学习、会研究的教师队伍。那么校长要为每一位教师创设专业发展的机会、条件和空间,为教师参与课程改革提供民主、开放、合作的氛围。校长也要善于把握教师专业发展的需求,明晰学校核心价值观,倡导上下平等的合作精神,营造学术氛围,注意培养教师的课程意识,为教师创造利用各种课程资源的空间,共同探究课程问题,培养新课程领军人物。校长还要建立健全学科教研组织,建设教研组教研文化,实现研训一体化,形成以研促教、以教促研的教研氛围,从而引导教师通过互助探究,引发教师对教育教学的反思,使教师获得专业化的发展。

(三)回归课堂是校长课程领导力的保证

课,就是教育思想的源泉;课,就是创造活动的源头,就是教育信念的萌发园地。任何教育教学的改革,也只有在课堂上得到落实,它才可能走向成功。所以,校长应回归课堂。一是亲自上课。校长上课作为一种实践,可以起到解剖麻雀、分析全局的作用;校长上课也是一种体验,可以体会教师的感受,不断完善学校的教学管理;校长上课也是一种研究,可以验证教学管理决策措施的执行情况。二是亲自深入课堂。校长要会听课、懂评课。一方面要通过听课,既关注教师的教,也关注学生的学,关注师生的互动情况,掌握第一手资料,体验新课程实施中的难点,把握教学的制高点,从而研究如何改进教学,减少低效课堂,杜绝无效课堂;另一方面校长听课后必须评课,要面对所有学科,评课视角和教师不同,更倾向于通识性指导,更关注学校教学工作中存在的整体性和普遍性问题,在方向上、思想认识上实现对课堂教学的管理和引领。

(四)着力开发校本课程是提升课程领导力的关键

校本课程是课程体系中最活跃的部分,最能尊重学校师生的独特性和差异性,体现学校的办学特色,满足学生个性化发展的需求,也是学校未来发展的生长点和突破口。课程资源的整合主要是校级课程的开发,它将从根本上转变教师的课程意识,使得教师不再被动地执行学校下达的教育教学指令,而是转向深入挖掘教师个人的教学专长,促进教师的专业发展。因此,校长作为课程实施的领导者,在实施课程领导时,要结合本校实际,制定出相应的课程推进策略及课程管理制度,引领教师选择、改编、整合、补充、拓展,积极进行校本课程建设,构建真正适合学生成长需要的校本课程,促进学生多元发展。值得注意的是,校本领导课程的开发，不是校长一人开发，而是校长作为校本课程开发的“工程师”，教师团队作为开发主体。校本课程的开发，一定是教师团队完成或教师与专家合作完成的，所以，教师要在校长的带领下，对学生的需要做出评估，确定目标，选择内容，组织实施与评价等，形成自己学校的特色。

学校是文化的乐园，人才的摇篮。作为校长必须要深刻认识到：想办事是愿望，肯办事是热情，敢办事是实力，会办事是本领。而提升校长教学领导力是现代教育发展的客观要求和现实需要。校长只有进一步提升课程领导力，促进校长由社会活动型、埋头苦干型向内涵发展型转变，才能为学校内涵发展奠定坚实的基础，从而实现办人民满意教育的宏伟目标。

高中课改实验　校长做什么

重庆巴南中学　隆　勇

随着重庆市高中新课程改革的全面展开，校长在领导学校课程改革和推动学校课程改革的实验中，起着重要的作用，校长究竟要做些什么？这个迫在眉睫的问题已经摆在了众多校长的面前。结合我校高中新课改实验，我认为校长应该扮演好"五个角色"，抓住"三个关键"。

一、校长在高中课改实验中应扮演好"五个角色"

(一)观念转变的主动者

作为校长，应首先转变教育观念，做到认识领先于教师、观念领先于教师、思想领先于教师，体现教育思想领导为先，真正起到校长的引领作用。

校长转变观念的关键是要解决"愿否"与"是否"的问题，以破除犹豫徘徊的心态。校长要有"逢山开路，遇河搭桥"的实践勇气，要有"纸上得来终觉浅，绝知此事须躬行"的力行精神，使自身的课改思想始终如一地贯穿在高中课程改革的过程中。

高中新课改关键要解决两大问题：一是培养什么样的人；二是怎样培养人。关于"培养什么样的人"，《国家中长期教育改革和发展规划纲要(2010—2020年)》已经做了回答："培养富有服务国家和人民的社会责任感，勇于探索的创新精神，能解决实际问题的实践能力的人；遵循德育为先，能力为重，全面发展的育人标准，脚踏实地地践行素质教育。”

（二）课程设置的领导者

课程改革要求对课程实行国家、地方和学校三级管理，这就为学校形成自己的办学特色提供了可能，为学校在某一领域优于别人，处于领先地位，塑造一种品牌、一种特色创造了机会。如我校十分重视对校本课程的开发。我校的校本课程由文化类、社会类、兴趣类、科技类、艺体类、人文类等六个领域组成。文化类包括“国学与人生”“诗词与人生”“大学”“中庸”等模块；社会类包括“孙子兵法”“社交与礼仪”等模块；兴趣类包括“书法”“摄影”“动画制作”等模块；科技类包括“未解物理之谜”“探索地球”等模块；艺体类包括“篮球”“排球”“素描”“国画”等模块；人文类包括“英语电影欣赏与表演”“名著欣赏”“自然与旅游”等模块。到目前为止，经区校本课程开发领导小组初审，已通过了27门选修课程。

学校还组织教师编写了相应的校本教材。至今学校已编写了20余种校本教材，其中正式出版的校本教材有4本，这为学校有效地实施校本课程提供了支撑。

（三）教师专业发展的引领者

当前的基础教育新课程改革极大地改变了人们的教育理念、学生的学习方式，也将从根本上改变教师的教学方式。面对新课程，教师将一切从“新”开始：重新理解教育、重新理解课程、重新认识学生、重新设计教学。这对教师的专业素质提出了前所未有的新要求。作为校长更应该以新课程改革为契机，不断地加强学习，提升自己的专业素质，成为教师专业发展的“带头兵”，引领教师专业发展。作为校长也要研究每一位教师的教学起点和发展潜力，在此基础上对教师提出专业发展的建议，给教师搭建专业发展的平台，让教师在专业发展中体会幸福和快乐，为教师幸福感注入源源不断的动力源泉，促使他们为教育事业做贡献。

(四)评价机制的创新者

教育评价是基础教育课程改革成败的关键，教师评价和学生评价又是教育评价的核心内容。特别是素质教育的实施迫切地需要研究现行的教师评价和学生评价制度，改革评价中的不合理内容，探索有利于教师和学生可持续发展的科学、公正、公平、全面、准确的评价，给教师和学生营造自主创新的时间和空间，这是推进和实施新课程改革的重要举措。

校长应秉持“评价最关键的意图不是为了证明什么，而为了改进”的评价取向，敢于实践探索，避免陷入“非此即彼”的误区。我校在以下几方面进行了大胆的创新。

一是结合校情改革了对教师的评价。由单一的教学业绩评价变为既看教师的教学业绩和教师的师德，也看教学观念转变是否到位，教学方式是否创新，是否关注学生的全面发展，是否注重学生能力的培养，是否重视课程资源的开发与利用，从而鼓励教师敢于探索、勇于创新，从而达到课程改革的目的。

二是革新了教师对学生的评价。我校要求全体教师认真学习新课标中对学生的评价标准，转变观念，实现评价内容的多元化，既重视学生学业成绩的评价，也重视学生潜能特长的发展，尤其是责任意识、探究与创新能力、合作能力、实践能力等方面的评价。同时，注重评价形式的灵活多样，既有过程评价，也有教师、学生、家长共同参与、多主体的评价，更有学生自评、互评相结合的评价。为此我校专门制定了《重庆市巴南中学高中学生学分认定和管理办法》和《重庆市巴南中学高中学生综合素质评价方案》。评价体系的改革，极大地提高了教师课改的积极性，推动了我校课改的发展。

(五)课堂教学的践行者

校长对学校高中课程改革的领导,必须身体力行,走进高中教育的“田间地头”,即以走进课堂,走进教研,走进教师,走进学生,以实践第一的“田野式考察”为依据来制定相关改革方式,从而提高课改实践的务实性和有效性。

校长应钻研学习高效课堂教学模式并带头实践,并在实践中不断完善。校长也应积极参与公开课教学、参与集体备课、参与教学研讨交流。为了把握学校课改进程,校长要经常深入课堂听课,走进教师和学生,去发现教师的教学方式、学生的学习方式是否变化,可以通过听课了解和帮助教师在课堂教学中遇到的问题,促进教师教学水平的提高。

课程改革中绝大多数的问题都出现在课堂,因此寻找解决问题的办法也还是在课堂。课堂是学校教育教学活动的“细胞”,课改理念的“内化”,必须通过课堂教学来实现。所以校长必须俯下身子,深入课堂与老师们一起研究教学、研究课改。

我校推出“341”生态课堂,并作为区级课题进行研究、实践和推广,已取得初步成绩。校长亲自下班听课、学习,课后与老师一起交流。

二、校长在高中课改实验中牢牢抓住“三个关键”

(一)把教师培训作为核心

校长抓教师培训是推进高中课程改革的一个关键举措。在培训取向上,要坚持不是培训学历,而是要培训学力;不是做完乃至做过,而是要“求实效”。在培训经费上,要将教师培训的经费列入学校年度的财政预算内,优先予以保证,树立“培训是给教师的最大福利”的观念。

在培训方式上，应坚持“走出去，请进来”相结合的培训方略，积极探索校本教研制度，力求将培训由外在转向内在，由外来转向本土，由自上而下转向自下而上。对于形式，应力求多样性与有效性的统一，因地制宜，因教而异，其形式有：讲座、观摩教学、案例教学、微格教学、读书活动等。对于内容，培训应覆盖以下四个部分：其一，课程理念通识培训——为教师全面理解与贯彻高中课改的主体理念和价值取向提供指导；其二，各学科课标培训——为教师全面理解与掌握本门学科的框架结构和课程价值提供指导；其三，教材教法培训——为教师创造性地开发和使用教材文本提供指导；其四，课程模块培训——为教师全面地把握课程内容多端口、多系列、多层级的组织模式提供指导。

在培训考核上，应坚持结果性评价与过程性评价相结合，坚持“要上岗，先培训，不培训，不上岗”的原则。

（二）把打造生态课堂作为载体

高中新课程改革对所有高中学校来说，机会都是均等的，它没有统一模式，只有统一的培养目标，是为了我校立足学校实际，分析自身的办学条件，对照高中新课程方案，不搞一刀切，不平均用力，主要在新课程改革中的“新”字上下功夫。如我校努力营造新的校园环境和校园精神，倡导创新、鼓励创新、追求创新。使创新精神深入师生头脑，融入师生生活，形成人人爱创新、事事讲创新的校园氛围。

课堂教学改革是课程改革的核心。构建以生为本的生态课堂是我校一直追求的目标。建立学生主动学习的生态环境，重视学生学习的体验与感悟，促进学生获得知识能力和精神生命的一种整体状态。我校还开展了形式多样的以“341”生态课堂教学为主题的教学实践活动，充分发挥骨干教师的专业引领作用。如每学期我校都组织骨干教师上示范课、开设知识讲座，与教师就新课程改革中如何实施课堂教学进行交流，互相探讨，共同成长。又如，学校组织开展了“341”生态课堂说课比赛、优质课比赛、“341”生态课堂开放周和巴南中学讲坛等活动，给教师提供了展示自己的舞台，精心打造高效的生态课堂。同时，在“341”生态课堂研究中，我校取得了一些较为丰硕的理论成果，归纳总结如下。

(1)“341”生态课堂优化导学案编写内容。其包括问题探究、知识整理、阅读思考、巩固练习、“五化原则”(课时化原则、问题化原则、参与化原则、方法化原则、层次化原则)。

(2)“341”生态课堂自主学习内容。其包括多思考、注重理解；多重复，温故而知新；重自觉性，学习是自己的事；重主动性，学习是自己的责任；重独立性，具有独立思考问题的品质。

(3)“341”生态课堂教学流程。第一环节：情境导学，明确目标；第二环节：自主独学，发现问题；第三环节：合作互学，求同存异；第四环节：展示亮学，情智共生；第五环节：点评助学，教学相长；第六环节：检测评学，目标内化。

(4)“341”生态课堂小组合作学习方式有：开展小组合作学习，形成有序的合作常规；创设适宜的合作情境，培养学生的思维能力；利用课后合作学习，为学困生补缺补漏；利用小组合作学习形式，优化学生的学习方式和效率。开展合作学习研究，教师改变了教学观念，学生的精神面貌也发生了变化。

(5)“341”生态课堂教学评价策略有：导向性原则、人本性原则、开放性原则、创新性原则、多元性原则。

(6)“341”生态课堂物化成果显著，主要表现在以下几个方面。

①学科导学案齐全。我校自开展“341”生态课堂教学研究以来，把教师写教案变成了写导学案，初中导学案有语文、数学、英语、政治、历史 5 个学科，高中导学案有语文、数学、英语、政治、历史、地理、物理、化学、生物 9 个学科。

②录制了"'341'生态课堂"示范课光盘。

③出版了《巴南中学教师论文集》。我校自研究本课题以来，教师们在教育论文的撰写方面有了较大的进步。一是教师们通过课改实践，为写论文提供了素材；二是教师们坚持写教学反思，提高了写作水平。如2012年12月，我校出版了《巴南中学教师论文集》。2013年3月，我校教师参加"重庆市第九届基础教育论文大赛"取得了优异的成绩，被评为优秀论文组织奖单位，其中一等奖8篇，二等奖11篇，三等奖16篇，获奖率达94%。

④"341"生态课堂案例集120个，内容涉及高中考所有学科。

(三)把扎实推进新课改作为常态

推进高中新课程改革，它不同于物质建设可以加快速度加班加点，它必须遵循教育规律，遵循人的身心发展规律，不能急于求成，但也不能无所作为。因此，学校应根据自身条件，努力实践，在实践中不断创造条件，提高实验水平与程度，一步一个脚印地扎实推进。作为校长，务必要帮助教师克服急功近利的思想，不要在乎一时的得失，一定要为学生和老师的终身发展着想。如在必修课与选修课设置上，一定要根据自身的办学条件(包括教师队伍素质)，在保证必修课开齐上足的基础上设置选修课，让学生不要好高骛远、求全求新，也不要弄虚作假，表面上轰轰烈烈搞课改，实际上扎扎实实抓应试，应该最大限度地调动校内一切积极因素，最大限度利用学校现有条件坚持不懈地实施新课改。

浅谈“家国栋梁教育”的探索与实践

重庆十一中　钟进友

现代文学先驱洪堡认为,“人的真正目的,是使自身的各种力量构成一个最崇高最和谐的整体”,而教育正是以培养能“使自身各种力量构成一个最崇高最和谐的整体”的人为终极目的。“观乎人文以化成天下”,人之成人必须经过人文精神的浸润,人文精神正是教育最核心的价值。2014 年 4 月教育部颁发的《完善中华优秀传统文化教育指导纲要》(以下简称《纲要》)中明确提出:“加强中华优秀传统文化教育的指导思想……积极培育和践行社会主义核心价值观,围绕立德树人根本任务……促进青少年学生全面发展,培养富有民族自信心和爱国主义精神的社会主义事业建设者和接班人。”《纲要》更进一步明确了教育在社会主义中国的现阶段,重传统、树价值、促发展的教育目标。基于此,我校做出了积极的探索与实践。

我校是一所具有百年历史的名校。我校秉承“博文修德,精益求精”的百年校训,在新的历史时期赋予其更具体的内涵——培养家国栋梁。何以为“家国栋梁”?围绕社会主义核心价值观,“家国栋梁”要求我校的学生作为个体,能对自我负责;作为家庭成员,有家庭担当;作为公民,对社会、国家有贡献。要成为这样的栋梁之材,知识与能力是必备的,而一个更为重要的前提是人文精神的濡养。

人文精神是人对自我尊严、价值、命运的维护、追求和关切,对人类遗留下来的各种精神文化现象的高度珍视，对一种全面发展的理想人格的肯定和塑造。人文精神的基本内涵包括三个层次：一是人性。对人的幸福和尊严的追求，是广义的人道主义精神。二是理性。对真理的追求，是广义的科学精神。三是超越性，是对生活意义的追求。简而言之，人文精神就是人对于高贵而饱满灵魂的永恒追求。

然而，晚清时期，西方现代学科体系的引入，以形式逻辑的线性思维重新切割了我们的认知版图，在实现"通人之学"到"专家之学"那华丽转身的同时，以"知识"为诉求的裙角把"人文"这个隐秘的灵魂尴尬地扫到了边缘。同时，现代主义和工业化，将技术推上了狂热崇拜的高峰，科学主义的盛行进一步扫荡了人文的恻隐和关怀，人被资本鞭打着异化为工具，变成创造财富的手段。当后现代主义颠覆了所有权威和经典之后，娱乐至死的喧哗与骚动又让一切都陷入了浅薄与虚无。我们仿佛站在精神大厦的废墟上，看到人蜕变为皮囊魅影，怎能不追问人文何在，灵魂何在？

我们越来越急切地意识到，如若真要通过教育去构建学生的健全人格，奠定学生的发展基础，就必须让人文复位，才能实现培养"家国栋梁"这一教育理想。因为教育培养家国栋梁，其本质就是培养"有人文精神，有科学素养，有创新能力"的现代人。这其中，人文精神永远是培养的核心、教育的根本。因此，我校将"复位人文精神"放在一个极为重要的位置进行思考，旨在培养学生成为有情怀的人：于己，自尊、自爱、自信、自强；于人，诚信、友善、尊重、和谐；于国，爱国、守纪、责任、奉献。

如何在教育中实现人文精神的复位？我校首先强调的是"阅读"。因为阅读是人类最为重要的精神活动。它展现了精神活动神奇超凡的延展性，让时空的限度因为那文字的攒集，而隐灭在心灵与心灵的契合中。这种超越时空的心灵交流，使人类成为这个星球上记忆最为超群的生物种群，文明不再为无涯时空淘洗殆尽，而能够成为基因般的存在，潜伏在字里行间的深处，一代一代延续下去，直到在某一个时刻，被阅读者唤醒。阅读如此全面地涵盖了人文精神于人性、理性和超越性三个层面，在阅读中，我们有机会参与到整个人类的精神生活中，思考人性，培养理性，追求生活之于我们的意义。著名教育家朱永新说："阅读是一个人的精神发育史，也是一个民族的精神发育史。"我们需要通过大量的、广泛的、高品质的阅读，来培养被人文与科学深深浸润的现代人，来培养担得起家庭、社会、民族和国家期许的家国栋梁。

阅读如此重要，而当下社会却如此功利浮躁。我们遭遇信仰的缺失，文化的失落，娱乐的泛滥，使得读书风气日益式微。在这样的浮泛世风下，我们教育者如何实现阅读在新时代的意义，又如何实现人文精神的全面培养？因此，我校提出"天天大阅读，书香育栋梁"的口号，将"大阅读"定位为我校的办学特色。

我校推行的"大阅读"，突出一个"大"字。这个"大"，体现在以下四个方面。

第一，体现在视野上，是指让学生的目光不仅触及畅销书，更要回到传统经典的范畴，不止触及文学类，同时也拓展到更广泛的社会及自然科学。

如我校从每周六节语文课中，专门划出一节设为图书馆课外阅读课，让学生在我校的三个图书阅览室进行课外阅读。图书馆的书籍丰富多彩，涵盖了社会科学和自然科学的多个方面，包括各种文学作品、哲学美学著作、历史类书籍、美术音乐乃至数学、物理、医学、植物学等各种图书近 1 万多册，期刊近 300 种，并不断根据师生的需求购进新书。大量的藏书为学生广泛阅读提供了足够的选择。

我校在阅读课之外，每周还安排一课时的选修课。这些选修课几乎都是人文学科，内容涉及影视、文学、历史、哲学、地理、时事政治、古今中外政治文化等各个方面，课程十分丰富。例如我校开设了“汉服与古代礼仪”“明朝那些皇帝”“美国民主趣谈”“欧美大学校园行”“电影里的美妙表达”“重庆老街行走”“时事评论写作”“演讲与表达”“辩论之见招拆招”……这些内容不单单由语文老师担任，而是联合各学科老师之力量，引导学生在更广泛的社会生活中阅读、实践、思考、积淀、表达与碰撞。

同时，我校强调研究性学习，更是由各科老师牵头进行。这些课题是丰富多元的，有关于二战老兵的“被遗忘的历史”，也有关乎教育评价的“从游戏评价策略看教育的评价激励”，还有关于本土文化的“失落的重庆”……学生在课外也进行大量的各方面各学科的资料查找、阅读、研究，阅读视野得到了更大的拓展。

第二，体现在空间上，是指在课堂内外，校园内外，师生社会共同营造阅读的氛围，从而有助于学生重回书香世界。

如我校每周的课外阅读课都给足了学生时间和空间。在课堂阅读之外，我校广泛开辟阅读阵地，三五名学生组成读书小组，同读喜欢的一本书，方便交流读书感受。他们还组织了读书漂流的活动，即同学在公共读书角自由取用自己喜好的书籍，阅读并进行旁批，阅读结束后还回，方便后面同学借阅，从而这些书籍便带着不同的阅读者、不同的批注漂流下去，形成一种有趣的交流，不仅仅是书籍，更是思想。

第三，体现在时间上，是指将阅读可持续进行下去，一方面是在学校层面形成持续性常态化的形式，一方面是在学生层面奠定终身发展基础，养成学生终身阅读的习惯。

我校将阅读作为常态化的形式，开展不同年级的主题阅读。根据各年级学生成长阶段、心理特点以及其他人文学科开设情况，整合图书馆资源，整理出初一到高二的阅读主题。如初一的“成长与感恩”，初二的“自然与生命”，初三的“社会与精神”，高一的“人物与心灵”，高二的“历史与哲学”。根据这些不同的主题，进行书目推荐。由此，形成一个有导向、有梯度的主题阅读序列，以此作为我校主题阅读的依托。我校还设计了主题阅读读书卡“书墨余香”，与图书室合作开展大规模的读书卡评比活动，把学生优秀的读书卡按年级整理成册，每个年级形成一本“书墨余香”主题阅读读书卡精华本，与其他图书馆书籍一起放在书架上，供学生翻阅。学校还定期举行主题阅读演讲比赛和征文比赛，让读书成为学生生活重要的一部分，并成为一种习惯。

第四，体现在形式上，是指阅读方式多样化，它包括阅读的渠道、阅读的活动、阅读载体的多样化。

我校高度重视课程资源的开发与利用，以便让师生大量地进行专题阅读。一是老师的专题研究。老师提供专题方向，学生进行拓展研究。如女性形象系列研究专题之一——那些绽放在课文内的红颜，女性形象系列研究专题之二——那些散落在历史中的美人；古诗意象的跨界解读专题，人物拓展阅读专题——如对曹操、鲁迅、乔布斯等人物的解读分析；经典共享专题——如对《道德经》的解读，对金庸小说的解读等，对《战马》的解读及背景研究等，并且借助学校系列讲座——“文幼章大讲坛”的形式，让老师面向全校学生进行专题讲座，共享阅读感受。二是开设学生的专题论坛。学生根据自己平时阅读的兴趣，开坛论道，把课堂完全交给学生，让他们进行专题探讨与交流。比如“我也论‘道’”，比如“子曰”。

我校还成立了读书社、演讲社、辩论社、文学社、话剧社等，各自推行与阅读相关的课外活动，如阅读征文大赛、读书演讲比赛、课本剧演出、辩论等活动。

我校的“大阅读”力图统合各种资源，突破线性的学科体系，通过以上四个层面的拓展，开展以阅读为主体的各种活动，唤醒学生的阅读热情，实现灵魂的注入。我校的目的是在“大阅读”的开阔格局下，重新召唤出阅读对人文情怀的濡养。

在“大阅读”的理念指导下，我校还大力营造“书香校园”的氛围，生成了多个阅读课题，分头推进了大量的阅读活动。我校所做的，正是希望舞动“大阅读”这个龙头，搅动起校园生动活泼的人文环境。希望我校的学生在“大阅读”的点化下，成为具有人文素养、科学精神和创新能力的家国栋梁。

遵循中学校长专业标准　引领学校特色品牌发展

——践行《义务教育学校校长专业标准》的感悟与启示

重庆四十九中　邱　刚　蒋朝忠

教育家陶行知曾说过:“做一个学校校长,谈何容易！说得小些,他关系千百人的学业前途;说得大些,他关系国家与学术之兴衰。”也就是说一名校长就是一所学校的灵魂。校长素质的高低,决定着一所学校的前途命运。一所学校各项工作的组织、管理和调配,以及各项工作的筹划、指挥、协调,都需要一个高素质的校长。然而中国没有校长学,尽管有源源不断的校长培训;高校中没有校长专业,尽管大多数的校长都有着较高的文凭;教育体系中没有成熟的校长专业标准,尽管大家都知道这实在是一门专业,并不是每一位从教人员都可以轻易胜任。

2013 年 2 月,教育部颁布的《义务教育学校校长专业标准》(以下简称《专业标准》),在很大程度上明确了对新时代中小学校长素质和能力的要求,是提高校长队伍整体素质的重要保障,对保障教育事业科学发展具有重要的意义。

通过对《专业标准》的学习、践行,结合自身工作 10 余年的实践和经验,对如何提高自身素质,做一名称职的现代学校校长谈一谈个人的点滴感悟与启示。

一、具备高度的政治素养

一位称职的校长，首先必须具有较高的政治素质，包括有明确的政治方向，有坚定的政治立场，有正确的政治观点，有敏锐的政治鉴别力，有严格的政治纪律。联系到校长的工作实际，最主要的有三个方面：一是校长要坚持以马列主义、毛泽东思想、邓小平理论、“三个代表”重要思想和科学发展观为指导，坚持社会主义的办学方向，坚持全面贯彻党的教育方针，培养德、智、体、美全面发展的社会主义建设者和接班人。二是校长要明确我国现行的各种法律法规，尤其掌握有关教育教学的法规，依法治校，依法执教。三是校长要切实维护党的政治纪律。校长在工作中一定要顾全大局，既要努力把所在学校办好，又要维护学校的整体利益，更要服从和服务于教育的改革发展，坚决执行上级党委、政府、教育行政部门的决策和工作部署。

二、具备良好的道德修养

《专业标准》五大基本理念中最先强调的是以德为先。校长作为学校的一名管理者，其品质行为往往决定着这所学校的风气、师德以及学生的行为习惯。职位无大小，凡事只在一个“公”字。校长只有不徇私利，一身正气，两袖清风，吃苦在人前，享乐在人后，才能有威信、管理有底气，才能团结人、有感召力。这就要求校长做到以下几个方面。

(一)校长要有奉献精神

作为一名校长，应该爱党、爱人民、爱教育，对人民的教育事业有着一颗赤诚之心。只有这样，才会把学校的特色发展、品牌建设当作自己事业的追求目标；只有这样，才会以校为家、爱校如家、担起学校发展的责任；也只有这样，才会言传身教、勇于探索、敢于创新，开创一条具有特色的办教之路。

（二）校长要以身为范

作为一名校长，应是师生的良师益友，这就对校长在教育、教学以及学校工作的各个方面提出了更高更严格的要求，即校长在学校的一切活动中，乃至一言一行都必须严于律己，率先垂范，树立榜样，就是寓教育于实际行动之中，起到"润物细无声"的作用。

（三）校长要有容人之量

当一名合格的校长，器量要大，心胸要宽，要记人之功，容人之过，这样才能团结各种性格的人才，听得进各种不同的意见，调动好、发挥好所有人才的积极性、主动性和创造性。

（四）校长要有良好的心理素质和坚强的意志

学校工作千头万绪，无时无刻会受到成功的喜悦和挫折的困扰。因此，校长首先要保持平衡的心理状态，做到喜怒有常、喜怒有度。其次，校长也要有坚强的意志。学校工作的复杂性和繁重性，决定了校长工作在时间上的连续性，空间上的广泛性，方法上的随机性，要挑起学校这副复杂而又繁重的担子，校长必须有坚强的意志。只有这样校长才能在工作中战胜挫折、克服困难，不断积累工作经验，增长才干。

三、具有较高的业务技能

（一）校长要有清晰的办学思路和先进的办学理念

校长对学校的领导，首先是教育思想的领导。每一位校长应用正确的思想来引领广大职工，并形成共同的核心价值观。我校一直以来着力于品牌学校的打造，身为校长，如果没有清晰的办学思路，没有先进的教育思想，学校的品牌建设肯定没有支撑，缺乏动力。因此，为了打造品牌学校，校长要具有先进的教育理念和前瞻的教育思想，再结合本校实际进行品牌定位；要在传统优势的基础上有创新、有特色；要时刻坚持“以责任创造未来”的办学理念，发扬“崇尚责任”的学校精神，时刻把品牌建设作为学校工作的首要任务来抓；要身体力行，带领全体教职工充满热情、与时俱进、持之以恒，不断学习、实践、总结、完善和提升，只有这样才可能形成良好的品牌学校。

（二）校长要有较高的教育教学水平

校长的教育教学水平很重要。一位高水平的校长首先应该是一位教学能手、教育专家，应该能够带领教师开展教育科研和教学实验、教学改革。校长不仅要做“管理上的能手”，而且还要是“教学上的高手”。这样的校长，老师们才会由衷地佩服；这样的校长，才能成为教学上的“领头羊”，才能得到广大教师和社会的支持。校长应该是教师的教师，这就要求校长要从行政型的管理走向科研型的管理，成为教学研究的带头人。而校长听课、评课是获得教研发言权的最好方法。只有通过亲自动手动脑，去粗取精地听课评课，言之有据，说之有理，给教师做理论指导，使点滴的经验变成系统的，使盲目的东西变成自觉的，使经验上升为理论，从而促进教师业务素质和教学整体水平的提高。

（三）校长是校园文化的总设计师

校园文化涵盖校园建设的方方面面，教育无小事，每个细节都是培养学生的好机会，校长应极力营造良好的育人环境，创建文明校园、书香校园，把学校办成精神文明的校园，培养人才的学园，发展个性的乐园，诗情画意的花园，创造这种文化氛围，可以让校园的每一个角落都变成育人的阵地。校园文化给每个学生提供了充分展示自己书画才能、张扬个性的可持续发展的舞台。它不但美化了教室、校园，丰富了学生的课外文化生活，还能促使学生勇于进取、文明自信、追求理想、学会做人。而校园文化的建设，只靠老师个体的努力是不够的，必须从学校领导的层面上推动，校长是当仁不让的校园文化的总设计师。

四、具备较强的管理能力

校长在学校的核心地位要求其必须具有较强的组织管理能力，包括统揽全局的能力、果断的决策能力、知人善任的用人能力等。

（一）统揽全局的能力

“胸无全局者，不足以谋一域。”要治理好一所学校，校长要有清晰的工作思路和统揽全局的能力。其一要熟悉国情，了解世情，明确办学方向；二要熟悉校情，了解社情，明确办学目标；三要熟悉干部，了解师生，明确办学思路；四要学会“弹钢琴”，既能够统揽学校全局的工作，又善于抓主要矛盾。

（二）科学的决策能力

校长要想成为一名高水平的决策者，必须终身学习，不断提高自身的知识素养。学校管理首先是教育思想的管理，校长要掌握学校的工作规律，具有先进的教育思想，自觉加强教育学、心理学、管理学等科学知识的学习。校长只有通过不断的学习，汲取新知识，才能见多识广，开阔思路，提高对决策问题的综合分析能力。

(三)知人善任的用人能力

一个称职的领导者不仅要能谋善断,更重要的还必须善于用人。如果有了好的工作思路和发展战略,而不善于用人,没有一支得心应手的干部队伍去组织实施,那么再好的主意、谋略和决策,也只能是毫无意义的一纸空文。

一是要“知人”。知人就是要熟悉教师,了解教师,准确评价教师。首先,校长要通过各种渠道和办法,了解和掌握教师的基本情况和工作状况;其次,校长要对教师进行分析。在分析教师的素质和表现时,真正做到重实绩,重公论,看主流。

二是要“善任”。校长的“善任”体现在尊重和信任教师,做到“用人不疑”,注意保护教师的工作个性和改革锐气。还体现在正确对待教师的缺点和错误。

(四)校长应具备周密的沟通协调能力

作为学校的领导者、决策者和管理者,校长不仅要协调好学校内部各方面的关系,使其整体效能得以最佳发挥,而且还要主动理顺学校与社会的关系,以争取社会公众的认同与支持。一所学校管理是否科学,教育教学秩序是否良好,办学效益和教育质量是否稳步提高,其中一个很重要的因素,就是校长的沟通协调能力。因为办好一所学校离不开全校师生的共同努力,离不开上级和社会各方面的关心支持。这就需要校长具备较强的沟通协调能力,努力做好协调工作。协调工作包括协调内部和外部的关系,对内注意处理好与中层干部之间,与教师、学生之间的关系;对外,要自觉协调好与各级党委、政府及其职能部门的社会关系,能充分调动社会各方面的力量来加大对学校的支持力度,利用各种资源,把学校办得更好。

（五）校长应具有强烈的安全意识

安全工作重于泰山。学校是师生和财产高度集中的场所，我校有332名教师，5147名学生，还有上千万的学校资产，一旦发生重大安全事故，将对师生、对国家和集体财产造成极大的危害和损失。校长一定要增强安全意识，做到任何时候都牢记"安全重于泰山，安全无小事"，切实担负起安全第一责任人的责任。把学校各项安全工作如校舍安全、消防安全、交通安全、师生在校学习活动安全、师生外出集体活动安全、饮食安全等各方面的有效措施落到实处，确保师生和校产安全。

五、具有较强的创新意识

江泽民同志指出："创新是一个民族进步的灵魂，是一个国家兴旺发达的不竭动力。"与时俱进、务实创新是一个现代中小学校长应具备的品质。这就要求校长要有创新意识，敢于跳出旧模式，积极探索，大胆改革，改进管理方法和教法，努力开发学生和教师的创新潜力。当代社会，一场新的教育改革正在悄然而来，学校教育必将产生一次重大的变革，以新的面目来承载为社会造就高素质人才的神圣使命。校长也必须不断加强自身修养，快速适应和接纳新事物，善于观察、学习、总结和思考；不仅要树立自己的教育思想观念，构建扎实合理的知识结构，有良好的人格形象和稳健的心理素质；也要研究创新方法，运用科学的思维方法解决问题；还要紧随时代步伐，以超前的眼光，采用新观念、新方法、新机制、新模式，实施"科研兴校"战略，集思广益，与全体师生集体创新，使学校在创新中发展。所以从这个意义上说，校长创新能力的高低，创新思想的有无，决定了学校是否实施创新课改。因此，校长就必须有创新思想和创新能力，就必须改变传统的思想观念，创新性地工作，抓住发展因素，不断提出新的发展目标，树立自己的特色与品牌，办出个性化的学校。

六、具有真挚的人文关怀

校长要将人文关怀作为管理制度的有益补充，在管理制度的实施过程中，将刚的处理、柔的关怀、爱的情愫融为一体。在执行制度时充分重视教师的反馈，从尊重、关爱教师出发，及时地沟通，充分地交流，换位思考，认识教师，体谅教师，真诚地为教师服务，从而感动教师，让教师与学校达成共识。

（一）坚持"教师第一"思想

校长要注意安排足够多的时间同教师进行交流，关心教师的身心健康，合理安排教师的工作，如及时探望生病的教师及关心教师的家庭，尽力解除教师的后顾之忧。

（二）少一些发号施令，多一些垂范

校长不应该是一个动辄发号施令的"行政官员"，而是一个充满教育思想和专业知识，充满人文关怀、深知师生所想所需的组织者、合作者、服务者和朋友。作为知识群体，教师们不仅看表面现象，更看重领导的实质内涵。校长要少一些行政手段，多一些率先垂范的隐性管理，让师生觉得校长是这个群体中既特殊又普通，能不断把学校引领到更高层次的一员。

（三）为教师发展创造条件

校长在工作上对教师进行帮助，在思想上对教师进行鼓励，在教师发展上尽力创造条件，让教师能有更多的实现自身价值的机会。引导教师制定个人发展计划，鼓励教师进修，以提高其教

学水平，组织教师外出学习、培训，褒奖教师的教育科研等，以此引导教师的专业发展。

总之，新形势下的校长任重道远，担负着一所学校的前途命运。要做一名称职的校长，必须具有高度的思想政治素质和道德修养，并且通过不断学习，提高自己的专业素质，掌握科学先进的管理方法，协调好学校各个职能部门，团结一致、共同努力，这样才能办出有特色、让群众满意的品牌学校。

浅谈怎样为学生的终身发展奠基

重庆秀山中学　涂志勤

我校是一所新建的中学，正因为是一所新的学校，所以一切都是崭新的开始。于是，我校的发展目标设定为“为学生的终身发展奠基”。

一、学校发展的总体规划围绕学生的终身发展制定

（一）校训：养大气，成大器

“养大气，成大器”就是要涵养大的气度、大的气势，成为能干大事业的人。我校要求学校的每个人都为人要大气，要诚信待人、宽厚待人，做到能容人之短、容人之长、容人之过；处事要大气，考虑全局问题，从服从全局、服务大局层面上来谋划学校发展，这就是处事大气。学校也要求师生高品位谋事，做到高起点定位，高水平谋事，高标准要求，对照先进找差距，放眼全局定目标，自我加压争一流。这样眼界才会开阔，才能境界高远。学校还要求师生高效率做事，带头树立“能快不快是失败，能超不超是失责”的理念，加快工作学习节奏、提高工作学习效率。学校更要求师生高风格担事，做到在成绩面前不揽功，在问题面前不退缩，把应承担的任务承担好，把应完成的使命完成好。

(二)学风:心高气锐,学而不厌

首先,学校要求每一个学生都要有远大理想。一是要立志高远。二是要立志做大事。一个人在确立理想时,不能局限于对个人的前途命运的关心,应把个人放在社会历史发展的大背景下考虑,必须正确处理个人理想与社会理想的关系。个人理想是社会理想的起点与基础,而社会理想则是个人理想的升华。因此,学校要求学生要不断学习,珍惜青春年华,立下符合社会需要、适合自身情况的远大志向和崇高理想。三是立志须躬行。千里之行,始于足下。实现崇高的理想,要从我做起,从现在做起,从平凡的工作做起。古人说得好:"道虽迩,不行不至;事虽小,不为不成。"理想之所以美好,不仅仅在于它的最终实现,而且体现在其实现过程中,体现在实现理想的平凡劳动中。因此,在实现人生理想的过程中,必须脚踏实地、一步一个脚印地从身边的小事做起。要从学好每一门功课、培养各方面能力、提高基本素质做起,刻苦攻读,达到全面发展。

其次,学校要求学生要养成良好的行为习惯。习惯是一种自动化的动作和稳定的行为方式。它不需要别人督促、提醒,也不需要自己刻意去做,这就是所谓的"习惯成自然"。而一个人良好的行为习惯对人一生的发展具有至关重要的作用。而一个人良好行为习惯的养成要从小事做起,从自己做起。

(三)办学思想:学校的一切都是为学生的终身幸福奠基

对学生而言,首先,要让学生比较全面地了解幸福的内涵,树立正确的幸福观。幸福归根到底是人的心理感受。它注重意识的范畴,受到物质的影响,但又不等同于物质。为此,学校要求学生要加强精神修炼,不断追求幸福指数的提升;还要以激发学生学习兴趣,开阔学生学习视野,提高学生学习能力,培养学生学习品质为追求。同时,学校还要关注学生的情感变化,从发展的角度审视学生的一切学习问题，把幸福教育渗透到所有教学活动中。

其次，学校要唤醒学生对未来的希望，给学生一个梦想。有希望，有梦想的人是幸福的。同样是学习，不同的人的心理感受是不同的。心中有目标的人，为实现目标而学习，为自己而学习，学习的主动性高，有效性高，就会感觉学习是幸福的。心中没有目标的人，学习是无奈之举，学习的过程很痛苦。学校定期举办丰富多样的文艺活动，营造浓郁的高雅文化氛围，为学生充分展示自己的才艺创造良好的条件，培养学生高雅的生活情趣，唤醒学生的梦想。

第三，学校还要培养学生要有自己尊严，激励学生实现梦想。教育的核心，就是培养人的尊严。激励，是培养学生尊严，提高学生成就感、幸福感的有效手段。要让学生认识到，幸福就在追求、奋斗的过程之中，要幸福就要有追求，就要有奋斗。对于教师而言，教师的幸福是教育幸福的前提，是引领学生走向幸福人生的重要资源，是实现教育真谛的必然要求。学生的幸福人生只能在幸福的教育场景中展开，而幸福场景不是教师置身事外设计出来的，它离不开教师本人幸福生活的演绎。很难想象，一个幸福匮乏、幸福指数低下，不能积极追求人生幸福的教师能够给予学生幸福人生的指引，能够成就学生的人生幸福。因此，对人生幸福的追求是教育职业赋予教师的神圣使命，是当好一名教师的必然要求。

二、加强良好习惯的培养，为了学生的终身发展

（一）习惯培养

人的素质常常由习惯表现出来。教育的任务就是帮助学生改掉坏的习惯，形成、建立好的习惯。习惯是长期培养起来的，现在整个社会比较浮躁，教育也出现了急功近利的现象，学生习惯的培养，是值得我们警醒的。

习惯形成的特点：一是越小越容易形成；二是先入为主，已形

成的较难改变;三是良好习惯是一个动力定型的过程,即需要有一个训练和内化的过程,才能逐步达到自觉行为的水平。我们在培养习惯的过程中重点抓好以下两点。

第一,教师、家长统一认识是前提。现在不少教师宁愿多上课、多补课,不愿抓习惯,其实习惯不仅对学生长期发展有作用,同时也对当前学习有作用。因此,学校应帮助教师认识抓好习惯既是学生发展的需要,也是教师自身工作的需要。

第二,学校按学生学习习惯培养状态,评价教师。实践证明凡是习惯抓得好的教师,学生的学习成绩、班级风气都会稳定、持续提高。

(二)习惯的自动化、内化

习惯形成是一个过程。首先,教师要对学生讲清培养良好习惯的意义。其次,教师要提出形成习惯可操作的要求。再次要定期检查评比,总结经验、分析问题。循环往复,习惯逐步定型。

一个阶段形成一个习惯,不要面面俱到,四处出击。提出一个习惯就形成一个习惯,巩固一个习惯,再增加新习惯要求。可根据学生特点,组织有关习惯的比赛。

使某种行为成为自觉的行动是习惯的最终目的,抓习惯是为了不抓习惯,学生自动化的行为才是一个稳定的习惯。

三、实施成功教育,着眼于学生的终身发展

实施“成功教育”是我校打造的办学特色,是为学生终身发展奠基的重要方面。“人人都成功,个个都成才”是学生和家长共同的愿望 ,通过扩大深化成功教育,使学生的知识、能力、人格和谐发展。如学校通过“帮助成功、尝试成功、自主成功”的成功教育模式,让每一个学生走向成功,从而全面提高我校的教育质量。我校这样界定“成功教育”的内涵:(1)成功的本质是不断发展,不

断提高的;(2)成功总是相对原来基础而言,没有终极意义,是永无止境的;(3)成功的最高境界和目的是主体获得自己争取成功的能力;(4)成功的志向和追求是超越自我,超越他人。

我校强调的“成功教育”不是要求每个学生都必须考入重点大学,只要在原来基础上有了大的进步,或者道德品质完善了,或者某方面能力有了显著提高,某方面特长得到了发挥,或者掌握了一门谋生的手艺等,都属于成功。我校还秉承“‘成功’是成功之母”“细节成功也是成功”“不求面面优,但求有成功”“我自信,我快乐,我成功”的信条,让每个学生在学校都充满自信:自己一定能成功。

(一)课堂教学:创建成功情景

要实施成功教育,课堂是最主要的舞台。在课堂仅有的40分钟里,教师应该创建更多的成功情景,让学生体会到成功的喜悦,感受到“原来我也能行”。

如教师创设成功的情景,让学生在笑声、幽默和竞争的氛围中进行分享性学习,这种成功与快乐的体验能让学生对学习产生浓厚的兴趣,会激励学生自主地去学习,以获取更大的成功。

(二)个别辅导:发现闪光点,帮助建立自信

在教学活动中,教师和学生建立起良好的人际关系,是学生能够成功的非常重要的条件。只要有了良好的师生关系,学生的积极性就能够调动起来,反之,就会感到压抑、限制。这就需要在课堂内外、师生之间好好沟通,以此建立起相互信任的师生情。

沟通从心开始。沟通的内容可以是生活上的问候与关心,情感情绪上的关注;可以是家庭的问题,学习上的问题;还可以是与同学相处的技巧,以及学生的爱好或者感兴趣的事等。师生关系在这种私下的交谈之中会拉近,情感会加深。

在互相沟通时，教师要非常注意不要说出一些“你真笨”“你怎么可以这样？”等批评性的话。俗语说“奖子一功，胜过数子十过。”学生期待在老师那里得到的更多的是肯定和表扬。所以作为教师，要始终细心地发现学生的优点、闪光点，从而给予肯定与赞扬。

肯定与赞扬可以是一个眼神的对望，一个会意的微笑，一句赞扬的话。每个学生都希望被肯定，老师的肯定能使学生得到精神上的支持和情感上的满足，从而产生成功的信心和希望，为他们新的成功创造良好的心理条件。

（三）作业批改：鼓励性评价，追求自主成功

在短短的评语当中，教师把对学生的信任与重视表达了出来，学生也从中读到了这一信息，并不断地渴望得到老师的肯定，最终形成自己争取成功的内部动力机制。

四、重视校园文化建设，有利于学生的终身发展

任何行业要想得以传承，赢得历史，都必然有文化上的积淀和战略上的构建。

我校把校园文化建设纳入“为学生的终身发展奠基”之中。校园文化作为一种环境教育力量，对学生的健康成长有着巨大的影响。校园文化建设的终极目标就在于创设一种氛围，以期陶冶学生情操，学生形成健康人格，全面提高学生素质。

中国传统文化源远流长、博大精深，在诸多方面都给后人留下了大量的可资借鉴的宝贵遗产，所以我校十分重视传统文化。

（一）加强物质文化建设，美化校园环境

物质文化是一种直观性的文化，它直接表现出师生所处的生活氛围，有较强的直观性，如校园布局、建筑装饰、教学设施、环境

卫生等。物质文化的建设及管理直接反映出学校的办学水平。因此，校园文化建设应从以创建优美校园为主要内容的物质文化入手。我校就特别注重校园整体的文化氛围的创设和班级、寝室文化氛围的创设。

（二）加强制度文化建设，强化管理机制

制度是校园文化建设初级阶段的产物，是为了达到无意境界而采取的一种有意识手段，是为了保障学校教育的有章、有序和有效。目的是先用制度来强化，而后用情境来内化，从而形成自我激励、自我约束、自我管理的制度文化环境。

（三）加强课余文化建设，丰富校园生活

校园文化的载体主要是各种各样的集体活动。如果课业和正规活动挤占时间太多，学生就会感到校园生活单调乏味，并可能形成热衷于某些有害活动的潜流。因此，学校应适度地开展一些丰富多彩的课外活动。

在校园文化建设中，学生既是校园文化建设的主力军，又是行为主体，更是校园文化的参与者和组织者。丰富多彩的校园文化既可培养学生的兴趣特长及创造能力，提高学生的动手能力，掌握多种技能，树立热爱劳动的观念，还可以磨炼学生意志，提高学生组织管理能力，为以后走向社会奠定坚实的基础。

“问渠那得清如许？为有源头活水来。”通过不断的探索与实践，我校虽然只有短短的五年历史，但却创造了秀山教育的辉煌。如 2012 年学校高考参考人数为 1950 人，重点本科上线 359 人，全年级本科及以上有 1141 人，总上线人数为 1890 人（含高职），3 人考入北大、清华。在入口成绩录取线只有 472.8 分，上线率达 96.9%，位居渝东南前茅，实现了秀山高考成绩的历史性突破。同时学校还获得北京大学 2013 年校长实名制推荐资格。2013 年我

校参考人数为2054人,上线人数为2047人,上线率为99.7%。2014年,重点本科上线626人,上重点人数以明显优势继续位居渝东南各校第一名,上线率25.8%,本科上线1850人,上线率76.2%。

前路漫漫,教育的重任在肩,为学生的终身发展打下坚实的基础,这是教育最有价值的追求!

浅析校长在管理中的沟通能力

重庆聚奎中学　何世忠

管理就是做人的工作，其本质就是沟通。所谓沟通，是人与人之间的思想和信息的交换，是将信息由一个人传达给另一个人，逐渐广泛传播的过程。著名组织管理学家巴纳德认为“沟通是把一个组织中的成员联系在一起，以实现共同目标的手段”。

学校管理就是校长通过与全体教职工沟通，把各类人员引向学校发展的目标，共同为学校发展出力。从沟通的对象看，可以分为校内沟通和校外沟通。校长在校内管理中的沟通是指校长与校内成员之间的沟通，包括与校级班子成员的沟通、与中层干部的沟通、与普通教职工的沟通。本文结合笔者的工作实践，着重探讨现代中学校长在校内管理中怎样培养其沟通能力。

一、为什么需要沟通

（一）沟通是现代校长管理的必然要求

校长要实现对学校的管理，一靠制度即“法治”，二靠校长的人格魅力和所营造的校园文化即“文治”。“法治”是刚性的管理，“文治”是软的管理。学校无论在哪一个发展阶段，管理既需要“法治”，也需要“文治”，要软硬结合、刚柔并济、宽严适度的管理。无论“法治”，还是“文治”，都需要多角度的沟通，尤其是“文治”，需要校长善于用愿景激励、感情留人、口碑营销（仁义）、善于示弱、善于开发教职工的潜力，以发展学校。

(二)沟通有助于校长做出科学的决策

沟通可以使校长了解教职工的需要,关心教职工的疾苦,在做决策时就会考虑教职工的要求,以提高他们的工作热情。

任何决策都会涉及干什么、怎么干、何时干等问题。校长就需要通过与学校内部人员广泛地沟通,获取大量的信息,然后进行决策。中学校长不是样样精通的全才,一定有知识的短板或能力所不及的地方,没有相对"专业"人士的帮助,有时也很难做出正确的决断。因此,校长在管理中如果没有良好的沟通能力,他就可能"耳不聪""目不明",受到蒙蔽,做出错误的决策。

(三)沟通是校长贯彻意图的必要途径

沟通能促进学校教职员工理解校长或其他领导的意图,协调校长有效地工作。没有适当的沟通,校长对全校教职工的了解也不会充分,教职工就可能对分配的任务和要求产生误解,致使工作任务不能圆满完成。

(四)沟通有利于校长解决矛盾、融洽校园氛围

每所学校都拥有一支教职工队伍。学校规模越大,教职工人数越多,内部的组织结构和文化特征就越复杂,教职工之间以及教职工与校长之间的矛盾就可能越多。因此,校长与教师之间良好的沟通就成为彼此间良好人际关系形成的一道桥梁,既可以增进相互了解,消除误解、隔阂和猜忌,也会使学校有和谐的组织氛围,所谓"大家心往一处想,劲往一处使",这就是有效沟通的结果。

(五)沟通有利于提高教职工的工作效率

如果校长与教职工之间沟通不够,会使教师这一学校发展中具有关键作用的人力资源难以实现最佳配置,也有可能使教师之

间相互牵制，使教职工们变得各行其是，结果必然怠慢教学，影响学校的正常运转和良好发展。善于校内沟通的校长，如果通过各种渠道把表扬或者认可的鼓励性的信息及时传递给教职工，就能造成某种工作激励，促进教职工工作效率的提高，赢得教职工们的众志成城。

二、沟通基本准备

中学校长虽然没有多高的行政级别，但他是一所中学的最高领导，是学校中举足轻重的人物，有足够大的权威。这就决定了校长不可以信口开河、随性而言，必须谨言慎行。为了使沟通达到最佳的效果，对于以校长为主体发起的沟通，就要做好充分的准备，不打无准备之战。

（一）了解沟通对象

了解对象是成功沟通最重要的前提。首先，校长要明确沟通对象的身份（领导班子成员、中干，普通教职工）、年龄、性别、工作业绩等基本信息；其次，校长要明确自己与沟通对象之间有没有利害冲突，有没有沟通禁区，预防极端事情的发生；再次，校长还要明确对方的性格特点、知识水平、家庭情况等。

如有辉煌过去和“没落”现在的老教师，有积极上进而方向不明的年轻教师，有自尊心强而又敏感多疑的女教师，有虽然努力而成绩不显的弱势教师，有成绩卓著而不合群的优秀教师，有被误会而心生委屈的教师，有鲁莽粗心而又耿介直率的教师……不同类型的教职工，要采用不同的方式来沟通。

（二）明确沟通意图

在沟通之前明确沟通的目标非常重要，也就是通过沟通，期望达到怎样的结果。如果是教职工主动找校长沟通，由于沟通目的明确，往往沟通成为一种闲谈，校长要耐心，不厌其烦地听取其意见、建议。对于这种情况，校长应迅速从接收到的信息中判断对方的意图，促使沟通有的放矢。

（三）制定沟通方案

制定沟通方案，也就是校长要做到心中有预案，明确如何去沟通。如怎样切入主题，该说哪些话，如何应答对方可能提到的问题等。校长还要根据不同的沟通对象和沟通意图，采取不同的沟通方式，如是开门见山、直言不讳，还是点到为止、心照不宣。

（四）选好沟通场合

根据沟通的目的和对象，选择交流的环境和场所，让沟通的内容与环境气氛一致，以便对方理解和接受你的意图。

校长若是布置工作，就要把教职工叫到自己的办公室里谈话。因为办公室的氛围无形中给人一种"下级服从上级""认真对待工作""一定要顾全大局"之类的心理暗示，从而使校长处于沟通的主动地位。如果校长是对教职工表示关心，那就尽量选择轻松场合。比如：学校午餐桌上、周末聚会、假期旅游……这样的人性温暖也可成为校长与教职工的沟通渠道，而这种沟通渠道往往非常自然、和谐，在不知不觉的交流中达到了沟通的目的，拓展了沟通的空间。

另外，沟通对象的性别、年龄、民族、身份、生活习惯以及与自己的关系远近等方面，也是选择沟通场合的重要因素。

三、沟通的原则与方法

（一）懂得尊重

心理学研究表明，人在内心深处都有一种渴望得到别人尊重的愿望。校长在与教职工进行沟通时，所表现出的尊重是要发自内心的。既要与教职工平等相待，自己不摆架子，也要求同存异，注意倾听教职工中各种不同的声音，即使是错误和偏激的，校长要有气度、有雅量，辩证地看待，不能因与自己意见不合而抱成见。校长在沟通过程中，教职工不仅在听校长说什么，更在看校长怎么听、怎么说。校长的肢体和口头语言中传递出的信息，都可能影响对方的沟通情绪，影响沟通效果。

（二）学会倾听

很多人都误以为在沟通中“说”是重要的，“听”是次要的，所以人们花更多时间用于表达，而忽视倾听的重要意义。实际上，“听”比“说”更重要，并且这个听，不是一般意义上的听，是倾听，是需要注意力高度集中、调动各种感官全力投入的听。

倾听有助于校长了解教职工的所思所想，了解教职工的关注点和对学校发展的期待等。如果校长不注意倾听，就难以充分了解教职工的想法，校长针对教职工的管理工作就可能有偏差，也就难以得到教师的理解和支持。其实，校长与教职工之间的沟通冲突多数并不是双方意见不一致造成的，而往往是因为双方没有真正倾听并理解对方的意思。校长倾听教师的心声，是向教职工传递信息和实施管理的基础，没有充分的倾听，就难有准确的相互理解。

在很多情况下，教职工找校长沟通的目的就是倾诉，并没有更多的要求。校长若能给教职工机会诉苦甚至抱怨，才能有真正和谐与民主的气氛。如果校长忽视教职工的倾诉，一旦教职工认为“反正校长不会听我说什么”，教职工就很难再向校长反映问题或倾诉心声，校长与教职工之间的沟通就可能变得消极被动。因此，校长要给教师倾诉的机会，并真诚地倾听。

与其说倾听是一项技术，不如说倾听是一种修养。学会倾听，应该成为每一位校长的一种责任、一种追求、一种职业自觉。

(三)换位思考

换位思考说起来容易,做起来难,生活和管理中许多案例都说明了这一点。难就更证明了换位思考的重要性。在实际管理中通过换位思考,校长突破固有的思考习惯,学会变通,可以解决常规性思维下难以解决的事情;通过换位思考,校长了解教职工的心理需求,感受到教职工的情绪;通过换位思考,校长欣赏到教职工的优点,并给予对方真诚的鼓励,使团队和谐高效;通过换位思考,校长才可能真正走进教职工的心灵,得到其拥护,使学校向前发展。

(四)及时主动

及时主动与人沟通是校长心胸豁达、境界高远的一种体现,也是校长的为人之道、治校之策。

校长在学校管理中难免会与教职工产生一些冲突,如工作任务的安排、工作失误时的批评、评优晋级的偏差,以及一些小小的误解等,这势必会导致部分教职工与校长产生心理上的隔阂,必然会影响学校工作的正常开展。因此,校长必须与教职工及时沟通,消除隔阂。

现实中绝大部分教职工在与校长交往中,由于工作原因,沟通不是很多。因此,作为校长就需主动走近教职工,主动沟通。一个优秀的校长应该保持与教职工的广泛的沟通和接触,与教师有着密切的联系,在主动沟通中形成共识,增进友谊;在主动沟通中了解教职工,倾听心声,解决问题;在主动沟通中交流思想,传达信息,融洽感情,校长的工作就会更容易、更顺畅,学校发展会更快。

(五)积极反馈

工作中,有些教职工非常积极地向校长提出建议,但是却迟迟不见回音,这会造成校长与教职工的沟通障碍。虽然教职工提出的建议不一定是基于学校的整体利益，有可能基于个人利益，所提出的建议未必中肯。但是，校长仍应关注教职工所关心的问题，不能将其过滤掉，应该给教职工一个积极的反馈，让他们感觉到校长在认真听取建议。这种积极反馈的姿态也会让教职工感到自己被重视而倍觉温暖，这个建议最终会不会被采纳反而不是重要的事情了。

(六)恰当表达

表达有以下几种方法。

第一，明确表达。校长对于需要立即做出决断的事，要向教职工宣称你会采取的策略，这也是一种承诺。但如果校长的态度表现得不太明确，很可能会让教职工产生一种误解。

第二，控制语速。校长在沟通中，要学会控制自己的语速。语速太快，容易给对方造成压迫感，会给教职工留下“不沉稳、心浮气躁”的印象。控制语速还可以给自己留出思考的时间，让沟通能向正方向进行。

第三，注意语气、语调和肢体语言等。很多时候，校长讲话的语气、语调体现了自己的身份。校长讲话能否做到有节奏感、有感染力，给人以信赖感，很多时候看语气、语调和体态语的掌握。在语气、语调的把握上要做到符合自己的身份，不矫揉造作，沉稳有底气。

第四，关注优点。校长习惯于发现教职工的不足或问题，而缺乏对教职工优点和努力的关注。校长发现教职工问题的本意往往是希望教职工更好成长，但是对教职工的过多的消极评价往往会触发教职工的心理自我保护机制，产生心理阻抗，造成沟通的障碍，结果事与愿违。因此，校长在与教职工的沟通过程中，应更多采用积极评价，多关注教职工的优点，善意提出努力的方向和改进的方法，这样罗森塔尔效应也就会发生在教职工身上。

（七）借助“中介”

校长可以使用间接沟通，也就是通过中间人或借助中介（如书信、电话、网络等媒介）进行。相比面对面的直接沟通，这种间接沟通方式不太容易受感情和氛围因素的影响，即使是利益诉求相背，也能给双方一个缓冲的时间和空间。

我们已经进入信息时代，以计算机和网络为核心的现代技术正在愈来愈深刻地改变着我们的生产方式和生活方式。现在有大量大学毕业生进入学校工作，他们从小就接触网络，有多样的信息来源渠道，有敏捷的思维和鲜明的个性，其民主意识和权利意识特别强，传统的沟通模式和方法未必合他们的胃口。校长可以顺势而为，充分利用网上交流平台。校长不可能对每一位教职工的思想、情感一清二楚。由于性格差异，有时面对面交谈，有人不一定喜欢，但如果校长把观点、思想放到网上去，通过QQ群、博客、微博等现代通讯方式，教职工就可以主动或有选择地跟校长进行交流，在无压力的互动交流中实现高效沟通，校长何乐而不为。

在现代中学管理中，沟通对校长管理越来越重要，因为没有良好的沟通，就无法实现科学、高效的学校管理。为此，校长必须不断学习，提高个人素养，增强个人魅力；要有仁爱的胸怀，在工作中真诚对待教职工，不以偏概全，不求全责备；校长是教职工的“老师”，也要“因师施教”，注意说话的分寸，因人、因事、因时采取不同的沟通方式，努力创设上下齐心、团结和谐、共谋发展的氛围。

以尊重文化之魂　树文化育人精品

——对校长专业标准之“营造育人文化”的实践与探索

重庆渝高中学　古　宁

2013年2月，教育部颁布了《义务教育学校校长专业标准》，提出“规划学校发展、营造育人文化、领导课程教学、引领教师成长、优化内部管理、调适外部环境”等六个方面的专业职责，并对每个方面的专业职责从理解与认识、知识与方法、能力与行为三个层面进行解读。近年来，我校在“营造育人文化”方面进行了实践探索，探索发挥学校文化建设在学校德育工作方面的潜移默化的教育功能，探索把文化育人作为学校“精品化办学之路”的重要内容与途径。

一、渝高中学的“尊重教育”校园文化内涵

校园文化建设是一个复杂的系统工程，是学校师生以学校校园为主要空间，以学校精神为主要特征，在学校的各项活动中共同培育和营建，并通过理想信念、价值取向、群体行为、校园环境等所蕴含、表达或体现出来，得到师生认同，具有趋同性心理特征和价值取向的学校精神文化、制度文化、行为文化、物质文化的总和，它涵盖学校的教育目标、校园环境、校风、教风、学风、教育设施、社团活动、学校制度、学校传统等。我校在秉承学校传统的基础上提出了以“尊重教育”为核心的校园文化建设，经过多年的实践，如今我校校园的一草一木、一花一壁，处处均彰显“尊重”文化，整个校园就是一部立体的教材，使师生在校园的每一个角落

都能受到“尊重”文化的浸润，心灵的涤荡。

经过多年的实践总结，我校“尊重教育”的目标与内容、途径与方法、管理与评价等方面逐步形成了较为全面的体系。我校把尊重教育的内容总结为五个方面，即“尊重自我、尊重他人、尊重社会、尊重自然、尊重科学”。“尊重自我”主要指尊重自己的生命、尊重自己的尊严和价值、权利和责任；“尊重他人”主要指尊重他人的生命、尊重他人的尊严和价值、权利和责任；“尊重社会”主要指尊重社会规则、明确社会责任意识；“尊重自然”主要指环保意识和行为、节俭意识、文明意识和行为习惯，强调人与自然的和谐；“尊重科学”主要指培养学生勤于思考、质疑思辨的科学品质，求实求真的科学态度，勇于探索、执着追求、敢于创新的科学精神。

二、渝高中学尊重文化的“四大维度”

学校作为传承与发展文化的载体，是“代表先进文化发展方向”的具体实践者，是社会主义物质文明和精神文明建设的引领者和示范者。不同的学校由于发展的历史和所处地域环境不同，校园文化建设也应具有自己的个性。

校园文化的“个性”，就是区别于其他学校的最本质的东西。挖掘和张扬属于自己的“个性”，这本身就是一种文化的意念。承认差异，发展个性，就正如教育家孔子所说“君子和而不同，小人同而不和”，但这种差异和个性，一定是统一于和谐校园、和谐社会之中的，这本身就是一种尊重的体现。如我校自 2006 年开展“尊重教育”课题以来，不断丰富以“尊重”为核心的校园文化内涵，拓宽校园文化的内容，扎实有效地开展尊重教育活动，从校园文化、环境建设、社团活动、课堂教学四大维度着手，并已取得了初步成效，得到了教育界专家的好评。

(一)校园文化:“爱和尊重”的教育情愫

美国心理学家詹姆斯认为,人最大的需要是得到别人的尊重。尊重是人最重要的需要之一,是一种自尊、尊人的处世方式,是人际交往中重要的待人态度。同样在学校环境中,尊重是学生发展与成长的阳光雨露。充满尊重的教育方式,是与理解、关爱、宽容和赏识相辅相成的,它杜绝苛求、嘲讽、体罚等不良教育言行。充满尊重的教育方式,像一缕春风吹拂着学生的心灵,分享着学生成功的喜悦,驱散着学生失败的忧愁。

学校实施“尊重教育”,目的是促进学校、学生、教职工协调全面和谐发展,努力构建充满“尊重文化”特色的校园,以达到培养学生尊重意识,内化为素养,外化为行为的目的。

(二)环境建设:“一花一草、一石一壁”营造尊重氛围

校园文化氛围不是凭空产生的,它必须借助一定的物质载体来营造和传播,也就是需要“一花一草”的环境氛围来烘托。人创造环境,同样环境创造人。如我校十分重视校园环境文化建设,发挥育人功能。余秋雨说过:学校文化最根本就是体现人本性,要教会学生审美。优美的学校环境,浓郁的文化氛围,自然而然规范着师生的言行。在校园文化建设中,我校注重提炼办学理念和办学特色,使校园文化体现“尊重”的文化风格。校园里的自然山水、花草树木、名人雕刻、橱窗等,既是教学场所,又是赏心悦目的风景点,让“尊重”理念的文化精神渗入校园的每个细节。让校园的一草一木,一石一墙都演绎着生命的灵动和美丽,让整座校园成为一本多彩的、高雅的、无声的教科书,让师生从中受到熏陶。

(三)社团活动:“五彩缤纷”的教育载体

文化渗透,以师生的切身体验最深;教学体验,则以组建社团、开展丰富多彩的校园活动最易入手。社团和活动,是我校“尊重”文化建设的最有力载体。

近年来,学校在德育活动、团队活动、班级建设、后勤服务等方面推进了渗透“尊重”理念的研究活动。各年级围绕“尊重”主题创造性开展德育活动,如“感恩教育系列活动”“实践尊重,体验成长”征文活动、“尊重父母”演讲比赛、三月“文明礼貌月”系列活动等,教育学生学会理解、懂得感恩,以礼待人、尊重他人。特别是每年进行的“尊重父母”为主题的班会活动,在教师、学生及家长中产生了极大的影响。正如一位家长所说,“我们家长不了解孩子、不理解孩子的想法和行为,所以对孩子就没有真正意义上的尊重,要么溺爱、要么过于严厉;另外,我们家长也想对孩子多些尊重、多与孩子沟通、多分享孩子的欢乐与痛苦,但我们始终没有找到一种恰当的方式,感谢学校开展的尊重教育主题活动,感谢学校为我们提供了一个与孩子充分了解沟通的机会……”

(四)课堂教学:“平等、合作、互动”的尊重教育实践

“弘扬人文精神,建设学校文化”的主渠道在课堂。近年来我校在“尊重”的基础上,提出了“平等、合作、互动”的现代教育实践,即在教学过程中强调师生的平等性,教师必须尊重、理解学生。从 2010 年起,学校将“平等、合作、互动”课堂教学模式作为学校文化建设的一部分,努力构建促进学生发展的课堂教学环境和氛围,这种“平等、合作、互动”的课堂教学模式不仅提高了教师教学的积极性,而且促进了学生主动学习和创造性学习的积极性。

有文化才有精神,有精神才有活力,有灵魂才有生机,有生机

才有发展。我校的“尊重”文化不是所谓几个精英表演的文化，而是让我校的每个师生都能参与并从中受到灵魂浸润、影响和规范的“平民文化”，只有这样才能真正彰显校园文化的力量和内涵。

渝高中学将继续从课堂、德育和活动等方面整体推进尊重教育的实践，以“尊重规律，打造以尊重为核心价值的教学文化”作为学校下一阶段培育学校文化的重要工作。

以上是作为一名校长对校长专业标准之“营造育人文化”的实践与思考！

谈校长在学校文化建设中的四种能力

——解读《义务教育学校校长专业标准》

重庆开县实验中学　韦先国

《义务教育学校校长专业标准》(以下简称《专业标准》)明确提出了校长的6项专业职责:“规划学校发展、营造育人文化、领导课程教学、引领教师成长、优化内部管理、调适外部环境”。其中,“规划学校发展、营造育人文化”体现了校长对学校的价值领导,既要坚持社会主义办学方向,也要为学校特色发展留下空间,是校长专业职责的灵魂。学校品牌的背后是学校文化。校长是学校文化建设的引领者,提升学校文化,培育教师的文化自觉意识,是当今校长引领学校文化建设的核心要素。为此,笔者拟从营造育人文化的角度谈谈校长在学校文化建设中应具备的四种能力。

一、学校文化的战略思维能力

“不谋全局不足以谋一域,不谋万世不足以谋一时。”学校文化建设是学校发展的顶层理念设计,也是一种组织结构和核心价值取向为适应社会进行的优化。学校要顺应文化的发展,就不能缺少理论思维。只有理论上的清醒和坚定,才能保证教育精神的清醒和育人理念的向上。校长在谋划学校发展新思路上需要“腹有诗书”的文化,在谋定学校发展新举措上需要“虚怀若谷”的精神，在体现校长作用和价值上要有“校长文化”的张力。

学校的文化建设应深入到价值层面、思想层面和精神层面。学校文化建设的重心是学校的核心价值观建设；核心价值观是学校的“灵魂”，它虽然看不见，摸不着，却深深地影响着每一位教师和学生。如北京大学“囊括大典、网罗众生、兼容并包、思想自由”的办学理念；清华大学“大学者，非谓有大楼之谓也，有大师之谓也”的人才发展战略至今影响着国人；子夏曰：“贤贤易色，事父母能竭其力，事君能致其身，与朋友交，言而有信。虽曰未学，吾必谓之学矣。”求学与做人贵能齐头并进，更贵能融通合一。做人的最高追求在求学，求学的最高旨趣在做人。爱父母、爱师友、爱国家、爱人类，是求学做人的中心基点，对人类文化有了解，对社会事业有贡献，是求学做人向往的终极目标。因此，我校以“为学生的幸福人生奠基”为理念，确立了“超越自我，追求卓越”的校训，“求真至善，守正达美”的校风，“脚踏实地，仰望星空”的教风和“感恩明德，乐学善思”的学风，坚持“立德树人，育人为本，为学生终身发展服务”的价值取向，努力提升学校的办学品位，不断营造浓郁的学术风气和书香氛围，为师生创造良好的学习环境和学习条件，为人才脱颖而出提供保障。在学生的成长和学校的文化发展上，不搞“形象工程”“面子工程”，注重对学生心灵的滋养，培育博雅的学生文化，以“文化引领时代风气之先”。

二、课程文化的价值领导力

学校的教育功能主要是通过课程来实现，课程文化决定了学校文化的主体，课程文化建设自然也就成为学校文化建设的关键。学校课程文化建设既是一项系统的工程，也是一个循序渐进的过程。在这个过程中，校长要树立课程文化意识，引导教师通过国家、地方、校本课程实现文化育人的价值取向。首先，要确立课程文化的价值取向。学校课程文化的价值取向决定着课程文化建设过程中的具体策略,应主要包括以下两方面:一是把以人为本作为课程文化的核心内涵,自觉克服目中无人和重术轻人的现象,把促进学生的发展和教师的发展作为课程文化建设的基本目标。二是凸显民族性和时代性,既要在当今世界文化多元的格局中突出民族文化的特性,又要能够随着社会的发展而不断更新,使课程文化的价值取向体现出时代意义。其次,要引领学校课程文化管理。随着以人为本的教育理念的确立和课程改革的全面实施,要求学校逐步由制度管理向文化管理转变。尊重人、依靠人、发展人应成为学校课程文化管理的核心。校长课程文化领导的对象是全体教师,主要任务就是要把课程领导的接力棒成功地传递到每一位教师手中,让每一位教师都成为能与校长并肩作战的课程文化倡导者。学校的课程文化领导并不是一种单纯的行政领导,学校要完善以校长为首的课程文化领导团队,形成课程研究的共同体,合力推进学校课程文化的繁荣发展。再次,要培育校本课程文化特色。校本课程旨在倡导一种新的课程理念,即以学校为课程开发的基地,以学校为课程开发活动的基础和决策依据,以学校的教师为课程开发的主体。校本课程文化的构建没有固定不变、普适性的程式或方法。校长要高度重视校本课程开发与文化选择,关注学生的发展,关注学生健全人格的养成,注重学生良好心理品质的形成,使学生养成健康的审美情趣和生活方式。近年来,我校在全面推进新课改的实践中,充分利用学生社团资源和艺术教育资源,重点开展了艺术表现、生活技能、运动健身三类校本课程,对传统的学生活动项目也进行了课程设计,变活动为课程,按照校本课程的教学要求进行规范管理与实施。如学校的阳光大课间是全校师生都参与的健身课程。大课间在每天上午第二节进行,时间为40分钟,内容丰富,形式多样:有跑操、打连厢、现代舞、太极、经典诵读、健美操等,体现运动、快乐、尚美、健康的宗旨,充分体现健身性、文化性、艺术性、时尚性，充分展示了全校师生的健康意识和精气神。2012 年，我校大课间在重庆市中小学阳光体育案例评比活动中荣获一等奖。

三、环境文化的顶层设计力

“教育必须利用环境的作用，离开了环境也就没有了教育。”瑞士心理学家荣格曾说，“一切文化最后都沉淀为人格。”教育能晓之以理，精神动之以情，文化抚之以心。理为蕴夺，心为情动。学校的“蕴”是学校的精神引领、思想创新之蕴，校长的“心”是文化育人促进以文化人。因此，校长在进行校园环境设计时，坚持文化育人的价值取向，以开阔的视野、深邃的思考、理性的判断、敏锐的文化洞察力和博大的胸襟来创设育人环境。

“丹桂花开，香满实中。”“蕙兰生前庭，含薰待清风。”“嘉竹虚心劲节，值霜雪而不凋，历四时而常茂。”学校以桂、兰、竹作为教学区、女生寝室、男生寝室绿化植物，将学生寝室分别命为惠兰苑、嘉竹苑，意在取其“清华其外，淡泊其中”的品格含义，渗透含蓄内敛、高洁典雅、虚心有节的价值取向。将高中部教学楼、实验楼、图书楼、艺体楼分别命名为凌云楼、凌峰楼、宏志楼、博雅楼，蕴含“志存高远、攀登高峰、宏志报国、博学高雅、拼搏进取”之意；在校园教学区分别塑立人民音乐家聂耳、书是人类进步的阶梯、爱因斯坦、居里夫人、华罗庚等石刻和人像，做到自然景观和人文景观有机统一，传统的儒家、道家精神和现代的科学、民主思想相互结合，构筑古今兼容、富有人文气息的校园环境。

学校坚持开展教室、寝室、办公室“三室”文化建设，发动全体师生参与其中，用自己的双手和智慧进行富有个性的文化建设。如男生寝室以竹文化为主题，女生寝室以兰文化为主题，从建筑、绿化、美化到文化创设，处处营造出浓厚的竹、兰文化气息。教室文化突出“学习共同体”这一主题，有共同的班级愿景和奋斗目标，有班规、班训，彰显求索、进取、竞争、共建、共用、共享的价值取向。办公室(备课组)文化秉承"职工之家"这一宗旨,一个备课组就是一个和谐的职工小家,教师个人发展目标与团队发展目标协调一致,备课、听课、评课、课题研究都在合作交流状态下完成,其创新精神是备课组的文化特色。

四、制度文化的执行经营力

校长是学校制度文化的经营者。学校的制度文化是学校制度和学校文化高度融合之后形成的。它能把学校的价值理念外化为师生员工的自觉行动,从而形成一种独特的、其他学校难以模仿的学校核心价值。而校长的工作是如何把写在纸上、挂在墙上的制度落实到学校工作的方方面面,内化为全体师生的思想,渗透到全体师生的言谈举止中,使学校的制度成为与师生精神浑然一体的自觉行动。

首先,要坚持科学管理。没有规矩不成方圆,规章制度可以保障学校各项工作有章可循,而科学管理,既能保证师生员工个人活动的合理开展,同时又会维护师生员工共同的利益。它虽具有强制性,但同时又具有公平性。科学管理能使学校有序、高效地形成向心力和凝聚力,使团队具有权威性和有效性。如果没有科学管理为基础,在师生员工还没能形成健康向上的氛围时,一味追求宽松和人本,就如同不打地基直接建了高楼,其结果不言而喻。科学管理是校长制定制度文化的初级阶段,也是重要的、必不可少的基础。

其次,要坚持民主治校。教师最需要的是精神上的鼓舞,人格上的尊重,事业上的支持,能力上的发展,坦诚的交流沟通等。因此,作为校长必须完善民主管理监督制度,建立健全民主交流对话平台,全力推行校务、党务公开,坚持公开、公平、公正,在评模、评优、晋级、绩效、考核、福利、收费等方面公开透明,阳光操作,及时通报,使民主办学精神得到充分发扬。营造一种相互尊重、相互理解、相互支持、相互信任的人际环境，发挥团队正能量，促进学校和谐发展。

第三，要坚持制度创新。校长经营学校的制度文化，不能只满足于目前的良好状态，陶醉于辛苦培育的优良文化之中，应经常有“危机感”，因为客观现实是在不断变化的，学校制度文化的建设也应该与时俱进，不断创新。成熟优质的学校制度文化既有刚性又有弹性。作为校长，一方面要坚定不移、毫不含糊地坚持那些通过实践证明的，符合校情的思想原则、精神追求，保持刚性制度的持恒性和不可更改性；另一方面须发挥弹性制度的作用，使学校具有足够的应变力，可以根据各种新观念、新潮流、新情况，及时有效地调整关系，更新制度，以保持弹性制度的敏感性和灵活性。

提炼“宇水”校园文化　提升校长专业素质

重庆宇水中学　李　伟

对一所学校来说，一个校长的文化底蕴、精神气质和战略眼光是引领学校发展方向与格局的关键。校长是学校的核心人物，是学校的灵魂。我在此方面的感悟，尤其是对校长在校园文化建设中的实践，有以下几个方面的体验。

一、现代中学的发展，呼唤现代中学校长的专业素质

现代中学学校教育的本体价值不是为了选拔适应教育的学生，而是为了创造适应每个学生的教育；学校教育的基本任务，是尽可能地为每一个学生提供适应潜能和个性发展的、充分的教育条件和教育机会，并以此培养学生的自我生存和自我发展能力，促进学生基本素质的全面发展，以适应社会发展之需。而要完成这个目标，学校必须同时把教师的发展视作同等重要的任务，必须端正教育思想，转变教育观念，面向全体学生，抓住德育核心，重点培养学生的创新精神和实践能力，为学生全面发展和终身发展奠定基础。而这些都要由中学校长带领全校职工来实现。现代中学的发展，需要具有专业素质的现代中学校长。

二、营造校园育人文化，是中学校长专业素质中的重要组成部分

《义务教育学校校长专业标准》(以下简称《专业标准》)从校长的价值领导、教学领导、组织领导三大核心工作中提出了六大基本职责：规划学校发展、营造育人文化、领导课程教学、引领教师成长、优化内部管理、调适外部环境。中学学校环境对学生的身心发展有潜移默化的影响。整洁优雅、团结紧张、生动和谐的校园环境能够促进学生积极向上发展。

校长是学校的领导和核心，是学校教育的组织者和决策者。校长的教育观念、价值取向，往往决定了学校的办学理念、办学风格，在很大程度上也影响着学校的物质文化的创造，教育制度的形成以及学校精神的培育。每个校长都十分注重对学校优良传统的弘扬，注重校风、学风建设与和谐优美环境的营造，注重办学理念的构建和教育教学水平的不断改革和创新，自觉实践校园文化建设，为高品位的校园文化建设做出了极大的贡献。因此，校长为建设校园文化都应有高度责任感和使命感，在积极改善办学条件、完善教育设施、促使学校达到净化、绿化、美化的同时，不断更新教育观念，以更大的热情、更多的精力注重学生情感的熏陶，性格的培养，意志的磨炼，帮助每一个学生确立高尚的人生理想，健康的人生哲学观，乐观的人生态度，从而培养更多具有创新意识，整体观念，开拓精神，具有合作能力，竞争意识和负责精神的优秀人才。

三、提升校长专业素质，提炼校园文化理念

(一)原校园文化

办学理念：为每一个学生的终身发展奠定良好的基础

校训：博学 博爱 自律 自强

校风：树君子德 兴学者风 立强国志

教风：高德，师之魂；博才，师之本

学风：立德 广能 勤学 善思

办学思想：以生为本，全面育人；以师为本，科学育才；以校为本，凸显特色

育人模式：以普通教育为主，形成“三自教育，全员管理育德”“心理健康教育育心”“学科教育育智”“丰富多彩的活动育能”的育人模式，培养思想品德好、学业基础牢、体格心理健、创新意识强、综合素质全的可持续发展人才

(二)提炼新校园文化的基础

山城夜景自古雅号“字水宵灯”，为清乾隆年间“巴渝十二景”之一。因长江、嘉陵江蜿蜒交汇于此，形成古篆书“巴”字，故有“字水”之称。“宵灯”更映“字水”，风流占尽天下，“字水”因此得名。另外“字水”二字曾是代表重庆的一张名片，清代重庆曾有著名的“字水书院”。

字有“八品”：正、直、平、方、实、包、中、和。正（刚正不阿）、直（率直真我）、平（公平平等）、方（耿介大方）、实（实诚求是）、包（包容海纳）、中（纠偏中立）、和（和谐聚集）

水有“八德”：真、德、智、合、志、恒、法、道。真（鉴影现形）、德（润物无声）、智（循势而存）、合（聚少成海）、志（行之千里）、恒（滴之石穿）、法（化云成雨）、道（因器而行）

“字水”与教育的结合。字：《中国娃》唱到“最爱写的字是先生教得方块字，横平竖直堂堂正正做人也像它。”朱熹的父亲曾教导儿子说：“心正则字正，心不正则字不正。”《大学》：“古之欲明明德于天下者，先治其国；欲治其国者，先齐其家；欲齐其家者，先修其身；欲修其身者，先正其心。”由此可见，正心是做人的基础。

水:佛家认为水有八德。鉴影以现行,真也;润物而无声,德也;循势而存者,智也;聚少而成海,合也;行之而千里,志也;滴之而石穿,恒也;化云而成雨,法也;因器而行者,道也。《老子》:"上善若水,水善利万物而不争。"孔子曰:"夫水者,启子比德焉。"儒释道三家都认为水是德育的载体。

(三)形成新的校园育人文化

办学理念:字水墨韵 彩写人生

校训:正心如字 明德若水

校风:身心同健 德才双馨

师风:爱心化人 潜心乐教

学风:立德广能 勤学躬行

育人目标:树君子德 兴学者风 立强国志

教师誓词:我是字水中学的教师,我宣誓一定恪守"正心如字、明德若水"之校训,发扬"身心同健、德才双馨"的校风,践履"爱心化人、潜心乐教"的教风。为人师表,以身作则;关爱学生,严慈相济;崇尚科学,勇于创新;潜心钻研、终身学习;以高尚的品德去感化人,以渊博的知识去培养人。我坚信,奉献是一种难得的幸福,平凡是一生优秀的品质。我愿在教育中成就自我,和学生一起成长,和社会共同进步。

学生誓词:我是字水中学的学生,我宣誓一定恪守"正心如字、明德若水"之校训,秉承"身心同健、德才双馨"的校风,践行"立德、广能、勤学、躬行"的学风。尊老爱幼,礼貌待人;志存高远,自强不息;虚心好学,慎思力行。立志做一名志向远大,品格、知识、能力、身心等素质得到全面发展的二十一世纪的建设者。

(四)“字水”校园文化再诠释

“字如楷体方正，水似大爱绵长”，“字如教品刚直，水似师爱柔绵”，“字须磨炼方成格，水务导引才宜稼”，“字有六艺显喻多元之美，水有八德启发做人之道”，“字推楷体方正，水取南海浩荡”，“字之疏密预示和谐，水之急缓传导爱憎”，“字如席写出人间真与美，水似线流淌生命善和乐”。

校长的专业素质，可以在多方面体现和提升，以上从校园文化提炼上略谈一二，是抛砖引玉之举。但我认为坚持为学校发展做好三件事，即有明确的办学思想、有精选的办学策略、有校本特色的实践项目。这样既可以随着时代发展提炼校园文化，也可以提升校长的专业素质，并在校长的带领下使学校继续发展。

农村学校如何凸显竞争力初探

——一个农村中学校长对学校发展的思考与实践

重庆荣昌安富中学　梁光建

十八大以来，我国各行各业蓬勃发展，日新月异。作为各行业基础、为各行业输送人才的学校更是当仁不让，发展迅速。在政府的指导下、在政策的支持下、在社会的关注下，教育行业适逢着前所未有的机遇，同时也面临着巨大的挑战。在这种大形势下，一个学校要发展自己，就面临着更大的竞争，尤其是基层中小学教育事业，面临的竞争更是巨大。这就对一个学校的校长提出了更高的要求，因为校长作为一个学校的领导核心，所起的作用是巨大的，所以要求校长更加地专业化。

本文以我校为例，从打造特色中学、建立幸福之家、关注学生前途三个方面，阐述了一个农村中学校长对学校发展的思考，并对农村学校如何凸显竞争力这一问题进行了探索与实践，共有以下几个方面。

一、打造特色中学

一个学校的竞争力，以及在同行中的地位，很大程度体现在学校的特色上。一个学校的发展离不开特色，如果没有特色，千篇一律，那么在同行中很难独树一帜，无论农村的学校还是城市的学校，结果都一样。农村的学校怎样在同行中取胜，乃至在同行中独领风骚呢？我校的答案是立足本土，办出特色。

(一)传承陶艺

"金竹山,瓦子滩,十里河床陶片片,窑火烧亮半边天,窑公吆喝悍声远。"这几句流传了几百年的民谣,是古时安富陶器生产盛况的真实写照。安陶的艺术价值达到鼎盛时期,安陶也得以与江苏宜兴陶、云南建水陶、广西钦州陶并称为"中国四大名陶"。安陶在历史长河中塑造了显赫的名声,被列入国家级非物质文化遗产,同时也成就了荣昌安富的美名。

历史赋予了安富陶器深厚的文化底蕴,历史是需要传承的,底蕴也是需要维护的。我校地处安富,正是利用安富陶艺这一地域资源,创建了我校的品牌。它一来传承了陶艺,为我国非物质文化的继承做出应有的贡献;二来也打造了学校的特色,有利于提高学校的知名度,有利于提高学校在学界的地位。

我校立足本土,传承陶艺,体现"火"的艺术,这对于社会、学校、学生都是有益的,在学生中开办兴趣班,对有兴趣的学生着重培养,让他们有一技之长,既传承了陶艺,也丰富了学生的业余生活;对学校的发展来说,不仅创建了学校自己的特色,学校的教育教学质量也有了很大的提高。

(二)发展柔道

我校在一个边远小镇,交通和经济都不发达,学生多数是留守儿童,且大多数学生每天要在上学路上花费 1～2 个小时。所以学生的身体素质占优势。我校经过多方调研、权衡之后,决定走柔道这条路。因为在基础教育学校中搞柔道的学校极少,而柔道在国际上的一些比赛中又比较重要,在我们国家只有高校在设置柔道科目,中小学较少。所以我校从初中开始就开设柔道班级,在高中的时候进行一轮筛选,保持体育班的优质生源。同时也聘请国内比较知名的教练来训练他们,并与上海体育学校等有柔道特长的高校展开合作，这样更方便将我校的体育特长生输送到一流高校。

我校在这方面所做的工作明显取得了成效，每年拥有体育特长的学生考入的学校都是自己心仪的院校，且有很多柔道特长生都考入了如上海体育学院、武汉体育大学、成都体育学院等知名院校。同时，柔道也成了我校的一大特色，成为了我校的一个品牌。

（三）创新科技

2006年，全国科技大会通过了《国家中长期科学和技术发展规划（2006—2020年）》，提出了“自主创新，建设创新型国家”的战略。

我校经过调研之后发现，将科技创新作为我校的一个特色来抓是可行的。虽然我校和城区的学校比起来在科研上能够支出的经费是很少的、很微不足道的。但是我校在科研上所取得的成果是不容忽视的，甚至我校的成果大大超过了某些学校。比如说，我校刚刚引入多媒体的时候，出现过很多问题。由于种种原因，既无法及时解决，又无法添置新设备，于是首先把懂多媒体的老师送去培训，然后再培训学校的老师；其次，奖励在多媒体方面做出贡献的老师；第三，奖励学生，鼓励学生在科技创新中做出的小发明。

结果学校的师生，自制了许多小发明，既丰富了师生的业余生活，也解决了学校教学中的实际问题，更节省了学校的资金。

总之，在科技创新上，我校以“立足本校实际，从身边做起，在摸索中进步”为主题，尽量发动本校师资来进行创新，尽量解决我校的实际问题。“一屋不扫，何以扫天下”，虽然我们学校所取的成果对城区的名校来说不算什么，但是确确实实能解决我们学校的实际问题。创新只要解决实际问题，就是好的创新。我校的“创新科技”这一特色还是比较成功的，也成为我校的品牌之一。

二、建立幸福之"家"

在管理上,我校最主要的就是做到了"民主、幸福"。这主要体现在建立了一个相对来说人人都满意的制度。因为"人是管不住人的",往往只有"制度才能管理人",只有所有人都按照制度来办事,才能尽最大的努力来杜绝歪风邪气。我校主要从以下两个方面着手。

(一)制度合理

首先,学校要建立领导机制,划分明确的科室责任。划分责任后,管理起来就会井井有条,就会得心应手。各人都会自觉约束自己,做自己分内之事,保证科室高效地运转。

将权力下放,不是把所有权力下放到年级组,而是适当下放,如教学权、管理权,学校只进行宏观管理。因为管理学校的领导不是万能的,他们也有不懂的地方,甚至是外行人。比如,一线教师的教学方法的创新和教学技巧等。鉴于此,我校经过反复考虑之后,做出"将权力下放到年级组"的决定。就是在专业上、教学上、管理学生上等方面,只要不出现原则上的问题,我校领导层都不过多加以干涉。这样的措施,更利于发挥教师的积极性和提高教师的创新能力,因为有了相对自主权后,教师就有更大空间发挥自己的教学技能。

再则,就是制定晋升的制度。学校对优秀人才倍加重视,对一些在教学上、管理上有突出成绩的教师,按规章制度进行职位晋升,让他们各尽其能、人尽其才,实行"能者上"的制度。学校还实行了"多劳多酬,少劳少酬"的制度,这些制度的实行极大地提高了教师们的积极性。

(二)民主妥协

“民主”这个词语是来自希腊语“demos”,代表着“人民统治”的意思。我们认可的“民主”的解释中,马克思的解释还是比较合理的——民主是妥协的艺术。其实我们生活中处处能遇见妥协,如果不会妥协就办不成事情。尤其是在农村的学校当校长,如果不会相对妥协地处理一些事情,就会站不住脚,就会觉得工作很难开展下去。结合我校的实际,我校制定了一些相对妥协的策略。

第一,在绩效考核上适当照顾重点班的教师。因为升学率依然是衡量一个学校教学质量的重要指标。学校重点班是学校的一个希望,教师相对辛苦,无论是教学、备课,还是作息时间都比普通班老师辛苦,所以适当照顾他们,有利于提高他们工作的积极性。

第二,对学校一些老教师的妥协。在每一所学校都有老教师的存在,他们把美好的青春贡献给了教育事业,值得大家尊重。其次,他们教学经验丰富,教学水平也高,但由于年龄原因,其身体、健康和精力不如年轻教师,为照顾他们的情绪,为年轻的教师们做示范,对他们相对照顾一些。

从上面的分析可以看出,我们从“制度”和“妥协”两个方面来论述了如何建立一个和谐的学校“家庭”的问题。我校希望通过这些方面的建设来为全校教职工打造一个幸福的大家庭,希望老师能在安富中学找到自己的地位,实现自己的价值,为自己找到一份归属感,找到自己对学校的认同感。

三、关注学生前途

一个学校的升学率只代表一个学校教育水平的高低,但不代表这所学校其他方面发展的好坏,如马加爵这样的学生就是发展有偏颇的学生。学校要关注学生的全面发展,终生发展。为此,我校制定以下几个措施。

(一)首重德行

《论语》里面有段很经典的记载:颜渊问仁。子曰:"克己复礼为仁。一日克己复礼,天下归仁焉。为仁由己,而由人乎哉?"颜渊曰:"请问其目。"子曰:"非礼勿视,非礼勿听,非礼勿言,非礼勿动。"颜渊曰:"回虽不敏,请事斯语矣。"(《论语·颜渊》)这无疑是对道德最好的表述,是对"反求诸己"思想的一种践行,我们要做一个有道德的人,这是一个基础,"人之异于禽兽者几希"。新时期,我们国家提出的"四有"新人,"有道德"赫然在目,学校应教育学生要做一个有道德的人。

假如学校都是培养一些有着深厚知识,但缺少道德的人,走入社会对人们的危害是巨大的。所以我校重点对学生进行德育,由学校德育处牵头,以各班班主任、政治老师为主体,对学生们进行思想教育,进行道德教育。用身边的实际例子教育他们,让他们养成从身边小事做起的习惯,让他们励志做一个有道德的人。学校还让学生经常进行《论语》里面的"三省吾身"(为人谋而不忠乎?与朋友交而不信乎?传不习乎?)。让每个学生每天思考三个问题——我来学校干什么?我想做什么样的人?我今天做得怎么样?这样做,一方面可以激励学生的志气,另一方面可以增进学生之间的交流,让学生养成好的习惯。习惯成就人生,我们认为让学生养成一个好的习惯,不仅学生会终生受用,也说明了我们教育的成功。

(二)全面发展

首先,对重点班的学生实行一些不同于其他班的管理办法,要让他们明白,他们仅仅是因为成绩好才到这个班来的,其他方面也不一定优秀。所以，不放松对重点班学生的全面培养。其次，在重点班上开设一些兴趣活动小组，比如“诗歌阅读社”“篮球社”“长跑社”“创作社”等，这样既可以锻炼学生的自身素质，又可以增强班级间的凝聚力，并且可以培养同学之间的感情；再则，鼓励学生多与其他学校的学生交流，拓宽他们的视野，让他们不要夜郎自大，孤芳自赏。

（三）注重技能

由于我校所处偏远农村，我校立足于学校实际，制定了一个计划，让学生在学校学一门专业技能，以后走上社会，可以学有所用。既创建了学校的品牌，也为学生的未来进行了规划。

我们制定的方法有，一是利用语文课对学生的写作能力进行训练，尤其训练他们写简易的应用文，因为以后进入社会后他们最有可能应用到的就是应用文；二是在计算机课上，对他们实行重点培养，让他们学习一技之长；三是在政治课上多给他们讲讲做人的道理，因为他们出社会后缺乏的是做人的经验，与人相处的经验，老师在课上尽量联系实际，对他们进行一些经验性的交谈，会更有效；四是一定要给他们教授不能放弃学习等一些重要思想，更重要的是让他们不要自暴自弃。

综上所述，我校从“品德”“发展”“技能”三个方面来解决农村学生的前途问题。

内地西藏班(校)学生
“爱祖国、爱西藏”教育途径与方法的探索

重庆西藏中学　季富群

开办内地西藏班(校)是党中央、国务院为促进西藏的建设、发展和稳定而采取的一项智力援藏的举措。它是关系到维护祖国统一,保证边陲巩固,增进民族团结,促进藏民族进步的政治任务。我校自1985年开办西藏班以来,围绕我校的培养目标——“培养维护祖国统一的坚强战士、建设社会主义新西藏的骨干、传播现代文明的模范”,始终坚持从整体德育观出发,把“爱西藏、爱祖国”教育放在政治思想教育的首要位置,积极拓宽德育工作思路,探索出了四条基本教育途径(思想品德及思想政治课堂教育、班主任工作、重大节日活动和校园文化建设)、四大主题教育强化途径(军民共建、环境教育、民族团结教育月活动和生态农庄实践活动)和实现反馈途径(自主参与、自主思考、自主探索和自主创造活动)。

一、四条基本途径

(一)思想品德课和思想政治课是对学生进行“爱西藏、爱祖国”教育最基本的途径

在政治课上,教师结合学生思想实际、生活实际,培养学生

"爱西藏、爱祖国"观念,以培养和激发学生的情感为核心,注重学生的人生观、价值观的塑造与培养。

如在学习地方教材《思想品德》中"西藏自古以来就是中国的一部分""江孜保卫战"等内容时,教师用朴实的语言、生动的事例,动之以情,晓之以理,引起学生强烈的情感共鸣,使学生对反对民族分裂、捍卫祖国西部边陲、维护祖国统一有了直观而深刻的认识。又如,在学习"西藏民主改革50年"后,学生深深地感到没有共产党就没有社会主义,没有共产党西藏就谈不上民主生活,就谈不上百万农奴翻身得解放,他们更谈不上在温暖的大家庭、在可爱的第二故乡求学。他们在讨论发言中纷纷道出:"珍惜来之不易的民主生活,努力学习,建设西藏,报效祖国,服务人民"的心声,并感慨:"我们是月亮妈妈的女儿,我们现在的生活多么幸福啊!"

我校还精选《德育》读本教材,编订思想品德校本教材,拓展、充实"爱西藏、爱祖国"教育内容。如针对学生在外地学习生活中面临的重重困难,我校选编了"磨砺坚强意志"专题教育材料,发动学生寻找关于坚强意志的名言警句进行交流,搜集讲述有关名人的励志故事,适时引导学生明白家乡父老的期望,激发他们为振兴西藏而克服困难、努力学习的信心。

(二)坚持"爱、严、细"的教育原则,开展班级教育活动

"爱、严、细"是我校在教学实践中探索出的对学生进行爱国主义教育行之有效的准则。爱字当头,是根本,也是源泉,更是开启西藏学生心扉的钥匙;严是关键,即严格要求,严密组织,严肃纪律;细是保证,即细而有序,细密无声。学校把"爱、严、细"的要求细化为《重庆西藏中学班主任工作手册》,作为班主任工作指南。班主任始终以"爱西藏、爱祖国"为主题,开展班级教育活动。

学生入学教育活动。每年新生入校,第一节必修课就是接受入学教育。班主任会全天深入学生中去,帮助学生过"三关"(生活关、

语言关、学习关)，带领学生参观“两室”(德育室、校史陈列室)，了解西藏今昔对比，熟悉学校发展历程，感受大家庭的温暖。

理想信念教育活动。每学期，各班都要举办以“热爱家乡、热爱祖国”为主题的班会活动。学生通过讲故事、谈感想、演小品、说相声等多种形式，畅谈自己的成长规划，描绘未来新西藏的宏图，抒发心中的梦想，从而激励其为西藏繁荣富强，为中华民族复兴而努力拼搏。

汉藏班级联谊活动。汉族班、藏族班长期坚持开展的联谊活动，形成了我校的传统。如每周的音体美课，联谊班级的学生上大课；每天的课间操，伴着藏族音乐的优美旋律，汉藏学生共同跳着带有藏族舞蹈特色的自编韵律操；每年藏历新年，藏族学生都要邀请联谊班级的汉族同学一起喜庆佳节，做砣砣面，喝酥油茶，烧着篝火，跳着锅庄，载歌载舞，其乐融融，同奏“汉藏和泽”的美妙乐章。

(三)重要纪念日和重大节日的庆祝活动

每逢重要节日和重大纪念日，学校都要开展庆祝活动。在浓厚的节日氛围里，西藏学生更好地领略到改革开放的大好形势，从而增强维护民族团结、振兴中华、振兴西藏的思想感情。

在每年3月28日“西藏百万农奴解放纪念日”活动中，全校师生会回顾历史，感悟新西藏翻天覆地的变化，坚定改革信心，展望美好未来。再如，每年“五四”青年节和纪念“一·二九运动”，均要开展“爱我祖国，振兴中华”主题团日活动，每年7月1日党的生日，全校师生齐唱《唱支山歌给党听》，每年国庆节全校师生举行升国旗仪式，齐声《歌唱祖国》，每年元旦举行“迎新年”文艺汇演等活动。同学们在这些节庆中，或用铿锵有力的言语，或用粗犷豪迈的藏舞，或用嘹亮优美的歌声，表达出对神奇西藏、可爱祖国的赞美。节日庆祝中，每一个细节都洋溢着爱国激情。正是在潜移默化之中，爱祖国意识深深地根植于学生心间。

(四)建设校园特色文化,营造浓厚育人氛围

环境育人。在浓厚的文化气息中,使学生时刻感受“爱西藏、爱祖国”的神圣与庄严。我校位于风景秀丽、人杰地灵、孕育了英雄的红岩精神的歌乐山上,背靠“巴渝十大景观”之一的森林公园,校园内古木参天,终年绿荫掩映,四季鸟语花香,静谧而温馨。富有现代气息、错落有致的楼阁亭台,既有重庆大都市建筑文化元素,又吸纳了藏民族建筑的文化符号。学校文化艺术广场,运用了藏式传统建筑艳丽、明快的大色块风格,融合了重庆城市名片“人人重庆”的构思设计,取意“人人”,寓意汉藏学生亲如兄弟、情同手足。

育人环境美,文化氛围浓,陶冶了学生的情趣,美化了学生的心灵,对学生进行人文精神的熏陶。如我校各楼道的书香驿站、校园文化艺术墙、各种大型标语牌、宣传橱窗、黑板报、多媒体公告系统与鲜花相映生辉。又如,校刊《雪鹰》报,每月一次的大班会,每周一次的升国旗仪式和国旗下的庄严讲话,每天集体收看的“新闻联播”以及由学生唱主角的“雪鹰文学社”“格桑歌舞团”“科技社团”“书法社团”等16个社团,无不围绕“爱西藏、爱祖国”教育这一主题进行,教育效果十分明显。再如,科技社团的同学参加重庆市中小学机器人竞赛荣获第一名,被授予第四届重庆市沙坪坝区科技创新奖和第六届重庆市科技创新奖,并代表重庆参加全国中小学机器人大赛,获得一等奖,填补了全国此项科技竞赛中没有藏族学生参加的空白。

二、四大主题教育强化途径

(一)军民共建

多年来,学校坚持与重庆通信学院搞军民共建活动,把“军民

共建”作为培育学生爱祖国、爱西藏的重要载体，以军人严明的纪律、钢铁般的意志、雷厉风行的作风来磨砺和锻造藏族学生，通过“十个一”活动（每年的3月5日搞一次“学雷锋志愿者在行动”的活动；6月1日“手拉手”爱心助残活动；一年一次暑期军政训练；一学期一次主题班会；一学期一次业余党团课；一学期一次参观军营内务；11月27日烈士祭扫活动；一学期一次国防知识讲座；教官与学困生的一帮一活动；一年一度文艺联欢活动），积极探索新时期军民共育西藏建设人才的途径和方法。

重庆通信学院先后派出近400名军政素质优秀的学员，担任我校的校外辅导员。辅导员们利用周末来到学生中间，开办党课、团课讲座，开展主题班会，为他们讲故事，讲传统，和他们聊天谈心，关心他们的成长进步。而一年一度的军政训练，在藏族学生的人生中留下了深深的烙印。如国庆假期的山城，艳阳高照，热浪滚滚，从教唱军歌到紧急集合，从队列训练到阅兵式，学生们汗水湿透了衣服，脚上打起了血泡，嗓子喊得沙哑，却没有一个喊苦叫累。在解放军的言传身教下，他们学到了好思想、好品德、好作风，更加增强了组织纪律性和勇于战胜困难的信心。丰富多彩的共建活动，在学生中唱响了共产党好、社会主义好、人民军队好、民族团结好、祖国大家庭好的时代主旋律，有效地激发了学生的爱国热情。学校也被授予“全国爱国拥军模范单位”，两度被评为“全国军民共建社会主义精神文明先进单位”。

（二）环境教育

我校是重庆市首批绿色学校、环境教育最高奖——“地球奖”单位。我校在坚持把培养学生可持续发展意识融入“爱西藏、爱祖国”教育活动中，构建了“1234”环境教育模式，即按照“一个目标（培养可持续发展意识和能力），两大载体（学科和活动），三种形态（关于环境的教育、在环境中教育、为了环境的教育），四条途径(学科渗透环境教育、环保夏令营、环境兴趣小组活动、社区环境教育的协作和共建),形成了六大品牌活动,即"世界地球日""世界环境日"主题教育活动,环保科技活动,环保时装秀表演,环保绘画作品展示活动,环保征文比赛活动,红领巾废品回收活动。

学校通过举办这些活动,教育学生从爱护学校一草一木入手,从点滴抓起,培养他们对祖国美丽自然的热爱之情,充分发挥环境育人的作用,以无声有形的教育,陶冶青少年的情操,提升可持续发展意识。

(三)民族团结教育月活动

每年九月是学校的民族团结教育月。在教育月中,学校组织开展民族团结教育"十个一"即学跳一支民族舞蹈,画一幅民族风土人情画,一次民族团结手抄小报比赛,一次民族团结主题摄影展,一次民族团结主题知识竞赛,一次民族团结主题影视展演,一次以"感恩伟大祖国·维护民族团结"为主题的黑板报评比,一次"民族团结教育月"征文比赛,一次"一帮一·结对子"活动,一场民族团结唱歌会等主题活动。

活动育德,主题教育育人。"十个一"活动极大地发挥了学生的积极性、主动性和能动性,"三个离不开"即汉族离不开少数民族、少数民族离不开汉族和两个民族相互离不开的思想在学生头脑中更加牢固起来。

(四)生态农庄实践活动

学校根据西藏学生生活的青藏高原以畜牧业为主的实际,结合学校地处城乡结合部的有利条件,在歌乐山农业生态园开辟了汉藏"和泽"生态农庄。农庄面积近 3 亩,学生自己命名了"雏鹰田园""开心草莓园""格桑美朵园""雪鹰农庄""雪域农庄""希望田野""同心圆"七个园地。学校还组织老师和生态园技师指导学生开展种植、认养、护养、收获、品尝等实践活动。藏族学生兴奋地说:“啊！重庆的土地好神奇呀！深秋时节,西藏的土地早已成了冻土,而这里居然还能结出瓜果。”

在劳动实践过程中,学生充分认识到了汉族人民的质朴、勤劳和智慧,尽情感受到了劳动的快乐和劳动带来的幸福。在见证、参与体验中,学生在第二故乡重庆,爱西藏、爱祖国的情感得以强化、升华。

三、实现反馈途径

对西藏、对祖国的热爱仅停留在言语表白和情感流露阶段是不够的,必须努力使其上升成为建设祖国、建设西藏、维护祖国统一、增强民族团结的自觉行动。为此,只有充分尊重学生在“爱西藏、爱祖国”教育活动中的主体地位,发挥他们作为主体的自觉、能动和创造作用,通过他们自主参与活动,自主思考问题,自觉探求答案,创造性地思考和行动,才能把“爱西藏、爱祖国”的要求转化为自觉“爱西藏、爱祖国”的内在观念和行动准则,激发他们爱国之情、报国之志,产生建设祖国、建设西藏、增强民族团结的自觉行为。

如在学校每两年举办一次的“感动校园十大之星”评选过程中,全校学生人人参与,经过海选、投票选举、评审委员会复审等多个环节,历时三个多月,整个校园沉浸在感动来自平凡、榜样就在身边的浓浓氛围中。学生在感动之中学会发现、追随,学会感恩、奉献,学会关爱他人。

再如,我校每年的初中毕业生,100%的同学加入共青团。自2000年开办高中班以来,有300余学生参加青年业余党校学习,有33名品学兼优的学生加入中国共产党。

在拉萨3.14事件、新疆近年来的暴力事件、涉藏、涉法等敏感时期,“三校”(雪鹰业余党校、青年团校、学生干部学校)的学员们主动召集同学们开主题班会，痛斥暴行、痛击分裂言论，发出了维护祖国统一至诚至真的最强音。

爱国主义教育是实施素质教育的首要任务，在素质教育中发挥着导向、动力和保证的作用。我校的实践证明：西藏学生进步非常明显，他们自觉践行中国梦，我的梦，振兴中华，振兴西藏，已深入人心，在大是大非问题上立场坚定、旗帜鲜明。同学们正将自己的爱国热情转化成为祖国的繁荣富强、家乡的发展和稳定而勤学上进的报国之行。这些不仅是学校教育的结果，也是在校长领导下全体教职工辛勤劳动的成果。

树立科学的办学理念　创建璧中持续的辉煌

重庆璧山中学　吴明平

苏联教育家苏霍姆林斯基指出:“对学校的领导,首先是教育思想上的领导,其次才是行政上的领导。”我个人认为校长的教育思想就是他的办学理念。一个校长的办学理念是融其哲学思想、教育观念、教学主张、品质修养、工作作风和办学经验于一体,其理念的形成也依据本校办学传统和地域的影响,形成了带有强烈地域色彩和学习特色的办学理念。

一、为每一个学生的终身发展奠基

我校是一所百年老校,有着博大精深的办学思想和深厚的文化积淀,我校在创建优质示范高中的今天,充分挖掘我校宝贵的精神遗产的同时,也认真研究和评估了学校的现状,并在现代教育思想指导下,明确提出了我校的办学理念:“为每一个学生的终身发展奠基”。我校对这一理念提出的理由和内容阐释如下。

首先,这一办学理念是在现代教育思想的科学指导下提出来的。

美国哈佛大学著名发展心理学家霍华德·加德纳教授提出的多元智能理论,这一理论要求校长要彻底更新教育者的学生观,要从根本上认识到,每个学生都有自己的优势智能,有自己的学习风格和方法,学校里没有“差生”的存在,只有各有智能特点、学习类型和发展方向不同的可造就人才。每个学生都具有多种不同智能、不同程度的组合优势，问题不再是一个学生有多聪明，而是一个学生在哪些方面聪明和怎样聪明。因此，每一位学生都有获得尊重、关爱和发展的权利。

“全人教育”和新课程改革的理念给学校教育提出的使命是使每一个学生的潜能和个性得到充分的开发与和谐发展。学校要树立科学与人文并重、全面与个性发展相结合的全面育人观。充分发挥学校在育人方面的功能，使每一个学生在德、智、体、美等得到充分发展，并让每一个学生的个性得到张扬。中学的教育应使学生具有可持续发展的能力，学校要站在培养未来人才的高度，通过对被教育者进行健全人格和身心健康的培养，主体性、能动性和创造性意识与能力的形成，使他们具有继续学习的能力、规划人生的意识、创业的基本能力、面对未来生活的能力，即培养学生终身发展的能力。

基于这种认识，我校对现代教育的理解是：对学生的培养应该是“全员”的，即每一个学生都有受教育和发展的权利；对学生的培养也应该是“全面”的，使每一个学生的身心、智能等都能得到和谐发展；对学生的培养还应该是“全程”的，即教育应该使每一个学生具有终身发展的能力。

其次，我校这一理念的提出是根据高中教育和中学生身心发展的特点提出来的。

高中阶段的教育绝不是大学的预科，它应该是九年义务教育和高等教育的衔接口，在整个教育体系中处于承上启下的地位。高中学习不只是义务教育的自然延伸，不只是课程内容的加深、加难以及量的加大，而是学生享受九年义务教育之后高一个层次的教育，是准定向的教育。高中是基础教育的一个重要阶段，是学生处在人生十字路口的关键阶段，在培养公民基本素质并形成健全人格方面有独特的作用，是学生人生观、世界观形成的重要阶段，更是学生个性发展最关键、最活跃的时期，其生理、心理都趋于成熟，相对于初中学生来说，高中生的自主意识明显增强，更加关注人生，关注社会，关注国家命运，思考自己的权利、义务和责任；他们会逐步形成相对稳定的认知风格和思维习惯，逐步形成终身学习的愿望和能力；他们也会与社会联系更加紧密，社会实践能力逐步增强，初步具备了参与社会活动的能力。因此，高中教育应当面向未来，为学生的终身发展负责。高中教育的性质应该是“在九年义务教育基础上进一步提高国民素质、面向大众的基础教育，普通高中教育应为学生的终身发展奠定基础。”我校明确了高中教育的责任是在有限时间内为培养学生怎样做人、做事及终身学习奠定基础。学校则成为学生学会学习的地方，成为学生社会角色意识与社会角色能力的奠基场所。

第三，我校的办学理念是我校优良传统与现有教育资源整合的结晶。

1907 年璧山县第一高等小学堂改为璧山县官立预备中学堂，宣告了我校的诞生，首任校长高凌霄系前清进士，内阁中书，抗日战争时曾任四川大学、华西大学教授，编有国文教材《四千年选》，立校之初，就十分重视遴选有学识的人担任教师，其目的就是让学生受到良好的教育，为学生的发展奠定基础。在办学实践中，学校把学生的思想品德发展放在首位，要求学生以“天下兴亡，匹夫有责”为己任，关注社会，参与社会。如 1921 年，璧山中学生赴重庆参加抵制日货大游行。1935 年，师生罢课，反对驻军苛捐杂税，表现了强烈的爱国忧民意识，为以后璧山中学发展为“红岩英烈”摇篮奠定了基础。二十世纪二十年代末三十年代初，学校聘请了一批思想进步、学识丰富、工作勤奋的青年教师到校任教，他们自编一套以鲁迅作品为主的国文教材进行教学，组织“读书会”学习共产党中央刊物，成立“义勇军宣传队”去乡镇及重庆进行抗日救国宣传，为学生发展为抗日先锋打下了思想基础。学校也十分重视学生的学业，璧山中学素来以教学质量高，学生学业优异饮誉川东，如1934年，学生参加21军戍区会考，成绩优异，校长获大功一次。

1941—1946年，“国立社会教育学院”在现校址办学，一代教育名流、硕学鸿儒郭沫若、晏阳初、陶行知、许德珩、梁漱溟、黄炎培、徐悲鸿、叶圣陶、王云生、欧阳予倩等云集于此，他们或举行学术演讲，或亲自进行教育实验。“国立社会教育学院”提出的“人生以服务为目的，社会因教育而光明”的教育思想曾激励了一代又一代璧山中学师生。“国立社会教育学院”在极其艰难的条件下，为了让每一个学生得到全面的发展，他们经常聘请社会名流到校进行学术演讲，组织各种社团，出版报刊，举办各种活动，为学校的教育提供许多成功的范例，我校的办学理念正是在借鉴、吸收“国立社会教育学院”办学精髓的基础上逐步形成的。

新中国成立之后，璧山中学的办学理念随着社会的发展在改变。如1953年学校教学实施“六环节”教学法，1958年组织学生大炼钢铁，勤工俭学，1964年学校组织教师在教学中探索“少而精”启发式教学，其目的都是让学生得到更好的发展。1985年之后，学校在狠抓教学工作的同时，组织了各种社团活动，兴趣小组活动，社会实践活动，文艺体育活动，逐步树立科学与人文并重，全体与个体相结合的育人观。

现今我校在总结实施邓小平同志教育要“三个面向”和习近平总书记的“中国梦”的基础上，学习发达国家的先进的办学思想，结合我校的办学传统，总结出了我校办学理念的基础：一是贯彻党和国家的教育方针，全面实施素质教育；二是遵循教育规律和青少年身心发展的规律，以学生发展为本；三是着眼于学生的终身发展，立足于学生的可持续发展；四是关注每一个学生的发展，同时还要关注学生的个体发展。基于此认识，我校提出“为每一个学生的终身发展奠基”作为本校在新世纪的办学理念。并在这一办学理念的指导下提出了“四个一切”的办学思想：

一切为了学生的发展，没有学生的发展和成功就没有学校的发展和成功。一切为了教师的发展，没有教师的发展就不能建成一流的学校。一切为了教育质量的提高，教育质量不能持续提高，学校就没有生命力。一切为了师生和校园的安全，安全工作关系到师生的切身利益和学校的稳定。

二、培养目标和保障措施

我校要把"为每一个学生的终身发展奠基"的办学理念作为学校的灵魂，在此办学理念的指导下，我校进一步明确新时期高中教育对学生的培养目标，探索落实办学理念、实现办学目标的具体保障措施。

(一)学生发展目标

学校把学生发展的目标定位为面向全体，全面发展，培养学生终身发展的能力，这种能力就是使学生学会做人，学会学习，学会健体，学会生存，学会创造，努力实现由"继承型""知识型"人才向培养"创新型""能力型"人才转变。总之，要培养德、智、体、美全面发展、个性突出、适应未来的中学生，具体有以下几个方面。

1.德育发展目标：学会做人，学会生存

学校应培养学生树立正确的世界观、人生观和价值观；热爱社会主义祖国，热爱中国共产党，自觉维护国家尊严和利益，继承中华民族的优秀传统，弘扬民族精神，有为民族振兴和社会进步做贡献的志向与愿望；遵纪守法；具有崇高的服务意思和高度的社会责任感；具有良好的社会公德和行为习惯；具有适应社会发展的自立、自律、自我发展的能力和健全的人格心理品质。

2.智能发展目标：学会学习，学会创造

学校要把学生培养成一个能善于汲取人类的先进文化，养成自主学习、合作学习、探究学习的良好习惯，具有终身学习的愿望和能力，掌握适应时代发展需要的基础知识和基本技能，学会收集、判断和处理信息，具有初步的科学与人文素养、环境意识、创新精神与实践能力的人。

3.身心发展目标：学会健体，学会做人，学会生存

学校也要把学生培养成一个能树立身心健康的意识，掌握体育的基本知识和基本的运动技能，养成坚持锻炼的良好习惯，提高竞技水平；培养合作、进取的精神和坚强的毅力，培养健康的心理素质，形成健全人格的人。

4.审美能力发展目标

学校还要培养学生在生活与艺术中发现美、欣赏美和创造美的能力，具有健康的审美情趣和良好的审美修养；以审美能力激发智能的提高，激发创新能力的发展。

(二)落实办学理念和实现目标的保障措施

1.明确办学目标

为了实现"为每一个学生终身发展奠基"的办学理念，我校上下一心，把"建设适应社会发展的优质示范高中"作为我校的奋斗目标。把我校办成全市的优质示范高中，这不仅是我校几代人的理想，也是社会的殷切希望。

2.依靠两种力量：学校和社会

学校要创建优质的示范高中，促进学生全面持续发展，关键取决于学校自身的发展。一方面学校要建设适应教育发展的各种硬件设施，另一方面学校要建设能为学生发展提供优质教育的师资、课程、校风、学风等良好的育人环境。

学校还要争取当地政府和上级主管部门的支持，争取社会各阶层的帮助，为学校的发展提供政策和经济保证；学生的发展也

要依靠社区和家庭，构建良好育人系统。

3.树立三个意识

发展质量意识是指我校的学生应该具有正确的思想、高尚的品德、健全的人格、丰富的知识、创新精神与实践能力、健康的体魄以及终身发展的意识和能力。我校应该把其作为学校的生命线。没有它学校就没有一切。所以学校的工作要紧紧围绕发展质量意识来开展学校工作。

现代教育意识是指学校要树立现代教育理念中的育人观、课程观、教师观、学生观。学校的一切工作都以学生发展为根本出发点，关注学生的情感体验，建立和谐互动、师生共同发展的新型师生关系，建立以学生为本的课程体系，提倡合作学习、自主学习、探究学习等新的学习方式，并采用现代教育技术的手段优化学习方式，最终实现学生全面发展、个性发展和可持续发展。

创新改革意识是指要使学校实现跨越式的发展并使优质教育长久不衰，就要根据社会发展的需要不断地改革创新。学校能根据社会的发展和本校的实际改革那些不适应学生全面持续发展的观念、制度和设备，建设新的良好育人的环境；并要求全校师生员工，在本职工作中，结合学生发展的总目标，不断地反思和审视自己的教育教学和管理工作，在育人的理念、内容、方法、手段上不断更新发展。

4.完善四套机制

校长负责制。校长是对外代表学校，对内领导和负责学校的工作的人。全面负责指校长对学校工作应有决策权、指挥权、人事权和财经权。

教师评聘制。建立一套完整的教师考评机制，对教师的业绩进行科学合理的考核，建立竞争机制，努力实现评聘分离。

支部保障机制。为了保证校长负责制的顺利实施，党支部应加强领导，监督、保证各项政策、措施的落实。

民主监督制。就是要充分发挥教代会、职代会的职权，对校长工作进行民主监督，对学校工作进行民主管理。

5.建设五大工程

师资队伍建设指学校发展应立足于“两个适应”，即适应时代发展的要求，适应素质教育的需要。坚持“三个着眼”，即着眼综合素质的加强，着眼整体素质的提高，着眼整体结构的优化。师资队伍建设是学校可持续发展的关键。科学研究是实现教师素质跨越发展的重要手段，教学过程是教师实践的载体。研、训、教三位一体。寓研于训，寓训于教。学校还要优化师资结构，养成高尚师德，提高业务能力，以适应学生发展的需要。

德育系统指学校发展应坚持走科学性、针对性、实效性德育之路，坚持正确的育人方向，以学生学会做人、学会生存为目的，分层次、分年级细化德育目标。学校应以生活为起点，以小事、身边事为切入点。学校还应坚持德育的五条途径：坚持以人为本的德育观念，突出教书育人的主渠道；搞好五育结合；注重教师的人格力量；构建育人网络；健全学生自主管理的制度。

课程建设指学校应创造性地执行国家和地方课程，努力构建有特色、有示范意义的校本课程体系。校本课程以全面提高学生素质，发展学生的个性、特长，培养学生的合作精神、社会的责任感、创新精神和实践能力为目的，以学校现有的条件和资源、学生现况以及学生、学校、社会未来的发展为依据，建设包括人文、科技、体育、生活等各方面的课程资源，使师生在课程中相互促进和发展。

人文科技校园指学校创建校园文化，一是加强绿化、美化建设校园良好的生态环境，建设绿色校园，进行绿色教育。二是建设良好的校园人文环境，创造“润物细无声”的育人环境。

数字校园指学校在完善校园网络建设，充实网络教育资源，加强教师的信息技术培训等方面所做的工作。使教育、教学、管理实现数字化，使教师和学生能利用学校网络的资源充分发挥自己的特长和潜能，为师生的发展提供有利的条件。

在“中国梦”的指引下，我校会把准时代的脉搏，不断更新思想观念，超越传统的思维方式和模式，超越已形成的利益格局和习惯做法，不断探索新规律，创造新方法。在肯干、敢干加巧干的前提下，结合学校的实际情况，形成自己独特的办学理念和管理风格，创造性地实施素质教育，这样才能使我校焕发青春，不断地创造辉煌。

强化内部管理　打造田中品牌

——江津田中探索“四化管理”的思考与实践

重庆江津田家炳中学　朱道全

有这样一句话：“三流学校人管人，二流学校制度管人，一流学校文化管人。”如果给现代学校设置一个门槛的话，我认为最低应该是实现“制度管人”。而现实中，一些学校的管理过于粗放，加之管理者思路不清、目标不明，往往出现政出多门、朝令夕改的状况，致使一些工作断断续续，虎头蛇尾，甚至半途而废。

基于此，我校从 2008 年搬迁至新校区开始，努力探索内部管理的“精细化、民主化、规范化、科学化”，以实现“管理提质量、管理出效益”的管理目标，为学校核心办学理念——“人人成功”的落实打下了较为坚实的基础，从而实现从“三流学校”到“二流学校”甚至“一流学校”的转变。

一、精细化是基础

学校一切管理工作皆从“细”开始，所谓“细节决定成败”，是指任何工作，唯有细化，才能落实，从而成功。凡事从大处着眼，从小处着手，重视过程，强化督促，持之以恒，才能有效。我认为实现学校管理的精细化主要应抓好以下四方面工作。

（一）细化任务

学校工作可以分为几大板块，每个板块可以分为若干项内容，每项内容又可以分为若干环节。在管理过程中，做到工作内容、责任人员、工作要求三统一,尽量做到"人人有事做、事事有人做、时时有人管、处处有人理",只有内容、任务细化了,才便于操作和落实,只有责任到人,要求明确,才有利于工作的推进。如校园卫生,只有把做卫生的任务分解成若干子任务,并落实给不同的责任人,明确相应要求,才能完成好这项工作。

(二)细化过程

学校一方面要把每项工作的过程尽量细化,越细越容易落实,越细越容易完成。比如,每项工作都要求负责人要有目标、有计划、有措施、有行动、有检查、有反馈、有结果,只有这样,工作才能落到实处,达到预期的效果。另一方面要求每个人工作时间细化,细到以天为单位。比如,我校要求每位干部要填写工作日志,填写其负责的工作,把每天要做的事情、每天巡查的记录、对出现的问题是如何解决的等内容记录下来。在每周的行政例会上,学校检查干部的工作日志,这样既督促了大家的工作,给各种考核提供了一手材料,同时还培养了大家的记录习惯。

(三)细化检查

人都有惰性,每个人的工作态度和能力都不同,不管多么重要的工作,如果只布置不督促,很难达到预期的结果,所以只要工作一安排,就要把检查督促跟进,而且不能只关注结果,更要关注过程,只有这样,才能收到预期效果。如我校成立了专门的督查室,有专人对学校的全面工作进行督查,在督查中发现的优点和不足要落实到人,并把发现的问题及时通报结果、及时整改落实。督查人员由校级干部、中层干部、普通教师、学生代表等组成,真正实现全员参与、全面检查、全程监督。

(四)细化考核

任何工作,如果只布置和检查,不把检查结果用于考核,仍然收不到好的效果,达不到奖勤罚懒、奖优罚劣的目的。如果考核太粗,也不能反映真实性和全面性,也达不到考核目的。因此,只有把考核适当细化和量化,减少主观性和模糊性,才能做到客观公正,起到激励和导向作用。

二、民主化是关键

学校的所有管理工作都是围绕学生和老师展开,也是通过他们来完成。因为教师和学生是学校的两大主体,他们都是学校的主人,既是被管理者,又是管理者。学校只有让师生自己发现问题,自己思考解决方法,然后去贯彻执行,这样才会达到令人满意的效果。民主化的另一层意思是指学校要走向社会,管理要融入校外资源,让家长、社会各界走进校园,参与管理,了解学校。同时学校还要协调好各种关系,整合各种资源,形成合力,从而提升管理效果。具体做法是充分发挥"三会"作用。

(一)充分发挥教代会的作用

教师是学校的主人,是管理的主体,也是学校发展的关键要素。教代会是教师参与学校管理的重要平台和主要渠道,只有搭建好平台,渠道畅通,教职工才能有效参与学校管理。如我校三年一次教代会换届,每学期召开一次教代会,凡是学校重大事务尤其是涉及教职工切身利益的事项都要民主商议,让教职工充分表达意愿,然后由教代会集体表决,这样形成的制度既能代表绝大多数教职工的利益,也能保证学校制度的顺利实施。

(二)充分发挥学管会的作用

学生是学校的最大主体,以往更多地把学生看成被管理者,由少数人去管多数人 ,工作效率低、效果又不好,这是因为我们忽略了学生是管理者这一角色。学生自主管理,让他们成为管理者,学生管学生,很多时候由学生自己发现问题,自己解决问题,效果会更好。如我校成立了学校、年级、班级三级学管会,充分发挥民主管理的作用,管理效果非常明显。

(三)充分发挥家长委员会的作用

教育是学校、家庭、社会三结合的效果,管理也是如此,只有让学校向家长、社会开放,让家长和社会各界走进学校、了解学校、理解学校、参与学校管理进而支持学校,这样管理效果才会更好。如我校成立了校级、年级和班级三级家长委员会,代表涵盖人大代表、政协委员和社会各界人士,让他们不定期到学校听课、巡查监考、参加主题班会和行政例会、参与周边环境治理、给学生做报告或讲座,形成管理合力,已收到很好的效果。

三、规范化是重点

没有规矩,不成方圆。学校只有管理规范,才有良好的教育教学秩序,才能提高办学质量。我认为学校管理的规范应主要从以下两方面着手。

(一)规范制度建设

一是指能建立制度的,学校一定要有制度,人管人管一线,制度管人管一片。照章办事、按图施工、客观公正,减少随意性和主观性。

二是指制度本身要规范,学校制定的制度要符合有关的法律法规，符合学校校情，有时还要既合理又合情，注意原则性与灵活性相结合。

(二)规范操作程序

一是指执行制度的程序要规范，严格按程序操作，否则要出问题，制度发挥不了作用。如学校的职称评审制度、考核制度、竞聘制度等涉及全局性的制度，在执行中一个程序都不能少，这样才能保证制度有效实施。

二是指办事程序要规范。学校每一件事的办理流程要清楚，并让办理者清楚、让办事人知晓，减少跑路时间，提高办事效率和质量。

四、科学化是目标

只有科学管理，才能科学发展，管理的科学化是管理的终极目标。学校管理中，我认为要从以下三方面把握好它的科学性。

(一)校园建设要科学

这里主要指学校建设，建设项目在规划前一定要认真思考、充分酝酿、各方论证、集体决策。每个项目的实施，都要考虑能给师生带来什么，是正面作用大还是负面作用大？持续性如何？要考虑学校的承受力，可行性如何？只有这样，才叫科学建设。

(二)资源配置要科学

学校资源是有限的，如何合理配置人、财、物，做到人尽其才、物尽其用、财尽其力是学校科学发展的关键。学校配置科学合理，投入小、产出大。学校要重视管理中的“二八”现象，即管理者要用好百分之二十的积极跟随者，想尽一切办法调动这部分人的积极性，去完成百分之八十的工作。

(三)制度建设要科学

学校每项制度制定之前,既要充分论证、集思广益,也要考虑制度的操作性、可行性、持续性、激励性,只有考虑了这些,制度才会有科学性,才能实施推广,否则宁缺毋滥。

“管理无定法,但有良法。”“四化”管理是我校探索出的符合我校实际的一种方法。通过几年的实践,它既提升了我校的管理水平,也提升了我校的管理效能,更提升了我校的教学水平。今后我校将继续探索和实践,不断总结和完善,通过提高管理水平来提高办学水平,为打造我校品牌继续努力。

试论价值教育的理论和实践取向

重庆南坪中学　范国强

价值教育是20世纪90年代以来起源于美国、英国、澳大利亚等国家的一种国际性教育思潮。在当今全球化与多元文化引发的价值冲突与碰撞下，价值教育对我国当前实施素质教育具有极高的启发与指引作用。

价值与人的日常生活密切相关，人的一切行为、思想、情感和意志都以一定的价值为原动力，人类的一切活动都是以价值创造与价值消费为核心内容，人类社会的一切关系（如经济关系、政治关系和文化关系）归根到底都是价值关系。

价值，泛指客体对于主体表现出来的积极意义和有用性。日常生活中的“价值”概念，其内涵主要是指“客体满足主体需要的程度”（经济概念）。某件事物满足人们需要的程度越高，它的价值就越大。主要反映的是事物本身对于人们的有用性程度。“抽象说”定义认为，价值是抽象的信念、理想、规范、标准、关系、倾向、爱好、选择等，它看不见、摸不着，但是却时时、处处起作用，指导人的思想，支配人的行动，评价某一事物就是来源于并反映了抽象的理想价值。当教师教育学生树立正确的价值观时，“价值”概念的内涵即是如此。它不再是“客体满足主体需要的有用性程度”，而是“主体满足需要的正当性原则”。在此意义上，“价值”即指人们在行动时所应该坚持和体现的正确原则，同时也是人们评价其他人行为的重要标准。对“价值”的认识不同决定了对“价值教育”的取向不同。

一、价值教育的理论取向

现代科学以实证主义为主导，主张知识生产必须保持价值中立。它把所有价值命题都认为主观和相对的，因人、社会、文化而异，并不是真正的知识。大部分学科因此纷纷回避价值判断问题，只对自然和社会现象做中性诠释。因此，经济学的目标是解释市场经济的运作；法学院的宗旨是训练学生成为合格的律师。但是，经济学对于不同社会制度下的市场体制导致的社会不公及异化应该首先进行评判；自然学科除了埋首实验，还需对基因工程、克隆以及核能发展等引发的伦理问题做出选择；而捍卫人权法治，则应是法学院对人类的基本关怀。

探索科学知识的意义，就在于对人类文明的传承发展有所贡献。传承和发展人类文明，就离不开价值判断和选择，科学教育与价值教育相辅相成，相互促进。

事实上，人类与客观事物的一切关系分为事实关系、价值关系和行为关系三大类，人类分别通过知、情、意三种基本的心理活动形式来进行认识。人对于事实关系的认识能力就是智力，可用“智商”来进行描述；人对于价值关系的认识能力就是情力，可用“情商”来进行描述。学科则可相应地分为认知类学科和价值类学科，认知类学科包括数学、物理、化学、天文学、地理学、历史学、考古学等，价值类学科包括宗教学、政治学、法学、伦理学、价值观学、情感学等。

由此，教育也就分为两种基本形式：智能教育，其基本内容是提高人们对于事实关系的认识能力；价值教育，其基本内容是提高人们对于价值关系的认识能力。

我国的传统教育以提高人的智能水平为主要目的，以评价人的智能水平为主要判断标准。为了适应时代发展，我国教育界提出了素质教育的基本理念：一切为了学生的发展。素质教育是依据人的发展和社会发展的实际需要，以全面提高全体学生基本素质为根本目的，以尊重学生主体性和主动精神为原则，以培养学生的实践能力和创造力为核心，注重开发学生的智慧潜能，注重以形成人的健全个性为根本特征的教育。

但是在实际的教学实践中，却存在着诸多偏差。

二、价值教育的实践取向

（一）重“应试教育”，轻“价值教育”

现在学校越来越重视职业训练，将大量资源投向热门的职业导向课程，社会也以学生的就业率作为考核学校的标准。学校变成理性的场所，缺乏足够的知性空间，严重阻碍了学生价值意识的发展。如素质教育实施了20多年，但迄今为止，从学校、学生到家长，都还在强化应试教育。家长们望子成龙，学生们想出人头地，学校要扩大规模，提高影响，教育行政部门也以考试成绩作为评价标准。教育改革的呼声越来越高。

（二）重“道德教育”，轻“价值教育”

“道德”作为调整人与人之间社会关系的规范系统，即有学者提出的“道德价值”，其本身也属于“价值”范畴。除道德价值外，社会领域内还有其他价值，如社会价值、政治价值、经济价值等。因此，价值教育在内涵上和外延上不仅涵盖了道德教育，同时又超越了道德教育，拓展、丰富和深化了道德教育。

（三）重“价值观教育”，轻“价值教育”

价值观是指一个人对周围的客观事物（包括人、事、物）的意义、重要性的总评价和总看法。主要表现为价值尺度和准则，是人们判断事物有无价值及价值大小的评价标准，或处理事情判断对错、做选择时取舍的标准，如爱国主义、集体主义、社会主义等。

而价值教育则主要是价值原则、价值取向、价值判断、价值选择等价值品质教育，是人们处理事情、判断对错、做选择时取舍的过程和方法。集体主义是一种价值观，但很难说它是一种指导行为的价值原则。一般而言，一种价值观往往包含了一系列的价值原则，而不是一种单一的价值原则。如集体主义作为一种价值观，包含了团结、忠诚、谦逊、宽容等诸多的价值原则，或者说通过这一系列的价值原则得以体现和实现。从这个角度来说，价值观教育，特别是社会主义核心价值观教育，如果不最终具体化为一些具体的价值原则的学习和实践，就会变为一种纯粹价值知识或价值理论的学习，对于塑造人们良好的行为、培育良好的价值品质，是有缺陷的。

我们的教育体系长期以来都没有将价值观教育与价值教育加以区分，也未灌输价值理念，导致学生缺乏独立思考意识和能力，进而严重缺乏创造力。

21 世纪，教育竞争力不仅体现在造就有创新精神和实践能力的人才上，还体现在一个国家的教育体系在多大程度上能够为提升民众的价值素养、促进不同社会群体的价值理解、凝聚社会价值共识上做出贡献。

探索综合高中的发展路径

重庆四十八中　李忠良　方　晓

我校是根据《重庆市教育委员会关于开展综合高中试点工作的通知》(渝教基〔2012〕72 号)的精神,于 2012 年 10 月实施普通高中办学模式改革试点的 22 所学校之一。近两年来,我校全体教职工领会其精神,更新观念,解放思想,大力推进办学模式改革。形成了"一体双向三通四元"的多功能综合高中的办学模式。"一体"指集普通教育、职业教育、特色教育于一体。"双向"指按升学和就业两个方向培养人才。"三通"就是普通教育与职业教育相通,基础教育与成人教育相通,常规教育与特色教育相通。"四元"就是四种办学形式,即普通高校预备式、普职兼容联合式、成人高校预备式、特长定向培养式。

一、办学模式多样化是普通高中发展的大趋势

《国家中长期教育改革和发展规划纲要(2010—2020 年)》中指出:"中小学要由应试教育转向全面提高国民素质的轨道,面向全体学生。办出各自的特色。普通高中的办学体制和办学模式要多样化。"党中央、国务院高瞻远瞩,从面向 21 世纪,加强基础教育,提高国民素质,培养各类专门人才以满足现代化建设的战略高度,指出了高中办学模式改革之路。

随着改革开放的逐步深入,普通高中现行的三年参加高考独木桥式的单一办学模式已显现弊端。它已不适应社会主义现代

化建设对人才多样化、多规格的需求;不能满足学生个性特长与兴趣爱好多趋向、多方面的需求,而且造成教育资源的浪费。现今我国进行办学模式改革,创办综合高中,既有利于高中阶段教育主动适应经济和社会发展对人才多样化、多规格的需求;也有利于普通教育与职业教育的沟通,增强普通高中办学活力;更有利于发挥学校自身的优势,使学生有各自的特长,并且用一技之长为社会服务。创办综合高中,是时代的呼吁。逐步实行普通高中办学模式的多样化势在必行。

二、综合高中发展中的制约因素

综合高中办学模式主要是受社会经济的发展水平、社会文化观念、国家的中等教育政策、教育资源、资金保证等因素的影响。综合高中发展的规模,必须根据国家和本地区经济发展的整体水平统筹考虑。重普教、轻职教的社会观念对办学模式的影响直接反映在受教育者选择教育类型的个人意愿与要求上。所以影响综合高中办学模式的主要因素有两个。

(一)定位准确

学校办学定位准确是学校发展的一个关键因素,只有具备正确的发展方向,学校才会在正确的轨道上前行。如果学校把发展定位为追求升学率,该学校在一定的时间内可能有一定的影响力,但从长远看,它是没有发展前途的,因为这种做法不利于学校的发展,也不利于人才的培养,偏离教育的目的。

(二)政策不明朗

这也是综合高中发展的又一大制约因素。《面向 21 世纪教育振兴行动计划》提出:"经济比较发达的地区可发展部分综合高中,推迟到高三年级分流",《中共中央关于制定国民经济和社会发展第十一个五年规划的建议》强调坚持教育优先，全面实施素质教育，大力发展职业教育，扩大职业教育招生规模。切实提高师资特别是农村师资水平。这都对综合高中的发展具有潜在的意义，对综合高中的发展有一定的指导意义。在现实中如何具体操作，还需要综合高中在发展过程中根据学校的不同情况而发展。

三、综合高中发展措施与对策

（一）争取上级领导重视

它是综合高中办学模式改革的力量之源。我校自创办综合高中以来，教委领导给予了无微不至的关怀和扶持。如拨付资金建设了园林设计、数控加工、酒店管理等专业学习场所，统筹规划培训教师，招生政策的倾斜，给综合高中办学以很大的支持。

（二）宣传动员工作

宣传动员工作是为综合高中办学改革减小阻力。学校由应试教育向素质教育转轨，创办综合高中，无疑是一场深化的改革。首先，学校要解决的问题是更新观念，克服思想阻力，统一思想，提高认识。经过几年的努力，我校冲破了来自社会的、教师的、家长的和学生的种种错误认识的干扰，把综合高中的改革坚持了下来。如在过去，考入我校的学生有相当一部分是带着“失败者”的心态步入校园的，他们怀着无可奈何的心情开始了高中的学习生活，毕业时参加高考又无希望，只好茫然地步入社会。而现在，综合高中改革振奋了学生的精神，在他们面前有多种可以选择的道路，成功之路在他们脚下延伸。

（三）建立多样分流形式

建立多样分流形式是综合高中改革办学模式的关键所在。

学校在“抓好基础，提高素质，培养特长，适应需求，服务社会”的原则指导下，一是实行“二一分段，高三分流”，即高中阶段为两个阶段，前两年为一段，统一按普通高中教学计划设置课程，第三年为第二阶段，学生在进入高三年级实行分流。本校学生具有普高和职高的双重学籍，同时也可取得普高和职高的双重毕业证书，从而解决了普教与职教间、学历与技能间的矛盾。如果条件成熟，我校还准备尝试弹性学制，即综合高中四年制。

（四）合理调整课程结构

学校合理调整课程结构是综合高中改革办学模式的中心环节。而课程结构则决定人才结构，课程的实施决定学生的素质水平，直接影响素质教育的质量。现在普通高中的课程结构单一，课程要求划一，不利于学生个性发展和完善。为此，我校着力做好两项工作：一是通过现有课程（国家课程）具有的“个别化、综合化”教学特征，以凸显和弘扬学生的主体性；二是大力开发校本课程，为学生提供多样化可供选择的课程，使课程真正面向全体，面向个体。为此我校还制定了课程设置必须坚持的三条原则：(1)高中文化课一定要完成教学计划，切实保证教学质量，使学生会考一次性通过率在95%以上，拥有双文凭在50%左右。还明确规定五项要求，即开齐科目、提高质量、管理到位、课堂开放、课改实验；(2)开设的专业课，一定要有针对性，使学生既能通过对口高考升学，又能为就业打好基础；(3)就业预备教育课程以基础性、实用性、通用性为主。通过“选修加必修”“课程加实践”的课程结构模式，为不同学生的发展提供相宜的学习环境，充分贯彻落实素质教育理念。

（五）探索“一进多出”途径

“一进多出”是综合高中改革办学模式的有效途径。进入学校就读综合高中的学生只要申报普高、职高双重学籍，参加普高和职高考试合格就能拥有两个文凭，学校根据社会需求和学生的志愿选择。高三分流的学生，一部分参加升学考试，另一部分就业，学习专业知识和技能，报考对口的职业高校。对不愿报考职业学校的学生和参加高考未被录取的学生，采用与职教中心联系的办法，向用人单位推荐。同时学校还可组织学生参加成人高考和自学考试，开拓更多的升学和就业的途径。

（六）规范教学管理

规划教学管理是办好综合高中的有力保障。如我校实行"分层管理机制"，一年级组为管理着力点、各办公室为生长点，实行年级组长负责制，做到分工负责、协调合作、共同育人。学校还计划在以后要优化聘用机制；建立合理的具有导向和激励作用的利益分配机制；建立科学的教学管理制度，提高教师素质，以保证学校不断提高教学质量。

（七）建"双师型"优秀教师

这是综合高中改革办学模式的重要条件。综合高中这一新的办学模式既需要一批优秀的文化课教师，又需要一部分高素质的专业教师，我校通过培训和引进两个办法来解决。一方面送有培养前途的教师继续深造，鼓励教师自学成才，一专多能，采取继续教育工程来提高师资队伍水平；另一方面积极引进人才，以教育科研为先导，加强内部管理，不断改进教师队伍的结构和培养工作，加强教师队伍建设。

综上所述，深化普通高中分流教育，努力办好综合高中，这是基础教育适应市场经济的发展，适应改革开放的新形势，促进素质教育发展的必然选择。只要学校定位准确，采取正确措施，那么，综合高中一定能成为中学阶段的一支劲旅。

对创建现代礼仪教育特色学校的思考

重庆礼嘉中学　鄢运华

每一个教育工作者都在不停地思考,什么样的学校才是好学校,每一位校长都在为打造人们心目中的好学校而努力,追求教育本质的回归,坚定不移地实施素质教育,办人民群众满意的学校。

我校建于1946年,2006年迁入新校区,2008年被评为重庆市联招学校,2011年被评为重庆市重点中学,我校走在探索创建现代礼仪特色学校、引领学校优质发展的路上。

一、对特色学校的理解

特,作为形容词,基本解释是:不平常的,超出一般的。特与不特,是相比较而言的,是一种事物与其他事物相比较后显示出来的一种状态。

色,作为名词,除我们熟悉的“颜色”“姿色”涵义外,“品质、质量”,如“音色”“成色”也是一种重要的涵义。

特色,独立地讲,指的是事物所表现的独特的色彩、风格等。事物特色是一种事物区别于其他事物的不同之处。在不同的语境中有不同的涵义,有褒义和贬义,有广义和狭义。比如,医院特色,就是特别出色的意思。

学校特色,怎么去理解其内涵和外延呢?我认为应从以下几个方面理解。

第一，从特色的本源与属性的视角分析学校的特色，把学校特色看成是由一种工作强项表现出来的独特品质。所谓办学特色，就是一所学校的整体办学思路在各项工作中所表现出的积极的与众不同的方面。换句话说，就是一所学校积极进取的个性表现。

第二，从分析学校特色所表现出来的特征出发，认为学校特色就是一所学校独特的、优质的、稳定的教育风貌。

第三，从分析形成学校特色的决定因素出发，遵循“有什么校长就有什么学校”这一思路，学校特色就是校长个性在办学过程中的具体表现。

第四，从组织文化的视角分析，把学校特色看成是一种学校个性文化。

第五，从系统化的视角分析，学校特色就是教育诸要素系统化后所表现出来的一种独特模式。

第六，从学校特色形成和发展的过程出发，“学校特色”和“特色学校”是不同的两个阶段，学校特色是初级阶段，特色学校是高级阶段。学校特色是指学校工作某一方面或某些方面有别于其他学校的一种独特的、稳定的、优秀的品质。“学校特色”也称之为“办学特色”。办学有特色的学校，就是“特色学校”。

二、学校特色若干疑惑辨析

（一）学校特色是“普遍性”而不是“个别性”

每一所学校都是一所潜在的特色学校，每一所学校都可以发展成为特色学校，不存在“办不出特色”的学校，只存在“没有办出特色”的学校。

(二)学校特色是“生成性”,而不是“指定性”

创建学校特色,关键是要挖掘和优化其本身独特的教育资源,是全体师生员工齐心协力,执着追求的结果,是生成的,不是等来的,是追求来的,不是给予的,是自创的。

(三)学校特色是“全面性”而不是“片面性”

创建特色学校的基本方针是全面发展,办有特色,而不是离开全面发展去追求片面的某一方面的特色。特色始终是以全面发展为基础。离开全面发展,特色就没有意义。

学校特色一旦形成,就会表现出它应有的一些特征。

1.独特性

普遍性(共性)与独特性(个性)是密不可分的两个方面。所有学校都要贯彻党和国家的教育方针,面向全体学生,实现全面发展,提高学生的整体素质,这就是共性。而具体到每一所学校,不可能也不应该千篇一律,这就是个性。独特性是学校特色的核心因素。应做到人无我有,人有我优。

2.稳定性

学校特色不是昙花一现,具有稳定性,一年一年,一届一届,一代一代传承。稳定是相对的,只动不静形成不了特色,只静不动发展不了特色,特色需要不断地创新和发展。

3.优质性

优质性是独特性的基础,是独特性形成和发展的土壤和环境,它决定学校特色的档次,离开了优质性,独特性就成了无源之水,无本之木,就缺乏生命力。生命力来源于是否符合教育规律,同时要顺应历史潮流,要有理论依据和推广价值。

衡量一所学校是否有特色,不仅看特色项目的成绩,而且要看它整体的办学水平，特色学校一定是以高质量教学为基础，若一所学校仅有几个特色项目或几个尖子生而总体办学水平低下，校风很差，教育质量低下，以牺牲学生全面发展为代价来换取所谓的特色，那就不能称之为“特色”，只能称之为“特长”。

三、创建现代礼仪特色学校的思考

(一)创建特色学校的构思

我校是在重庆市北部新区城市化快速发展的背景下新建的一所完全中学，学校教育的对象处在两个不同的阶段。第一阶段，迁校初期，学校生源主要是转非居民家庭和进城务工家庭的子女。他们之间行为习惯、学习习惯、卫生习惯差距很大。第二阶段，随着礼嘉商务区的建立，礼嘉片区入住人群结构发生了巨大的变化，高端人群将是礼嘉片区未来人群的主体，学校生源结构将随城市功能结构的变化而变化。因此，我校基于对区域经济社会发展的背景分析，明确了学校发展的基本轨迹。

第一步，实现从农村初级中学向城市完全中学的转型。第二步，完成城市完全中学向城市合格学校转型。第三步，通过创建特色学校引领学校走向优质学校。最终，实现创办一所与本地区经济社会发展相适应的学校。要达成学校发展目标，唯一办法就是要通过创建特色学校，引领学校向优质学校发展。为此学校提出以“培养现代文明人”为办学理念，挖掘“礼”“嘉”二字的深刻内涵和外延，整合学校有利的教育资源，在全面贯彻党的教育方针，促进学生全面发展，全面提高教育质量的前提下，确定打造“现代礼仪教育”特色学校，形成学校独特的文化个性。其基本构思有以下几方面。

第一，在“培养现代文明人”办学理念的指引下，让每一个孩子养成良好的现代文明人的素养。包括规则意识、责任意识、文明意识、卫生意识和参与意识。

第二，以“凝炼现代文明素养，收获幸福美好人生”为学校每一位教职工的教育理想。作为一个教育工作者，其意义就是促进学生全面、健康、可持续地发展。让学生未来生活更加幸福，更加美好。

第三，通过主题教育实践活动的开展，让主题教育实践活动系列化、序列化。

第四，编写校本教材，建立评价制度，完善评估体系。

第五，发挥现代礼仪教育在塑造学生健全、健康人格中的作用。

(二)创建特色学校的实践

学校践行“培养现代文明人”办学理念，围绕创建“现代礼仪教育”特色学校的目标，开展丰富多彩的主题教育实践活动。

1.基本思路

人的思想有多远，就能走多远。因此，学校在特色创建过程中，深度思考，明确思路。

第一，将现代礼仪教育基本内容内化为学生个体行为习惯；第二，坚持贴近生活、贴近学生、贴近实际，开展主题教育实践活动；第三，坚持知行统一，教育学生学习现代礼仪知识，引导学生不断在生活中体验和感悟，并主动践行，让其内化为良好的个人修养和行为习惯；第四，把现代礼仪教育作为道德素质教育的基础，同整个中学德育教育结合起来。

2.创建特色学校的实践

(1)学生良好的日常行为习惯的养成教育是创建“现代礼仪教育”特色学校的基础，它分三个阶段来进行。第一阶段，制度生成，实施刚性管理来规范学生的行为。第二阶段，在刚性管理的基础上，建立规范的操作程序。第三阶段，在规范管理的基础上，注重人文关怀元素，实施精细化管理。

(2)通过创建“现代礼仪教育”特色学校，积淀学校特色建设文化底蕴。第一，编印《现代礼仪教育》校本教材，成为现代礼仪教育进入课堂的载体；第二，编印学生《现代礼仪成长记录手册》和建立评价体系，实施对学生的多元化评价；第三，创编文明礼仪展示操，让学生接受从认知到行为的礼仪教育；第四，建立现代礼仪示范队，发挥榜样示范、引领作用；第五，科研助推，引领学校特色发展。如我校独立承担的重庆市教育科学十一五规划课题“城市化背景下培养现代城市人学科教育教学模式研究”，为特色学校的创建，搭建了教育实践与理论探讨的平台；第六，开设选修课，拓展学生的视野，提升学生综合素养。

(3)开展多彩主题活动，丰富师生校园文化生活。第一，学校开设现代礼仪主题班会课程，班主任承担专题讲座，一以贯之，形成特色；第二，每年开展“春风化雨润心田”的家访月活动；第三，举办“现代礼仪教育”主题文艺会演，“现代礼仪教育”主题读书、征文活动，“现代礼仪教育”主题班会等，邀请社会人士、学生家长全程参与，让他们感受学校现代文明礼仪的良好氛围；第四，邀请校外礼仪专家做专题讲座，联合社会公益部门举办“成长心连心”等公益活动，举办“家庭教育”专题讲座，实现家庭、学校、社会三位一体的教育模式；第五，开展征集“十大陋习”“告别不良行为习惯”等主题教育实践活动；第六，加强对外交流，拓展学生视野。学校先后接待了美国教育考察团、美国印第安纳大学教育考察团到我校参观考察和访问。今年，我校聘请美籍教师柯鸥为我校常年外教，同时，教育部公派我校廖朝礼老师赴英国讲学。

(三)创建特色学校的效果

我校在创建特色学校的目标与内容、形式与方法、管理与评价等方面做了大量认真细致的工作，我校的“现代礼仪教育”取得了明显成效，主要体现在三个方面。

1.学生行为习惯良好

在校学生言行举止符合《中小学生守则》和《中学生日常行为规范》的要求，学生基本具有良好的行为习惯、学习习惯和社会公德，学生的社会责任感明显增强。

2.办学效益显著

学校先后获得重庆市文明单位、重庆市卫生单位、重庆市安全文明校园、重庆市“五四”红旗团委、重庆市最佳绿化单位、重庆市重点中学等荣誉，多次被评为北部新区素质教育督导评估一等奖。通过特色学校的创建，我校的学生、教师、学校本身都得以良好地发展。

3.促进了学校文化体系的建立

如我校的文章《培养现代城市人——学校办学理念的阐释》，在国家级学术期刊上发表，并获得重庆市第五届基础教育优秀论文一等奖；完成了校歌《恰同学少年》MV的拍摄；《培养现代城市人》和《教育是一种智慧》，分别由西南师范大学出版社和重庆大学出版社出版。

(四)创建特色学校的反思

第一是“现代礼仪教育”特色学校的创建成果，缺乏直观的展现形式。第二是特色学校建设课程开发单一。第三是现代礼仪教育对一个人未来发展十分重要。但是，在人们普遍对其缺乏深刻认识的背景下，加强现代的礼仪教育，需要每一个教育工作者的恒心、定力、坚持和坚守。

创建特色学校是学校改革与发展的一项整体性工作，具有长期性和系统性的特点。我校将在传承历史中超越，在反思实践中建构，在借鉴经验中创新，在验证理想中生成，办人民满意的教育。

试论特色学校的品牌打造

重庆辅仁中学　刘　政

何为学校品牌？它指一个学校的办学特色、教育教学质量和公共影响。学校的品牌是在学校名称和学校教育教学质量、办学特色之间建立的一种稳定的信息结构。学校品牌将为学生及家长提供关于学校教育质量的稳定预期。而学校品牌中最具标志性的特征便是办学特色，它是一所学校区别于其他学校的教育教学特征，对学生提供独特的发展空间，也是学校教育教学质量的有机构成。只有当学校承诺的教育教学质量、办学特色通过广泛持续的消费者体验并得到认可时，学校品牌才会具备公信力。因此，学校特色的打造，是树立学校品牌的重要步骤。

学校特色实际上是学校长期文化积淀的一种外在表现，是一所学校办学水平的重要标志。特色学校品牌的建设需要符合学校实际的特色项目的支撑，需要有和谐文化环境的衬托。从我校的特色打造中我们体会到，打造特色学校可以从以下几个步骤入手。

一、特色学校品牌的选择与定位

《国家中长期教育改革和发展规划纲要（2010—2020 年）》中明确提出："中小学校要由'应试教育'转向全面提高国民素质的轨道，面向全体学生，全面提高学生的思想道德、文化科学、劳动技能和身体心理素质，促进学生生动活泼的发展，办出各自的特色。"这使学校明确自己的发展方向，为各自办出自己的教育特色，形成鲜明的个性，提供了一个良好的导向。那么该如何选择并定位特色项目呢？

（一）特色项目的选择和定位应该遵循客观原则

学校的特色选择必须建立在本校实际的基础上，不能采取简单的拿来主义。特色的选择是比较简单的，但是要使特色能够较长时间、有活力地存在下去，并不是一件容易的事情。因此，学校的特色应该来源于本校文化的长期积淀，每所学校都有自己的特殊实际情况。特色的建立必须依赖于对学校传统的正确认识，学校的特色不可能是外部赋予的，只能是由它的历史发展的积淀和自身资源优势等内在条件决定。特色学校的创建必须建立在本校的实际上，真正从本校实际出发来确定学校的特色。如我校从1862年的辅仁书院到1942年的辅仁中学，再发展到现在的学校，漫漫岁月路积淀了我校特有的文化。这里曾是“挺进报”的印刷地，曾有革命志士在此展开艰苦卓绝的斗争，因此“红色文化”“仁爱文化”是我校特色校园文化的有机组成部分；71年的风雨洗礼，培养可持续发展的人已成为我校全体教职工的不懈追求；“绿色文化”在新的时期也被纳入了特色校园文化组成之中。为了将“红色文化”“仁爱文化”“绿色文化”贯穿于学生的可持续发展中，学校确立了“艺体”“科技”两大特色，并在关注学生全面发展的基础上突出个性化发展，最终实现学生的可持续发展。

（二）特色项目的选择与定位要注重务实

务实主要体现在两个方面。首先，特色学校的品牌建设是一个过程，过程性是其基本特征，因此，特色学校的建设不是一朝一夕的事情，而是一个长期探索的过程。在这个过程中，会遇到挫折，会走弯路。其次，特色学校品牌的建立是一个实事求是的过程，它的目的是实现学生的个性化发展，它需要扎扎实实的工作，不是盲目地跟风作秀。如我校于2012年第二学期成立“课程发展中心”，对学校特色发展进行研究部署，并有针对性地开设校本课程、开展校园活动。目前学校的艺体、科技两大特色已愈发凸显，校园特色文化活动开展如火如荼。

二、特色学校的教育特色打造

所谓教学特色，就教师个体而言是指教师自己的教学思想、教学方法的个性化体现。就学校而言，主要是学校的教育价值观的体现，是学校某一方面或某些方面优于其他方面或超越其他学校，得到社会公认的独特品质。

(一)特色学校的教育要有利于发挥学生的主体作用

长期以来，学校的教学往往强调由外而内的过程，而无视学生内在潜能的发挥。所以，即使教师教得再多，教师所教也还是外在于学生的知识，不能发展为学生的潜能，不能为学生的进一步发展打下基础。个性化的教学却是一个学生潜能的充分发挥的过程，为学生自身潜能的开发提供了广阔的空间和有利的条件。

为此，学校深入进行新课改，出台了《重庆市辅仁中学校新课程改革整体推进——课堂教学改革实施方案》《重庆市辅仁中学校新课程改革整体推进——小组建设》等方案，对实施课改的初中、高一和高二的教师进行了培训，并组织初、高中教师到外校学习课改经验。以此确定本校教学模式，如课堂以小组合作学习、探究为主，教师讲课的时间不得超过20～25分钟，突出以学生为主体，努力提高课堂教学效率。

(二)特色学校的教育要有利于培养学生的探索精神和创造能力

特色学校的教育是以求异、求变、质疑、想象为教学方法，为学生进行探索和培养创造能力提供了条件。从发现问题到自主探索，到寻求合作、解决问题，再进行深层次的探索，它符合事物发展的基本规律。

在课堂教学中，学生主动发现问题，主动领悟规律，自主参与学习活动。学生真正成了学习的主人，成了进行有意义学习的探索者。同时，教师在激发学生探索欲望、引导研究方向、适时给予点拨方面起到了主导作用。

（三）特色学校的教育要有利于减少学生之间的差异

学校教育面向全体学生、缩小学生之间的差距是个性化教育的基本目标之一。学校教育实施个性化的教育、强调学生个性的发展，更有针对性地对学生进行教育，并以学生个性差异为出发点，着眼于学生的发展，为学生提供自由发展的空间，有利于每一个学生得到不同程度的提高。

（四）特色学校的教育要有利于为学生减负

在个性化教学理念的指引下，教师可以不用通过增加作业的方式来使学生掌握知识。因为在课堂教学中教师因材施教，实现了学生学习方式的根本转变。这一转变的结果是教学效应的实现，使学生将知识更积极地内化，对知识有更透彻的理解和更牢固的掌握，真正做到为学生减负。

三、特色学校的文化特色打造

学校文化的形成和发展是与民族的传统文化的形成与发展相同的。学校文化必然要随着时间的推移而不断发展、不断更新、不断进化。学校文化包含了学校特有的教育理念、办学宗旨、办学者对学校管理制度和办学模式及办学特色的设计，特有的教师群体和学生个体的塑造模式，并在管理制度、物质环境、教学活动设计等学校各方面活动中得以体现。

(一)学校的环境设施特色建设

环境文化是学校文化的重要组成部分。学校是师生员工工作、学习的场所,舒适优雅、空气清新的校园可以安定情绪、启迪思想、陶冶情操。学校环境的优劣直接影响师生员工的工作、学习效率和情绪。优化校园环境,使学校的墙壁也“说话”,为师生员工提供良好的教育教学氛围,是学校重视师生员工的需要,激励其工作积极性的手段。学校的建筑设施也应具备教育使命,它可以以多种艺术形式象征某种精神和理想,在一定程度上陶冶身心,涵养性格。

结合我校悠久的办学历史,学校在广泛征集教职工意见的基础上,同时邀请有关专家和领导为我校把脉,量身定制了以“仁爱”为主题的校园文化。在此基础上,面向全校师生征集凸显校园文化特色的教学楼名,最终确定了“仁爱苑”“仁智苑”“辅仁苑”“仁乐苑”等教学楼名。

每一所学校都可以根据自身的历史、地理位置、周边环境、价值导向、目标设定,营造出富有本校特色的校园文化环境,以构成学校文化特色的外显特征。

(二)学校的制度文化特色建设

学校的制度文化体现了学校个体特有的管理理念、人文精神、发展目标、运行效度等。学校需要建立在基本的制度保障基础上,挖掘自身蕴含的资源,并渗透到已有的制度体系之中,充分展示学校观念、心理、行为特色,最终形成真正的制度文化。如我校在广泛征集教职工意见的基础上,通过党政办公会、行政会、教代会等反复讨论研究,拟定和完善了一系列管理制度。如《辅仁中学教师教学常规考核办法》《辅仁中学教学效果考核办法》《重庆市辅仁中学职称评定办法》《重庆市辅仁中学晋岗实施办法》

《重庆市辅仁中学校首遇责任制》《重庆市辅仁中学校限时办结制》《重庆市辅仁中学校干部问责制》《重庆市辅仁中学校弹性坐班制》等,使学校办学做到有章可循。长期积淀下来的文化定势会牵引学校制度的发展,形成开放型的制度文化体系。

(三)学校的行为文化特色建设

学校的行为文化特色就是指学校教职员工在教育实践过程中产生的特色活动,是学校作风、精神面貌、人际关系的动态体现,也是学校精神、学校价值观的个性化折射。学校的行为文化是置身于现代社会文化大背景中的一种具有自身鲜明特色的文化,除具有多样性、发展性、传承性等社会文化的一般属性外,还具有先进性、规定性、教化性、辐射性等特性。

四、创建学校的班级特色

随着基础教育课程改革的实施,发展学生综合素质,促进学生全面发展已经成为学校教育追求的共同目标。为了实现这一目标,学校教育中的特色班级建设是一个很好的载体,因为特色班级建设是一门潜在的课程,对构建健康文明、富有特色的班级文化,满足学生发展的内在需求,培养学生良好的行为习惯等起到潜移默化的作用。

(一)重视班级环境布置

班级的环境布置应该突出班级环境的趣味性和人文性。如每学期开学初,学校要组织学生共同布置好班级环境,并定期出好黑板报,突出班级精神和班级特色。在我校每个班级门后都有班级铭牌,上面展示了全班学生照片、班主任寄语、班级奋斗目标等。从班级铭牌就可以粗略窥见班级特色文化。

(二)改革管教式班级活动模式

班级要建立由师生共同参与,学生自我教育、自我管理的班级活动新模式。班级活动的主题要贴近学生生活,采用丰富多彩的形式,同时让学生适时走出校门,参加社会实践活动,从而发展学生个性和发挥学生潜能,培养学生的实践能力和社会责任感。

(三)班主任要成为特色班级建设的引导者、协调者和合作者

班主任在开展班级活动、推进班级建设和促进学生全面健康成长中起着导师的作用。他首先要协调本班各任课教师参与班级建设工作和沟通学校与家庭、社区教育之间的联系;同时,他还需要与学生共同合作。班主任工作是一门科学,又是一门艺术,它要求班主任要加强学习、更新观念,树立高尚师德形象,具有博大的爱生胸怀,善于观察、理解、欣赏和尊重学生,具有强烈的民主意识、事业心和责任感。

(四)班级特色文化要立足学校、教师和学生个性

特色班级文化建设不是其他文化的移植,也不是其他文化的翻版。特色班级文化是在班级的主体——学生的活动和交往过程中逐步形成发展起来的。班级文化建设要形成自己的特色,必须立足于学校的个性、教师的个性和学生的实际,以促进班级文化特色的逐步形成和不断发展,从而促进学生的全面健康发展。

综上所述,学校特色的建立,是一项细致而漫长的工程,在学生的终身发展中起着举足轻重的作用,其路途漫长而曲折,光荣而艰巨。如何使特色学校建设再上一个台阶仍是一个值得深入研究、深入探讨的课题。特色学校需要使学生能够沐浴到春风和阳光,促进他们各方面素养的综合提高,从而形成学生个体的全面发展,这将是未来学校发展的必然趋势。

浅谈课堂教学的改革与实践

重庆第二外国语学校　卓重池

2013年2月至9月，在新加坡南洋理工大学，由符传丰博士和陈惠萍博士主讲，《教育政策的制定》这门课程，使我了解了新加坡的教育体系和教育制度。从杜威的“做中学”，到新加坡的“少教多学”对我有深刻的影响，激发起了我对中学教育阶段课堂教学改革的决心和信心，现将我校有关课堂教学改革与实践陈述如下。

一、课堂教学改革的背景

(一)社会主义初级阶段我国基础教育的背景与问题

《国家中长期教育改革与发展规划纲要(2010—2020年)》(以下简称《纲要》)中指出：“当前，我国教育还不完全适应国家经济社会发展和人民群众接受良好教育的要求。教育观念相对落后，内容方法比较陈旧，中小学生课业负担过重，素质教育推进困难；学生适应社会和就业创业能力不强，创新型、实用型、复合型人才紧缺；教育体制机制不完善，学校办学活力不足。”当今中国的中学，细化这些问题，普遍存在以下几种情况。

1.知识是可以传递的

教师的传统观念认为“知识是可以传递的”，所以在教学中，教师只是一个知识的传播者，把知识传递给学生就算完成了教学任务，课堂教学也是以讲为主，满堂灌，填鸭式的教学模式。

2.学生是知识的接受者

在教学中，教师一味地强调学生的机械学习，死记硬背，而忽略了对学生创新精神和实践能力的培养。

3.以教科书为主要材料

由于传统的教学方式，教师习惯于一本教材、一本教学大纲或考试说明，而没有开发校本课程想法。

4.注重重复练习

教师把题海战术当成制胜的法宝，所以教辅资料、练习题满天飞，学生学业负担非常重。

这种教育方法也取得了一定的现实的考试成绩。但是，这样的课堂对于学生的发展来讲，对于人的终身发展来讲，是有偏差的，这样的教育目的当然也算不上是真正意义上的教育目的。

《纲要》还指出："教育，应当把育人为本作为教育工作的根本要求。要以学生为主体，以教师为主导，充分发挥学生的主动性，把促进学生健康成长作为学校一切工作的出发点和落脚点。关心每个学生，促进每个学生主动地、生动活泼地学习，尊重教育规律和学生身心发展规律，为每个学生提供适合的教育。努力培养造就数以亿计的高素质劳动者、数以千万计的专门人才和一大批拔尖创新人才。"

所以，真正的教育，是着眼于人的长远发展的，要为学生将来的人生奠定基础，这就需要我们思考如何提高我们的育人质量，创建具有时代精神的育人环境，以卓越的教育体系培育出卓越的人才。

(二)我校课堂教学改革的目标

我校实施课堂教学改革，是基于学校的实际情况，通过这项改革，达成如下目标：第一，完善"双先、双育、双板、双导"立体课堂理论体系。第二，创立学校全方位立体育人的文化环境。第三，以树德为主线、以立人为主题，全面培养学生的综合素质与能力。第四，促进教师的专业化发展。第五，改善教师的教学观和学生的学习观，努力营造书香校园氛围，让每一个教师以育人为主责，以教书为快乐；让每一个学生以立德为己任，以立智为追求。使学习成为一种自觉和习惯。

(三)我校课堂教学改革的新方式——"双先、双育、双板、双导"

"双先、双育、双板、双导"课堂的定义有以下几个方面。

(1)小组建设。全班的学生按 4～6 人分成一个学习小组，总共分成若干个学习小组。

(2)构建"双先、双育、双板、双导"立体课堂。"双先"指教书先育人；育人先育德。"双育"指育德必育情(情感、情操)；育德必育志(志向、意志)。"双板"指大黑板(主要由教师使用)与小黑板(学生使用)。"双导"指对学生进行学习方法的指导和学习困惑的引导。

(3)把一堂教学课大致分成六个基本环节，即①确立目标，②自主学习，③合作探究，④成果展示，⑤相互评价，⑥检测反思。

在上述各个环节中，教师的任务是自始至终根据本节课的教学目标进行严格监控，一旦发现问题，及时指导。我们把以上教育教学方式定义为"双先、双育、双板、双导"课堂。

二、课堂教学改革的有效性

"双先、双育、双板、双导"立体课堂的现实意义有以下几个方面。

(1)"双先、双育、双板、双导"立体课堂，是以小组文化建设和班级文化建设为基础，实现学生自主学习与合作探究，解决学生"愿学、想学、乐学"这一问题的全方位立体育人课堂。只有以"愿学、想学、乐学"作前提，才可能让学生有"会学与学会"的愿望，有了学生思想上的进步，教学的有效才会成为可能，教育才会具有长久的生命力和发展空间。

“双先、双育、双板、双导”立体课堂，要求班级文化建设以小组文化建设为基础，以生本潜力教育为主体，班级文化内容需要体现时代精神，适应学生的心理特征，符合教育认知规律。

如墙体标语，张贴具有现代意义的古今名人语录，同时也张贴学生作品，引导学生以“我笔写我生，我声传我心”，让学生自己创作班级墙体标语，自己办好班级文化墙报，自己建立班级生活窗和班级文明榜等。

“双先、双育、双板、双导”立体课堂的指导思想，是创建全方位育人环境，培养学生对学习生活的参与能力与参与热情，培养学生的情商，培养学生的班级情感，培养学生对生活、对学习的热爱，并进而解决学习的动力问题，为一切有效的课堂教学奠定思想基础。

(2)“双先、双育、双板、双导”立体课堂，要求教师在讲课之前，必须认真编写《单课学习指南》，并做成 PPT 或板书在大黑板上。内容包含学习目标与策略，指导学生自主学习与合作探究。这个过程，体现了教师由关注“教”向关注“学”的转变，从而提高了教师教学质量，促进了教学过程中的“知识传授”向能力培养的转化。另一方面，“双先、双育、双板、双导”立体课堂，从教学设计开始就要求教师把学生放在主体位置，做学生的引导者，使“教师转变观念”不再成为一句空话，而是与工作实际紧密结合起来，促进教师教学观念的根本转变。

(3)“双先、双育、双板、双导”立体课堂，将建构主义理论与教学实践相结合，提高教师的实践创新能力。其基本环节是确立目标—自主学习—小组探究—小组展示—组间评价—检测反思。其设计思想是在《单课学习指南》的引导下，让学生围绕课本开展阅读、思考与练习，进行第一次知识建构；在小组探究环节则要求学生在小组内基本解决自学过程中没有解决的问题，进行第二次知识建构；而小组展示和组间评价，则是在教师的主持下，全班学生一起解决小组讨论时没有解决的问题，进行第三次知识建构。这样做的目的是给学生留下更大的空间，进行自主学习。

小组合作探究，要求小组内的每个同学，各抒己见，共同发现，整合思维。这种学习方式提高了教师组织教学的水平。教师的"教"是为了"不教"，谁最先获得了组织小组合作学习的方法，谁就掌握了教育的"主动权"。因此，小组合作学习的组织成为构建课堂效果的一项核心方法，成为教师必备的教学方法，教师如果能把控并实施好其课堂，其教学组织能力必将得到极大的提高。

(4)"双先、双育、双板、双导"立体课堂，培养学生成为会学习、会交流、会解决问题的人才。

"独学而无友，则孤陋而寡闻"，它要求每个同学既能独立思考，又能共同探索，使学生学习实现五个转变：由"要我学"变为"我要学"，即由被动学变为主动学；由"听讲式"的死学变为"探究式"的活学；由个人"单干式"的自学变为集体"合作式"的公学；由教师要求学生学什么变为学生自己决定学什么；由只强调成绩的书本学变为全能发展的综合学。

(5)小黑板的特殊意义。板书是课堂教学的重要组成部分，是课堂的艺术创造。在课堂教学中，只用口头语言提供听觉信号，无论是教师对学生，还是学生对学生，只有听觉的信号，对学生接受、理解、记忆和应用知识是很不够的。教师和学生都要通过文字、符号、图表、图解等形式，把教学重点、难点或关键性的知识，还有理解、分析以及处理的过程写到黑板上，才能较好地呈现教学内容，有利于教师传授知识和学生掌握知识。学生使用小黑板进行合作探究，能够更加灵活地集中学生的学习注意力，更加有效地调动学生的学习积极性，可以更有效地帮助学生记忆，理解和操练所学内容；帮助学生归纳、整理和运用知识。

小黑板的使用，改变了学生在教室大黑板上展示交流的诸多不便与不足，学生在自己的小黑板上随心所欲地写，挥洒自如地交流，能更大程度上激发学生全员参与、深度参与。在这样的课堂中，学生会逐渐形成强烈的责任意识和团队意识，学会尊重，学会交流，学会在合作中解决问题，不断积累知识、经验和方法。

小黑板展示，也给学习小组之间提供了灵活的交流空间和充分的交流时间，非常便于小组间自评和互评。学生长期板书，会潜移默化地培养学生的审美情趣以及认真、严谨的学习态度，提高学生的书写技能。在小黑板上，同学们能以简明的语言文字、生动的图画符号、精巧的结构造型、适宜的呈现方式，相互间制造出强烈的感官刺激，使学生保持持久的求知注意力。

总之，本课题的意义在于构建基础教育阶段“双先、双育、双板、双导”立体课堂的理论体系，摸索出基础教育阶段“文化育人，追求卓越”的教育理念。为中小学课堂教学改革探索出一条新路。

三、课堂教学改革过程中出现的问题

在改革的过程中，尤其是改革之初，遇到了教师们的反对和抵制。抵制课堂教学改革的原因归类如下。

(一)搞课堂教学改革的成本太高

产生这种观点源于两个原因。一是基于“专业看法”的考虑，因为在中学搞课改无异于是“在老虎身上拔毛”，这是一项高难度的技术活，是一个庞大的、长期的系统工程，所谓牵一发而动全身；二是“心理因素”，教师对课改的前景无法把握，课改也打乱了平时的教学秩序，改变了教学方法，还担心学生无法管理，更担心教学质量下降等。

(二) 在中学推行高效课堂太不现实

产生这个看法的主要原因是观念的问题。反对者一直认为，在中学阶段高考和中考是重中之重的大事，学校的一切工作都应围着这个“中心”转。这种“凡涉及高考中考的事情都不能动”的观念根深蒂固，高考中考是他们心中的“神”，是他们的“命”，是关乎学生终生的大事。

(三) 高效课堂的理念挑战老师个人的教学方式

新课改新模式中师生关系是完全平等的，没有了“师道尊严”，没有了教师的“句句是真理”，也没有了教师的“我讲你听”的教学方式。他们一直以为“讲得好才是好老师”的观念是天经地义的。他们的理想就是通过三尺讲台的耕耘，培养出优秀的学生。通过以上分析可知，不支持新课程改革者，有他们的理由，有他们的逻辑，也有拳拳爱校之心的，而并不都是仅为一己之私利反对课改。所以，学校要根据不同的情况，分门别类地加以甄别，对症下药，予以解决。

四、课堂教学改革的策略

(一)课堂教学改革的措施

1.改变“观念问题”的措施

在所有改革的过程中，改变人的观念是天下第一难事，古今中外，概莫能外。从领导变革的角度，其逻辑顺序为：先化裁，后鼓动，再推行。学校“化裁”的措施是宣传教学改革理论；了解各国、各地课改动态；组织讨论、交流；发挥党员的带头作用；请专家和顾问进行指导。然后分学科、分年级制定实施方案和细则，分年级搞试点。最后由学校推出“双先、双育、双板、双导”课改教学方式。

学校“鼓动”的措施是学校领导的经常宣讲；各中共党支部的发动；各个年级组的引导；工会和教代会的宣传。

学校“推行”的措施是学校制定课改方案和执行时间表；各年级组、备课组制定实施细则；学校各个层面检查验收；承办全市中学课改的现场会。通过以上措施的认真实施，基本解决了教师们观念上的问题。

2.改变“改革成本太高”这一“专业看法”的措施

改变“专业看法”只能使用科学的依据，信服的理由，基于正义的呼吁和志向的投合。学校组织教师进行理论学习；聘请专家和顾问进行指导；参观考察成功典型学校；制定科学的计划方案和可操作的实施细则。通过这些办法来“化而裁之”，亦有明显效果。

3.改变“心理因素”的措施

要改变“心理因素”靠“说服”是行不通的，只有通过可靠的保证，才能让其确信。如学校采用向课改成功典型的学校学习、分年级搞试点确保成功、描绘课改后的美好蓝图等措施让其逐步树立信心。

(二)实施课堂教学改革的措施

学校从 2010 年 2 月起至 2014 年 2 月止，用 4 年的时间，分 4 个阶段开展这项工作。

1.宣传发动阶段

学校领导通过召开教职工大会和学生集会，包括升旗仪式，动员教师、学生积极投入新课改的活动中。从 2010 年 2 月到 2011 年 1 月，用 1 年时间，组织全校教职工学习国内外教育发展的新动态和新理念，了解国内外新课改的现状。积极营造课改的舆论氛围，并要求学校6个年级组织教师进行学习后的讨论，每个老师写出书面学习心得并全校交流，表彰学得好的优秀分子。要求各个年级的中共党支部发动中共党员带头，积极行动起来，起好党员的先锋模范作用，每个党员至少带动2位老师进行课改的试验。要求学校工会和教代会也利用开会等机会向广大教职工讲解新课改的有关理论知识。

同时，聘请重庆市和全国知名教育专家7人组成顾问团，担任我校课堂教学改革的顾问。他们有的长期在学校蹲点，深入年级、课堂、教师和学生当中，收集信息，为科学决策提供第一手资料。有的定期或不定期到学校来，培训老师，讲解理论，制定计划，探讨课改的流程，并和老师们在课堂上一起实践。

2.学习取经阶段

从2011年2月到2012年1月，用1年时间，由学校领导带队，组织干部教师先后分5批次近150人次分别到上海、江苏、山东、广东、北京等教改工作领先的地区和学校学习、观摩。同时，还有计划地安排部分干部和教师到美国、英国、日本和新加坡等教育发达国家参观、考察，让大家学习先进的经验，结合学校的实际情况，分学科、分年级制定实施方案和细则。并要求各个年级(毕业年级除外)组织精干力量，在2～4个班进行试点，学校高度关注，务必确保试验班的成功，为改革全面开展提供经验。

3.全面实施阶段

从2012年2月到2013年1月，用1年时间，在非毕业年级全面实施课堂教学改革。在专家的指导之下，我校通过实践探究，摸索出了“双先双育双板双导”高效课堂教学方式。学校提出要求，希望老师们在2012年9月20日前熟练掌握高效课堂教学方法，各备课组、年级组组织考查，最后学校将检查验收。对未达要求的老师进行专门的个别辅导，力争人人过关。通过努力，学校成功承办了“重庆市中学卓越课堂教学改革研讨会”的现场会。

4.反思提升阶段

从2013年2月到2014年1月，用1年时间，对我校的高效课堂实施情况进行总结、反思和提升。其目的是总结好的经验，并加以提升，予以学习推广；反思缺点和不足，并加以改进，以警示他人。

变革是艰难的，有很大的风险。因“革去故也，鼎取新也”，故变革也是很痛苦的。但改革成功后的收益一定是巨大的，利国利民，功德无量，“可久则贤人之德，可大则贤人之业”。课改是中国基础教育的必经之路，也是必然之路，是世界之潮流。我们定要与时俱进，以顺动，以时发，遵循规律，把握时机，敢破敢立，唯实唯真，持之以恒，进一步做好我校课堂教学改革工作。

构建“三维”立体课堂体系窥探

西南大学附属中学

举国关注的高考对于专注学习十几年的学子而言是一件大事，对国家高速发展的人才需求更是一件慎事。近年的高考改革，根据其基本目的、价值趋向基本可以概括为分类、综合、多元、自主、个性、公平六个类别，显示出了扩大高校招生自主权，选拔综合素质适合高校培养的新生，推动高校和中学实施素质教育和对创新人才的培养，从而维护和扩大考试公平（教育公平、社会公平）的价值取向，促进了中学教育办学理念、育人目标的转型和整合。如何调整教育目标，促进学生全面发展，培养符合国家需要的创新型人才已成诸多学校探索、追寻和摆脱分数决定论的主要目标。

在高考改革的教育背景下，我校充分发挥大学资源优势，定位办学理念和卓越教师培养，特别是在新课程改革方面勇立潮头，坚守教育本质，更新课程理念，架构课程思想，创建课程体系，力求办“中学里的大学，真教育的殿堂”，实施“素质与应试双优”的创新人才培养思路，着力拓宽视域、夯实基础、高效课堂、评价课程建设，奠基学生终身发展，建立了“三维”立体课堂体系。

一、课程的建设及实施

（一）探索选修课Ⅱ，将国家课程校本化

学校成立课程研发中心，制定《选修Ⅱ实施方案》，负责选修

Ⅱ课程资源的研究、开发、组织实施和评价。基于 B/S 架构(一种网络结构模式),学校创建"选修Ⅱ网络平台",实现了课程开发、教师申请开课、学生选课、过程管理、课程资源的收集等一体化管理模式。学校研发构建起了四个纵度(国家标准课程、校本课程、创新后备人才培养课程、国际课程)、四种方式(必修、必选、任选、自修)、三个层级(基础级、综合级、高级)的符合素质教育要求、具有多样化和选择性的课程体系。高中部常态课保持 60 多门校本选修课程,初中部常态课保持 30 门选修课程。还有每学期100 多堂"立人大讲堂"讲座、50 多个学生社团、高一年级近200 个研究性学习小组活动的活动性课程。

(二)创新教育教学方式,实施分类、分层、分项结合的因材施教

学校对课程实施分类、分层、分项后,会形成可按需组合的课程群或者课程板块,以适应师生的实际需要。对国家课程高中分 6 个层次、初中分 2 个层次供选择。而课程"1+5"和艺术、体育课程按照内容组合成 30 多个分项供学生选择。如 2011 年 9 月在全市首先开设创新实验班,课程板块组合成为实验项目之一,该班在国家高考课程基础上添加有国际高考课程、理工科技学科突破和人文素养课程、情感励志课程、综合实践课程、礼仪形体课程、综合素质培养课程等,创新人才培养模式在全市领先。首届创新班在学业成绩、综合素养、学科竞赛和自主招生等方面已经取得突破性成绩,创新班成为我校的名片。

二、"三维"立体课堂体系的构建

百年办学的过程中,我校在具备传统教育优势、办学理念优势、师资队伍优势和大学资源优势的基础上,探索素质教育与应试双优。在实践过程中我校逐步构建起"三维一体"的立体课堂体系:第一课堂指传统课堂,主要承担国家课程学习,以传授系统

基础知识为主，是以师生为主体；第二课堂指活动性课堂，主要承担校本课程学习，以拓展、动手、体验为主，通常是以学生为主体；第三课堂指物化的隐性课堂，主要承担生活实际场景的摄入、筛选、积累，以熏陶感悟为主。三个课堂交互，形成了立体全效育人体系。

（一）"活"起来的第一课堂

新课程改革提出了知识与技能、过程与方法、情感态度与价值观的三维目标。我校正是围绕这一核心，实施百花齐放、个性张扬、全面重视启发式教学，落实以学生主体，重视教师点拨引领，突出以问题为主线、以能力为核心，鼓励生生互助、师生互动，提倡拓展问题等方法来帮助教师转变观念。我校不追求固定的课堂模式，提倡在新课程改革的理念下灵活丰富的个性化教学，但它分学科、学段、课型研究规范课、提升课、优质课的教学范式，追求卓越课堂。在我校，每一位老师的课堂都是全开放的，家长、教师、管理者和来宾不分时间、地点、对象，推门即进。我校还将全校日常课堂置于公共视野下，让老师们"压力山大"的同时，也将他们的"面子"转化成内驱力，促使其每一堂课、每一个细节都高质量，有力促进了课堂高效，让课堂热烈、灵动而独具魅力。此外，学校推进教师角色的转换，控制教师霸占课堂的冲动，把"话唠"的嘴停住，鼓励教师适当做"哑巴"，当好学习的组织者；鼓励教师做个"引导家"，关键时候去刺激、点燃、激发学生，做学生的引导唤醒者。并控制学科作业量，作业分层布置，及时批阅反馈。学校在评价课堂方面追求"四个度"，即时空上有广度，内容上要有深度，课堂生成有高度，激发学生有热度，真正让课堂"活"起来。

(二)“秀”出来的第二课堂

丰富多彩的活动性课堂是适应学生个体差异、促进学生多元发展的有效途径。旨在促进学生在多姿多彩的生活与活动中体验、感受、引导,激发学生发现自我,发展自我,超越自我,突出学生的主体性,即“我要”“我有”“我能”。“我要”是激发出学生自我的主观要求;“我有”是让学生有自主机会,包括发言、讨论、实践、选择自由、各种活动平台等;“我能”就是学生发展自己独特的个性、才华、专长,并在这样一个鼓励性的环境里大胆地“秀”出来,形成自信与才赋的良性循环。

我校给学生创造的平台主要分为三个“秀场”。第一是“1+5”课程实践大课堂、研究性学习的小课题研究和各种社团为主的活动平台。第二是“小先生讲座”、年级的比赛和展示活动、研究性学习的展示等。第三是学校每年一次的各类大型活动,如缤纷节、体育节、科技节等。这些措施的实施,自 2000 年来,我校学生实施的课题累计已有 5000 多个,5000 多名同学参与了学校课题的研究,研究已成为附中学子的习惯。如学校的学生自主成立了 50 余个学生社团组织,定时开展丰富多彩的活动。此外,学校“立人大讲堂”每年邀请大学教授、专家和社会名流做讲座;附中学生自己每年开 40 堂“小先生讲座”;本校教师和职工开设跨年级、跨学科的“大先生讲座”不少于 60 次。以此夯实学生科学、文化、精神三个底子,奠基学生终身发展。

(三)灵动润泽的第三课堂

苏联著名教育家苏霍姆林斯基认为:“一所好的学校,墙壁也会说话。”从进入我校的校园起,你就会感受到这所学校弥漫着浓厚的文化气息,更能察觉到这所学校是将校园环境作为一种隐性课堂来建设。如我校专门成立了校园文化环境研究团队,系统研讨校园环境建设，提出包含整体风格、文化取向、功能分区以及传统文化、科技文化、艺术文化、本土文化等整体方案，让校园的一草一木，一石一墙都演绎着生命的灵动和美丽，让整座校园成为一本多彩的、高雅的、无声的教科书，成为不说话的课堂、不闭幕的文化艺术展览。

我校积极推进书香校园建设。如学校将“图书馆”搬到师生身边，在教学楼道、室外等公共区域设置图书角 20 多个，在班级和年级办公室设漂书角 120 多个，购置各类图书，丰富藏书和期刊，实行开架阅览和不限时阅览，方便师生员工借阅。让师生自主登记借还，方便师生随拿随读，让师生处处有书在目，时时有书在手。

课程建设是学校教学基本建设的重要内容之一，前沿学术思想的引领，得天独厚的优质资源共享，率先务实的新课改践行，正是我校作为基础教育名校的责任与担当，而“三维”立体课堂体系更体现了我校课改探索的锐气和成效。在今后的教育探索与实施中，我校将向传统教育优势借力，发挥办学理念的优势，强化师资队伍建设，充分利用大学资源的优势，践行素质教育与应试双优，为基础教育做出新的贡献。

浅谈激励教育在中学课堂中的应用

重庆潼南一中　张世国

激励教育作为一种育人理念，在美国著名心理学家斯滕伯格的著作中呈现，他将激励教育作为教育心理学的重要内容进行研究和论证。在实际教学活动中，激励的主体是教师，教师的激励是为了强化和提高学生的学习动机。

对于学生来说，具有强烈的学习动机能够使他们积极地完成学习任务，实现知识的内化，进而有利于学生德智体美全面发展，从而达到教育目的。而对于教师来说，在教学过程中需要通过各种激励的方式来促进学生的学习，以此实现课程的教学目标。我校通过"四环导学模式"的推广应用，经过不断分析总结，发现在激励学生的过程中应该注意以下四个方面。

一、激励的方式

古人云："知之者不如好之者，好之者不如乐之者。"就是说兴趣是一个人积极探究某种事物或进行活动的强大动力。作为教师通过激励不仅能够达到学习目标，而且还能够引导学生产生对学习的兴趣。新一轮的课程改革非常强调"生本位"的理念，要求注重学生的主体性，提高学生的学习兴趣以及发现问题和解决问题的能力。但激励方式指向性的偏差可能会导致教学过程中只见物不见人的结果，严重忽视学生的主体性意义的存在，违背了“以生为本”的教育理念，而激励教育对每个学生而言是不同的，应因人而异。

二、培养动机的价值取向

心理学把动机分为内在动机和外在动机。内在动机是指由学习活动本身的意义和价值所引起的动机，外在动机是指由外部诱因所引起的动机。学生处于何种动机取决于学生自身动机的价值取向，价值取向规定着动机的性质、强弱和方向。但是并不能说明外在动机比内在动机更好，因为后现代的社会所体现的复杂多元文化其表现出来的也是价值取向的多样性。而我认为只要适合就是最好的。作为教师，首先应该肯定学生所具备的这种价值取向，这也是一种尊重学生和他们身心发展特点的表现，教师不能强制地要求学生按照自己的价值取向去规范自己的行为和动机。其次，教师可以在维持他们自身动机取向的同时，也要引导他们向内在动机的方向发展，随着年龄的增长、经验的积累和认知水平的提高，他们会认可教师的引导，最后形成自己的人生观价值观。所以应发挥教师的引导作用，让学生形成正确的价值观。如就培养学生学习的价值取向来说，教师的引导方向应该与社会利益整体相一致，与学生个体发展规律相一致，以个性发展为目标，让学生去乐于去学习和会学习。最后，使他们成为对社会有用的人。

三、把握学习动机

心理学家耶基斯、多德森的研究成果表明，各种活动都存在一种最佳的动机水平，动机不足或者过分强烈都会使工作效率下降。同样对于学生的学习也是一样，教师的教学不断地强化学习动机能让学生过分地紧张，但是完全忽视学习动机的培养也可能让学生过分地放松，这两种极端都是不利于学生学习和发展的。也有学者研究表明，动机适中的学生的学习效率最好。因为学习动机适中的学生不会更多地去关注失败和外在因素的影响，他们关注更多的是学习任务及与之有关的价值信息。他们通常表现为好奇心强、思维较为灵活、理智反应一直占主导地位。在师生的互动过程中教师的语言、行为、态度都会影响到学生的动机水平，所以教师要时刻注意保持调节学生的动机水平在一个适中的状态。

四、注重学生积极的成就动机

成就动机是驱动个人在社会生活的特定领域追求更高目标，并力求获得成功的内部力量。有研究认为，成就动机与学生的学业成绩乃至未来成就密切相关，是其学业与事业成功的关键。我国研究者从 20 世纪 80 年代末开始，也陆续展开了对中学生成就动机的研究。这些研究者得出的主要结论是：首先，成就动机对学生的学习具有激活特性和使动机能，可促使学习者尽快进入学习状态。学生学习自觉性、主动性的程度，正是由这一机能决定的。其次，成就动机具有积极定向和导向机能，可使学生将全部精力集中在学习等必要的活动上而疏离其他无关事物，并能有效抵制各种无关刺激的干扰。再次，成就动机具有隐性特点，它不能决定学生采用何种方法构建他的知识体系，而只是促使学生通过集中注意力、准备力量、降低知觉阈值、提高敏感性来促进学习。最后，成就动机的激发能够对学习能力的形成和发展产生巨大影响。对于学生的成就动机的培养，教师常用的教学方法和策略有：给学生设置具体的学习目标，在学习过程中设置中等程度的障碍，及时反馈学习成绩信息，组织学习上的竞争活动，引导学生对于学习结果的正确归因等。

随着终身学习的理念被越来越多的人接受，教师更重要的是培养学生对于学习的兴趣和积极的情感态度以及自主获取知识的能力。教师还要能够更多地关注学生内在情感的体验，并施以适当的激励教育，课堂改革才能够真正得到进一步的推进和发展。

坚持以人为本理念　提升课程领导力

——新课改下校长提升课程领导力的反思

重庆大足一中　徐其镁

我校是一所农村高中，地处偏僻的农村，交通不便，教育质量不高。近年来，学校抓住新课改机遇，走上了快速发展的轨道。学校以睿智的眼光，下定了“强势推进课程改革，坚持不懈走课改之路”的决心，确立了通过课改将我校打造成渝西地区名校的办学思路。现在我校的课改工作已初步取得成效，构建了有效的课堂教学模式，学校的课改走在了我区前列。总结经验，我们认为课改最关键的问题是确立了“上一堂课，为每一个学生一生发展着想”的课程理念，并把这个理念完全落实到实践教学行动中。在课改中，校长对新课程改革起到了巨大作用，随着改革的深入，校长还要提升课程领导力，但怎样提升校长课程领导力，我认为有以下几个方面。

一、充实自我，不断提高课程领导力

新课程改革是一个复杂系统工程。因此，它需要校长具备扎实的教育专业理论知识，高超的教学管理能力。课程改革是一项全新的事业，没有现成的模式可循，从观念到实践都需要学习和探索。原有的教育管理知识和经验，不能适应新课程的改革大潮。面对新课改，校长应自觉成为一名学习者，自觉深入学习新课程理念，研究教育教学改革方法，这样才能提高课程领导力。怎样提高指导课堂教学的能力，怎样引导全体教职员工把提高自身素质的学习转化为内在需求，使之成为自觉行为，这是有待校长解决的问题。

新课程改革要求校长不仅要接受先进的教育思想、具备自觉的改革创新意识、坚强的意志和自信心，更要学习课程领导的专业知识和专业能力。校长有按国家标准设置与实施课程的责任。在课程领导中，校长应当创设良好的教学环境，建立稳定的教学秩序，推行有效的教学活动，实施监督和评价教学的制度与方法，养成学生独立的学习行为，形成终身学习的习惯。因此，在课程领导中，校长应掌握国家教育行政部门的课程设置及其标准、学校教育质量保障体系的原理与构建、课程实施和管理的基本原则与程序、有效教学的一般原理与基本准则、课堂教学行为及其管理的有效方式、监控和评价教学的原理与方法等专业知识，还需具备全面落实国家规定的课程设置及其标准、创设提高学生学业成就的学校环境与制度、制定改善教学行为提高教学质量的行动方案、提供课程教学改革的政策与资源、组织与指导教师开展教学研究、形成与实施提高教学质量的激励制度和措施、建立课程与教学实施状况的评价机制、研究和借鉴其他学校提高教学质量的制度和措施等专业能力。

二、理解教师，促进教师转变教学观念

如果说学校是课改的土壤，那校长就是课改的播种者，教师就是课改的耕耘者。课改实施的关键是教学，改革教学的关键是教师。教师教学观念和教学方式将直接影响课程改革的成败。新课程改革给教师专业发展带来的挑战是多方面的，其核心是要求教师确立新课程理念，掌握新课程教法。校长对学校的领导，首先是教育思想的领导，业务上的指导，其次才是行政管理。传播先进的教育思想，引领教师的专业化发展是校长的首要职责。

观念是行动的灵魂，对行动具有统摄和指导作用。在新课程改革中，教师面临的最大挑战是观念更新问题，尤其需要强化课

程意识，更新知识观、教学观和学生观。作为校长，应切实了解学校每位教师原有的教学观念，深入研究影响教师教学观念转变的原因，并制定有效措施更新教师教学观念。还应鼓励、支持教师参加课程改革的培训，参加学科的课改展示活动，帮助教师准确地理解新课程，让教师在无意识中接受新课改理念，更要帮助教师明确自己在新课程背景下的角色定位，切实把教师的教育观念统一到新课程改革的方向上来。

课堂是校长课程领导力的落实点，将课改理念转化为教师的行为和自觉，是学校课程领导改革的关键。课改实施中常出现这样的问题：教师对课改的理念基本上都是认同的，但做的时候常常出现理念与行动背离的现象。这种现象是正常的，教师要改变过去多年来形成的教学方式和教学风格需要极大的勇气和毅力，教师要形成新的教学方式需要时间和精力。因此在教学管理中，校长要以师为本，少批评，少惩罚，多理解，多鼓励。校长还要亲临一线参与听课、评课，在听课、评课过程中，要善于发现每位教师的闪光点，对存在的问题要具体分析，帮助教师寻找解决问题的对策，鼓励大胆探索，勇于创新，在校园内营造一种积极向上的文化氛围。校长在参与课程改革的实践过程中，要经常与教师交流心得体会，为教师排忧解难，为教师的学习、进修、培训创造和提供机会，以促进教师的专业化发展。

三、以生为本，引导学生改变学习方式

新课程改革的对象是学生，新课程改革的核心理念是“一切为了每一位学生的发展”。《国家中长期教育改革和发展规划纲要(2010—2020年)》(以下简称《纲要》)指出：“教育要以学生为主体，教师为主导，充分发挥学生的主动性，把促进学生成长成人成才作为学校一切工作的出发点和落脚点。”因此，校长的工作对象是学生，工作的最终目标是为每一个学生终身的发展和幸福奠定

良好的基础。作为校长，首先要了解学生的心理成长规律和行为特点。由于家庭和社会环境的变化发展，新时代的学生普遍表现出个性强、自尊心强、接触面广、视野开阔，缺乏吃苦和钻研精神，学习动力不足等特点，从而对校长工作提出了新的要求；校长还要关注学生的学习情况，关注学生的情绪、态度、需求，关注学生学习的过程和学生的行动，关注学习的效果和学生的发展，从而为领导教学工作做出正确决策；校长更要关心爱护全体学生，尊重学生的人格，平等公正地对待学生，对学生严慈相济，做学生的良师益友，为学生终生发展打好基础。

新课程改革的主要目标就是要改变教师的教学方式和学生的学习方式，即改变过于强调接受学习、死记硬背、机械训练的现状，倡导学生主动参与、乐于探究、勤于动手。教育家夸美纽斯说："寻找并找出一种教学方法，使得教师因此可以少教，但是学生却可以因此多学，使学校因此可以少些喧嚣、厌恶和无益的劳动，多具闲暇、快乐和坚实的进步。"探索新的教学方法、构建新的教学模式，是校长课程领导力的表现。校长要组织教师学习先进的教学模式，拓宽教师的眼界。但每种教学模式，不具有普遍性，但具有借鉴性，只适合特定的学生。校长还要组织骨干教师研究，在先进教育理念的指导下，创造出适合自己学生的教学模式，并通过校本教研在教学中检测、完善和推广。校长更应该深入课堂听课，时刻关注学生思想和学习动态，引导并促进学生建立新的学习方式。新课程改革是一个系统工程，校长还要善于协调各方力量，整合各种教育资源，引导社会和家长理解、关心和支持课改，使学校、家庭和社会形成强大的合力，支持学校发展。

四、立足校情，开发特色教育课程

新课改的实施，政府是政策保障，专家是专业引领，实施主体是学校。新课改实施要立足校情，以校为本。在应试教育下，课程设置比较单一，一般学校只设置高考要考的课程。新课程改革倡导课程多样化，除国家课程、地方课程、校本课程外，还有综合实践活动、通用技术等。学校在进行课程管理时，不能随意提高国家课程的课时比例，减少甚至抛弃校本课程或高考不考的课程，应根据课程文件，保证各类课程的适宜比例，发挥各类课程对学生发展的各种价值。还应根据教师、学生的特点，充分利用和开发本地的一些课程资源，构建符合学校特色的校本课程体系。

重庆市教委提出学校要在“办出特色、内涵发展、提升质量”上下功夫。如我校生源总体水平参差不一。有一部分优生因为家庭经济困难不能进入优质高中学习而选择我校，学校根据这个实际情况，尝试小班化教学，效果显著。现在小班教学已成为我校的一个特色教育，它使教师的指导更有针对性、及时性，课堂教学效率较高；体现了新课程改革“面向全体学生，促进学生全面发展”的理念；实现了《纲要》中提出的要大力推进公平教育，满足人民对优质教育资源”的需求。学校还根据学生的实际情况，成立了体育、美术、音乐、舞蹈等艺体特长班以及书法社、诗歌文学社、吉他社、古筝社等兴趣小组，把创艺体特色作为学校加快人才培养和推进素质教育的突破口。

新课程改革离不开校长的领导，校长是课程改革组织者、激励者、服务者。新课改之路漫长曲折，其理念需要不断更新，课堂教学方式因人而异，课改须与时俱进。唯一不变的是校长对课程的领导理念，即以人为本，通过科学的管理，让教师拥有幸福感，让学生具有成就感，让师生都有主人翁般的责任感，要做到这些，就是要不断提升校长的课程领导力。

弘扬教师团队精神　促进学校长远发展

重庆实验中学　曾永江

随着社会的进步，短短几十年间，团队精神因其所起到的巨大作用而越来越受到人们的青睐。学校的发展，人的因素是首位的，教师团队的作用至关重要。任何一所成功的学校，都必然有一个敬业爱岗、积极进取的教师团队作支撑。引领教师团队的建设是现代中学校长专业素质的要求，也是关系学校可持续发展的重大问题。学校只有构建教师团队，才能营造教师发展的良好环境，促进教师的个体成长，这是学校加强教师队伍建设的必由之路，也是学校打造自身办学品牌特色的重要途径。

一、学校的长远发展需要教师的团队精神

联合国教科文组织在《教育—财富蕴藏其中》的报告中阐明了教育的四大支柱，即怎样与人共事、怎样做人、怎样做事和怎样生存。其中把“与人共事”摆在首位，就说明了合作的重要性。一所好的学校需要建设优秀的教师团队，学校要通过弘扬团队精神，以促进学校发展为目的，构建教师团队。

教师群体属于社会群体的一部分，同时也是承担着特殊社会职能的一部分。从社会功能的角度来说，教师承担着传承文化、培育人才的重任，只有高素养的教师才能培育出高素质的学生。从教师自身来说，教师素养的提升，首先是需要注重自我的不断学习，拓展知识面，训练批判性、开放性、创新性思维，培养整合知

识的能力,提升自己的学术素质。其次是构建教师团队,使教师向团队靠拢,并激发其归属感,增加教师团队的凝聚力。教育是培养人的工程,其复杂性要求教师队伍更应具备良好的团队精神,促进不同学科、不同年龄、不同教学风格的教师相互合作。因此,提高教师的团队精神,有助于教师之间教学经验的交流与学术上的沟通,增强教师队伍的凝聚力和归属感。同时,教师还是校园文化的缔造者和传播者,能否最终形成和谐的校园文化氛围,为教书育人创造良好的环境,也要靠教师整体的精神风貌,靠其团队精神的充分发挥。

培育适应时代发展的学生,培养学生多方面的素质,始终是学校教育的首要目标。随着素质教育的逐步推进,教育在教师"传道授业解惑"的职责以外提出了更多、更新的要求。现代的学生在素质、兴趣爱好、性格等各方面的差异日益巨大,使得教师要面对的教学对象也日趋复杂。教学内容的更新与调整日益加快,教育教学的方式也日趋多样化。因此,学校不能要求每一位教师在教育的方方面面都是行家里手,这显然不符合教育与人自身发展的科学规律。当面对教育发展带来的各种新问题的严峻考验时,教师个人的力量往往显得很单薄,因此需要通过教师的团队协作来共同解决难题。

教育的发展从宏观和微观两个方面都要求教师走向联合与合作,如某一门学科也要求多学科的参与才能更好地发挥该学科的优势。我们提倡教师的团队精神,它可以集群体的优势,形成教书育人上的合力,更能获得突破,最终才能够实现学校发展与教师个人成长的双赢。

二、教师团队精神的厘定

自从20世纪90年代"团队精神"逐渐在全社会流行以来,很多学者对这个概念从不同角度进行了界定,但都认同如强调团队成员对团队的认同和积极与团队步调一致、自愿为团队整体荣誉努力奋斗的精神状态等。因此，我们也可以将团队精神理解为是一种集体意识，并且是团队所有成员都认可的一种集体意识，是团队成员共同价值观和理想信念的体现，是凝聚团队、推动团队发展的精神力量，反映的是个体利益和整体利益的统一，并进而保证组织的高效率运转。它要求团队的每一个成员都以提高自身素质和实现团队目标为己任。团队精神的核心是合作，目的就是最大限度地发挥团队的潜在能力。

学校作为一个以创建学习型组织为最终目标的社会群体组织，必然要营造一种以团队为核心、以团队精神为其成员价值体系的文化氛围。教师团队精神是一种群体内驱力，体现着教师团队的协作精神和战斗力，是促进教师专业发展的核心要素，也是教师精神的最高境界。它既包含整个团体的价值、态度、习惯、行为规范等，也包含团队成员之间的认可。教师团队精神是教师们思想的凝聚，也是在学校发展、学校战略、学校价值观方面教师与学校思想高度统一的体现。教师的团队精神，一方面体现在教师们的归属感上，每一位教师竭尽所能，同心协力处理好学校的教学科研各方面的工作；另一方面，在更深层次上，也是教师个人的奋斗精神的培养和自我专业能力提升的体现。教师团队精神是整个教师团队的灵魂。

总而言之，教师团队是一个学校教师群体同心协力、相互支持、协调一致组成的一个团体，是现代学校重要的组成部分。教师团队营造于相互信任的组织氛围之中，包含着教师团队的合作、奉献、服务、积极进取等，它将是推动学校凝聚力、竞争力不断增强的一股重要力量。

三、如何培养教师的团队精神

简单地说，凝聚力就是一个团队对其中的成员个体以及个体与个体之间的吸引的程度，在团队活动的过程中，个体与团队之间、个体与个体之间通过不断的沟通与交流而日渐一体化的程度。培养团队精神既是为了追求团队运作的和谐与高效，也是为了个体能够实现更大的自我价值。团队凝聚力强，则表明其成员团队精神强。要培养教师的团队精神，就要在尊重教师个体的个性的基础上，为教师团队营造一个共同的愿景，并以此加强教师之间的协同合作，进而增强整个教师团队的凝聚力。

（一）充分尊重教师个体的独特个性

从表面上看，张扬教师个性与教师团队的建设似乎是矛盾的，实则不然。因为教育教学工作本身就是充满个性化的工作，没有固定的、一成不变的模式，而是具有更多的生成性与创造性。教师团队依赖的是教师个体的贡献，教师团队目标的完成需要每个教师个体都做好自身的本职工作。教师团队的培养，团队精神的形成，基础是尊重每位教师的兴趣和成就。尊重每位教师个体的个性是教师团队建设的基础。

教师个体之间的差异是客观存在的事实，团队精神的重要作用及其作用的机制正是建立在团队中教师个体巨大差异的前提下。教师的个体差异表现在年龄、性格、生活经历、所学专业、自身学术素养等多个方面的，这些差异不仅使得教师之间的合作与交流成为可能，而且也使其变得非常之必要。正由于教师个体在思维模式、审美趣味等方面的差异，才更需要团队精神来聚合他们。承认差异、尊重个性也是培养教师团队精神的前提和基础。

（二）提升教师的认同感，营造教师的共同愿景

行为学上说，在某一行为发生以前，个体通常会对可能产生的后果进行预先的构想，这就是我们通常所说的目标，也可以理

解为一种愿景。目标是个体生命行为的动力，而团队通常是由若干个个体组合而成的，也是无数目标的共同体。团队必须确立一个受到团队内个体普遍认同的、有意义的目标，这个目标是整合团队中个体行为的强大力量。对个体来说，有了恰当的目标，才能够克服各种困难，持续不懈地朝着心中的愿景去努力。对团队来说，目标是团队运作的方向与动力的来源，而且是团队成员协同合作的原因所在。确立一个得到普遍认同的目标，在团队个体之间形成共同的价值观，并在团队长远愿景上达成一致，能够凝聚团队成员的力量，增加其对团队愿景的信念。学校作为一个社会组织，愿景一般可以分为三个层次：学校的共同愿景、教师团队的愿景和教师个体的愿景。学校的教育价值观影响着整个教师团队的精神追求与发展方向，因此学校在制定自身清晰的发展愿景的同时，也要着力培养教师个体的职业幸福感和认同感，营造教师个体与学校之间的共同愿景。教师个体的愿景、教师团队的愿景以及学校的长远愿景应当汇聚成一股合力。

学校要注意了解教师个体、教师团队的期望和追求，并通过设立共同目标引导大家。学校是教师个体实现人生理想和体现人生价值的场所，教师个体对教师职业的幸福感和认同感关系着教师个体对所处团队的认同。如果教师个体能够对自身的职业产生认同，才会认同自身所处的教师团队，才会全身心地投入团队的各项工作中，进而才会认同学校发展的长远愿景。因此，学校要通过努力创设和谐的人文环境、为教师的专业发展创设条件等各种手段来提升教师对自身职业、对整个教师团队以及学校的认同感。学校还要提出恰当合理、与教师自身休戚相关的共同愿景，激发教师的主人翁意识和工作的责任感，增强教师对学校工作的参与度和认同感，使教师个体认识到个人的成长、发展与学校整体的发展是密切相关的，从而自愿为整个教师团队、为学校的长远愿景而努力。当教师的目标与学校的目标逐步趋于一致时，便形成了共同的愿景，从而激励着每位教师都为着这一共同愿望去奋斗，团结合作的精神自然而然就被激发了出来。

（三）强化教师之间的信任和合作意识

信任作为一种复杂的人类心理活动，从人际关系的角度来说，信任更多的是一种认同，一种对他人言谈、行为、想法等的心理默认，个体通过选择相信他人而进行合作的行为来表现。团队精神的体现除了团队成员之间的团结协作，还有团队成员之间的相互信任。要实现个体间的团结协作，首先便要求团队成员之间必须相互高度信任。没有个体间的相互的信任，团结协作便无从实现，就更谈不上团队精神的培养。营造一种公平公正的氛围，创建公平公正的机制，强化教师个体之间的相互信任，是团队精神产生的首要条件。

在教师团队内部，教师个体之间虽然有年龄、性格、工作经验等方面的差异，但在工作中都需要分享和获取信息，需要理解别人和被别人理解，也需要帮助别人和被别人帮助。因此，要强化教师团队内部互相信任的意识，要能够相互尊重、彼此理解、相互信任。教师团队成员之间只有互相尊重其人格，尊重彼此不同的观点和意见，尊重彼此的贡献，才能真正形成有效的团队合力。教师个体之间只有彼此尊重彼此信任，才能促使所有人把焦点都集中在工作上，促进工作效率的进一步提高，促进学校的发展。在彼此信任的氛围下，教师个体之间才能够真诚沟通，共享经验；教师个体才能够在信任中一起交流、分享，擦出思想的火花，创造性地解决工作中的分歧，彼此分担责任，达成共识，对共同愿景具有承诺感，并在相互信任的基础上逐渐从“小我”中走出，融入“大我”之中，形成共同的责任感，对整个教师团队乃至学校产生强烈的归属感。这样，教师个体就有了共同的理想信念和价值观，才会产生强大的凝聚力；众多教师个体的智慧才能够转化为教师团队的智慧,团队的整体智慧也能够促使教师个体的发展,实现共同愿景的凝聚力和团队的生命力都得到增强。

合作是团队形成的一个很重要的特征。但是若教师个体合作意愿缺失,会使教师的教育教学行为陷于彼此孤立的境地,不利于教师的专业发展,也不利于学校、教师团队、教师个体三者共同愿景的达成。在彼此信任的基础上,教师团队中教师个体之间既要开展有益竞争,也要建立新型的团结协作关系。竞争和合作同时进行,而学校既要鼓励教师之间的公平竞争,又要倡导团结合作,相互学习,建立新型的团结、互助、合作关系。学校要努力营造和谐的工作氛围,让教师充分了解合作的价值与意义,在实践中获取合作的成功体验。学校应构建共享机制并促进机制的运行,教师在共享的机制中通过不断实践,将合作关系内化为责任与精神,逐步从制度管理引导教师走向自觉合作。"成功靠自己,完美靠合作",教师个体之间的协同合作是教师团队精神的重要体现。

总而言之,教师团队的培养是学校可持续发展的源泉之一。由强调和重视教师个人发展到强调和重视教师团队建设,是学校教师专业化发展和教师队伍建设的必然趋势。培养教师团队可以努力营造出一种浓厚的团队荣誉氛围,进而有效增加学校的凝聚力、向心力和战斗力。教师个体的能力是有限的,只有化个体的智慧为团队的力量,才会形成共同打造品牌学校的内驱力,学校才能形成一种强大的、向上的力量,实现学校的长远发展。

浅谈和教师携手走进"品质课堂"

重庆电厂中学　汤晓春

先从听、评一堂课说起。

本学年开学初，我听了一位刚进入我校的新教师上的一堂题为"集合的基本运算"的数学课。该课的第一特点，就是教师在教学过程中，在了解学生学习的基础上，注重学生实际水平与新的教学内容之间的衔接，将知识用逻辑的思维进行串联，让学生感受数学的思维之美。较好地体现了教师的"专业性"，即课堂要充分体现执教者的教育专业素养和学科的专业特色。她的另一特点是，在授课中，她能将抽象的教学内容用直观和通俗的方式展现，辅以学生乐于接受的幽默风趣的课堂风格，展示了她自己的教学方式，呈现出"趣乐性"，即课堂能让学生产生愉悦的求知体验并逐步形成好学、善学、乐学的优良品性。当然，其中也有不足之处，教师在注意思维逻辑串联的同时，却忽略了学生总结分析的能力，没有将并集和交集进行实质性区别，如对"或""且"关键字不做重点讲解，容易造成学生对概念的理解不深刻。首先，在思辨性方面还不够，即课堂要积极发展学生的分析、综合、判断、推理等逻辑思维能力，致力于培养学生的质疑意识、思维品质和创新精神。其次，对概念的全面性分析还不够。她出的一道题目："求 $x>5$ 与 $x<5$ 的交集"，主要目的是引入空集，但是没有考虑做并集的时候，学生思维会有不严密的地方，学生便认为并集是整个实数域，当学生意识到自己的思维有局限的时候，部分以

为学得很好的学生，产生了思考和极大的兴趣。因此，教师在“践习性”上，即注意培养学生的动手操作能力和实践能力方面还需下功夫。

在九龙坡区教委实施的“品质课堂”的发展战略与“修远计划、阅读行动”中，作为校长，我读了苏联教育家苏霍姆林斯基《和青年校长的谈话》一书，受到很大的启示。以上那堂听课、分析课，就是读了这本书后的一次实践。

该书发表于20世纪60年代，尽管过了半个世纪，它对今天处在我国教育改革发展时期的校长们仍然具有很强的指导作用。现在读来，仍有极大的启迪。作者在第七次谈话中谈到：一个有经验的校长，他所注意和关心的中心问题就是课堂教学。经验证明，听课和分析课是校长的一项极为重要的工作。多年的经验使我深信，尽管校长有各种各样的工作，但应当把听课和分析课摆在首要的地位。

他不仅建议校长经常去听课，而且进一步阐明了为什么和怎样听课和评课，他指出：校长越是经常听课，就越能了解学生；课堂是反映教师的一般修养和教育素养的一面镜子，从中可以看出他有多少智力财富。教师在讲解教材时，不但是在向学生打开通往知识世界的窗户，而且也在表现自己。听课和分析课的主要目的，应该是研究教师的眼界、兴趣和精神财富如何表现出来的。还有许多的好建议，这些建议，今天读来，有着很好的指导意义。尤其是在我们构建“品质课堂”的背景下，显得尤为亲切。因为它和我们的“品质课堂”的要求是一致的。

建设“品质课堂”，校长应当有什么样的责任与作为？

首先，校长必须走进教师中，组织教师们一起学习，准确领会和切实把握“品质课堂六元素”的内涵，即专业性、全然性、趣乐性、思辨性、践习性、化成性。使这些内涵要求，渗进老师们的头脑，转化为自觉的教学行为，贯穿在每堂课之中。

其次，校长要走进教研组，和老师们一道备课。备好课是上好课的前提。教研组集体备课，就是要集中年级教师的智慧备好课。近年来，我校下功夫抓好这一环节，建立规章制度，加强考核，教师的备课质量有所提升，为课堂教学奠定了坚实的基础。

第三，校长要走进课堂，和教师们一起实践。按照“品质课堂六元素”的要求，在课堂中展现。在观课的过程中，看教师是否体现了“六元素”，课后和教师交流。

第四，校长还要走进学生，和学生一起交流，听取反馈意见，看学生是否达到了教学目标，是否实现了“六元素”的要求。

走进课堂，和教师携手，一起探究、共同构建；走进课堂，和学生交友，读懂学生、服务成长，就会让学生的成长受益于我们所构建的“品质课堂”。这就是今天的校长的一项神圣使命。

浅谈怎样培养学生的自信

重庆涪陵十八中　李华龙

2013年1月16日至18日，我们到河北省衡水中学参加了“中国第七届卓越校长峰会”。会议有全国知名校长及专家的教育管理报告和现场观摩课展示及参观衡水二中等环节，时间虽短但印象深刻，收获颇多。

一、骄人的高考成绩

衡水中学今年高考104人上清华、北大，还有28人上香港的高校。成绩固然可敬，但衡水二中的发展更让人惊讶！因为衡水二中的生源是在衡水一中录取了1200名以后的学生，从2005年至2013年的短短八年，他们从衡水市排名第11位的学校上升为河北省排名第2位的学校。如此迅猛的发展迫使我走进教室、走进学生、走进学生寝室、走进年级办公室、走进行政办公室等进行深入的了解。通过了解和观察我逐渐明确了要想取得成绩，德育必须先行。现在他们引以为自豪的已经不是近百分之百的高考达线率，也不是每年近百名的学子被清华、北大等名校录取，而是德育。他们宣称，教学成绩及升学都是德育的产物，德育工作做好了，一切都水到渠成。

二、自信教育

(一)励志践行,树立自信

震撼从夜幕中开始。校园里到处是匆匆的身影和脚步,开始跑操了,几千人的队伍,十人一排,“前胸贴后背”,始终保持十厘米左右的距离。统一的校服,统一的口令,齐刷刷的步伐,铿锵有力、洪亮的口号声响彻天空。如“勤奋好学,追求卓越”“团结协作,顽强拼搏”“齐心协力,战胜自我”等声音震撼校园,展现着衡水二中每一个人的自信。队伍整齐程度及气势胜过军营,步点声和口令、口号声汇集成了一曲洪厚、高昂、激越的青春进行曲。这既是对身体的锤炼,更是对精神的激励。

(二)宣誓活动

“我想赢,我一定能赢,结果我又赢了。”著名心理学大师卡耐基经常激励自己的话被衡水二中活用,跑操后的宣誓,晨读前的宣誓,上午及下午第一节上课前的宣誓,喊出了学生的自信和激情。

(三)成人礼

学校每年举行以“燃青春、敢担当、勇超越、赢未来”为主题的十八岁成人礼。仪式上,同学们展现了自信昂扬的精神面貌,活力四射的青春朝气。他们自强,他们豪迈,他们低头深思,他们振臂高呼。在那一双双清澈的眼睛中,流露出的感恩之情、责任意识,让老师家长们相信经过了这个春天,这些孩子一定会茁壮成长,将来成为国家建设的栋梁之材。

这些就是衡水的自信,他们的成绩来源于自信。我想学校就应该通过各种活动树立学生的自信、激发学生的潜能。

美国的心理学家曾经做过这样的一个心理实验，让一些著名科学家到一个普通的学校对一个普通的班级的普通学生说，你们具有别人所没有的天才潜质，将来长大后一定会成为伟大的科学家、伟大的社会活动家等。然后，对他们的成长进行系统的跟踪调查发现，他们中的绝大多数成年后都成为当时科学家所预言的社会名流。

这个心理学实验告诉人们：人的潜能是无限的，但需要激励！因此，“说你行，你就行”这句话看似简单荒唐，细品却大有深意。只要教师信任学生，立足学生的兴趣爱好，找到学生的最佳发展点，每一个学生都有成功的可能。因而，在衡水二中看来没有教不会的学生。

有人问两次获得诺贝尔奖的居里夫人成功的秘诀是什么，居里夫人回答说：“恒心和自信心，尤其是自信心。”美国的爱默生也认为：“自信是成功的第一秘诀。”自信，就是相信自己的能力，相信自己能够获得成功。在众多心理素质中，自信是心理素质的核心。因而，自信心的培养显得尤其重要。自信是青少年走向成功的必由之路，是取得成功的重要精神支柱，自信心作为成才的重要条件，它在人们心理健康教育中的价值已越来越被社会各界人士所接受。那么作为教师，怎样才能让学生身上永远洋溢着自信呢。我认为有以下几个方面。

首先，教师应关爱学生，平等对待学生，增强学生的自信。老师要和学生多沟通，多交流，建立好伙伴式的朋友关系。由于考试中的优秀率、及格率仍是评价教师教学质量的指挥棒，教师必然会偏爱“优秀生”，而对“差生”则表现冷淡。一视同仁，平等待人，不仅是取得学生信任的条件，也是教师职业道德的一个重要方面。有自卑感的学生，往往处于烦恼、紧张、苦闷甚至绝望之中，这时教师要满腔热情地去关心学生，而不能漠然处之，无动于衷，更不可讥讽嘲笑，严加指责。如果教师没有对学生的关爱，则永远不可能使他们敞开自己的心扉,吐露心中的积怨和秘密,更谈不上解除心理负担,提高心理健康水平。只有施以更多的爱心,用师爱去滋润他们干涸的心田,净化他们的心灵,才能唤起他们对进步的渴望和向上的追求,才能增强他们对以后学习生活的自信。学生只有感受到老师的爱,才能保持轻松愉快的心境;沐浴在爱的阳光中,才能自信乐观,健康成长。

其次,教师应学会赏识学生,鼓励学生,增强学生的自信。如1975年母亲节,比尔·盖茨给母亲寄了一张问候卡,这年他在哈佛大学读二年级,他在卡上写道:“我爱您!妈妈,您从来不说我比别的孩子差,您总在我干的事情里寻找值得赞扬的地方,我怀念和您在一起的所有时光。”比尔·盖茨从母亲那儿得到了什么?得到了一份可能被许多人忽视的东西——赏识。教师也应该赏识自己的学生,要善于发现他们身上的“闪光点”,夸大他们的优点,可以降低对他们的要求,帮助学生树立起自信心,让学生感觉到教师对自己的赏识,感到自己能行、是最棒的,只要自己敢想、敢说、敢唱、敢表演,就能得到老师的肯定与同学的认可。每个学生都有可能具有自身优势,有他闪光的地方。教师在平时要细心关注学生的“独特方式”,一旦发现他的某种优势潜能,就满腔热情地因势利导,运用肯定、激励以及创设条件等手段正确评价它、强化它、发展它。学生也需要赏识,当他们得到赏识时,就觉得自己有进步,能学好,有发展前途,以为自己在教师心目中是好学生,因而产生了自身增值感,增强了学习的内部动力。

再次,教师应以兴趣为先导,多创造机会,让学生在集体活动中增强自信。孔子曾说:“知之者不如好之者,好之者不如乐之者。”要培养学生的自信心,首先要激发其兴趣。兴趣与信心总是相辅相成的,只有产生了兴趣,才会有自信的表演。兴趣不是天生的,要靠后天的引导和培养。教师要根据学生的身心发展规律和审美心理特征,以丰富多彩的教学内容和生动活泼的教学形式，激发和培养学生的兴趣。同时教师可以利用学生之间的特殊情感经常组织学生开展好朋友合作学习、小组合作表演等集体活动，努力为学生搭建充分展示自己的集体大舞台，让学生在集体活动中尽情表演，让学生从活动中获得成功的喜悦，增强自信。

最后，教师应实行分层作业，差异评价，让学生在学习中增强自信。以往的作业是教师布置学生做统一的内容，要求有统一的形式、统一的标准。有的学生“吃不饱”，有的学生“吃不了”，有的学生“吃不消”。针对学生的智力、兴趣、技能差异，我们应设计多种多样的作业题，由教师分层布置，学生自主选择。对于分层布置的作业，采用分层评价，只要学生完成了其相应层次的作业，便可以得到肯定。例如，全做对的，即可得优；书写工整的，在优后面再加一颗五角星；有进步的，画上一个大拇指或写一两句评语。这一个个优、一颗颗五角星、一句句富有期待和鼓励的话语，使不同层次的学生享受到了学习成功的喜悦，产生了成就感，树立了自信心。作为教师一定要把自信的种子播撒给每一位学生，要热爱每一位学生，平等地对待每一位学生。面对千差万别的学生，应该看到每个学生身上的发光点，充分发挥其优势，使学生身上永远洋溢着自信！

让"公能"雨露浸润学生文化心性

重庆南开中学　田祥平

初夏时节，我校校园里满目青翠。在一片绿荫之中，校训墙上："允公允能，日新月异"八个大字在那里安静而执着地昭示着这所学校的文化精髓所在。它是简单而平和的两个词语，从白河之滨到嘉陵之畔，文脉因此而延续、发展，一如我校"忠恕"图书馆墙体上覆盖的爬山虎，枝枝蔓蔓，葱葱茏茏。

你若走进校园，不经意间，你或许会发现橱窗里张贴的海报，或者是"南开讲坛"的讲座预告，或者是"教师沙龙"的相关信息，或者是学生社团文化节的活动一览表。对了，你也许还会看到两个小小展板，上面预告了已经拿到剑桥大学录取通知书的汪锐同学将和学弟学妹们见面，以及 2014 年被美国深泉学院录取的唯一一名大陆学生彭书涵将做客"木铎金声"——校学生会主持的专门邀请知名学长参加的学生交流活动。在这里，一切都那么自然。而这种自然，来自于我校百余年来"公能"精神的积淀，来自于我校 78 年来始终坚持文化育人方向，来自于对学生心性进行文化滋养的坚持，来自于学校坚持育人的情怀。

一、挖掘历史内涵，提炼办学理念

历史是指对人类社会过去的事件和行动，以及对这些事件的有系统的记录、诠释和研究，是我们走向未来的依托。文化凝缩着历史，是人类物质文明与精神文明的结晶。没有历史，文化虚浮而缥缈。认识历史，挖掘并分析其内涵，是继承优秀遗产进行现代创新的前提。学校文化育人，更应当审视办学历程，把握时代节奏，打造校园文化，从而使学园勃发青春活力。办学理念是在理性思维层面上对教育实践的哲学式反思，它体现了学校的办学宗旨和教育价值观，是学校文化的主要特征，也是学校文化建设的主要方面。先进的办学理念和学校文化与学校发展是相辅相成的。

我校是一所有着悠久历史和光荣传统的名校。张伯苓校长在我校建校 30 周年庆典上宣布将“允公允能，日新月异”作为我校的校训。“公”即公心，它是一种胸怀，一种责任，一种人格的至高境界；“能”即技能，是安身立命、服务社会、改造社会的基础。“公能”校训旨在教育我校师生勇担社会责任，学好本领改造社会。在“公能”校训的指导下，我校建校以来培养了 33 位院士，20 余位国家和省部级领导，6 万余名祖国各个领域的骨干。学校珍视历史资源，在进行校史研究、建成张伯苓纪念馆和校史陈列馆的基础上，认真挖掘南开办学理念的核心价值，充分发挥校训的文化凝聚力，矢志坚持“公能”理念。在“十二五”规划中，学校又结合新的时代背景提炼出“将重庆南开中学打造成重庆教育名片，建成国内一流、国外知名、渐近国际水准的高水平示范性中学”的办学目标和“培养具有世界眼光和中国情怀的全面发展、学有特长的新一代南开学生。为高素质、高层次、创新型人才（人文社会科学和自然科学大师及各行各业的领军人物）打好整体素质基础”的教育目标，引领学校文化方向。

二、和谐物理环境，形成文化氛围

人类社会存在和发展离不开适宜的自然环境。文化是人类社会在发展中积累起来的总和。所以，自然环境是文化产生的根源，也是社会中影响文化指向的潜在因素。就学校角度来讲，校园建筑（布局、造型、颜色）、设施、花草树木等是学校文化的直观载体，是营造文化氛围的最直接外在的因素。和谐的物理环境，对营造浓郁的校园文化提供了条件。

学校的外在实体是由功能建筑和美化构件组成的。如在修建学校外在实体时，营造和谐的景观生态，可以很好地烘托崇尚自然、求真求美的文化氛围，衬托文化品位。我校校园的设计遵循"中正简约"的原则，如田径场居中，教学楼馆分布在田径场的两侧。学校中轴线平分田径场，穿过前后校门，中轴线上无任何建筑。田径场两侧的建筑大体上保持对称，其风格稳健，外形端庄。楼馆间有很大的空间，路道宽阔。这样的建筑风格很好地体现了中国传统文化的中庸思想和包容意识，能给人深刻的印象。

除了功能建筑，我校在建设中充分重视和谐生态环境的营造。如校园内绿化面积达到70%，植物种类上千种，高大乔木近千株；整个南开校园草木蓊郁，花香鸟语。冬有"三友"路旁傲霜的寒梅，夏有桃李湖中笑晴的红荷。校园到处呈现出一派和谐的人与自然景象。和谐的生态环境，让学校师生亲近自然、崇尚自然，体会人与自然和谐之美。这是一种潜移默化累积沉淀的习惯和信念，是渗透于生活实践中的文化。

除此之外，南开中学诸如"忠恕图书馆""勤俭楼"等富含文化意蕴的建筑名称和传鉴亭、院士壁、三峡石等人文景观，和学校的功能建筑、自然环境一起，构成了高品位的物理环境，形成大气而不张扬、稳重而又常新的文化氛围，无形之中培养了师生的独立性和包容性。

三、发挥管理功能，引导文化方向

除了外在环境的熏陶暗示，正面引导在学校文化育人中也是非常必要和重要的。在新时期的文化建设中，学校应当坚持"以科学理论武装人，以正确的舆论引导人，以高尚的精神塑造人，以优秀的作品鼓舞人"的文化方向，进行求真、求善的引导。坚持正确的文化导向，是学校教育方针的有力保障，也是各项工作的前提。

我校还注重文化宣传阵地的把握，积极开展了各种教育活动。如新教师和新生到校后，学校首先对他们进行校史、校训、校歌、容止格言（面必净、发必理、衣必整、纽必结；头容正、肩容平、胸容宽、背容直；气象：勿傲、勿暴、勿怠；颜色：宜和、宜静、宜庄）的介绍、解说，并组织他们参观校园，进行爱国、爱校，自尊、自爱的文化引导。学校还在教职工大会、校会、班会等场合弘扬社会主义核心价值观。另外，重视展板、橱窗等窗口的建设，通过表彰先进、树立典型营造争先的风气。除了从宏观引导，还注重从细节入手，用实际行动弘扬社会主义先进文化。利用升旗仪式、运动会等全校性集会进行爱国主义和集体主义教育。学校还对优秀的师生进行奖励，对有困难的师生进行帮助，关心公益事业，真诚回报社会，营造争先创优、和善友爱的氛围。学校还宣扬无论贫富、出身，在知识和学术面前人人平等，博学的人最受尊重的观念。

四、打造特色课程，营造学术氛围

学校是课程育人的场所，所以学校育人的一个重要方面是打造特色课程体系。我校积极实施课程改革，打造学校课程体系特色，提出了将我校办成"中学中之大学"的目标，建设完善必修课、选修课和自修课相结合的课程体系。

如在各年级开齐开足必修课的基础上，学校每学期都开设既严谨又开放的基础知识、兴趣拓展、综合探究等类型的选修课30余门，让老师的专攻有用武之地，学生的个性爱好有拓展的空间；设立"南开讲坛"，定期邀请相关领域的专家学者讲学，对师生进行科学传导和人文渗透，营造在科学观念指导下的文化环境，激发他们对学术殿堂的景仰和向往；定期编辑学术刊物《南开教研》，丰富学术研究的舞台；组织教师进行优质课比赛、教师辩论赛、合作备课活动、名师讲坛，营造交流探讨、学术争论的氛围；组织学生编期刊、搞社会调查、进行社会实践等，建构我校特有的学术氛围。

我校师生在这个和谐的校园里，通过听一次讲座，上一次公开课，参与一次教研讨论，撰写一篇学术文章，而体会到了独立的办学思想，自由的学术氛围，严谨的治学方法和宽容的人生态度，也逐渐具备了广博的知识、宽广的胸怀、健全的人格、高雅的气质和旺盛的创造力，逐渐融通文理，进而去追求真的境界，具备开阔的心胸。南开的特色课程体系支撑着南开的文化育人事业，使培养出的学生兼具中国情怀和世界眼光。

五、促进体艺发展，注重美感育人

体育和音乐、美术学科在促进学生素质全面发展中有着重要的地位。体育和艺术教育能够提升师生的审美素质，形成学校审美文化。我校作为重点中学，应当注重体艺活动发展，扩大师生的审美视野，丰富学校审美文化，形成认识美、感受美、追求美的良好风气。

我校现在建设了一支素质优良的体育教师队伍和艺术教师队伍，推进了学校的体艺事业，对师生进行美的熏陶。学校还成立有田径队、女子篮球队、板球队、棒球队、合唱队、舞蹈队、管乐队、民乐队等，并多次在各类比赛中获奖，每年都有学生凭借其特长被保送入大学。这些活动凸显了教育的美感，也使师生产生了自豪感，自然形成感悟美、崇尚美、创造美的文化氛围，提升了自身美的素质，也丰富了校园文化。

教育是崇高的事业，在诸多的教育方式中，文化的滋养无声却最能深入学生心灵。我校基于“公能”文化传统，试图用最朴实的教育情怀使每一名学生都能得到最大限度的发展。